普通高等院校食品专业系列教材

食品分析

李和生 主编

科学出版社

北京

内 容 简 介

全书共 14 章，主要内容包括食品分析的基础知识、样品的采集和前处理方法、食品中营养成分分析、食品添加剂分析、食品中有害成分分析、常见食品理化指标的检测、实验数据的处理和分析方法的评价等内容。主要介绍国家标准分析方法和目前国内外先进的食品分析手段，适当增加了仪器分析的内容。

本书可供食品科学与工程、食品质量与安全和食品检验等相关专业的本、专科生使用，也可作为食品分析检验等相关领域专业人员的参考书。

图书在版编目(CIP)数据

食品分析 / 李和生主编. —北京：科学出版社，2014.1

普通高等院校食品专业系列教材

ISBN 978-7-03-039048-6

Ⅰ. ①食… Ⅱ. ①李… Ⅲ. ①食品分析-高等学校-教材　Ⅳ. ①TS207.3

中国版本图书馆 CIP 数据核字(2013)第 260773 号

责任编辑：朱　灵　谭宏宇
责任印制：黄晓鸣 / 封面设计：殷　靓

科 学 出 版 社 出版
北京东黄城根北街 16 号
邮政编码：100717
http://www.sciencep.com

南京展望文化发展有限公司排版
广东虎彩云印刷有限公司印刷
科学出版社发行　各地新华书店经销

*

2014 年 1 月第　一　版　　开本：889×1194　1/16
2025 年 6 月第二十七次印刷　印张：14 3/4
字数：453 000

定价：54.00 元
（如有印装质量问题，我社负责调换）

普通高等院校食品专业系列教材
《食品分析》编辑委员会

主　编　李和生

副主编　黄志勇

编　委　（以姓氏笔画排序）

王春玲	齐鲁师范学院	李和生	宁波大学
吴光杰	江西科技师范大学	林春梅	淮海工学院
徐大伦	宁波大学	唐　琳	山东师范大学
黄志勇	集美大学	裘迪红	宁波大学
魏海香	济宁学院		

普通高等院校食品专业系列教材筹备专家组

王锡昌	上海海洋大学	张兰威	哈尔滨工业大学
刘成梅	南昌大学	陆启玉	河南工业大学
叶兴乾	浙江大学	赵国华	西南大学
李和生	宁波大学	王鸿飞	宁波大学
辛嘉英	哈尔滨商业大学	李　燕	上海海洋大学
崔　波	齐鲁工业大学	耿　越	山东师范大学
朱　珠	吉林工商学院	任丹丹	大连海洋大学
刘光明	集美大学	蒋小满	鲁东大学
沈　波	杭州师范大学	郑艺梅	闽南师范大学
白　晨	上海商学院	赵　利	江西科技师范大学
马汉军	河南科技学院	姚兴存	淮海工学院

（以上专家排名不分先后）

前言

食品分析课程是食品类专业的基础课。食品分析是食品加工行业质量保证的重要手段之一。通过对食品生产中的原料、辅助材料、半成品、成品、副产品、最终产品等进行检验,起到了保证和监督食品质量的重要作用。随着国家和人民群众对食品质量与安全要求的不断提高,食品分析与检测得到了前所未有的重视,国家的食品分析标准每年都在不断地增列和修订。因此,本书在编写过程中重点介绍了国家标准分析方法和国内外先进的食品分析手段,并适当增加了仪器分析的内容,尽可能地体现目前国内外食品分析的发展状况和水平。全书共分14章,主要涉及食品分析的基础知识、样品的采集和前处理方法、食品中营养成分分析、食品添加剂分析、食品中有害成分分析、常见食品理化指标的检测、实验数据的处理和分析方法的评价等内容。

本书在编写过程中得到了科学出版社上海分社、宁波大学教务处的大力支持。本书由李和生主编,黄志勇副主编。参加编写的人员有(以编写章节前后为序):宁波大学李和生(第一、十四章)、集美大学黄志勇(第二、十二章)、宁波大学裘迪红(第三章)、山东师范大学唐琳(第四、六章)、济宁学院魏海香(第五章)、齐鲁师范学院王春玲(第七章)、江西科技师范大学吴光杰(第八、九章)、宁波大学徐大伦(第十章)、淮海工学院林春梅(第十一、十三章)。感谢宁波大学教材建设项目资助;感谢宁波大学研究生徐祥浩、满正印、刘漫等对本书编写提供的帮助。

由于编者水平和时间所限,书中不妥之处在所难免,恳请同行和读者批评指正。

宁波大学
李和生
2013年9月

目录

前言

第一章 绪论

第一节 食品分析的意义 /1
第二节 食品分析的内容 /1
 一、食品中营养成分分析 /1
 二、食品添加剂分析 /2
 三、食品中有害成分的分析 /2
第三节 食品分析方法的选择与标准 /2
 一、分析方法的选择 /2
 二、食品分析标准 /2
第四节 食品分析的发展趋势 /3
 一、食品分析的范围逐渐扩大 /4
 二、安全卫生指标限量值的逐步降低 /4
 三、分析手段逐步仪器化 /4
 四、快速检测技术广泛应用 /4

第二章 样品的采集和前处理方法

第一节 概述 /5
第二节 样品的采集 /5
 一、采样 /5
 二、采样的一般方法 /6
 三、采样的要求 /7
第三节 样品的制备与保存 /7
 一、样品的制备 /7
 二、样品的保存 /8
第四节 样品的前处理方法 /9
 一、有机物破坏法 /9
 二、溶剂抽提法 /10
 三、蒸馏法 /11
 四、色层分离法 /12
 五、化学分离法 /13
 六、浓缩法 /13

第三章 水分和水分活度值的测定

第一节 概述 /15
第二节 水分的测定 /16
 一、干燥法 /16
 二、蒸馏法 /18
 三、卡尔-费休法 /19
 四、红外吸收光谱法和折光法 /20
第三节 水分活度值的测定 /21
 一、概述 /21
 二、水分活度值的测定 /22
第四节 可溶性固形物的测定 /24
 一、概述 /24
 二、可溶性固形物的测定 /25

第四章　灰分的测定

第一节　概述 /26
　一、灰分的概念 /26
　二、食品中灰分的含量 /26
　三、灰分测定条件的选择 /27
第二节　灰分的测定 /28
　一、总灰分的测定 /28
　二、水溶性灰分和水不溶性灰分的测定 /29
　三、酸不溶性灰分的测定 /30

第五章　碳水化合物的测定

第一节　概述 /31
　一、碳水化合物的定义和分类 /31
　二、碳水化合物的测定方法 /31
第二节　糖的测定 /32
　一、糖的提取 /32
　二、提取液的澄清 /33
　三、提取和澄清实例 /34
　四、还原糖的测定 /34
　五、蔗糖的测定 /41
　六、总糖的测定 /42
第三节　淀粉的测定 /45
　一、水解法 /45
　二、旋光法 /47
　三、碘-淀粉比色法 /47
第四节　纤维的测定 /48
　一、粗纤维的测定——酸碱洗涤法 /49
　二、粮食中粗纤维含量的测定——介质过滤法 /49
　三、食品中膳食纤维的测定 /51
　四、不溶性膳食纤维的测定 /53
第五节　果胶物质的测定 /54
　一、重量法 /54
　二、咔唑比色法 /56

第六章　蛋白质和氨基酸的测定

第一节　概述 /58
　一、蛋白质的功能 /58
　二、食品中蛋白质的含量 /58
　三、氮与蛋白质的换算系数 /59
　四、蛋白质的水解 /60
第二节　蛋白质的测定 /60
　一、凯氏定氮法 /60
　二、比色法 /64
　三、其他方法 /66
第三节　氨基酸的测定 /68
　一、氨基酸总量的测定 /68
　二、氨基酸的分离分析方法 /71

第七章　脂肪及油脂理化指标的测定

第一节　概述 /76
　一、脂类的分类、组成和性质 /76
　二、脂肪的测定意义 /78
　三、提取剂的选择及样品预处理 /79
第二节　脂肪的测定 /80
　一、索氏抽提法 /80
　二、酸水解法 /81
　三、罗斯-哥特里(Rose-Gottlieb)法 /82
　四、巴布科克(Babcock)法和盖勃(Gerber)法 /83
　五、氯仿-甲醇提取法 /84
第三节　油脂中酸价的测定 /85

一、概述 /85

二、酸价的测定 /85

第四节 油脂中碘价的测定 /86

一、概述 /86

二、碘价的测定 /86

第五节 油脂中过氧化值的测定 /87

一、概述 /87

二、过氧化值的测定 /88

第八章 维生素的测定

第一节 概述 /90

第二节 脂溶性维生素的测定 /90

一、维生素 A 的测定 /90

二、胡萝卜素的测定 /92

三、维生素 D 的测定 /94

四、维生素 E 的测定 /96

五、维生素 K 的测定 /97

第三节 水溶性维生素的测定 /99

一、维生素 B_1 的测定 /99

二、维生素 B_2 的测定 /100

三、维生素 B_6 的测定 /102

四、维生素 C 的测定 /103

第九章 酸度的测定

第一节 概述 /106

一、酸度的种类和概念 /106

二、酸度测定的意义 /106

三、食品中常见的有机酸 /107

第二节 总酸度的测定 /108

一、指示剂法 /108

二、电位滴定法 /109

第三节 有效酸度的测定 /110

一、电位计法 /110

二、比色法 /111

第四节 挥发酸的测定 /111

第十章 食品添加剂的测定

第一节 概述 /114

第二节 漂白剂的测定 /114

一、SO_2 及亚硫酸盐的测定 /115

二、过氧化氢的测定——钛盐比色法 /117

第三节 发色剂的测定 /118

一、亚硝酸盐的测定——盐酸萘乙二胺比色法 /118

二、硝酸盐的测定——镉柱法 /119

三、亚硝酸盐和硝酸盐的测定——离子色谱法 /120

第四节 抗氧化剂的测定 /122

一、叔丁基羟基茴香醚(BHA)与2,6-二叔丁基对甲酚(BHT)的测定——气相色谱法 /122

二、BHT 的测定——比色法 /124

三、没食子酸丙酯(PG)的测定——比色法 /124

四、对羟基苯甲酸酯类的测定——气相色谱法 /125

第五节 防腐剂的测定 /126

一、苯甲酸和山梨酸的测定 /126

二、丙酸钠、丙酸钙的测定 /128

三、禁用防腐剂定性试验 /128

第六节 甜味剂的测定 /129

一、糖精钠的测定 /129

二、甜蜜素的测定 /130

三、乙酰磺胺酸钾的测定——高效液相色谱法 /132

第七节 着色剂的测定 /133

一、食品合成着色剂的测定——高效液相色谱法 /133

二、诱惑红的测定——纸色谱法 /134

三、栀子黄的测定——高效液相色谱法 /135

四、红曲色素的测定 /136

第十一章　一些重要无机元素的测定

第一节　概述 /138

第二节　钙的测定 /138

　　一、原子吸收光谱法 /139

　　二、EDTA 络合滴定法 /140

第三节　铁的测定 /141

　　一、原子吸收光谱法 /141

　　二、邻菲罗啉比色法 /142

第四节　磷及磷酸盐的测定 /143

　　一、喹钼柠酮重量法 /143

　　二、钼蓝比色法 /143

第五节　碘的测定 /144

　　一、氯仿萃取比色法 /144

　　二、气相色谱法 /145

第六节　锌的测定 /146

　　一、原子吸收光谱法 /146

　　二、二硫腙比色法 /147

第七节　铜的测定 /148

　　一、原子吸收光谱法 /149

　　二、二乙基二硫代氨基甲酸钠比色法 /150

第八节　铝的测定 /151

第九节　铅的测定 /152

　　一、石墨炉原子吸收光谱法 /153

　　二、火焰原子吸收光谱法 /154

　　三、二硫腙比色法 /154

第十节　汞的测定 /156

　　一、原子荧光光谱法 /156

　　二、二硫腙比色法 /157

　　三、气相色谱法 /158

第十一节　铬的测定 /159

第十二节　镉的测定 /161

　　一、石墨炉原子吸收光谱法 /161

　　二、比色法 /162

第十三节　总砷及无机砷的测定 /163

　　一、总砷的测定 /163

　　二、无机砷的测定-银盐法 /166

第十四节　水产品中盐分的测定 /167

　　一、直接滴定法 /167

　　二、电位滴定法 /168

第十二章　水产品鲜度的测定

第一节　概述 /170

第二节　总挥发性盐基氮的测定 /171

　　一、半微量定氮法 /172

　　二、微量扩散法 /173

第三节　粗氨的测定 /173

第四节　组胺的测定 /174

　　一、分光光度法 /175

　　二、高效液相色谱法 /176

第五节　K 值的测定 /177

　　一、柱层析法 /178

　　二、高效液相色谱法 /179

第十三章　有害物质的测定

第一节　概述 /180

第二节　食品中农药的残留及检测 /180

　　一、概述 /180

　　二、食品中农药残留的检测 /180

三、食品中有机氯农药的残留及检测 /181

四、食品中有机磷农药的残留及检测 /183

五、食品中氨基甲酸酯类农药的残留及检测 /184

六、食品中菊酯类农药的残留及检测 /184

第三节 食品中兽药的残留及检测 /185

一、兽药残留定义及兽药残留分类 /185

二、食品中兽药残留产生的原因、危害及检测 /186

第四节 食品中渔药的残留及检测 /189

一、渔药的发展现状 /189

二、渔药残留的定义及来源 /189

三、渔药残留的检测 /189

第五节 食品中生物毒素及其检测 /190

一、生物毒素的定义及分类 /190

二、霉菌毒素及其检测 /190

三、海洋生物毒素及其检测 /192

四、其他生物毒素及其检测 /192

第六节 食品中其他有害物质的残留及检测 /193

一、食品中苯并[a]芘及其检测 /193

二、食品中二噁英及其检测 /195

三、原料乳与乳制品中三聚氰胺及其检测 /197

第十四章 实验数据的处理和分析方法的评价

第一节 实验数据的处理 /200

一、有效数字 /200

二、可疑数据的检验和取舍 /200

三、分析数据的表达和回归分析 /203

四、分析结果的表述 /204

第二节 分析方法的评价 /205

一、评价指标 /205

二、误差分析 /208

三、误差的检验 /209

参考文献 /211

附 录

附录1 20℃时折射率(折光率)与可溶性固形物换算表 /213

附录2 用折射仪测定固形物时的温度校正表 /214

附录3 葡萄糖、果糖因数表(蓝-爱农法) /215

附录4 麦芽糖、乳糖因数表(蓝-爱农法) /216

附录5 转化糖因数表(蓝-爱农法) /217

附录6 相当于氧化亚铜质量的葡萄糖、果糖、乳糖、转化糖质量表 /218

附录7 F 表 /223

附录8 t 值表 /224

第一章

绪 论

本章主要阐述食品分析的意义,介绍食品分析的内容、食品分析方法的选择以及相关的食品标准,并对食品分析的发展趋势进行展望。

第一节 食品分析的意义

我国食品工业承担着为13亿人口提供安全放心、营养健康食品的重任,一直是国民经济的支柱产业和保障民生的基础产业。近年来,我国食品工业快速发展,相关研究表明,2010年我国食品工业的产值已经突破4万亿元。就目前来讲,我国市场上食品货源充足,品种多样,消费者在购买食品时有着很大的选择性,也正因为如此,消费者比以往任何时候都关注食品的质量与安全,质量高、安全性好的食品成为广大消费者的首选。在这种背景下,我国各级政府机构,特别是有关食品质量监督、卫生防疫等部门投入了大量的人力、物力进行食品的监控及管理,食品企业也将保证食品质量作为自己最大的责任并进行着不懈的努力。随着人民生活水平的提高,食品质量与安全问题越来越引起全社会的关注。食品加工可以提高食品的质量,但可能会增加不安全的因素。因此,建立从原料生产、采购、储运、加工到成品包装、销售等各环节的食品安全体系,是食品工业发展面临的重大课题。对食品质量与安全方面的分析和评价是食品分析的重要内容。

食品分析是专门研究各种食品组成成分的检测方法及有关理论,进而评价食品品质的一门技术性学科。它运用物理、化学、生物化学等学科的基本理论及各种科技手段,对食品工业生产中物料(原料、辅助材料、半成品、成品、副产品等)的主要成分及其含量和有关工艺参数进行检测。

食品分析是食品质量管理过程中的一个重要环节,在确保原材料供应方面起着质量保障的作用、在生产过程中起着"眼睛"的作用、在最终产品检验方面起着监督和标示的作用。食品分析贯穿于产品开发、研制、生产和销售的全过程。其分析内容涉及食品的营养性、安全性和可接受性。在食品安全面临重要问题的关键时期,人们需要更清楚地了解食品中所包含的成分以及哪些成分可为人类提供特殊的生物或生理功能,从而不断改善和提高各类食品的产品质量。

第二节 食品分析的内容

食品分析课程的主要内容涉及以下三个方面。

一、食品中营养成分分析

食品营养成分是指食品中对人体具有营养学意义的成分,主要有蛋白质、脂肪、碳水化合物、维生素、矿物质(也称为无机盐)和水,被称为人体所需的六大营养物质。其中,蛋白质、脂肪和碳水化合物是动植物食品中的主要组成成分,能供给机体能量。无机盐和维生素则不能给人体提供热量,但它们是人体多种酶和生理活性物质的重要组成部分。水则是维持人体生存的重要物质。此外,营养成分分析还包括食品营养标签所要求的所用项目的分析,根据2013年1月1日开始执行的强制性国家标准《食品安全国家标准预包装食品营养标签通则》,直接提供给消费者的预包装食品都必须标注营养成分表后才能上市销售。所有预包装食品营养标签必须标示蛋白质、脂肪、碳水化合物、钠4种核心营养素以及能量(简称"4+1")的含量值及其占营养素参考值(NRV)的百分比。对于保健食品或功能食品,还应包括保健成分或功能成分的分析。

食品营养成分的摄入是否合理直接关系着人体的健康,但是没有一种天然的食物能供给人体所需的全部营养素。因此,对食品进行营养成分分析,掌握食品中营养素的质和量,对指导人们合理营养与膳食有重要意义。

二、食品添加剂分析

食品添加剂是指为改善食品品质和色、香、味,以及为防腐和加工工艺的需要而加入食品中的化学合成或者天然物质。食品添加剂本身不作为食用目的,也不一定具有营养价值。食品添加剂起着改善食品感官性状及食品品质,提高食品保藏性能的作用。目前,所使用的食品添加剂多为化学合成物质,有些对人体具有一定的毒副作用,国家食品安全卫生标准对食品添加剂的使用范围及用量均作了严格的规定。但目前,食品添加剂存在着超范围使用和超剂量使用的问题。因此,为监督生产企业合理使用食品添加剂,保证食品的安全性,对食品中的添加剂进行分析检测是食品分析的一项重要内容。

三、食品中有害成分的分析

食品中有害成分的分析主要包括食品中的有害元素、农药和兽药残留、环境污染物、来自包装材料的有毒有害成分、加工过程中产生的有毒有害成分等。我国为了加强对食品中有害物质的控制,已建立了一系列食品中有害物质的限量标准。借助各种食品分析手段,对食品中有害物质进行分析控制,已经成为食品分析的主要内容之一。

第三节 食品分析方法的选择与标准

对食品的分析应根据分析目的、待测样品的性质和分析项目的特殊要求选择合适的分析方法,分析结果的准确度取决于分析方法的合理选择、样品的制备、分析操作的准确,以及对分析数据的正确处理和合理解释。用于生产过程指导或企业内部的质量评估,可选用分析速度快、操作简单、费用低的快速分析方法,而对于成品质量鉴定或营养标签的产品分析,则应采用法定分析方法。采用标准的分析方法,利用统一的技术手段,对于比较与鉴别产品质量,在各种贸易往来中提供统一的技术依据,提高分析结果的权威性有重要的意义。

一、分析方法的选择

样品中待测成分的分析方法往往很多,如何选择最恰当的分析方法?一般地说,应该综合考虑下列各因素。

1. 分析要求的准确度和精密度 不同分析方法的准确度、精密度各不相同。要根据生产和科研工作对分析结果要求的准确度和精密度选择适当的分析方法。

2. 分析方法的繁简和速度 不同分析方法操作步骤的繁简程度和所需时间及劳力各不相同,每样次分析的费用也不同。要根据待测样品的数目和要求取得分析结果的时间等来选择适当的分析方法,同一样品需要测定几种成分时,应尽可能选用同一份样品处理液同时测定该几种成分的方法。

3. 样品的特性 各类样品中待测成分的形态和含量不同,可能存在的干扰物质及其含量不同,样品的溶解和待测成分提取的难易程度也不相同。要根据样品的这些特征来选择待测液的制备方法、待测成分的测定方法和干扰物质的消除方法。

4. 现有条件 分析工作一般在实验室进行,各级实验室的设备条件和技术条件也不相同,应根据具体条件来选择适当的分析方法。在具体情况下究竟选用哪一种方法,必须综合考虑上述各项因素,但首先必须了解各类方法的特点,如方法的精密度、准确度、灵敏度等,以便加以比较。在满足分析所要求的准确度和精密度的前提下,应尽量选择简单、快捷的分析方法,以有效地节约分析费用,降低检验成本。

二、食品分析标准

随着社会的发展和人们生活质量的不断提高,人们对食品质量的要求越来越高。食品安全不仅为我国人民所关注,也是当今世界上人们所关注的焦点问题之一。据不完全统计,每年因食用不安全的食品而致使数以万计的人患病,造成许多人死亡。因而,食品安全已成为全球公众健康优先考虑的问题。食品标准作为食品安全、生产、储存的依据,它的水平直接关系到人们的身体健康,更应引起我们的重视。

我国的法定食品分析标准有中华人民共和国国家标准(GB)、行业标准和地方标准等。其中国家标准为仲裁法。目前,我国已有各类食品及食品相关产品的国家标准和行业标准6 000余项。其中,国家标准2 000余项,行业标准2 900余项,地方标准1 200余项。在行业标准中,由国家各行业部委批准发布的有NY(农业)、SC(水产)、SB(商业)、LS(粮食)等行业标准,另外还有SN(商检)、QB(轻工)、LY(林业)、CH(供销)等。覆盖了蔬菜、水果、大米、小麦粉、食用油、水产品、白酒等67类食品,涵盖了产品标准、卫生与安全限量、检验方法与规程、通用标准等。

随着《食品安全法》的实施,食品安全标准将作为食品领域唯一强制执行的标准体系。根据《食品安全法》及国务院颁布的《食品安全法实施细则》的要求,国务院卫生行政部门应当对现行的食用农产品质量安全标准、食品卫生标准、食品质量标准和有关食品的行业标准中强制执行的标准予以整合,统一公布为食品安全国家标准。截至2008年10月,食品安全国家标准454项,其中,食品污染物、食品添加剂、真菌毒素、农药残留、包装材料用添加剂使用卫生标准等基础标准8项,涉及动物性食品、植物性食品、辐照食物、食饮具消毒产品、包装等相关产品标准128项,检验方法标准275项,食品企业卫生规范类标准22项,食物中毒诊断标准19项。目前,国家相关机构根据《食品安全国家标准"十二五"规划》正在进行食品标准清理整合,并制定、修订食品安全国家标准。

对于国际间的贸易,采用国际标准则更具有效性和普遍性。目前,食品国际标准和食品分析方法的公布主要由国际食品法典委员会(CAC)、国际标准化组织(ISO)、国际卫生组织(WHO)等组织决定。

1. 国际食品法典委员会(CAC)　　CAC是由联合国粮农组织(FAO)和世界卫生组织(WHO)联合组建的政府间组织协调食品标准的国际组织,是全球性农业标准化组织。食品法典包括针对要出售给消费者的所有主要食品制定的标准,无论是加工的、半加工、还是未加工的原料都包括在内。食品法典标准包括食品卫生、食品添加剂、农药和兽药残留量、污染物、标签及其描述、分析与采样方法以及进出口查验方面的规定等对食品的各种要求。截至2009年,CAC已经制定了8 000多个国际食品标准,建立了237种食品的检测标准,3 274个农药残留限量,1 005个食品添加剂及25个食品污染物的安全评估。食品法典是国际公认的食品安全基准标准,目前发达国家已普遍采用。

2. 国际标准化组织(ISO)　　ISO是世界上最大、最具权威的非政府间标准化机构。在平等、自愿和一致的原则下,各成员通过协商制定符合市场需求和适合世界各国的国际标准,以保护消费者利益和促进国际间公平贸易。每一个国家只能有一个最有代表性的标准化团体作为ISO成员,我国以国家标准化管理委员会(SAC)的名义参加ISO的工作。ISO标准主要由ISO的各技术委员会(TC)制定和修订。从TC角度看,与食品加工有关的TC为TC34。

ISO标准体系涉及原料、工厂设施、生产加工过程、包装标识、产品、产品检验、产品储藏运输等过程;ISO标准先进、科学,每个方法标准都经精密度实验,在多个实验室进行了重复性和再现性的检验;ISO标准以方法标准为主。

3. 国际AOAC(AOAC International)　　国际AOAC不属于标准化组织,但它所记载的分析方法在国际上有很大的参考价值。国际AOAC是世界性的会员组织,其宗旨在于促进分析方法及相关实验室品质保证的发展及规范化。其前身是始创于1885年的美国官方农业化学家协会(Association of Official Agricultural Chemists,AOAC)。美国官方农业化学家协会于1965年更名为美国官方分析化学家协会(Association of Official Analytical Chemists),1991年又更名为AOAC INTERNATIONAL,而此处的AOAC代表的是"分析团体协会"(Association of Analytical Communities)。目前,AOAC是为行业、政府机构和学术机构提供经过验证的方法、能力测试样品、认证标准和科学信息的领导者。

第四节　食品分析的发展趋势

食品分析水平的提高,取决于食品工业对食品分析提出的要求,各学科的发展为食品分析提供理论和技术保证。农业生产和食品工业的发展,人民物质生活水平的提高,使食品分析面临许多迫切需要解决的问题;分析化学、仪器分析、有机化学、物理化学、结构化学、生物学、电子技术、计算机科学等的发展,为食品分析提供了极好的条件。因此,食品分析正面临着重要的变革和突破。它的发展趋势及主要特点表现在以下几个方面:

一、食品分析的范围逐渐扩大

过去,食品分析的范围主要涉及六大营养成分分析或是各类成分的总量,随着生产和科学研究的发展,这种宏观的分析已不能满足需要。人们需要了解氨基酸、糖类、脂肪酸的总量中各种氨基酸、各种糖、各种脂肪酸的组成和分布。此外,在各个国家的食品安全标准中,增加了越来越多的新检测项目。例如,2008年,我国发生了含有"三聚氰胺"奶粉导致婴幼儿中毒的重大食品安全事故,随后,三聚氰胺被列为奶粉的检测项目。又如2004年,欧盟对我国茶叶的农残检测项目也由29项增至62项,而日本则多达77项。

二、安全卫生指标限量值的逐步降低

由于科学工作者对食品中有害成分研究的深入,以及人们食品安全意识的提高,一些以前未知的成分将会被列入分析范围。同时,食品安全卫生指标限量值将逐步降低,并出现了诸如二噁英等污染物的超痕量指标。因此,要求逐步提高分析方法的检测灵敏度。

三、分析手段逐步仪器化

近年来,食品仪器分析方法的发展十分迅速,一些学科的先进技术不断渗透到食品分析领域中,使仪器分析方法在食品分析中所占的比例不断增长,并成为现代食品分析的重要技术手段。对于脂肪酸、蛋白质、糖类、维生素等人体必需营养成分的分析已不再停留在测定其总量上,而已从资源开发、营养评价、综合利用等全局考虑进入了分子水平的研究。由于使用了大型精密仪器如气相色谱仪、高效液相色谱仪、氨基酸自动分析仪、荧光分光光度仪等,对各类维生素、各种脂肪酸及不同的氨基酸均能进行组成成分的定量分析。

四、快速检测技术广泛应用

国际上特别是美国、欧盟等发达国家和地区通行的做法是,按一定的规范对受检产品取样进行快速检验。这种快速筛选的方法,如酶联免疫法、放射免疫法、受体传感器法、金(荧光素)标记法、cDNA标记探针法等一般是在非实验室的条件下在现场对样品进行筛检,只要检验结果为阳性,受检食品就不允许上市。当需要确切知道所检测项目的确实存在和定量结果时(如国内外贸易纠纷及仲裁、政府行为的监督检查),再把阳性样品送到实验室内,需用大型精密仪器(甚至超精密仪器)进行进一步的确证和定量分析。

因此,食品快速检测技术可以及时控制、减轻、消除食品突发事故及有毒有害物质对人体潜在的危害,降低食品中毒发生率,提高工作效率。从这个层面讲,大力发展食品安全快速检测技术是一项利国利民的大事。

思考题

1. 简述食品分析的作用和食品分析的主要内容。
2. 作为食品分析工作者应具备哪些方面的知识?
3. 食品分析发展的主要趋势体现在哪些方面?
4. 选用合适的分析方法需要考虑哪些因素?比较国家标准、国际标准和国际先进标准之间的关系与有效性。

第二章
样品的采集和前处理方法

样品采集及其前处理方法是食品分析的重要步骤和环节,直接关系到分析结果的准确性和可靠性。所谓采样就是从大量的被分析对象中抽取一部分有代表性的样品,供分析检测用。样品采集后,需要对其进行制备和前处理,选择合适的制备和前处理方法是得到正确和可靠的分析结果的重要步骤。本章主要介绍样品的采集、制备与保存及几种样品前处理方法。

第一节 概　　述

多数食品具有不均匀性,同种食品由于成熟度、加工与保存方法及受外界环境影响等不同,食品中营养成分和含量都有较大差异。此外,食品具有较大的易变性,大多数食品来自动植物组织,由于其自身的组成及所携带的微生物,易导致在食品采摘、加工、保存、运输和销售过程中发生成分变化。

尽管食品和食品原料的种类繁多,成分和来源各异,分析检测的项目和要求也各不相同,但食品分析一般都要经过以下程序:① 样品的采集与制备,使所采集的样品具有代表性;② 样品的前处理,使其符合分析方法的要求;③ 选择适当的分析方法对样品进行检测,使检测结果准确可靠;④ 数据处理及检测报告的撰写。

不管是成品还是原材料,即使是同一种食品样品,其所含成分的分布也不会完全一致。如果采样方法不正确,所采集的样品不具有代表性,即使检测设备先进,操作仔细,其分析结果也毫无意义,甚至可能得到错误的结果。因此,样品采集的正确与否,是检验工作成败的关键。样品采集后,应当立即进行分析,以防被测组分及其含量发生变化。如果样品不能马上进行分析检测,则应该妥善保存,不能使样品出现受潮、挥发、风干、变质等现象,以保证其成分测定的准确性。

在整个食品分析过程中,样品前处理所需时间最长,约占整个分析时间的三分之二。因此,样品的前处理是分析过程中的一个重要步骤,其方法选择的适当与否、处理过程的先进与否,直接关系到分析结果的准确性。随着科学技术的不断进步,样品前处理技术围绕着以下几个方向发展:① 微量化,随着检测技术及仪器的迅速发展,用于检测的样品量越来越少,与之相对应的样品前处理技术也随之向微量化方向发展;② 新方法和新技术,即对传统技术和方法的改进,并引入新的原理和技术;③ 在线分析,是指样品前处理过程与检测装置结合在一起实现自动化的一种分析技术,今后样品分析检测的发展趋势就是将这两个过程紧密结合起来,不但可以减轻劳动强度,更主要的是可以防止由于个体差异所产生的操作误差,提高分析检测的灵敏度、准确度与重现性。

第二节　样品的采集

一、采样

从大量的被分析对象中抽取一部分有代表性的样品作为分析材料,这一过程称为样品的采集,简称采样。

采样是食品分析的第一个步骤,它需要从一大批被检测对象中,采集到能代表整批被测产品质量的小份样品,这是一个困难而且需要非常谨慎的操作过程。因此,样品的采集必须遵守一定的原则,掌握适当的方法,并防止在采样过程中,造成某种被测组分的损失或外来成分的污染。

正确采样必须要遵守的原则:① 采集的样品要均匀、有代表性,能反映出全部被检食品或原材料的组成、质量和卫生状况;② 采样方法必须要与分析的目的一致;③ 采样过程中要设法保持样品的原有理化特征,避免成分发生化学变化或者逸散;④ 防止和避免将杂质或污染物引入样品中;⑤ 采样方法要简便易行,采样装置的尺寸要适当。

采样时,样品可分为检样、原始样品和平均样品三种。

检样:按照规定的方法,使用适当的工具,从整批被检测对象中所抽取的样品称为检样。

原始样品:将许多份按照规定的方法所取的检样综合在一起称为原始样品(性质不相同的检样不能混合成一种原始样品,而应分成相应的几种原始样品)。

平均样品:将原始样品混合均匀,再从混匀的样品中按适当的方法均匀地分出一部分作检测用,这部分样品称为平均样品。通常将平均样品分为3份,一份用于分析全部检测项目指标,称为检验样品;一份作为复检样品,当对检测结果存有争议或者分歧时使用;还有一份样品需封存保留一段时间(一般是1个月),供以后需要时进行备查,称为保留样品,但是易变质的食品一般不作保留。

二、采样的一般方法

样品采集的方法一般分为随机采样和代表性采样两种。

随机采样是按照随机的原则,从被分析的大批物料中抽取部分样品。随机采样时,要求使整批物料的各个部分都有被抽到的机会。

代表性采样则是按照系统抽样法进行采集,即已经掌握了样品随空间(位置)和时间变化的规律,按此规律采取样品,从而使采集到的样品能代表其相应部分的组成和质量,如对整批物料进行分层取样、在生产过程的各个环节取样、定期从货架上进行陈列不同时间的取样等。

随机采样可以避免人为的倾向性,但是,在有些情况下,对难以混匀的样品,如黏稠液体、蔬菜等,仅采用随机采样的方法是不够的,往往要结合代表性采样,从有代表性的各个部分分别取样,才能保证样品的代表性。因此,采样通常采用随机采样与代表性采样相结合的方式。

具体的取样方法因分析对象的不同而异。

1. 固态食品

(1) 大包装固态食品:首先按照采样件数的计算公式:采样件数=$\sqrt{N/2}$(N为总件数)确定样品的采集件数。然后按照采样的件数,从样品堆放的不同部位,取出所选定的大包装样品。再将双套回转取样管(图2-1)插入包装中,回转180°取出样品,每一包装须从上、中、下三层和五点(周围四点和中心点)取样。将采集的样品混合均匀,利用"四分法"(图2-2)将所采集的样品缩减到所需要的样品量。

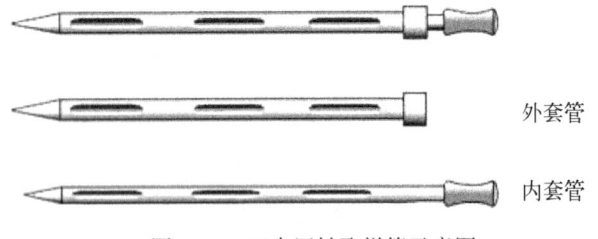

图2-1 双套回转取样管示意图

外套管

内套管

(2) 小包装食品(如罐头、袋或听装奶粉、瓶装饮料等):一般按照班次或批号连同包装一起采样。如果小包装外还有大包装,可在不同的堆放部位抽取一定数量(如$\sqrt{N/2}$,N为总件数)的大包装,打开包装,从中抽取小包装,再缩减到所需要的样品量。

(3) 散装固态食品:对于散装样品,应该从每批样品的上、中、下三层和五点,分别取出一部分样品,然后将样品混合均匀,按照"四分法"将样品缩减到所需要的数量。

2. 液态及半固态食品(奶油、果酱、酒类、液态调味品等) 对于包装体积不大的液体样品,应该先按照上述方法抽取一定的样品件数,开启包装,充分混匀,然后从每个包装中取一定量样品再缩减到所需要的样品量。样品量较多时可以采用旋转搅拌法混匀,样品量较少时可以采用反复倾倒法混匀。对于储存在大容器中的样品,由于不方便混匀,可采用虹吸法在容器的四角及中心五点分别取样,每点取样500 mL左右,充分混匀后再缩减到所需要的样品量。

3. 组成不均匀的固体食品(如鱼、肉、果品、蔬菜等) 对于这类样品,由于其本身组成极不均匀,个体的大小及成熟度有很大差异,所选取的样品更应该注意其代表性。

(1) 肉类、水产品等:根据样品分析的目的和要求,可以从动物体不同部位分别采样,混合均匀后作为样品;有时也可以从一只或多只动物体的同一部位取样,混合后代表某一部位的情况。对于小鱼、小虾等可随机抽取多个样品,切碎、混匀后,再缩减到所需要的样品量。

(2) 果品、蔬菜:体积较小的果蔬样品(如葡萄、山楂、蒜等),可随机抽取若干个体,切碎、混匀后,缩减到所需要的样品量;对于体积较大的果蔬样品(如西瓜、苹果、萝卜等),可按照成熟度及个体的大小组成比例,抽取若干个体,将每个个体按生长轴纵剖分成4份或8份,取对角线2份,切碎、混匀后,缩减到所需要的样品量;对于体积蓬松的叶菜类(如菠菜、芥菜等),由多个包装(如一筐、一捆等)中分别抽取一定数量,切碎、混匀后,再缩减到所需要的样品量。

三、采样的要求

为保证采样的公正性和分析结果的正确性,采样时必须遵循以下两个原则:① 采集的样品要均匀一致、有代表性,能够反映被分析食品的整体组成、质量和卫生状况;② 在采样过程中,要设法保持原有的理化和微生物指标,防止成分逸散或带入杂质。

我国国家标准 GB/T 5009.1—2003《食品卫生检验方法理化部分总则》对样品的采集、保存和检验提出了以下要求:

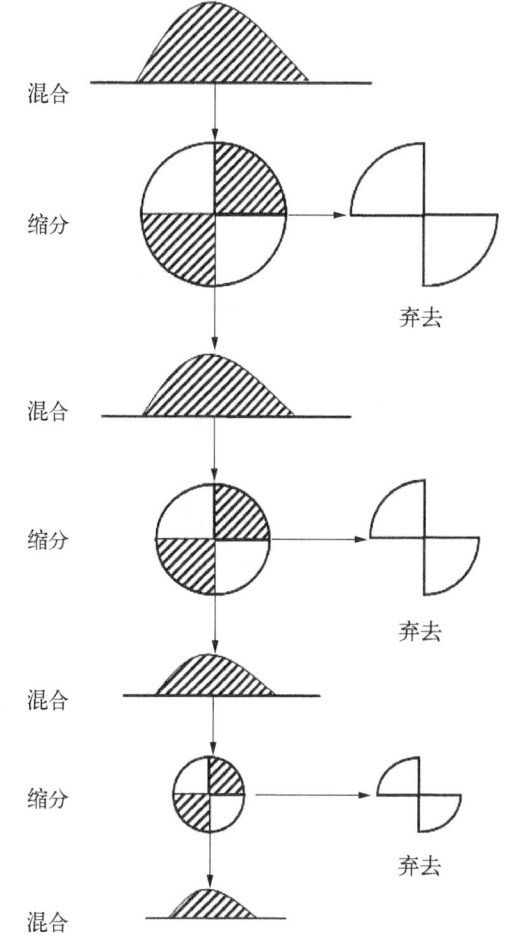

图 2-2 四分法取样图解

1) 采样应注意样品的生产日期、批号、代表性和均匀性(掺伪食品和食物中毒样品除外)。采集的数量应能反映该食品的卫生质量和满足检验项目对样品量的需要,一式三份,供检验、复验、备查或仲裁,一般散装样品每份不少于 0.5 kg。

2) 采样容器根据检验项目,选用硬质玻璃瓶或聚乙烯制品。

3) 液体、半流体饮食品如植物油、鲜乳、酒或其他饮料,如用大桶或大罐盛装者,应先充分混匀后再采样。样品应分别盛放在三个干净的容器中。

4) 粮食及固体食品应每批食品自上、中、下三层中的不同部位分别采取部分样品,混合后按四分法对角取样,再进行几次混合,最后取有代表性的样品。

5) 肉类、水产等食品应按分析项目要求分别采取不同部位的样品或混合后采样。

6) 罐头、瓶装食品或其他小包装食品,应根据批号随机取样。同一批号取样件数,250 g 以上的包装不得少于 6 个,250 g 以下的包装不得少于 10 个。

7) 掺伪食品和食物中毒的样品采集,要具有典型性。

8) 检验后的样品保存。一般样品在检验结束后,应保留一个月,以备需要时复检,保存时应加封并尽量保持原状。易变质食品不予保留。检验取样一般指取可食部分,以所检验的样品计算。

9) 感官不合格产品不必进行理化检验,直接判为不合格产品。

第三节 样品的制备与保存

一、样品的制备

由于所采集的样品数量过多或者组成不均匀,为了保证分析结果的准确可靠,在分析测定前必须对样品进行整理、粉碎、过筛、混匀、缩分、净化、浓缩等步骤,称为样品的制备。样品制备的目的是保证样品十分均匀,使分析时所取的任一部分都能代表全部样品的成分。样品的制备因产品类型不同而各异。

1. 常规食品样品的制备

(1) 液体或悬浮液体:一般将样品充分摇匀或者搅拌。常用的简便工具有玻棒,还可以使用电动搅拌器等。

(2) 互不相溶的液体(如油与水的混合物):应先将互不相溶的成分分离,然后再分别进行取样。

(3) 固体样品:应先通过切细、捣碎、粉碎或研磨等方法将样品进行制作处理并混合均匀,成为可检状态。水果样品应先去除果皮和果核;鱼、禽类样品应先去除皮、毛、骨、鱼鳞、内脏等。常用的工具有研钵、粉碎机、高速组织捣碎机等。

(4) 罐头:水果罐头在捣碎前应先去除果核;肉禽罐头应先去除骨头及调味品(如葱、姜、蒜、辣椒等);鱼肉罐头应先去除鱼骨及调味品。

在样品制备过程中,应注意防止易挥发成分的逸散和避免样品组成及理化性质的变化,作为微生物检测的样品,必须按照无菌操作的规程制备样品。

2. 测定农药残留的样品制备

(1) 粮食:充分混匀后用四分法取 20 g 粉碎,过 40 目筛。表 2-1 为筛孔尺寸与标准目数的关系。

表 2-1 常用筛孔尺寸与标准目数的关系

筛号/目	筛孔直径/mm	筛号/目	筛孔直径/mm
5	4.00	100	0.15
10	2.00	120	0.125
20	0.85	140	0.106
40	0.425	200	0.075
60	0.25	230	0.063
80	0.178	270	0.053

(2) 蔬菜和水果:先用水洗去泥沙并除去表面附着的水分,按照当地的食用习惯,取可食部分沿纵轴剖开,各取四分之一,切碎混合均匀。

(3) 肉类:去除皮和骨,将肥肉和瘦肉混合取样,每份样品在进行农药残留检验的同时,还应进行粗脂肪的测定,以便必要时计算农药在脂肪和瘦肉中的残留量。

(4) 蛋类:去壳后全部混合均匀。

(5) 禽类:去除毛皮与内脏,用水洗净并除去表面附着的水分,纵剖后将去骨的半只禽肉绞成肉泥状,混合均匀。检测农药残留时还应进行粗脂肪的测定。

(6) 鱼类:每份鱼样至少取三条,去除鳞、头、尾及内脏后,用清水洗净并除去表面附着的水分,纵剖后取去骨与刺的鱼样各半条绞成肉泥状,混合均匀。

二、样品的保存

采集后的样品,为了防止水分的挥发、易挥发成分的逸失或其他待测物质含量的变化(如光解、高温分解、发酵、化学反应等),无论何种样品都应当立即进行检测。如果不能立即进行分析,必须按照相应的标准方法加以妥善保存,以保证测定结果的准确性。

制备好的样品,为了防止其受到污染,应当存放于洁净密封的干燥容器内(一般用玻璃容器,切忌使用带橡皮垫的容器)。食品样品在分析前应当保证其被测组分稳定不变,对于易挥发、易氧化或易分解的成分(如胡萝卜素、维生素 B_1、黄曲霉毒素 B_1 等),应当结合所用的分析检测方法,在样品采集后加入某些试剂或采取适当的措施(如避光条件下),以稳定被测组分,避免损失。有些样品容易腐败变质,应该根据样品的种类选择适当的保存温度,一般样品应保存于 0~5 ℃ 的冰箱中,但也不宜长时间保存。新鲜样品(如蔬菜、水果等)如需短期保存,要置于控温冰箱中,以抑制其生理变化,或利用冷冻干燥法将样品干燥后保存。例如,食品中水分是样品分析的重要指标之一,水分含量的变化将直接影响到样品成分的浓度和某些组分比例的变化,会直接影响测定的结果。对于水分含量较高的样品,应该尽快分析,如不能立即分析,应当根据样品的性质和分析方法,对样品进行处理,如采用风干、烘干、冷冻干燥等方法对样品进行干燥处理,但必须计算样品的含水量。

此外,保存样品的环境要干燥清洁,样品要按照日期、批号、编号等摆放整齐,以便查找。

第四节 样品的前处理方法

在食品分析中,由于食品或食品原料的成分十分复杂,而且其中某些组分(如糖类、脂肪、蛋白质、维生素等)或杂质之间往往以复杂的结合态或络合态形式存在,常对分析测定产生干扰,使测定结果达不到预期目的。因此,为了保证分析工作的顺利进行,在样品正式分析测定之前,需对样品进行适当的前处理,使被测组分与其他组分相分离或者将干扰物质去除,以得到准确的分析结果。此外,有些被测组分在样品中含量太少或浓度太低(如农药、黄曲霉毒素等),直接测量有困难,这就需要在测定前对被测组分进行浓缩,以准确测定其含量。以上这些操作过程统称为样品的前处理,它是整个食品分析过程中的一个重要环节,直接关系着检测的成败。

样品前处理的总体原则:① 除去对被测组分产生干扰的物质;② 完整保留被测组分;③ 使被测组分浓缩,以获得可靠的分析结果;④ 调整被测样品的pH、离子强度等,使其满足检测的要求。

样品的前处理方法取决于被测物质的组成、理化性质,食品的类型、特点,以及被测项目的需要等。具体应用时,还可根据需要将几种不同方法配合使用,以期收到理想的分析结果。以下介绍几种常用的样品前处理方法。

一、有机物破坏法

有机物破坏法主要用于测定食品或食品原料中的金属元素或某些非金属元素(如铅、镉、汞、氮、磷和砷等)的含量。食品或食品原料中的金属或非金属元素有的是食品的正常成分,有的则是在生产、保存、运输或销售过程中引入的污染物,这些元素常与蛋白质等高分子有机化合物结合成难溶或难以离解的有机化合物,使元素测定难以直接进行。因此,在测定之前需要利用高温或者强氧化的作用破坏有机结合体,使被测组分释放出来,进而被分析测定。分解有机物的方法因原料的组成以及被测元素的性质不同可有许多不同的操作方法,总体上可分为干法灰化法、湿法消化法和紫外光分解法。

1. 干法灰化法

(1) 原理:将一定量的样品置于坩埚中加热,然后再经高温(如500~600 ℃)灼烧,使其中有机物脱水、炭化、氧化、分解,直至残灰为白色或浅灰色为止,所得残灰即为无机成分,经溶剂溶解、定容可直接用于测定。

(2) 仪器:电炉、高温炉、坩埚、坩埚钳。

(3) 方法特点:干法灰化法利用高温使有机物破坏彻底,操作简便易行,除汞之外大多数金属元素和部分非金属元素的检测都可用此前处理方法;由于所用试剂较少或不加试剂,故空白值低;可通过处理较多的样品达到富集被测组分的目的,因而降低检测下限;但此法操作时间较长,工作效率低,而且由于灼烧温度较高容易造成某些元素(如汞、砷等)以及碱金属氯化物的损失。此外,坩埚对被测组分具有一定的吸留作用,也会导致测定结果和回收率偏低。

为了缩短灰化时间,促进样品灰化完全,防止某些元素的损失,常向样品中加入助灰化剂(如硝酸、过氧化氢等),这些物质可以加速灰化的速度,并且在灼烧后可以完全消失,不增加残灰的质量。也可添加硝酸镁、氢氧化钙、氯化镁等物质作为助灰化剂,使某些易挥发的成分转变为难挥发或不挥发的物质。例如,可以通过加氯化镁或硝酸镁使磷、硫元素转变为磷酸镁或硫酸镁,防止它们的损失;可以加入氢氧化钙或氢氧化钠使卤素转为难挥发的钙盐或钠盐;可以加入氯化镁或硝酸镁使砷转变为不挥发的焦砷酸镁,但这些前处理方法都应做空白试验。

2. 湿法消化法

（1）原理：向样品中加入一定量的强氧化试剂（如硝酸、浓硫酸、过氧化氢、高氯酸等）并加热消煮，使样品中的碳、氢、氧等元素以二氧化碳、水等形式挥发逸出，待测组分以为无机物状态留在消化液中供检测用。

（2）常用消化试剂：食品消化过程中所使用的消化试剂较多，可根据被测样品的性质、分析的目的和试剂的特性进行选择。可采用单一消化试剂，也可以是几种消化试剂的混合。例如，硝酸-高氯酸-硫酸、硝酸-硫酸等。

（3）方法特点：湿法消化法是在较低的温度下使样品分解，可减少待测元素的逸散损失。但在消化过程中，产生大量的酸雾和刺激性气体，不仅对人体有害，而且还会造成环境污染和实验室设备的腐蚀，因此消化过程必须在通风橱中进行，并且在消化初期，会有大量泡沫产生，故需操作人员随时看管。此外，湿法消化法使用的试剂较多、用量较大，空白值偏高。

为提高消化速度和消化效率，近年已开发了微波消解技术，它是在聚四氟乙烯内罐中，加入适量样品和消化剂，加上外罐并于微波炉中消解，利用微波使罐中极性分子在高频交变电磁场中发生振动，相互碰撞、摩擦、极化而产生高热使样品迅速消化。此法克服了常压消化的一些缺点，具有以下优点：① 加热快，大大缩短了消化时间；② 消化试剂用量少，空白值低；③ 避免挥发损失和样品被污染，提高了分析的准确度和精密度；④ 降低劳动强度。

3. 紫外光分解法　　紫外光分解法是一种用于消解复杂样品基体中的有机物，从而测定其中无机离子的方法。所用的紫外光源由高压汞灯提供，在 80～90 ℃ 的温度下对样品进行光解。在光解过程中，加入 1～2 mL 过氧化氢可加速有机物的降解速度，光解的时间根据样品的类型和有机物的含量而定。紫外光降解法具有试剂用量少、污染小、空白值低、回收率高等特点，可用于测定样品中铜、锌、镉、磷酸根、硫酸根等物质。

二、溶剂抽提法

利用被测组分与干扰物质在同一溶剂中具有不同的溶解度，将被测组分与其他组分完全分离或部分分离的方法称为溶剂抽提法。此法常用于样品中农药残留、黄曲霉毒素、抗生素等组分的测定。根据样品的组成及被测组分性质的不同，溶剂抽提法常分为浸提法、索氏抽提法、萃取法、加速溶剂萃取法、超临界流体萃取法等。

1. 浸提法　　用适当溶剂浸泡固体样品，将可溶性溶质浸提出来的方法，称为浸提法。一般来说，浸提法应符合相似相溶的原则，应根据被测组分的极性强弱来选择合适的提取剂，而且所采用的提取剂不仅能大量溶解被测组分，还要求对被测组分的性质和成分不产生影响。例如，可以利用己烷浸提油菜籽中的油脂、用水浸提甜菜中的糖分等。此法常用的无机溶剂有水、稀酸、稀碱溶液等，常用的有机溶剂为乙醇、乙醚、氯仿、丙酮、甘油等。也可以采用混合提取剂以调整其极性大小，如甲醇与水混合溶液等。

2. 萃取法　　利用待测组分在两种互不相溶（或微溶）的溶剂中溶解度或分配系数的不同，使待测组分从一种溶剂内转移到另外一种溶剂中的方法，称为萃取法。此法操作简便，对待测组分的浓缩倍数高，萃取效率一般由所选择的萃取剂和萃取方法决定。萃取剂的选择，一般由被测组分本身的性质决定，不仅要使被测组分在萃取剂中的溶解度大，而且对杂质有较小的溶解度，并且萃取剂要与溶液中的原溶剂互不相溶。此外，萃取剂的沸点不宜过高，并有一定的化学稳定性和较小的毒性。例如，测定食品生产用水中的农药残留，可取大量水样，用少量苯萃取，弃去水样后，收集萃层，最后选用恰当的方法进行测定。

如图 2-3 所示，萃取通常在分液漏斗中进行，一般需经多次萃取才能达到完全分离的目的。由于萃取过程有机溶剂的使用量较大，故需要做好各项防火防爆等措施。

3. 索氏抽提法　　索氏抽提法是从固体物质中萃取被测组分的一种方法。

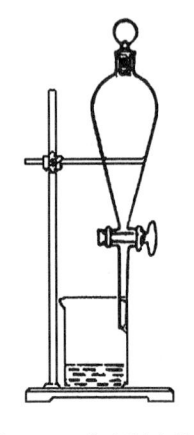

图 2-3　分液漏斗萃取装置图

索氏提取装置由提取瓶、提取管、冷凝器三部分组成(图2-4),提取管两侧分别有虹吸管和连接管,各部分连接处要严密不能漏气。提取时,将待测样品包在脱脂滤纸包内,放入提取管内。提取瓶内加入有机溶剂,加热提取瓶,有机溶剂气化,由连接管上升进入冷凝器,凝成液体滴入提取管内浸提样品中的被测组分。待提取管内有机溶剂液面达到一定高度,溶有被测组分的有机溶剂经虹吸管流入提取瓶。流入提取瓶内的有机溶剂继续被加热气化、上升、冷凝、滴入提取管内,如此循环往复,直到抽提完全为止。例如,利用脂肪能溶于某些有机溶剂(如无水乙醚或石油醚)的性质,将干燥后的样品用无水乙醚经索氏抽提器反复抽提,使样品中的脂肪进入溶剂中,蒸去溶剂后即可得到粗脂肪。此方法提取效率高,被测组分提取完全,但操作比较烦琐,耗时较长。

4. 加速溶剂萃取法　加速溶剂萃取法是在较高的温度(50～200 ℃)和压力(10.3～20.6 MPa)下,用有机溶剂萃取固体或半固体样品的前处理方法。升高温度能够削弱溶剂和样品基质之间的作用力(如范德华力、氢键等),从而增加被测组分的溶解度,并且有利于克服基体效应,加快溶剂解析,降低溶剂的黏度,加速溶剂分子向基体的扩散速度;而增大压力可以使溶剂在较高的温度下保持液体状态,减少易挥发性物质的损失。

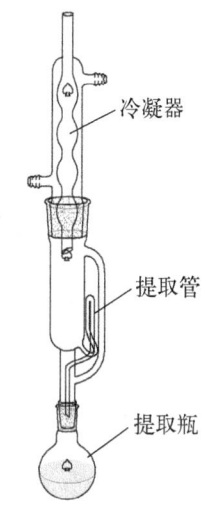

图2-4　索氏提取装置示意图

加速溶剂萃取法的优点如下:有机溶剂用量少,10 g样品一般仅需15 mL溶剂;快速,完成一次萃取全过程的时间一般仅需15 min;基体影响小,对不同基体可用相同的萃取条件;萃取效率高,选择性好;使用方便、安全性好且自动化程度高。由于加速溶剂萃取法具有突出的优点,目前已广泛应用于食品、环境、药物等领域的样品处理,特别是针对多环芳烃、有机农药、除草剂等的分析。

5. 超临界流体萃取法　超临界流体萃取是将超临界流体作为萃取溶剂,从复杂的样品中把被测组分分离提取出来的一种萃取技术,它兼有传统蒸馏和液液萃取的特征,是适用面很广的一门新型分离技术。超临界流体是处于临界温度和临界压力以上,介于气体和液体之间的流体,具有气体和液体的双重特性。可作为超临界流体的通常有二氧化碳(CO_2)、氮气(N_2)、氧化二氮(N_2O)、乙烯(C_2H_4)、三氟甲烷(CHF_3)等,一般首选CO_2作为超临界溶剂。因为CO_2不易燃,故萃取过程比一般的有机溶剂萃取更加安全;CO_2无味,故不会对分离的被测组分带来不良影响;CO_2在常温下是气体,在分离的被测组分中无残留;CO_2无毒,故对人体健康不会产生危害等。超临界流体萃取法一般用于食品、药品等领域中组分的分离提取。图2-5为多釜单级超临界CO_2萃取流程图。

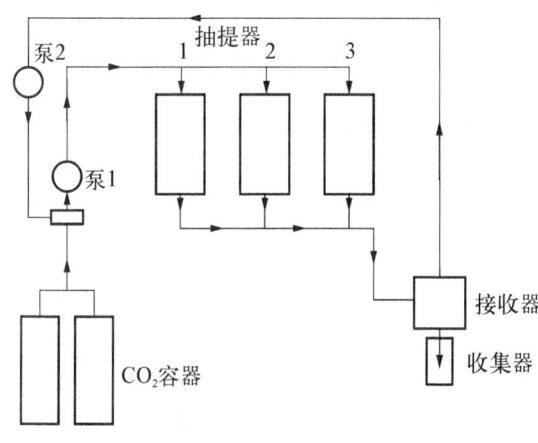

图2-5　多釜单级超临界CO_2萃取流程图

三、蒸馏法

蒸馏法是利用被测物质中各组分的挥发性不同而进行分离的一种方法,可用于去除干扰物质,也可将待测组分蒸馏逸出,收集馏出液进行分析测定。例如,提取橙子皮中的香精油时,可用水蒸气蒸馏样品,将馏出的蒸汽冷凝,用无水硫酸钠干燥油层,即得到香精油。根据样品中被测组分性质的不同,蒸馏法可分为常压蒸馏法、减压蒸馏法和水蒸气蒸馏法等。

1. 常压蒸馏法　常压蒸馏法适用于被测组分受热后不易发生分解或沸点不太高的样品。常压蒸馏的加热方式可根据被测组分的沸点和性质确定,如果沸点低于90 ℃,可以使用水浴加热;如果沸点为90～200 ℃,可以使用油浴加热;如果沸点超过200 ℃时,可以使用沙浴、石墨浴等方式加热。如果被蒸馏的物质是低沸点和易燃性液体,必须使用无明火的恒温水浴,而且实验装置附近应避免有火源的存在;如果被蒸馏的物质不易燃烧或爆炸,可以使用电炉或酒精灯直接加热,最好要垫上石棉网,使之受热均匀且安全。在加热蒸馏前,应在蒸馏瓶中加入少量沸石或其他类似物,以防止液体暴沸,并使沸腾保持平稳。

2. 减压蒸馏法　　当常压蒸馏容易使被测组分分解或者样品的沸点太高时,可以采用减压蒸馏,它是借助减压装置降低蒸馏系统内的压力,以降低液体的沸点,防止被测组分因发生分解而造成损失。

3. 水蒸气蒸馏法　　水蒸气蒸馏法是将水蒸气通入不溶于水的有机物中或使有机物与水经过共沸而蒸出的操作方法,其原理为:两组分混合液的蒸汽压,等于两组分单独存在时的各自蒸汽压之和,当混合液中两组分的蒸汽压之和等于大气压时,混合液开始沸腾,因此混合液的沸点比两组分各自的沸点都要低,所以混合液在 100 ℃以下就开始沸腾。此方法可用于某些被测组分加热到沸点时可能发生分解的样品,也可用于某些被测组分的沸点较高,直接加热蒸馏时因受热不均匀而引发局部炭化的样品。

四、色层分离法

色层分离法又称为层析分离法或色谱分离法,是在载体上进行物质分离的一系列方法的总称。它是利用混合物中各组分理化性质的差异使不同组分在两相中的分布程度不同,使各组分以不同的速度移动而达到分离的目的。其中固定的一相称为固定相,另一相是流动的称为流动相。固定相可以是固体,也可以是以被固体或凝胶所支持的液体,可以装入柱中,也可以展成薄层或涂成薄膜。流动相可以是液体,也可以是气体。

这种方法不仅具有分离效率高、应用范围广、分析速度快等优点,而且可使各种性质相似的组分达到彼此分离的目的,尤其是对有机物的分析测定具有独特的优势。根据分离原理的不同,色层分离法可以分为吸附色谱分离法、分配色谱分离法和离子交换色谱分离法等。

1. 吸附色谱分离法　　利用吸附剂对样品中各组分吸附能力强弱的差异而使组分分离的方法,称为吸附色谱分离法。吸附色谱分离法的固定相一般包括氧化铝、硅胶、聚酰胺等,主要应用于对小分子物质的分离。例如,在测定食品中色素含量时,常用聚酰胺为固定相,因为聚酰胺对色素具有较强的吸附能力,而其他组分则难以被其吸附,被吸附的色素经过滤洗涤,用适当的溶剂解吸,可以得到较纯净的色素溶液,以供检测。

2. 分配色谱分离法　　利用样品各组分在固定相和流动相之间的分配系数(或分配比)不同而分离的方法,称为分配色谱分离法。分配色谱的固定相一般为液体,依靠涂布、键合、吸附等方式分布于载体表面。由于样品中不同组分在某一固定相中分配系数不同,当流经固定相时,混合物在流动相与固定相之间进行反复的分配作用,从而使混合物中各组分分离。载体的种类一般有硅胶、硅藻土、纤维素、葡聚糖凝胶等。分配色谱主要应用于分离极性大,在有机溶剂中溶解度小,或极性相似的组分。例如,利用纸层析法定量测定米胚芽中的 γ 氨基丁酸。

3. 离子交换色谱分离法　　以带电荷基团的离子交换剂作为固定相,选择含特定离子的溶剂为流动相,利用离子交换剂上的可交换离子与溶液中离子发生可逆交换作用,由于不同的离子交换能力不同,待分离的各组分随流动相移动的速度也不同,这种分离方法称为离子交换色谱法。离子交换色谱分离法分为阳离子交换和阴离子交换两种。交换作用可用下列反应式表示。

$$阳离子交换: R-H + M^+ X^- \rightleftharpoons R-M + HX$$

$$阴离子交换: R-OH + M^+ X^- \rightleftharpoons R-X + MOH$$

式中,R——离子交换剂的母体;

MX——溶液中被交换的物质。

当被测离子溶液与离子交换剂一起混合振荡,或将样品溶液缓慢通过离子交换剂时,被测离子或干扰离子留在交换剂上,被交换出的 H^+ 或 OH^-,以及不发生交换反应的其他物质留在溶液内或在流动相,从而达到分离的目的。可溶性的有机或无机离子化合物均可进行离子交换色谱分离法的操作。例如,食品中的铬常以 $Cr(Ⅲ)$ 与 $Cr(Ⅵ)$ 形式存在,由于两者对人体的毒性作用不同,在分析中常要求对其分别定量。由于 $Cr(Ⅲ)$ 以阳离子的形式存在,而 $Cr(Ⅵ)$ 以阴离子的形式存在,故可以选用阳离子交换树脂或阴离子交换树脂,用离子交换分离法使之分离后再测定。

五、化学分离法

1. 磺化法和皂化法 磺化法和皂化法是处理油脂或含脂食品最常用的方法之一,常用于农药残留分析中样品的净化处理。油脂经过硫酸磺化或碱的皂化作用后由憎水性转变为亲水性,油脂中需要测定的非极性物质就可以被适当的溶剂提取出来。

(1) 硫酸磺化法:此方法是利用硫酸处理样品的提取液,有效去除样品中的脂肪、色素等干扰物质。其原理是浓硫酸能使脂肪磺化,并且与脂肪和色素中的不饱和键起加成作用,形成可溶于硫酸和水的强极性化合物,不再被弱极性的有机溶剂所溶解,从而达到分离净化的目的。硫酸磺化的反应式如下:

$$CH_3(CH_2)_nCOOH \xrightarrow{H_2SO_4} HO_3SCH_2(CH_2)_nCOOR$$

此方法虽然具有快速、操作简便、净化效果好等优点,但仅适合于对强酸稳定的被测组分的分离。例如,果蔬中残留的有机氯农药提取液的净化。

(2) 皂化法:本法是利用热碱溶液处理样品提取液,以除去脂肪等干扰物质。其原理是利用氢氧化钾-乙醇溶液将脂肪等干扰物质皂化除去,达到分离净化的目的。氢氧化钾皂化法的反应式如下:

$$RCOOR' \xrightarrow{KOH} RCOOK + R'OH$$

此法适合于对碱稳定的被测组分的分离,如维生素 A、维生素 D 等提取液的净化。

2. 沉淀分离法 沉淀分离法是一种经典的分离方法,它是依据溶度积的原理,在样品中加入适当的沉淀剂,利用沉淀反应使样品中被测组分和干扰物质相互分离的一种方法。但沉淀分离法一般需经过过滤、洗涤等步骤,操作烦琐,耗时较长,并且某些被测组分的沉淀法分离效果较差。近些年,由于分离操作方法的改进,加快了过滤、洗涤等步骤的速度,而且通过使用选择性较好的有机试剂,可提高分离的效率。因此,沉淀分离法仍是一种常用的分离方法。根据沉淀剂的不同分为无机沉淀剂沉淀分离法、有机沉淀剂沉淀分离法和共沉淀分离法。例如,测定饮料中糖精钠的含量时,可在待测样品中加入亚铁氰化钾和乙酸锌,将蛋白质等干扰物质沉淀出来,而糖精钠仍留在溶液中,经过滤后,取滤液进行分析。

3. 掩蔽法 掩蔽法是向样品溶液中加入适当的掩蔽剂,使其与溶液中的干扰物质发生反应,以消除干扰物质对被测组分的干扰。这种方法可以不经过分离干扰物质的操作而消除干扰作用,并且直接在溶液中进行,操作简便,因而在食品分析中应用十分广泛。例如,利用双硫腙比色法测定铅含量时,在优化的测定条件($pH = 9$)下,共存离子 Cu^{2+}、Cd^{2+} 等对铅的测定产生干扰,而加入氰化钾和柠檬酸铵可通过掩蔽作用消除干扰。

六、浓缩法

食品样品经过提取与分离后,有时试液的体积较大,在测定前,需要将大体积溶液中的溶剂减少,以提高溶液中被测组分的浓度。在浓缩过程中,一些挥发性强、不稳定的微量被测组分容易损失。因此,要特别注意选择适当的浓缩方法并控制浓缩的条件。常用的浓缩方法分为常压浓缩法和减压浓缩法。

1. 常压浓缩法 此法主要用于被测组分为非挥发性样品溶液的浓缩,通常采用蒸发皿直接蒸发;若要回收溶剂可以采用普通蒸馏装置或旋转蒸发器等。该方法简便易行,速度快。

2. 减压浓缩法 此法主要用于被测组分为热不稳定或易挥发的样品溶液的浓缩。由于降低压力,溶液的沸点降低,能防止或减少热不稳定样品的分解或易挥发样品的逸失,强化蒸发操作,并能不断地排除溶剂蒸汽,有利于蒸发顺利进行。通常采用 K-D 浓缩器(图 2-6),浓缩时,水浴加热并

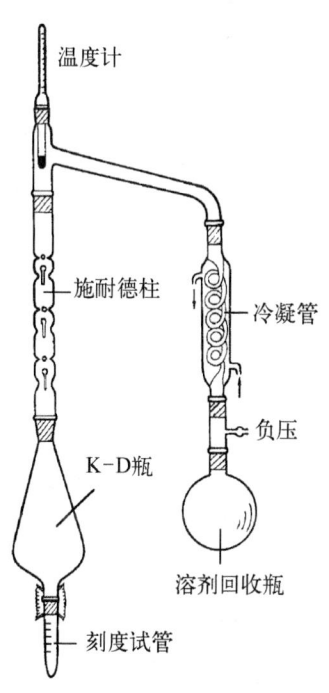

图 2-6 K-D 浓缩器装置示意图

抽气减压。该方法浓缩温度低,快速,被测组分损失少,特别适用于果蔬农药残留分析中样品溶液的浓缩。

思考题

1. 采样的基本原则是什么?如何才能做到正确地采样?
2. 简述采样时样品的分类及采样的一般方法。
3. 采样时应注意哪些问题?
4. 样品制备的目的是什么?
5. 样品前处理的目的是什么?如何选择合适的样品前处理方法?
6. 常用的样品前处理方法有哪些?各有什么优缺点?

第三章

水分和水分活度值的测定

水分测定方法主要介绍直接干燥法、减压干燥法、蒸馏法、卡尔-费休法、红外吸收光谱法及折光法。水分活度值的测定方法主要介绍 A_w 测定仪法和扩散法,同时还介绍可溶性固形物的折光计测定方法。

第一节 概 述

水是维持动植物和人类生命必不可少的重要物质之一,水也是食品的基本组成成分之一。食品中水分含量直接影响食品的感官性状与品质,是微生物生长繁殖的重要条件,影响到食品中各种营养素的搭配。控制食品的含水量,可防止食品腐败变质和营养成分的水解,延长食品的保质期。因此,水分含量是食品的一项重要质量指标,水分测定是食品理化检验的重要项目之一。由于食品的结构类型复杂,而且常含有细胞结构,所以,水分的存在形式也是多种多样的。在食品中,水分存在的形态有三种:游离水、结合水和化合水。去除水分后剩下的干基称为总固形物,其组分有蛋白质、脂肪、粗纤维、无氮抽出物和灰分等。了解食品的水分含量能掌握食品的基础数据。

1) 水分含量是产品的一个质量因素。例如,在果酱和果冻中,要防止糖结晶必须要控制水分含量;水果硬糖的水分含量一般控制在 3.0% 以下,但过低会出现返砂甚至返潮现象;新鲜面包的水分含量若低于 28%~30%,则其外形干瘪、没有光泽。

2) 有些产品的水分含量(或固形物含量)通常有专门的规定,为了能使产品达到相应的标准,有必要通过水分检测更好地控制水分含量。

3) 水分含量在食品保藏中也是一个关键因素,如全脂乳粉的水分含量须控制在 2.5%~3.0%,这种条件不利于微生物的生长,以延长保质期。

4) 食品营养价值的计量值要求列出水分含量。

5) 水分含量数据可用于表示样品在同一计量基础上其他分析的测定结果。

此外,各种生产原料中水分含量的高低,对于它们的品质和保存、成本核算、提高工厂的经济效益等均具有重大意义。

食品分析中水分测定的方法有多种,可以归为两大类:直接测定法和间接测定法。利用水分本身的理化性质去掉样品中的水分,再对其进行定量的方法称为直接测定法,如烘干法、化学干燥法、蒸馏法和卡尔-费休法;而利用食品的密度、折射率、电导、介电常数等物理性质测定水分的方法称为间接测定法,间接测定法不需要除去样品中的水分。

相比较而言,直接测定法精确度高、重复性好,但花费时间较多,且主要靠人工操作,广泛应用于实验室内。间接测定法所得结果的准确度一般比直接法低,而且往往需要进行较正,但间接法测定速度快,能够自动连续测量,可用于食品工业生产过程中水分含量的自动控制。在实际应用时,水分测定的方法要根据食品性质和测定目的而选定。需要注意的是,在测定水分含量时,必须要预防操作过程中所产生水分得失的误差,或尽量将其控制在最低范围内。因此,任何样品都需要尽量缩短其暴露在空气中的时间,并尽可能地减少样品在碾碎过程中产生的摩擦热,否则会影响样品的水分含量,造成不必要的误差。控制操作速度在水分测定过程中也是非常重要的,在样品干燥前有必要控制取样和称量的方式。

第二节 水分的测定

一、干燥法

在一定的温度和压力下,通过加热方式将样品中的水分蒸发完全并根据样品加热前后的质量差来计算水分含量的方法,称为干燥法。它包括直接干燥法和减压干燥法。水分含量测定值的大小与所用烘箱的类型、箱内条件、干燥温度和干燥时间密切相关。这种测定方法虽然费时较长,但操作简便,应用范围较广。

应用干燥法测定水分的样品应当符合下述三个条件。

1)水分是样品中唯一的挥发物质。如果食品中有其他挥发性组分则会造成测量误差,如乙酸、丁酸、醇、酯和醛等。

2)可以较彻底地去除水分。如果食品中含有较多的胶态物质,就很难通过直接干燥法来排除水分。

3)在加热过程中,如果样品中其他组分之间发生化学反应,由此而引起的质量变化应在可忽略范围内。

在分析过程中,样品中的水分含量与干燥温度和持续的时间有关,但当干燥时间持续太久、温度太高时,食品中其他的组分就会产生分解。水分检测存在的主要问题仍在于如何蒸发要去除的水,同时又不能因为其他成分分解所释放出的水分而使结果偏高;同样,食品中有些成分的化学反应(如蔗糖的水解)却要利用食品中的水分,这会使其测得的水分含量偏低。所以,如果当这些变化产生的影响很小时,可考虑使用烘箱干燥法。

干燥条件的选择包含两个因素即温度和时间。温度一般控制在101~105 ℃,对热稳定的样品如谷类,可提高到120~130 ℃范围内进行干燥;而对含糖量高的食品应先用低温(50~60 ℃)干燥0.5 h,再用101~105 ℃进行干燥。干燥时间的确定有两种方式:一是干燥到恒重;另一种是规定一定的干燥时间。前者基本能保证水分完全蒸发;而后者则需根据测定对象的不同而规定不同的干燥时间,准确度不如前者,一般只适用于对水分测定结果的准确度要求不高的样品。在干燥过程中,一些食品原料可能易形成硬皮或结块,从而造成不稳定或错误的水分测量结果。为了避免这种情况,可以使用清洁干燥的海砂和样品一起搅拌均匀,再将样品加热干燥直至恒重。加入海砂的作用有两个:一是防止表面硬皮的形成;二是可以使样品分散,减少样品水分蒸发的障碍。海砂的用量依样品量而定,一般3 g样品加入20~30 g的海砂就可以使其充分地分散。除了海砂之外,也可使用其他类似海砂的对热稳定的惰性物质,如硅藻土等。

1. 直接干燥法 食品中的水分一般是指在100 ℃左右直接干燥的情况下,所失去物质的总量。一般样品用烘干法测定水分都采用105 ℃,主要原因是非游离水分都不能在100 ℃以下烘干。直接干燥法适合于在101~105 ℃下,不含或含其他挥发性物质甚微的谷物及其制品、水产品、豆制品、乳制品、肉制品及卤菜制品等食品中水分的测定,不适合于水分含量小于0.5 g/100 g的样品。用烘干法测定的水分中还包括有少量芳香油、醇及有机酸等物质。

(1)原理:利用食品中水分的物理性质,在101.3 kPa(一个大气压),温度101~105 ℃下,将样品放在烘箱中加热干燥,采用挥发方法测定样品中干燥后减少的质量,减少的质量包括吸湿水、部分结晶水和该条件下能挥发的物质,再通过干燥前后的测量数值计算出水分的含量。

(2)仪器和设备:电热干燥箱、分析天平、扁形铝制或玻璃制称量瓶、干燥器等。

(3)实验方法:固体样品:取洁净铝制或玻璃制的扁形称量瓶,置于101~105 ℃烘箱中,瓶盖斜支在瓶边,加热1 h,取出盖好,置干燥器内冷却0.5 h,称量,并重复干燥直至前后两次质量差不超过2 mg,即为恒重。称取2~10 g(精确到0.000 1 g)切碎或磨细的样品,放入称量瓶中,样品厚度不超过5 mm。如为疏松样品,样品厚度不超过10 mm,加盖,精确称量后,置于101~105 ℃烘箱中,瓶盖斜支于瓶边,干燥2~4 h后,加盖取出并放入干燥器中冷却0.5 h后称量。然后再放入101~105 ℃干燥箱中干燥1 h左右,取出,放干燥器内冷却0.5 h并称量,至前后两次称量结果的质量差不超过2 mg为恒重。

半固体和液体样品:液体样品若直接在高温下加热,会因沸腾而造成样品损失,所以需低温浓缩后再进行高温干燥。取洁净的蒸发皿,内加10.0 g海砂及一根小玻棒,置于101~105 ℃烘箱中,干燥1 h左右,取出,放干燥器内冷却 0.5 h 并称量,重复干燥直至恒重。然后精确称取 5～10 g(精确到 0.000 1 g)样品放于蒸发皿中,用小玻棒搅匀后放在沸水浴上蒸干,并随时搅拌,擦去皿底的水滴,置 101～105 ℃ 烘箱中干燥 4 h 后盖好取出,并放在干燥器内冷却 0.5 h 后称量。然后再放入烘箱中干燥 1 h 左右,冷却 0.5 h 并称量,至前后两次称量结果质量差不超过 2 mg。

（4）计算：试样中的水分含量按下式进行计算：

$$X(\%) = \frac{m_1 - m_2}{m_1 - m_3} \times 100$$

式中,X——样品中的水分含量,g/100 g;
  m_1——称量瓶(加海砂、玻棒)和样品的质量,g;
  m_2——称量瓶(加海砂、玻棒)和样品干燥后的质量,g;
  m_3——称量瓶(加海砂、玻棒)的质量,g。

水分含量≥1 g/100 g 时,计算结果保留三位有效数字;水分含量超过<1 g/100 g 时,计算结果保留两位有效数字。

（5）讨论和说明

1）直接干燥法的设备和操作都比较简单,但是由于直接干燥法不能完全排出食品中的结合水,所以它不可能测定出食品中的真实水分。直接干燥法耗时较长,且不适宜胶态、高脂肪、高糖食品及含有较多的高温易氧化、易挥发物质的食品;用这种方法测得的水分质量中包含了所有在 100 ℃ 下失去的挥发物的质量,如微量的芳香油、醇、有机酸等挥发性物质的质量;含有较多氨基酸、蛋白质及羰基化合物的样品,长时间加热则会发生羰氨反应析出水分而导致误差,宜采用其他方法测定水分含量;测定水分之后的样品,可以用来测定脂肪、灰分的含量;经加热干燥的称量瓶要迅速放到干燥器中冷却;干燥器内一般采用硅胶作为干燥剂,当其颜色由蓝色减退或变成红色时,应及时更换,于 135 ℃ 条件下烘干 2～3 h 后再重新使用;硅胶若吸附油脂后,除湿能力也会大大降低;在使用直接干燥法时,要观察水分是否蒸发干净没有一个直观的指标,只能依靠是否达到恒重来判断;直接干燥法的最低检出限量为 0.002 g,当取样量为 2 g 时,方法检出限为 0.10 g/100 g,方法相对误差≤5%。

2）对于热稳定性较好的食品,如有些谷物,可采用 120～130 ℃ 甚至更高的温度进行干燥,因而大大缩短干燥时间。

3）对于水分含量在 16% 以上的样品,如面包之类的谷类食品,通常采用二步干燥法进行测定。先将样品称出总质量后,切成厚为 2～3 mm 的薄片,在自然条件下风干 15～20 h,使其与大气湿度大致平衡;然后再次称量,并将样品粉碎、过筛、混匀,放于洁净干燥的称量瓶中以直接干燥法测定水分,测量时按上述固体样品的程序进行。

分析结果按下式进行计算：

$$X(\%) = \frac{(m_1 - m_2) + m_2\left\{\dfrac{m_3 - m_4}{m_3 - m_5}\right\}}{m_1} \times 100$$

式中,X——样品中的水分含量,g/100 g;
  m_1——新鲜样品总质量,g;
  m_2——风干后样品的质量,g;
  m_3——干燥前样品与称量瓶的质量,g;
  m_4——干燥后样品与称量瓶的质量,g;
  m_5——称量瓶质量,g。

二步干燥法所得分析结果的准确度较一步法高,但费时更长。

2. 减压干燥法 食品中的水分指在一定的温度及压力的情况下失去物质的总量。但是水果和糖类等含糖多的食物不宜在 105 ℃ 烘干,因糖在高温时容易分解,尤其是果糖。所以测定含糖高的食品时都采用减压低温烘箱干燥法,减压干燥法适合于糖、味精等容易分解的食品中水分的测定,不适合于添加其他原料的糖果,如奶糖、软糖等试样测定,同时不适合水分含量小于 0.5 g/100 g 的样品。采用较低的温度,在减压条件下蒸发排除样品中的水分,根据干燥前后样品所失去的质量计算样品的水分含量。在真空干燥箱的低压条件下,样品中的水分可以在3~6 h内完全去除,而其他组分可以保持不分解。

(1) 原理:利用食品中水分的物理性质,在达到40~53 kPa压力后加热至(60±5)℃,采用减压烘干方法去除试样中的水分,再通过烘干前后的称量数值计算出水分的含量。

(2) 仪器和设备:真空干燥箱等。

(3) 实验方法:在已恒重的称量瓶中称取2~10 g(精确到0.000 1 g)试样,放入真空干燥箱内,将干燥箱连接真空泵,抽出箱内空气至所需压力(一般为40~53 kPa),并同时加热至所需温度(60±5)℃,关闭真空泵上的活塞,停止抽气,使干燥箱内保持一定的温度和压力。经4 h后,打开活塞,使空气经干燥装置缓缓通入干燥箱内,待压力恢复正常后再打开。取出称量瓶,放入干燥器中冷却0.5 h后称量,并重复以上操作至前后两次质量差不超过2 mg,即为恒重。

(4) 计算:试样中的水分含量按下式进行计算:

$$X(\%) = \frac{m_1 - m_2}{m_1 - m_3} \times 100$$

式中,X——样品中的水分含量,g/100 g;

m_1——称量瓶(加海砂、玻棒)和样品的质量,g;

m_2——称量瓶(加海砂、玻棒)和样品干燥后的质量,g;

m_3——称量瓶(加海砂、玻棒)的质量,g。

(5) 讨论和说明

1) 减压干燥法的操作压力较低,水的沸点也相应降低,因而可以在较低温度下将水分蒸发完全。它适用于在100 ℃以上加热容易变质及含有不易除去结合水的食品,如淀粉制品、豆制品、罐头食品、糖浆、蜂蜜、蔬菜、水果、味精、油脂等。由于采用较低的蒸发温度,可以防止含脂肪高的样品在高温下的脂肪氧化;可防止含糖高的样品在高温下的脱水炭化;也可防止含高温易分解成分的样品在高温下分解等。

2) 减压干燥法选择的压力一般为40~53 kPa,温度为(60±5)℃。但实际应用时可根据样品性质及干燥箱耐压能力不同而调整压力和温度,如AOAC法中咖啡的干燥条件为3.3 kPa和98~100 ℃;奶粉的干燥条件为:13.3 kPa和100 ℃;干果的干燥条件为13.3 kPa和70 ℃;坚果和坚果制品的干燥条件为13.3 kPa和95~100 ℃;糖和蜂蜜的干燥条件为6.7 kPa和60 ℃。减压干燥时,自干燥箱内部压力降至规定真空度时起计算干燥时间,一般每次烘干时间为2 h,但有的样品需5 h;恒重一般以减量不超过0.5 mg时为标准,但对受热后易分解的样品则可以不超过1~3 mg的减量值为恒重标准。在使用真空干燥箱时还需注意:如果被测样品中含有大量的挥发物质,应考虑使用校正因子来弥补挥发量;另外,在真空条件下热量传导不是很好,因此称量瓶应该直接放置在金属架上以确保良好的热传导;蒸发是一个吸热过程,要注意由于多个样品放在同一烘箱中使箱内温度降低的现象,冷却会影响蒸发。但不能通过升温来弥补冷却效应,否则样品在最后干燥阶段可能会产生过热现象;干燥时间取决于样品的总水分含量、样品的性质、单位质量的表面积、是否使用海砂以及是否含有较强持水能力和易分解的糖类和其他化合物等因素。

二、蒸馏法

1. 原理 用一种与水不混溶的、能与水形成恒沸混合物的、或沸点在100 ℃以上的有机液体作为水的载体,与含水的样品一起蒸馏,将馏出的水和载体的混合蒸气冷凝,并收集在有刻度的接收器内,待水相与有机相(载体)分开后,即可读取馏出的体积。

2. 试剂 甲苯或二甲苯(分析纯):取甲苯或二甲苯,先以水饱和后,分去水层,进行蒸馏,收集馏出液备用。

3. 仪器 水分测定器:如图3-1所示(带可调电热套)。水分接收管容量5 mL,最小刻度值0.1 mL,容量误差小于0.1 mL。

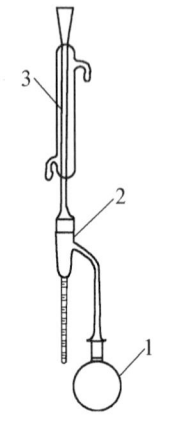

图 3-1 水分测定器

1. 250 mL 蒸馏瓶;2. 水分接收管,有刻度;3. 冷凝管

4. 实验方法　准确称取适量样品(应使最终蒸出的水 2~5 mL,但最多取样量不能超过蒸馏瓶的 2/3),放入 250 mL 锥形瓶中,加入新蒸馏的甲苯(或二甲苯)75 mL 使样品浸没,连接冷凝管与水分接收管,从冷凝管顶端注入甲苯,装满水分接收管。加热,当蒸馏瓶中甲苯刚开始沸腾时,可看到从蒸馏烧瓶中升起一团雾,这是水在甲苯中的蒸汽,不久就会有冷凝液产生。慢慢蒸馏,使每秒钟得馏出液 2 滴,待大部分水分蒸出后,加速蒸馏约每秒钟 4 滴,当水分全部蒸出后,接收管内的水分体积不再增加时,从冷凝管顶端加入甲苯冲洗。如冷凝管壁附有水滴,可用附有小橡皮头的铜丝将其擦下,再蒸馏片刻至接收管上部及冷凝管壁无水滴附着为止,接收管水平面保持 10 min 不变为蒸馏终点,读取接收管水层的体积。

5. 计算　试样中水分的含量按下式进行计算:

$$X(\%) = \frac{V}{m} \times 100$$

式中,X——样品中的水分含量,mL/100 g(或按水在 20 ℃时密度 0.998 20 g/mL 计算质量);

　　　V——接收管内水的体积,mL;

　　　m——样品的质量,g。

测定结果保留三位有效数字。

6. 讨论和说明

1) 蒸馏法与干燥法有较大的差别,干燥法是以烘烤干燥后减少的质量为依据,而蒸馏法是以蒸馏收集到的水量为准,避免了挥发性物质减少的质量以及脂肪氧化对水分测定造成的误差。在使用蒸馏法时,对于有机溶剂的选择,可考虑如能否完全湿润样品、适当的热传导、化学惰性、可燃性以及样品的性质等因素,但样品的性质是选择溶剂的重要依据。

2) 蒸馏法采用了一种有效的热交换方式,水分可被迅速移去,食品组分所发生的化学变化如氧化、分解等作用,都较直接干燥法小。这种方法最初是作为水分测定的快速分析法被提出来的,设备简单经济,管理方便,准确度能够满足常规分析的要求。对于谷类、干果、油类、香料等样品,分析结果准确,特别是对于香料,蒸馏法是唯一的、公认的水分测定法。

三、卡尔-费休法

卡尔-费休法,简称费休法或 K-F 法,是一种迅速而又准确的水分测定法,它属于碘量法,被广泛应用于食品中水分的测定。此方法快速准确且不需加热,在很多场合该法也常被作为水分特别是微量水分的标准分析方法,用于校正其他分析方法。卡尔-费休水分测定法又分为库仑法和容量法,卡尔-费休法容量法适合于水分含量大于 1.0×10^{-3} g/100 g 的样品,卡尔-费休法库仑法适合于水分含量大于 1.0×10^{-5} g/100 g 的样品。

1. 原理　根据碘能与水和二氧化硫发生化学反应,在有吡啶和甲醇共存时,1 mol 碘只与 1 mol 水作用,反应式如下:

$$C_5H_5N \cdot I_2 + C_5H_5N \cdot SO_2 + C_5H_5N + H_2O + CH_3OH \longrightarrow 2C_5H_5N \cdot HI + C_5H_6N[SO_4CH_3]$$

卡尔-费休库仑法测定的碘是通过化学反应产生的,只要电解液中存在水,所产生的碘就会和水以 1:1 的关系按照化学反应式进行反应。当所有的水都参与了化学反应,过量的碘就会在电极的阳极区域形成,反应终止。卡尔-费休法容量法测定的碘是作为滴定剂加入的,滴定剂中碘的浓度是已知的,根据消耗滴定剂的体积,计算消耗碘的量,从而计量出被测物质水的含量。

2. 试剂和材料　卡尔-费休试剂、无水甲醇(CH_3OH,优级纯)。

3. 仪器和设备　卡尔-费休水分测定仪、天平(感量为 0.1 mg)。

4. 实验方法

(1) 卡尔-费休试剂的标定(容量法):在反应瓶中加一定体积(浸没铂电极)的甲醇,在搅拌下用卡尔-费休试剂滴定至终点。加入 10 mg 水(精确至 0.0001 g),滴定至终点并记录卡尔-费休试剂的用量(V)。卡尔-费休试剂的滴定度按下式计算:

$$T = \frac{m}{V}$$

式中，T——卡尔-费休试剂的滴定度，mg/mL；

m——水的质量，mg；

V——滴定水消耗的卡尔-费休试剂的用量，mL。

（2）试样前处理：可粉碎的固体试样要尽量粉碎，使之均匀。不易粉碎的试样可切碎。

（3）试样中水分的测定：于反应瓶中加一定体积的甲醇或卡尔-费休测定仪中规定的溶剂浸没铂电极，在搅拌下用卡尔-费休试剂滴定至终点。迅速将易溶于上述溶剂的试样直接加入滴定杯中；对于不易溶解的试样，应采用对滴定杯进行加热或加入已测定水分的其他溶剂辅助溶解后用卡尔-费休试剂滴定至终点。

试样中含水量大于 10 μg 一般采用库仑法测定，含水量大于 100 μg 一般采用容量法。对于某些需要较长时间滴定的试样，需要扣除其漂移量。

（4）漂移量的测定：在滴定杯中加入与测定样品一致的溶剂，并滴定至终点，放置不少于 10 min 后再滴定至终点，两次滴定之间单位时间内的体积变化即为漂移量（D）。

5. 计算　　固体试样中水分的含量按下式进行计算：

$$X(\%) = \frac{(V_1 - D \times t) \times T}{m} \times 100$$

液体试样中水分的含量按下式进行计算：

$$X(\%) = \frac{(V_1 - D \times t) \times T}{V_2 \rho} \times 100$$

式中，X——试样中水分的含量，g/100 g；

V_1——滴定样品时卡尔-费休试剂体积，mL；

T——卡尔-费休试剂的滴定度，g/mL；

m——样品质量，g；

V_2——液体样品体积，mL；

D——漂移量，mL/min；

t——滴定时所消耗的时间，min；

ρ——液体样品的密度，g/mL。

水分含量≥1 g/100 g 时，计算结果保留三位有效数字；水分含量＜1 g/100 g 时，计算结果保留两位有效数字。

6. 讨论和说明　　在使用卡尔-费休法时，若要水分萃取完全，样品的颗粒大小非常重要。通常样品细度约为 40 目，宜用粉碎机处理，不要用研磨机以防水分损失，在粉碎样品中还要保证其含水量的均匀性。卡尔-费休法是测定食品中微量水分的方法，如果食品中含有氧化剂、还原剂、碱性氧化物、氢氧化物、碳酸盐、硼酸等，都会与卡尔-费休试剂所含组分发生反应，干扰测定。含有强还原性的物料（如抗坏血酸）会与卡尔-费休试剂发生反应，使水分含量测定值偏高；羰基化合物则与甲醇发生缩醛反应生成水，从而使水分含量测定值偏高，而且这个反应也会使终点消失；不饱和脂肪酸和碘的反应也会使水分含量测定值偏高。样品溶剂可用甲醇或吡啶，这些无水试剂应该加入无水硫酸钠保存。此外，也可以使用其他溶剂，如甲酰胺或二甲基甲酰胺。卡尔-费休滴定法中所用的玻璃器皿都必须充分干燥，外界的空气也不允许进到反应室。

在卡尔-费休滴定法中，吡啶会产生强烈异味，现在有研究正在尝试用其他的胺类代替吡啶来溶解碘和二氧化硫，目前已发现某些脂肪胺和其他的杂环化合物比较适宜。在这些新的铵盐的基础上，分别制备了单组分试剂（溶剂和滴定组分合在一起）和双组分的试剂（溶剂和滴定组分是分开的），单组分使用较方便，而双组分更适合于大量试剂的储存。

四、红外吸收光谱法和折光法

1. 红外吸收光谱法　　红外线是一种电磁波，一般指波长为 0.75～1 000 μm 的光，红外波段的范围又分为三部分：近红外区，0.75～2.5 μm；中红外区，2.5～25 μm；远红外区，25～1 000 μm。其中，中红外区是研究和应用最多的区域，水分子对三个区域的光波均具有选择吸收作用。红外吸收光谱法测定的是食品中的分子对中、近红外辐射的吸收，即频率不同的红外辐射被食品分子中不同的官能团所吸收，这与紫外可见光谱中的紫外光或可见光的应用相似。根据水分对某一波长的红外光的吸收强度与其在样品中的含量存在一定的关系建立了红外吸收光谱测水分法。日本、美国和加拿大等国已将近红外吸收光谱法应用于谷物、咖啡、可可、核桃、花生、肉制品、牛乳、马铃薯等样品的水分测定；中红外法需要通过计算机处理才能分析水分和固形物含量，因为测定中红外光谱的仪器不能检出水分的波长。有人将中红外光谱法用于面粉、脱脂乳粉及面包中水分的测定，其结果与卡尔-费休法、近红外光谱法及减压干燥法一致；远红外光谱法可测出样品中大约0.05%的水分含量。总之，红外吸收光谱法准确、快速、方便，存在深远的研究意义和广阔的应用前景。

2. 折光法 通过测量物质的折射率来鉴别物质的组成、确定物质的纯度、浓度及判断物质的品质的分析方法称为折光法。折射率是物质的一种物理性质。它是食品生产中常用的工艺控制指标，通过测定液体食品的折射率，可以鉴别食品的组成、确定食品的浓度、判断食品的纯净程度和品质。当操作正确且样品中无明显固体粒子存在时，折光法分析速度最快且准确性也非常高。折光法现已广泛应用于水果及水果类产品中可溶性固定物的测定。测得食品固形物的方法，也就是间接测定水分的方法。需要指出的是，折光法只能测定可溶性固形物的含量，因为固体粒子不能在折光仪上反应出它的折射率。含有不溶性固形物的样品，不能用折光法直接测出总固形物含量。但对于番茄酱、果酱等个别食品，已通过实验制定了总固形物与可溶性固形物的关系表，先用折光法测定可溶性固形物的含量，即可查出总固形物的含量，也就可以得到样品中的水分含量

第三节　水分活度值的测定

一、概述

食品中的水分按其存在状态分为三种，但实际上除了自由水以外，其余水分都是以不同程度的束缚状态存在。根据水在食品中所处的状态不同以及与非水组分结合强弱的不同，可把食品中的水划分为以下三类。

1. 自由水 自由水是以溶液状态存在的水分，它保持着水本身的物理性质，在被截留的区域内可以自由流动。自由水在低温下容易结冰，可作为胶体的分散剂和盐的溶剂，一些能使食品发生质变的反应及微生物活动可在其中进行。在高水分含量的食品中，自由水含量可以达到总含水量的90%以上。

2. 亲和水 亲和水可存在于细胞壁或原生质中，是强极性基团单分子外的几个水分子层所包含的水，以及与非水组分中的弱极性基团以氢键结合的水。它向外蒸发的能力较弱，与自由水相比，蒸发时需要吸收较多的能量。

3. 结合水 结合水又称束缚水，是食品中与非水组分结合最牢固的水，如葡萄糖、麦芽糖、乳糖的结晶水以及与食品中的蛋白质、淀粉、纤维素、果胶物质中的羧基、氨基、羟基、巯基通过氢键结合的水。结合水的冰点为$-40\ ℃$，它与非水组分之间配价键的结合力比亲和水与非水组分间的结合力大得多，很难用蒸发的方法排除出去。结合水在食品内部不能作为溶剂，微生物及其孢子也不能利用它来进行繁殖和发芽。在食品中，以自由水形态存在的水分在加热时容易蒸发；而以另外两种形态存在的水分，却不如前者来得容易，若对其进行长时间加热，非但不能将其去除，反而会使食品发生质变，影响分析结果。所以水分测定要在一定的温度、时间和规定的操作条件下进行方能得到满意的结果。虽然介绍了许多水分测定的方法，但单纯的水分含量并不是表示食品稳定性的可靠指标。因为食品在存放过程中，经常会有腐败现象发生，其原因固然与食品中的水分含量有关，但腐败程度并不与其成正相关，因为相同含水量的食品有不同的腐败变质现象。这种现象在一定程度上是由于水分与食品中的其他成分结合强度不同。为了更好地定量说明食品中的水分状态，更好地阐明水分含量与食品保藏性能的关系，引入了水分活度（water activity）这个概念。

根据平衡热力学定律，水分活度可定义为溶液中水的逸度（fugacity）与纯水逸度之比值，即

$$A_w = f/f_0$$

式中，A_w——水分活度；
　　　f——溶剂(水)的逸度；
　　　f_0——纯溶剂(水)的逸度。

一般情况下，f/f_0 与 p/p_0 之间的差别小于 1%。若要求两者相等，则要求体系是理想溶液并且存在热力学平衡，但食品体系一般不符合上述两个条件，因此水分活度可近似地表示为溶液中水蒸气分压与纯水蒸气压之比。

$$A_w \approx p/p_0 = ERH/100$$

式中，p——溶液或食品中的水分蒸气分压，一般说来，p 随食品中易蒸发的自由水含量的增多而加大；
　　　p_0——为纯水的蒸气压，可从有关手册中查出。

ERH 是平衡相对湿度(equilibrium relative humidity)，它是指食品中水分蒸发达到平衡时，即单位时间内脱离食品的水的物质的量等于返回食品的水的物质的量的时候，食品上方恒定的水蒸气分压与在此温度下水的饱和蒸气压的比值(乘以 100 用整数表示)。

随着食品科学技术的发展，食品水分活性的重要性越来越受到人们的重视，各国科学家正在研究通过控制水分活性来达到免杀菌保存食品的新途径。所以，测定食品的水分活度有着重要的意义，在食品分析中水分活度的测定是一个重要的项目。这是因为：

1) 水分活度影响着食品的色、香、味和组织结构等品质。食品中的各种化学、生物化学变化对水分活度都有一定的要求。例如，酶促褐变反应对于食品的质量有着重要意义，它是由酚氧化酶催化酚类物质形成黑色素引起的。随着水分活度的减少，酚氧化酶的活性逐步降低；同样，食品内的绝大多数酶，如淀粉酶、过氧化物酶等，在水分活度低于 0.85 的环境中，催化活性便明显地减弱，但脂酶除外，它在 A_w 为 0.3 甚至 0.1 时还可保留活性；非酶促褐变反应——Millard 反应也与水分活度有着密切的关系，当水分活度为 0.6～0.7 时，反应达到最大值；维生素 B_1 的降解在中高水分活度条件下也表现出最高的反应速率。另外，水分活度对脂肪的非酶氧化反应也有较复杂的影响。这些例子都说明水分活度值对食品品质有着重要的影响。

2) 水分活度影响着食品的保藏稳定性。微生物的生长繁殖是导致食品腐败变质的重要因素，而它们的生长繁殖与水分活度有密不可分的关系。在各类微生物中，细菌对水分活度的要求最高，$A_w > 0.9$ 时才能生长；其次是酵母菌，A_w 的阈值是 0.87；再次是霉菌，大多数霉菌在 A_w 为 0.8 时就开始繁殖。在食品中，微生物赖以生存的水分主要是自由水，食品内自由水含量越高，水分活度越大，越容易受微生物的污染，保藏稳定性也就越差。利用食品的水分活度原理，控制其中的水分活度，就可以提高产品质量、延长食品的保藏期。例如，为了保持饼干、爆米花和薯片的脆性，为了避免颗粒蔗糖、乳粉和速溶咖啡结块，必须使这些产品的水分活度保持在适当低的条件下；水果软糖中的琼脂、主食面包中添加的乳化剂、糕点生产中添加的甘油等不仅调整了食品的水分活度，而且也改善了食品的质构、口感并延长了保质期。

二、水分活度值的测定

在食品中工业中对于水分活度值的测定方法很多，如蒸气压力法、电湿度计法、溶剂萃取法、近似计算法和水分活度测定仪等，下面介绍两种常用的测定方法。

1. A_w 测定仪法

(1) 原理：在一定的温度下，用标准饱和溶液校正 A_w 测定仪的 A_w 值，在同一条件下测定样品，利用测定仪上的传感器，根据食品中的蒸气压力的变化，从仪器上的表头上读出指示的水分活度值。

(2) 仪器与试剂：A_w 测定仪、20 ℃恒温箱、氯化钡饱和溶液等。

(3) 实验方法

1) 仪器校正：用小镊子将两张滤纸浸在 $BaCl_2$ 饱和溶液中，待滤纸均匀地浸湿后，轻轻地把它放在仪器的样品盒内，然后将具有传感器装置的表头放在样品盒上，小心拧紧，移至 20 ℃恒温箱中，维持恒温 3 h 后，再将表头上的校正螺丝拧动使 A_w 值为 9.000。重复上述过程再校正一次。

2) 样品测定：取经 15～25 ℃恒温后的适量试样，置于仪器样品盒内，保持表面平整而不高于盒内垫圈底部。然后将具有传感器装置的表头置于样品盒上(切勿使表头沾上样品)轻轻地拧紧,移至20 ℃恒温箱中,保持恒温放置2 h以后,不断从仪器表头上观察仪器指针的变化状况,待指针恒定不变时,所指示数值即为此温度下试样的A_w值。如果试验条件不在20 ℃恒温测定时,可根据表3-1所列的A_w校正值将其校正为20 ℃时的数值。

表3-1　A_w值的温度校正表

温度/℃	校正值	温度/℃	校正值
15	−0.010	21	+0.002
16	−0.008	22	+0.004
17	−0.006	23	+0.006
18	−0.004	24	+0.008
19	−0.002	25	+0.010

(4) 讨论和说明

1) 取样时,对于果蔬类样品应迅速捣碎或按比例取汤汁与固形物,肉和鱼等样品需适当切细。

2) 所用的玻璃器皿应该清洁干燥,否则会影响测量结果。

3) 仪器在常规测量时一般半天校准一次。当要求测量结果准确度较高时,则每次测量前必须进行校正。

4) 测量头为贵重的精密器件,在测定时,必须轻拿轻放,切勿使表头直接接触样品和水;若不小心接触了液体,需蒸发干燥进行校准后才能使用。

5) 温度的校正方法如下:如在15 ℃时测得某样品的$A_w=0.930$,查表15 ℃时校正值为−0.010,故样品在20 ℃时的$A_w=0.930+(-0.010)=0.920$;反之,在25 ℃某样品$A_w=0.940$,查表校正值为+0.010,故该样品在20 ℃时的$A_w=0.940+(+0.010)=0.950$。

2. 扩散法

(1) 原理:样品在康威氏(Conway)微量扩散皿的密封和恒温条件下,分别在A_w较高和较低的标准饱和溶液中扩散平衡后,根据样品质量的增加(在A_w较高的标准溶液中平衡)和减少(在A_w较低的标准溶液中平衡),以质量的增减为纵坐标,各个标准试剂的水分活度值为横坐标,计算样品的水分活度值。该法适用于食品水分活度值范围为0.00～0.98的样品。

(2) 主要试验仪器和试剂:康威氏微量扩散皿,如图3-2所示;称量皿:直径为35 mm、深度为10 mm的圆形皿;分析天平:感量0.1 mg;恒温培养箱;电热恒温鼓风干燥箱;标准水分活度值试剂,如表3-2所示。

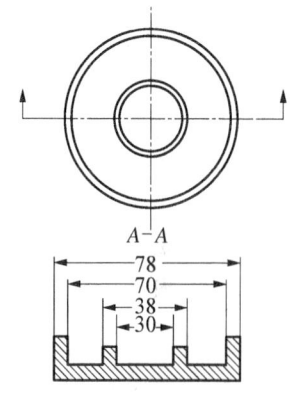

图3-2　康威氏微量扩散皿

表3-2　标准水分活度值试剂及其在25 ℃时的A_w值

试剂名称	A_w	试剂名称	A_w
硫酸钾(K_2SO_4)	0.973	溴化钠($NaBr \cdot 2H_2O$)	0.577
硝酸钾(KNO_3)	0.924	硝酸镁$[Mg(NO_3)_2 \cdot 6H_2O]$	0.528
氯化钡($BaCl_2 \cdot 2H_2O$)	0.901	硝酸锂($LiNO_3 \cdot 3H_2O$)	0.476
氯化钾(KCl)	0.842	碳酸钾($K_2CO_3 \cdot 2H_2O$)	0.427
溴化钾(KBr)	0.807	氯化镁($MgCl_2 \cdot 6H_2O$)	0.330
氯化钠($NaCl$)	0.752	乙酸钾($KAc \cdot H_2O$)	0.224
硝酸钠($NaNO_3$)	0.737	氯化锂($LiCl \cdot H_2O$)	0.110
氯化锶($SrCl_2 \cdot 6H_2O$)	0.708	氢氧化钠($NaOH \cdot H_2O$)	0.070
氯化钴($CoCl_2 \cdot 6H_2O$)	0.649	溴化锂($LiBr \cdot 2H_2O$)	0.064

(3) 试样制备:固体、液体或流动的浓稠状样品,可直接取样进行称量;如果是瓶装固体、液体混合样品

可取液体部分;若为质量多样的混合样品,则应取有代表性的混合均匀的样品。

1) 粉末状固体、颗粒状固体及糊状样品:取有代表性样品至少 20.0 g,混匀,置于密闭的玻璃容器内。

2) 块状样品:取可食部分的代表性样品至少 200 g。在室温 18～25 ℃,湿度 50%～80% 的条件下,迅速切成约为 3 mm×3 mm×3 mm 小块,不得使用组织捣碎机,混匀后置于密闭的玻璃容器内。

(4) 实验方法

1) 预处理:在测定 A_w 之前,需要对样品进行预处理。将盛有样品的密闭容器、康威氏微量扩散皿及称量皿置于电热恒温鼓风干燥箱,25 ℃下恒温 30 min 取出后立即使用及测定。

2) 预测定:在 4 只康威氏微量扩散皿的外室分别放入溴化锂饱和溶液、氯化镁饱和溶液、氯化钴饱和溶液、硫酸钾饱和溶液各 12.0 mL,用预先恒温称量皿(精确到 0.000 1 g)迅速称取与标准饱和盐溶液相等份数的同一样品 1.50 g,迅速放入康威氏微量扩散皿内室中。接着在扩散皿磨口边缘均匀涂上一层凡士林,样品放入后,迅速加盖密封,并移至(25±1)℃的恒温箱中放置 24 h。然后取出铝皿或玻璃皿,用分析天平迅速称量(精确到 0.000 1 g),分别计算各样品的质量增减数。

3) 预测量结果计算:样品质量的增减量按下式进行计算:

$$X(g/g) = \frac{m_1 - m}{m_1 - m_0}$$

式中,X——样品质量的增减量,g/g;

m_1——25 ℃扩散平衡后,样品和称量皿的质量,g;

m——25 ℃扩散平衡前,样品和称量皿的质量,g;

m_0——称量皿的质量,g。

绘制二维直线图:以所选标准饱和盐溶液在 25 ℃时的 A_w 值为横坐标,对应标准饱和盐溶液的样品质量增减数为纵坐标,绘制二维直线图,将各点连接成一条直线,这条线与横坐标的交点即为所测样品的水分活度值。

4) 样品测定:依据预测定结果,分别选用水分活度数值大于和小于样品预测定结果数值饱和盐溶液各三种,各取 12.0 mL,注入康威氏微量扩散皿的外室。样品称取量为约 1.5 g(精确到 0.000 1 g),其他操作同预测定。

(5) 计算:同预测定结果计算方法。

(6) 讨论和说明

1) 取样时应该迅速,各份样品称量应在同一条件下进行。

2) 康威氏微量扩散皿应该具有良好的密封性。

3) 试样的大小、形状对测定结果影响不大,取试样的固体部分或液体部分都可以,样品平衡后其测定结果没有差异。

4) 如有米饭类、油脂类食品在 25 ℃下可放置 1～4 天,先测定 2 h 后的试样质量,然后间隔一定时间称量,再作坐标求出。把首次与横坐标的相交点作为测定值。为防止试样腐烂,可以加入 0.2% 的山梨酸钾作为防腐剂,并以其水溶液作空白。

5) 注意称量试样的精确度,否则会造成测定误差。对试样的 A_w 值范围预先最好有个估计,以便正确选用标准盐饱和溶液。

6) 若试样中含有乙醇一类水溶性挥发物质时难以正确测定 A_w 值。

第四节　可溶性固形物的测定

一、概述

水中除了溶解气体之外的一切杂质为固体。而水中的固体又可分为溶解固体和悬浮固体。这二者的总和即称为水的总固体。溶解固体是指水经过过滤之后,仍然存在于水中的各种无机盐类、有机物等。悬浮固体是指能过滤掉的不溶于水中的泥沙、黏土、有机物、微生物等悬浮物质。可溶性固形物是食品行业一个常用的技术参数。我们喝的果汁可溶性固形物含量可以达到9%左右,主要是蔗糖、葡萄糖和果糖。目前国家标准制定的检测方法有 GB/T 12295—1990《水果、蔬菜制品可溶性固形物含量的测定的折射仪法》、GB/T 10788—1989《罐头食品中可溶性固形物含量的测定的折光计法》、GB/T 12143.1—1989《软饮料中可溶性固形物的测定方法折光计法》等。下面介绍一下折光计法测定食品中可溶性固形物的含量。

二、可溶性固形物的测定

1. 原理

在20 ℃用折光计测量待测样液的折光率,并用折光率与可溶性固形物含量的换算表查得或从折光计上直接读出可溶性固形物含量。

2. 仪器

阿贝折光计或其他折光计:测量范围0%～80%,精确度±0.1%;组织捣碎机。

3. 实验方法

(1) 试液的制备

1) 透明液体制品:将试样充分混匀,直接测定。

2) 半黏稠制品(果浆、菜浆类):将试样充分混匀,用四层纱布挤出滤液,弃去最初几滴,收集滤液供测试用。

3) 含悬浮物制品(果粒果汁类饮料):将待测样品置于组织捣碎机中捣碎,用四层纱布挤出滤液,弃去最初几滴,收集滤液供测试用。

(2) 分析步骤

1) 测定前按说明书校正折光计,阿贝折光计一般用标准玻璃块或蒸馏水校正。其他折光计按说明书操作。

2) 分开折光计两面棱镜,用脱脂棉蘸乙醚或乙醇擦净。

3) 用末端熔圆的玻棒蘸取试液2～3滴,滴于折光计棱镜面中央(注意勿使玻棒触及镜面)。

4) 迅速闭合棱镜,静置1 min,使试液均匀无气泡,并充满视野。

5) 对准光源,通过目镜观察接物镜。调节指示规,使视野分成明暗两部,再旋转微调螺旋,使明暗界限清晰,并使其分界线恰在接物镜的十字交叉点上。读取目镜视野中的百分数或折光率,并记录棱镜温度。

6) 如目镜读数标尺刻度为百分数,即为可溶性固形物含量(%);如目镜读数标尺为折光率,可按附录1换算为可溶性固形物含量(%)。将上述百分含量按附录2换算为20 ℃时可溶性同形物含量(%)。

(3) 允许差:同一样品两次测定值之差,不应大于0.5%。取两次测定的算术平均值作为结果,精确到小数点后一位。

思考题

1. 根据本章所学习和掌握的测定水分的知识,指出下列各类食品水分测定的操作方法及要点:

奶粉、淀粉、香料、谷类、干酪、肉类、果酱、糖果、笋、南瓜、面包和油脂。

2. 在下列情况下,水分测定的结果是偏高还是偏低?为什么?

烘箱干燥法:样品粉碎不充分;样品中含较多挥发性成分;脂肪的氧化;样品的吸湿性较强;美拉德反应;样品表面结了硬皮;装有样品的干燥器未密封好;干燥器中硅胶已受潮。

蒸馏法:样品中的水分和溶剂间形成的乳浊液没有分离;冷凝器中残留有水滴;馏出了水溶性成分。

卡尔-费休法:玻璃器皿不够干燥;样品颗粒较大;样品中还有还原性物质如维生素C;样品中富含不饱和脂肪酸。

3. 在水分测定过程中,干燥器有什么作用?怎样正确地使用和维护干燥器?

4. 请阐述水分活度值的概念及其在食品工业生产中的重要意义。

第四章 灰分的测定

本章主要介绍灰分的概念,总灰分、水溶性灰分、水不溶性灰分、酸溶性灰分、酸不溶性灰分等含量的测定原理及方法。

第一节 概述

一、灰分的概念

食品中的有机物在500~600℃灼烧过程中,会发生一系列化学变化,其中碳、氢、氮与氧气生成二氧化碳、水、二氧化氮等挥发散失。大部分矿物质转化为氧化物、盐类等残留下来,这些无机残留物称为灰分。灰分含量代表了食品中无机成分的总量,是评价食品质量的指标之一。

食品组成不同,灼烧条件不同,残留物也各不相同,残留物与食品中原有的无机成分在数量和组成上并不完全相同。例如,食品中原有的碘、硒、氯和汞等元素可部分挥发;磷、硫等也能以含氧酸的形式挥发,造成部分无机物的减少。另外,某些金属氧化物又会与灼烧过程中产生的二氧化碳结合形成碳酸盐反而造成了无机成分的增多,因此严格说应把灼烧后的残留物称为粗灰分。

食品中的总灰分主要是金属氧化物、无机盐类及一些其他杂质。按溶解性可分为水溶性灰分、水不溶性灰分、酸不溶性灰分等。在水溶性灰分中主要包括可溶性的钾、钠、钙、镁等元素的氧化物及可溶性盐类;水不溶性灰分主要包括难溶于水的铁、铝等氧化物及碱土金属的碱式磷酸盐等成分;酸不溶性灰分主要包括原料中或在加工过程中混入的泥沙、机械污染物以及食品中原来存在的微量二氧化硅等。通过对食品中不同性质的灰分进行检测分析,可以对食品的营养价值、食品加工的品质控制、食品掺杂、污染程度等进行评价。

二、食品中灰分的含量

大部分新鲜食品的灰分含量在5%以内。纯净的油脂类的灰分一般很少或者不含。而烟熏腊肉制品的灰分可达6%,干牛肉的灰分含量则高于11.6%(按湿基计算)。乳制品含有0.5%~5.1%的灰分,水果中累计含0.2%~0.6%的灰分,面粉、麦片等含有0.3%~4.3%的灰分,肉、家禽及海产品含有0.7%~1.3%的灰分。部分食品的平均灰分含量如表4-1所示。

表4-1 部分食物的灰分含量

食物种类		灰分含量/%
谷类、面包和面食	大米(糙米、长粒、生)	1.5
	玉米粉(整粒、黄色)	1.1
	玉米粥(灌装、白色)	0.9
	大米(白米、长粒、生、强化)	0.6
	小麦粉(整粒)	1.6
	通心面条(干、强化)	0.9
	黑麦面包	2.5
乳制品	牛乳(全脂液体2%)	0.7
	牛乳(脱脂、干、添加维生素A)	1.6
	黄油(加盐)	2.1

续 表

食 物 种 类		灰分含量/%
乳制品	奶油、液体(各半)	0.7
	人造黄油(硬、普通、大豆)	2.0
	酸奶(普通的、低脂)	1.1
水果和蔬菜	苹果(生、带皮)	0.2
	香蕉(生)	0.8
	樱桃(甜、生)	0.5
	葡萄干	1.9
	土豆(整粒、肉和皮)	1.6
	西红柿(红、熟、生)	0.5
肉、家禽、鱼	鸡蛋(生、全蛋)	0.9
	鱼片(油炸)	2.5
	猪肉(新鲜、腿、生)	0.9
	汉堡(普通、单一肉饼)	1.9
	鸡(可供煎炸的鸡胸肉、生)	1.0
	牛肉(颈肉、烤前腿、生)	1.1

资料来源：http://www.ars.usda.gov/ba/bhnrc/ndl

三、灰分测定条件的选择

1. 灰化容器　坩埚是最常用的灰化容器，依材质不同，坩埚分为素瓷坩埚、铂坩埚、石英坩埚等多种。不同材质的坩埚有不同的特点，所以在灰化过程中，坩埚的选择是关键。

素瓷坩埚内壁光滑，耐高温(1 200 ℃)，耐稀酸，价格低廉，被广泛使用。但它抗碱性能较差。当灰化一些果蔬、豆类等偏碱性的样品时，会破坏内壁的釉质，特别是反复多次使用后，会影响测定结果。另外当温差变化较大时，易破裂。

铂坩埚导热性能良好，耐高温(熔点为1 773.5 ℃)，不吸收水分，能够抵抗碱金属碳酸盐及氟化氢的腐蚀。但碱金属的氧化物和硝酸盐、含磷及大量硫的样品在高温下会侵蚀铂；另外含有某些重金属(如铝、铋、锡、砷、银、汞、铜)的样品在高温下对铂金有腐蚀性。铂坩埚价格昂贵，使用时应注意了解其性能和使用规则。

石英坩埚可在1 400 ℃以下使用，耐酸和卤素，但不耐碱。碱金属的碳酸盐在高温下腐蚀石英。石英质脆，易破，使用时要注意。

灰化容器的大小要根据待灰化的样品性质进行选用，灰分含量低需较大取样量的样品，受热易膨胀的样品，需要前处理的液态样品，需选用容量大些的坩埚。

选用素瓷坩埚作灰化容器且需要作标记时，用一般记号笔所作的标记在高温灼烧中会消失。实验室中一般用三氯化铁与蓝墨水的混合液作标记。坩埚在使用前，应清洁和灼烧，将瓷坩埚用盐酸(1∶1)煮沸，洗净晾干后，在坩埚外壁及盖子上作好标记，放到灰化炉中，于500～600 ℃温度下灼烧1 h，移至炉口冷却到200 ℃以下，移入干燥器冷却到室温，称量，再放入灰化炉中灼烧约0.5 h，冷却，称量，直至恒重(连续两次称量值的误差在限制范围内)。

2. 灰化条件

(1) 灰化温度：食品种类不同，其无机成分的组成、性质和含量也不同，灰化所需温度也应有所不同。因此灰化温度的合理选择对正确获取灰分测定结果非常重要。奶油类不大于500 ℃；果蔬及其制品、糖及糖制品、肉及肉制品不大于525 ℃；鱼类及海产品、谷类及其制品、除奶油外的乳制品不大于550 ℃；谷类饲料等个别样品可以达到600 ℃。灰化温度过高时，将引起钾、钠、氯等元素的挥发损失，而且磷酸盐类熔融，将碳粒包裹住，使之无法氧化。灰化温度过低，降低了灰化速度，使灰化时间延长，且还可能导致灰化不完全。因此，选择合适的灰化温度必须根据食品的种类和性质再兼顾各方面因素，在保证灰化完全的前提下，尽可能减少无机成分的丢失和缩短灰化时间。

(2) 灰化时间：对于灰化时间一般无硬性规定，主要根据样品和灰分的颜色，一般以灼烧至灰分呈均匀的白色或浅灰色并达到恒重为止。一般需要 2～5 h。

3. 取样量及样品的预处理

(1) 取样量：测定灰分时，一般以灼烧后得到的灰分量为 10～100 mg 来决定取样量。食品种类不同，灰分含量也不同。例如，谷物、豆类灰分一般为 1%～4%；蔬菜为 0.5%～2%；水果为 0.5%～1%。因此在考虑称量误差的前提下，谷物、豆类取 3～5 g；蔬菜及其制品取 5～10 g；水果取 20 g。具体如表 4-2 所示。

表 4-2　AOAC 公定法规定不同食品灰分测定温度与试样量

食 品 名 称	测 定 条 件	试 样 量
谷物及其制品	550 ℃或 700 ℃	3～5 g
通心粉、鸡蛋面条及制品	550 ℃	3～5 g
淀粉制品、淀粉、甜食粉	525 ℃	5～10 g
大豆粉	600 ℃	2 g
肉及其制品	525 ℃	3～5 g
乳及制品	≤550 ℃	3～5 g
鱼类及海产品	≤525 ℃	2 g
水果及制品	≤525 ℃	25 g
蔬菜及制品	525 ℃	5～10 g
砂糖及制品	525 ℃	3～5 g
糖蜜	525 ℃	5 g
醋	525 ℃	25 mL
啤酒	525 ℃	50 mL
蒸馏酒	525 ℃	25～100 mL
茶叶	525 ℃	5～10 g

注：AOAC 公定法（Office Methods of Analysis of the Association of Official Analytical Chemists）。

(2) 样品预处理：含水量较多的果蔬及动物性样品，先均匀研磨后，置于烘箱中干燥，经炭化后再进行灰化。含水分较少的谷类、豆类等固体样品，先粉碎成均匀的样品，经炭化后再进行灰化。果汁、牛乳等液体样品，经称量后，置水浴中蒸发至近干，再进行炭化、灰化。富含糖类和脂类的样品，粉碎均匀后先用有机溶剂除去脂肪，待彻底除去有机溶剂后再进行炭化、灰化。对于高糖样品则可预先滴加 1～2 滴橄榄油（消泡），置热源上浓缩干燥，再炭化、灰化。

4. 加速灰化的方法　有些含磷较多的样品，随灰化的进行，常以磷酸二氢盐的形式存在，在温度较低时会以熔融的方式将碳粒包裹住，难以完全灰化。对于这类难以灰化的样品，可选用下述几种方法加速灰化。

(1) 改变操作方法：样品先初步灼烧，取出坩埚冷却，从坩埚边缘缓慢地加入少量无离子水，使水溶性盐类溶解，被熔融磷酸盐包裹住的碳粒暴露出来。在水浴上小心蒸干水分，置于烘箱中充分干燥，再移入灰化炉中继续灼烧至灰化完全。

(2) 添加一些助灰剂：乙酸镁、硝酸镁等一些惰性试剂在灰化过程中发生分解，并与样品中过剩的磷酸结合形成不熔融的残灰，起到了机械分散的作用，避免了碳粒被包裹，缩短了灰化时间。含磷较高的豆类及其制品、肉禽制品、蛋制品、水产品、乳制品在灰化时，常添加乙酸镁溶液作为助灰剂。使用助灰剂时，应同时做空白实验，以校正加入镁盐灼烧后分解产生的氧化镁的量。

(3) 添加一些无灰试剂：硝酸、乙醇、碳酸铵、过氧化氢等试剂经灼烧后完全消失，无残渣，不增加残灰质量。在灰化过程中适量添加上述无灰试剂，利用它们的氧化或疏松作用，促进灰化。例如，样品经初步灼烧后，取出冷却，逐滴加入 1∶1 硝酸 4～5 滴。蒸干后，再继续灼烧至灰化完全。

第二节　灰 分 的 测 定

一、总灰分的测定

1. 原理　称取一定量的样品经炭化后，置于 500～600 ℃的高温炉中灼烧。样品中的水分和挥发成分蒸发；有机组分被氧化分解，以二氧化碳、氮的氧化物及水等形式挥发散失；无机组分大多以氧化物、硫酸盐、磷酸盐、氯化物等形式残留下来,这些残留物即为灰分。称量残留物的质量即可计算出样品中总灰分的含量。

2. 试剂 1∶4 盐酸(1+4)。

3. 仪器 马弗炉(温度≥500 ℃,附带自动恒温控制器)、瓷坩埚、水浴锅、电炉或煤气灯、干燥器、天平(感量为 0.1 mg)。

4. 实验方法 准确称量经过 1∶4 盐酸洗净、编号、恒重的瓷坩埚,在坩埚内准确称取经预处理后的样品适量,置于电炉或煤气灯上,半盖坩埚盖,小心加热。将样品炭化至无黑烟冒出,移入 500~600 ℃ 的高温炉中。坩埚盖斜倚在坩埚口上,关闭炉门,灼烧一定时间,打开炉门,将坩埚小心移至炉门口,冷却至红热退去(约 200 ℃),移入干燥器中冷却至室温,准确称量。灰分应呈白色或浅灰色,无黑色碳粒存在。再将坩埚置高温炉中灼烧约 30 min。取出冷却,称量,直至达到恒重。

5. 计算 按下式计算样品灰分的含量:

$$灰分(\%) = \frac{m_3 - m_1}{m_2 - m_1} \times 100$$

式中,m_1——坩埚质量,g;

m_2——样品加坩埚质量,g;

m_3——残灰加坩埚质量,g。

6. 讨论和说明

1) 灰分大于 10 g/100 g 的样品精确称取至 2.000 0~3.000 0 g;灰分含量小于 10 g/100 g,精确称取至 3.000 0~10.000 0 g。

2) 炭化是为了防止在灼烧过程中,样品中的水分在高温下急剧蒸发挟带少量样品飞扬,还可防止样品中的糖、蛋白质、淀粉在高温下发泡膨胀而溢出坩埚。注意控制温度,防止产生大量泡沫溢出坩埚和引起火苗燃烧。

3) 把坩埚放入高温炉或从炉中取出时,应注意先在炉口停留片刻,使坩埚预热或预冷却,以防因温度剧变而致坩埚破裂。

4) 热的坩埚移入干燥器内,在冷却过程中会形成真空状态,使干燥器的盖子不易打开,此时应将干燥器的盖子向一边慢慢平行推移,防止由于空气的突然进入导致灰分的飞散。

5) 重复灼烧至前后两次称量值的差不超过 0.5 mg 即可认为达到恒重。

6) 灰化后的灰分还可用于测定大多数的矿物元素。

7) 如果添加了助灰剂,则同时做一空白试验。

二、水溶性灰分和水不溶性灰分的测定

水溶性灰分和水不溶性灰分是根据它们在水中的溶解状态划分的。水溶性灰分主要是钾、钠、钙、镁等的金属氧化物及可溶性盐类。水不溶性化合物主要是铁、铝等的金属氧化物、碱土金属的碱式磷酸盐和混入原料半成品及成品中的泥沙等。

1. 原理 将测定所得的总灰分用适量的无离子水充分加热溶解,用无灰滤纸过滤,将滤渣及滤纸重新灼烧灰化至恒重,得到水不溶性灰分的含量,用总灰分的含量减去水不溶性灰分的含量即可得水溶性灰分的含量。

2. 试剂及仪器 同总灰分含量的测定。

3. 实验方法 先按总灰分的测定方法得到总灰分的含量,再向灰分中加入 25 mL 无离子水,加热至沸,使之充分溶解;选用无灰滤纸过滤,用适量热的无离子水分次洗涤坩埚、滤纸及残渣,洗涤用水量以最后总滤液量不超过 60 mL 为宜。将残渣连同滤纸移回原测总灰分用的坩埚中,置水浴上蒸发至近干,经炭化、灼烧、冷却、称量直至达到恒重。

4. 计算 按下式计算样品水不溶性灰分的含量:

$$水不溶性灰分(\%) = \frac{m_3 - m_1}{m_2 - m_1} \times 100$$

式中，m_1——坩埚的质量，g；

m_2——样品加坩埚的质量，g；

m_3——不溶性灰分加坩埚的质量，g。

按下式计算样品水溶性灰分的含量：

$$水溶性灰分(\%) = 总灰分(\%) - 水不溶性灰分(\%)$$

5. 讨论和说明

1）炭化要彻底。

2）过滤时应选择无灰滤纸。

3）加热和过滤时不要有损失。

三、酸不溶性灰分的测定

酸不溶性灰分是指不溶于酸的灰分，主要是环境污染混入原料、半成品及成品中的泥沙及生物组织中的微量氧化硅。

1. 原理 同水不溶性灰分的测定，只是将溶剂由无离子水改为 0.1 mol/L 的盐酸。

2. 试剂及仪器 0.1 mol/L 盐酸；其余同总灰分含量的测定。

3. 实验方法 先按总灰分的测定方法得到总灰分的含量，再向总灰分中加入 25 mL 0.1 mol/L 的盐酸，于小火上微沸 5 min，使之充分溶解，用无灰滤纸过滤，用适量热的 0.1 mol/L 盐酸分次洗涤坩埚，以下同水不溶性灰分的测定。

4. 计算 按下式计算样品酸不溶性灰分的含量：

$$酸不溶性灰分(\%) = \frac{m_3 - m_1}{m_2 - m_1} \times 100$$

式中，m_1——空坩埚的质量，g；

m_2——样品加坩埚的质量，g；

m_3——酸不溶性灰分加坩埚的质量，g。

思考题

1. 测定食品中灰分含量的意义是什么？
2. 何谓粗灰分？它与无机成分含量之间有什么区别？
3. 为什么食品样品在高温灼烧前要先进行炭化至无烟？
4. 有些样品经长时间高温灼烧后，残留物中仍有碳粒的主要原因是什么？如何处理？
5. 说明水不溶性灰分测定的操作要点？
6. 加速灰化的方法有哪些？

第五章
碳水化合物的测定

本章的主要内容包括还原糖、蔗糖、总糖及淀粉、纤维和果胶的测定方法。其中还原糖的测定方法主要介绍直接滴定法、兰-爱农(Lane-Eynon)法、比色法等；蔗糖的测定方法主要介绍盐酸水解法等；总糖的测定方法主要介绍直接滴定法、蒽酮比色法和苯酚硫酸法；淀粉的测定方法主要介绍酶水解法、酸水解法、旋光法等；纤维素的测定方法主要介绍粗纤维的测定及食品中膳食纤维的测定；果胶的测定方法主要介绍重量法和比色法。

第一节 概 述

一、碳水化合物的定义和分类

碳水化合物是由碳、氢、氧三种元素组成的一大类化合物,表达式为 $C_x(H_2O)_n$。由于大多数这类化合物中氢与氧的比例数和水一样,因此常被称为碳水化合物,又称糖类物质。它在自然界的分布很广,是生物界的三大基础物质之一,也是人类从膳食中取得热能最经济和最主要的来源。人体生命活动所需的热能60%~70%由它供给,同时它也是构成机体的重要物质,参与细胞的多种代谢过程。例如,核糖与脱氧核糖是核酸的主要组成部分,一些糖可与蛋白质合成糖蛋白,还可与脂肪形成糖脂等,这些都是重要的生理功能物质,它们参与机体的代谢,维持生命的正常活动。

碳水化合物是食品工业的主要原料和辅助材料,是大多数食品的主要成分之一。它包括单糖、二糖、低聚糖和多糖。单糖是碳水化合物的最基本组成单位,二糖、低聚糖和多糖是由单糖组成的。食品中的单糖主要有葡萄糖、果糖和半乳糖,它们都是含有六个碳原子的多羟基醛糖或多羟基酮糖,分别称为己醛糖(葡萄糖、半乳糖)和己酮糖(果糖),此外核糖、阿拉伯糖、木糖等戊醛糖也属于单糖。

二糖由两分子的单糖脱水缩合而成,主要有蔗糖、乳糖和麦芽糖,此外还有异构蔗糖、异构乳糖、海藻糖、异麦芽糖、纤维二糖、壳二糖等。蔗糖俗称白糖、砂糖或红糖。它是由D-葡萄糖的半缩醛羟基与D-果糖的半缩醛羟基脱水缩合而成。麦芽糖由二分子葡萄糖通过 α-1,4-糖苷键相连而成,主要存在于发芽的谷粒中,特别是麦芽中。麦芽糖是淀粉和糖原的结构成分,也是食品工业中重要的糖原料。乳糖由一分子D-葡萄糖和一分子D-半乳糖通过 β-1,4-糖苷键相连而成。它只存在于各种哺乳动物的乳汁中,人体消化液中乳糖酶可将乳糖水解为其相应的单糖。乳糖对婴儿有着重要的意义,它是婴儿主要食用的碳水化合物。

低聚糖(又称为寡糖)是由三到九个分子的单糖通过糖苷键连接形成的直链或支链的一类糖,低聚糖在食品中存在的不多。目前已知的几种重要低聚糖有棉籽糖(三糖)、水苏糖(四糖)、毛蕊花糖(五糖)、异麦芽低聚糖、低聚果糖、低聚甘露糖、大豆低聚糖等,其甜度通常只有蔗糖的30%~60%。它们是许多功能性食品的重要配料。

多糖是由≥10个单糖分子脱水缩合并由糖苷键连接而成的高分子聚合物。多糖在性质上与单糖和低聚糖不同,一般不易溶于冷水,无甜味,不形成结晶,没有还原性。在酶或酸的作用下,水解成单糖残基不等的片段,最后水解为单糖。多糖包括淀粉、纤维素、半纤维素、果胶、β-葡聚糖、果聚糖,以及植物胶、树胶、藻类多糖等。

二、碳水化合物的测定方法

测定碳水化合物的方法很多,可分为直接法和间接法两大类,直接法主要是将糖的理化性质作为分析原理直接进行测定的分析方法。间接法是根据测定的水分、粗脂肪、粗蛋白质、灰分等含量,利用差减法计算出来,常以总碳水化合物或无氮抽提物来表示。常见方法如表5-1所示。

表5-1 碳水化合物直接法测定方法

分类		测定物质	适用范围和特点
物理法	相对密度法 折光法 旋光法	测定糖液浓度、番茄酱中固形物中的含量、甜点的蔗糖量及谷物中淀粉含量	适用于特定的食品
化学法	还原糖法(费林氏法、高锰酸钾法、直接滴定法等)、碘量法、蒽酮法等	食品中的还原糖、蔗糖、总糖	测定的主要是糖的总量,不能确定每种糖的种类和含量
色谱法	纸色谱和薄层色谱(较早)、气相色谱、液相色谱、离子色谱	主要对样品中的各种糖进行分离和定量	色谱法不作为常规分析方法,但色谱法具有灵敏度高,选择性好的优点。其中薄层色谱法和高效液相色谱法已被确定为异麦芽低聚糖测定的国家标准方法
酶法	酶-电极法、酶-比色法、酶水解法	测定葡萄糖、半乳糖、乳糖和蔗糖含量,也可测定淀粉	不是常规分析方法
电泳法	纸上电泳、薄层电泳、毛细管电泳等	可对食品中各种可溶性糖分进行分离和定量,如葡萄糖、果糖、乳糖、棉子糖等常用纸上电泳法和薄层电泳法进行检验。近年来毛细管电泳法在一些低聚糖和活性多糖方面的测定越来越广泛	尚未作为常规分析方法
生物传感器法	葡萄糖生物传感器等	用葡萄糖生物传感器可在线检测混合样品中葡萄糖的含量	简单、快速、可实现在线分析,是一种具有很大潜力的检测方法

第二节 糖的测定

本节中糖的测定主要是指葡萄糖、果糖及蔗糖、麦芽糖等可溶性糖的测定。测定食品中的糖时,一般必须选择合适的溶剂对样品进行提取,并对提取液进行纯化以消除杂质和干扰成分,然后才能进行糖的测定。

一、糖的提取

1. 常用的提取剂 由于食品中的糖是可溶的,所以可用水作提取剂。在水提取液中,除了糖类外,还可能含有色素、蛋白质、可溶性果胶、可溶性淀粉、有机酸等干扰物质,特别是乳制品、大豆及其制品中干扰成分较多。水果及其制品中含有许多有机酸,为防止蔗糖等低聚糖在加热时被部分水解,提取液应调节pH为中性。同时,还要防止糖类被酶水解,一般加入氯化汞($HgCl_2$)即可避免此现象。用水提取时,温度一般控制在40~50℃,效果较好。若温度更高,可提取出相当量的可溶性淀粉和糊精而影响分析结果。

乙醇也是常见的糖类提取剂,糖类在乙醇水溶液中具有一定溶解度,通常用的是70%~85%的乙醇溶液,若样品含水量较高,可适当提高乙醇溶液浓度,即混合后乙醇的最终浓度应控制在上述范围内。用乙醇溶液作提取剂时可避免糖类被酶水解,而且提取液不用除蛋白质、可溶性淀粉和糊精,因为这些物质在70%~85%的乙醇溶液中很少能溶解出来。

2. 提取液制备的原则 提取液的制备方法要根据样品的性状而定,但必须遵循以下原则:

1) 确定适当的取样量和稀释倍数:确定取样量和稀释倍数,要考虑所采用的分析方法的检测范围。一般提取液经纯化和可能的转化后,每毫升含糖量应为0.5~3.5 mg,提取10 g含糖2%的样品可在100 mL容量瓶中进行;而对于含糖较高的食品,可取5~10 g样品于250 mL容量瓶中进行提取。

2) 含有大量淀粉和糊精的食品,宜采用乙醇溶液提取:对粮谷制品、薯类及调味品等,用水提取会使部分淀粉、糊精溶出,影响测定,同时过滤也困难,为此,宜采用乙醇溶液提取。提取时可加热回流,然后冷却并离心,倾出上清液,如此提取2~3次,合并提取液,蒸发除去乙醇。

3）脂肪含量高的食品需经脱脂后再进行提取：对于乳酪、巧克力、蛋黄酱及杏仁糖等含脂肪高的食品，一般先用乙醚和石油醚进行脱脂处理一次或几次，每次处理后，可以通过离心分离除去乙醚和石油醚层，然后再用水提取。

4）含乙醇和二氧化碳等挥发组分的液体样品，应在水浴上加热除去：通常蒸发至原体积的1/4～1/3时，乙醇和二氧化碳基本可以除去，但对于酸性食品在加热时保持溶液呈中性，以免造成蔗糖等低聚糖的部分水解。

二、提取液的澄清

用水和乙醇溶液提取糖时，提取液中除含有单糖和低聚糖等可溶性糖类外，还不同程度地含有一些影响测定的杂质，如色素、蛋白质、可溶性果胶、可溶性淀粉、有机酸、氨基酸、单宁等。这些物质的存在常会使提取液带有颜色，或呈现浑浊，影响测定终点的观察；也可能在测定过程中与被测成分或分析试剂发生化学反应，影响分析结果的准确性；胶态杂质的存在还会给过滤操作带来困难，因此必须把这些干扰物质除去。常用的方法是加入澄清剂沉淀这些干扰物质。

作为糖类澄清剂，必须满足下列条件：① 能较完全地除去干扰物质；② 不吸附或沉淀被测糖分，也不改变被测糖分的理化性质；③ 过剩的澄清剂应不干扰后面的分析操作，或易于除掉。

糖类分析中常用的澄清剂有以下几种：

1）中性乙酸铅[$Pb(CH_3COO)_2 \cdot 3H_2O$]：这是食品分析中最安全最常用的一种澄清剂。铅离子能与很多离子结合，生成难溶沉淀物，同时吸附除去部分杂质。它能除去蛋白质、果胶、有机酸、单宁等杂质。它的作用较可靠，不会沉淀样液中的还原糖，在室温下也不会形成铅糖化合物，因而适用于测定还原糖样液的澄清。但它的脱色能力较差，不能用于深色样液的澄清，适用于浅色的糖及糖浆制品、果蔬制品、焙烤制品等。

2）碱性乙酸铅：能除去蛋白质、色素、有机酸、单宁等杂质，又能凝聚胶体。但它可生成体积较大的沉淀，可带走还原糖，特别是果糖。此澄清剂适用于处理颜色较深的糖液。

3）乙酸锌和亚铁氰化钾溶液：它是利用乙酸锌溶液与亚铁氰化钾溶液混合后反应生成的氰亚铁酸锌沉淀带走或吸附干扰物质。这种澄清剂除蛋白质能力强，但脱色能力差，适用于色泽较浅，富含蛋白质样液的澄清，如乳制品、豆制品等。

4）碱性硫酸铜溶液：它是由硫酸铜溶液和氢氧化钠溶液组成。在碱性条件下，铜离子可使蛋白质沉淀，适合于富含蛋白质的样品的澄清。

5）氢氧化铝溶液（铝乳）：氢氧化铝溶液能吸附凝聚胶体，但对非胶态杂质的澄清效果不好。可用作浅色糖溶液的澄清，或作为附加澄清剂。

6）活性炭：能除去植物样品中的色素，适用于颜色较深的提取液。1949年，Bevenue发现对于浓度为0.2%的糖溶液，若使用动物性活性炭0.5 g进行脱色，不论左旋糖还是右旋糖，被吸附损失很少；若用植物性活性炭，则这些糖将被吸附损失6%～8%。所以活性炭在糖类分析上应用较少。

除上述澄清剂外，还有硅藻土、六甲基二硅烷等也可作为澄清剂。澄清剂的种类很多，各种澄清剂性质不同，澄清效果也各不一样，使用澄清剂必须根据采用的分析方法加以选择，同时也要考虑样液的种类、干扰成分及含量。

澄清剂的用量必须适当。用量太少，达不到澄清的目的，用量太多则会使分析结果产生误差。不同的样液因干扰物质的种类和含量不同，所需加入澄清剂的量也不同。即使是中性乙酸铅，用量也不能过大。因为样液在加热时，铅将与糖（特别是果糖）结合生成铅糖化合物，使测得的糖含量偏低。为了减小误差，必须使用最少量的澄清剂。另外，也可采用除铅剂除铅。常用的除铅剂有乙二酸钠、乙二酸钾、硫酸钠、磷酸氢二钠等。使用时可以以固体状态加入（如固体乙二酸钠），也可以以液体状态加入（如10% Na_2SO_4 或10% Na_2HPO_4 溶液）。但应注意，如用固体除铅剂，应先将样液定量到一定体积后再加入；如用液体除铅剂，应在加入除铅剂后再定容。除铅剂的用量也要适当。在保证使铅完全沉淀的前提下，使用量尽量减少。

三、提取和澄清实例

1. 植物样品中糖类提取 从干燥的植物样品中提取糖类，首先将样品捣碎、研磨碾细后，称取样品 15~20 g，放入 250 mL 三角瓶中，加入 85% 乙醇 50 mL，50 ℃ 保温 30 min 并不断搅拌，然后取上清液过滤，残留物再用 85% 的乙醇重复提取两次，取上清液过滤。合并三次提取的滤液进行糖类测定。

2. 植物样品乙醇提取液的澄清 采用水浴蒸去提取液中的乙醇，放冷，然后洗入容量瓶中混合均匀。加入大量的饱和中性乙酸铅溶液，充分摇动使其产生絮凝沉淀，静置 15 min。然后再向析出的上层清液中加入几滴中性乙酸铅溶液，如果还有沉淀生成，就再摇动并静置。反复如上操作直到无沉淀生成为止。加水到刻度，摇动混合均匀，过滤。在滤液中加入足量的固体乙二酸钠使铅完全沉淀，再过滤，并用固体乙二酸钠少许试验滤液是否还有铅残留，如果还有就再重复以上操作直到把铅完全消除。

3. 乳及乳制品中糖类（蔗糖和乳糖）的提取和澄清 准确称取 3~5 g 固体样品（或吸取 25~50 mL 液体样品），用 50 mL 水分次溶解样品并洗入 250 mL 容量瓶中。摇匀后缓慢加入乙酸锌溶液和亚铁氰化钾溶液各 5 mL，加水到刻度，摇匀，静置 30 min，用干滤纸过滤，取滤液用于糖类分析。

四、还原糖的测定

在糖类中，分子中含有游离醛基或酮基的单糖和含有游离的半缩醛羟基的双糖都具有还原性。葡萄糖和果糖分子中分别含有游离醛基和酮基；乳糖和麦芽糖分子中含有半缩醛羟基，都具有还原性，故它们是还原糖。蔗糖、三糖乃至多糖（如糊精、淀粉等），其本身不含有游离的醛基和酮基而不具还原性，属于非还原性糖。但它们可通过水解生成相应的还原性单糖，测定水解液的还原糖含量就可以求得样品中相应糖类的含量。因此，还原糖的测定是糖类定量的基础。还原糖的测定方法很多，兹将常用方法分别介绍如下。

1. 直接滴定法

（1）原理：将一定量的费林试剂甲、乙液等量混合，立即生成天蓝色的氢氧化铜沉淀，沉淀很快与酒石酸钾钠反应，生成深蓝色的可溶性酒石酸钾钠铜络合物。反应如下：

$$CuSO_4 + 2NaOH \longrightarrow Cu(OH)_2 + Na_2SO_4$$

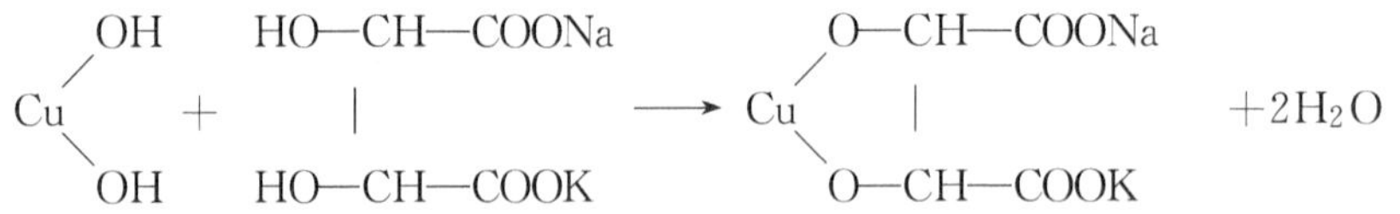

酒石酸钾钠铜具有氧化性，在加热条件下，能将还原糖氧化成醛酸，本身还原为氧化亚铜沉淀。

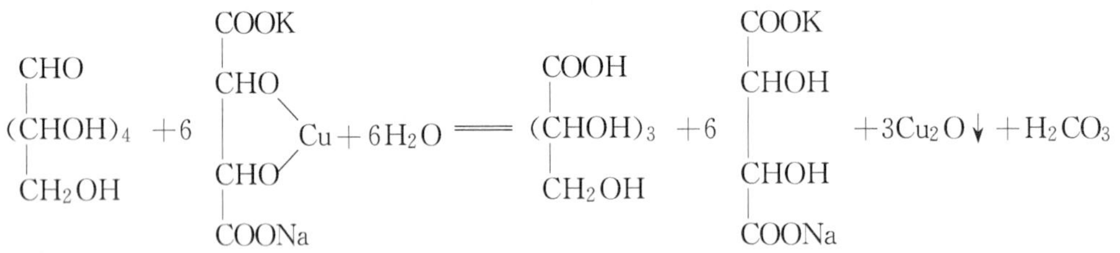

反应终点用亚甲基蓝指示，亚甲基蓝是一种氧化还原指示剂，其氧化型为蓝色，还原型为无色，它的氧化能力比 Cu^{2+} 弱，待还原糖将二价铜全部还原后，稍过量的还原糖则可把亚甲基蓝还原，溶液由蓝色变为无色，即为滴定终点。

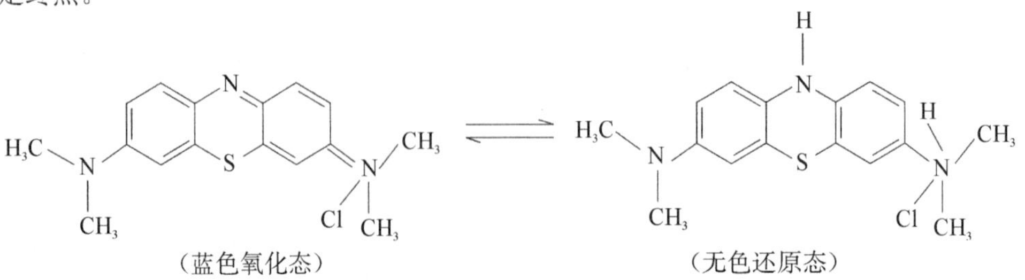

（蓝色氧化态） （无色还原态）

从上述反应式可知，1 mol 葡萄糖可以将 6 mol Cu^{2+} 还原为 Cu^+。实际上两者之间的反应并非那么简单。实验表明，1 mol 葡萄糖只能还原 5 mol 多点的 Cu^{2+}，且随反应条件而变化。因此，还原糖的含量不能简单按反应方程式计算，而是用已知浓度的葡萄糖标准溶液标定的方法来计算。

(2) 试剂：费林试剂甲液：称取 15.00 g 硫酸铜（$CuSO_4 \cdot 5H_2O$）及 0.05 g 亚甲基蓝，溶于水中并稀释至 1 000 mL。

费林试剂乙液：称取 50.00 g 酒石酸钾钠及 75 g 氢氧化钠，溶于水中，再加入 4 g 亚铁氰化钾，完全溶解后，用水稀释至 1 000 mL，储存于橡胶塞玻璃瓶中。

乙酸锌溶液：称取 21.9 g 乙酸锌[$Zn(CH_3COO)_2 \cdot 2H_2O$]，加 3 mL 冰醋酸，加水溶解并稀释到 100 mL。

亚铁氰化钾溶液：10.6 g/100 mL。

葡萄糖标准溶液：0.100 0 g/100 mL。

盐酸溶液：50 mL/100 mL。

(3) 实验方法

1) 样品处理同上述糖的提取和澄清方法。

2) 费林试剂的标定。吸取费林试剂甲液和乙液各 5.0 mL，置于 150 mL 锥形瓶中，加水 10 mL，加入玻璃珠两粒，从滴定管滴加约 9 mL 葡萄糖或其他还原糖标准溶液，控制在 2 min 内加热至沸，趁热以 1 滴/2 s 的速度继续滴加葡萄糖或其他还原糖标准溶液，直至溶液蓝色刚好褪去为终点，记录消耗葡萄糖或其他还原糖标准溶液的总体积。平行三份，取其平均值(V_1)，计算 10 mL 费林试剂（甲、乙液各 5 mL）溶液相当于葡萄糖的质量或其他还原糖质量(mg)。按下式计算：

$$F = c \cdot V_1$$

式中，F——10 mL 费林试剂相当于葡糖糖的质量，mg；

c——葡萄糖标准溶液的浓度，mg/mL；

V_1——标定时消耗葡萄糖标准溶液的总体积，mL。

3) 样液预滴定。吸取费林试剂甲液和乙液各 5.0 mL，置于 150 mL 锥形瓶中，加水 10 mL，加入玻璃珠两粒，控制在 2 min 内加热至沸，保持沸腾以先快后慢的速度，从滴定管中滴加样品溶液，待溶液颜色变浅时，以每 2 秒 1 滴的速度滴定，直至溶液蓝色退去为终点，记录样液消耗体积。

4) 样液测定。吸取费林试剂甲液和乙液各 5.0 mL，置于 150 mL 锥形瓶中，加水 10 mL，加入玻璃珠两粒，从滴定管滴加比预测体积少 1 mL 的样品溶液至锥形瓶中，使在 2 min 内加热至沸，保持沸腾继续以 1 滴/2 s 的速度滴定，直至蓝色刚好褪去为终点，记录样液消耗体积。平行三份，得出平均消耗体积。

(4) 结果计算：样品中还原糖的含量（以某种还原糖计）计算如下：

$$X(\%) = \frac{F}{m \times \frac{V_1}{V} \times 1\,000} \times 100$$

式中，X——样品中还原糖的含量（以某种还原糖计），g/100 g 或 g/100 mL；

F——10 mL 费林试剂溶液（甲、乙液各 5 mL）相当于葡萄糖的质量或其他还原糖质量，mg；

m——样品质量，g；

V_1——测定时平均消耗样品溶液体积，mL；

V——样液总量，mL。

(5) 讨论和说明

1) 本法又称快速法，是国家标准分析方法（GB/T5009.7—2008 中第一法），它是在蓝-爱农法基础上发展起来的，其特点是试剂用量少，操作和计算都比较简便、快速，滴定终点明显，准确度高，重现性好，适用于各类食品中还原糖的测定。但测定酱油、果汁等深色样品时，因色素干扰，滴定终点不易辨别，影响准确性。由于所使用的费林试剂的氧化能力较强，所以醛糖和酮糖都可被氧化，所以测得的是食品中的总还原糖量。

2) 费林试剂甲液和乙液应分别储存，用时才混合，否则酒石酸钾钠铜络合物长期在碱性条件下会慢慢分解析出氧化亚铜沉淀,使试剂有效浓度降低。

3）为消除氧化亚铜沉淀对滴定终点观察的干扰,在费林试剂乙液中加入了少量亚铁氰化钾,使之与Cu_2O生成可溶性的络合物,而不再析出红色沉淀,消除沉淀对观察滴定终点的干扰,使终点更为明显。

其反应如下：

$$Cu_2O\downarrow + K_4Fe(CN)_6 + H_2O \longrightarrow K_2Cu_2Fe(CN)_6 + 2KOH$$

4）本法根据测定过程中消耗一定量的费林试剂溶液（Cu^{2+}定）来计算样液中还原糖含量,因此,在样品处理时,不能用铜盐作为澄清剂,以免引入Cu^{2+}。

5）滴定时不能随意摇动锥形瓶,更不能把锥形瓶从热源上拿下来滴定,必须保证在沸腾条件下进行,其原因一是可以加快还原糖与Cu^{2+}的反应速率；二是亚甲基蓝变色反应是可逆的。还原型亚甲基蓝遇空气中氧时,又会被氧化为氧化型。此外,氧化亚铜也极不稳定,易被空气中的氧气所氧化。保持反应液沸腾可防止空气进入,避免亚甲基蓝和氧化亚铜被氧化而增加耗糖量。

6）本法对滴定操作条件要求很严,整个滴定工作须控制在 3 min 内完成,其中 2 min 内加热至沸,然后以每 2 秒 1 滴的速度滴定至终点。样品溶液必须进行预滴定。原因是本法对样品溶液中还原糖浓度要求在 0.1% 左右,测定时样品溶液的消耗体积应与标定葡萄糖标准溶液时消耗的体积相近,通过预测可了解样品溶液浓度是否合适,使预测时消耗样液量在 10 mL 左右；另外通过预测可知道样液大概消耗量,以便在正式测定时,预先加入比实际用量少 1 mL 左右的样液,只留下 1 mL 左右样液在续滴定时加入,以保证在规定时间内完成续滴定工作,提高测定的准确度,也能使绝大多数样液与费林试剂在完全相同的条件下反应,减少因滴定操作带来的误差。

7）影响测定结果的主要操作因素是反应液碱度、热源强度、煮沸时间和滴定速度。反应液的碱度直接影响二价铜与还原糖反应的速率、反应进行的程度及测定结果。在一定范围内,溶液碱度越高,二价铜的还原越快。因此,必须严格控制反应液的体积。标准溶液的标定、样品溶液预测及测定的操作条件应保持一致。对每一次滴定,被测溶液的使用量、锥形瓶规格、加热电炉功率、滴定速度、终点的确定方法等都尽量一致。热源一般采用 800 W 电炉,电炉温度恒定后才能加热。否则加热至沸腾所需的时间就不同,引起蒸发量不同,使反应液碱度发生变化,从而引入误差。

8）为了提高测定的准确度,要求用哪种还原糖表示结果就用相应的还原糖标定费林试剂溶液,如用葡萄糖表示结果就用葡萄糖标准溶液标定费林试剂溶液。

9）还原糖与碱性铜盐的反应,有的书刊上常写成：

$$\text{CHO} \atop (\text{CHOH})_4 \atop \text{CH}_2\text{OH} + 2 {\text{COOK} \atop \text{CHO} \atop \text{Cu} \atop \text{CHO} \atop \text{COONa}} + 2H_2O \Longleftrightarrow {\text{COOH} \atop (\text{CHOH})_4 \atop \text{CH}_2\text{OH}} + 2 {\text{COOK} \atop \text{CHOH} \atop \text{CHOH} \atop \text{COONa}} + Cu_2O$$

或

$$\text{CHO} \atop (\text{CHOH})_4 \atop \text{CH}_2\text{OH} + 6 {\text{COOK} \atop \text{CHO} \atop \text{Cu} \atop \text{CHO} \atop \text{COONa}} + 5H_2O \Longleftrightarrow {\text{COOH} \atop (\text{CHOH})_4 \atop \text{CH}_2\text{OH}} + 6 {\text{COOK} \atop \text{CHOH} \atop \text{CHOH} \atop \text{COONa}} + 3Cu_2O$$

上述第一式表明葡萄糖在此反应中的电子转移数为 2,被氧化为葡萄糖酸；第二式表明葡萄糖的电子转移数为 6,被氧化为葡萄糖二酸。两式都没表明葡萄糖有脱羧基的降解反应。试验研究表明,还原糖的电子转移数接近于 6,同时,费林试剂溶液是中等强度氧化剂,在此实验条件下,不易将葡萄糖氧化为葡萄糖二酸,实测结果也证明了反应后的溶液中确有相当量的CO_3^{2-}存在。因此,还原糖与费林试剂溶液的反应应以第二式较为合理。

10) 样液预滴定时,当样液中还原糖浓度过高时,应适当稀释后再进行正式测定,使每次滴定消耗样液体积控制在与标定费林试剂溶液时所消耗的还原糖标准溶液的体积相近,约 10 mL;当浓度过低时则采取直接加入 10 mL 样品液,免去加水 10 mL,再用还原糖标准溶液滴定至终点,记录消耗的体积与标定时消耗的还原糖标准溶液体积之差相当于 10 mL 样液中所含还原糖的量。还原糖含量≥10 g/100 g 时计算结果保留三位有效数字;还原糖含量<10 g/100 g 时,计算结果保留两位有效数字。

2. 蓝-爱农(Lane-Eynon)法

(1) 原理:反应方程式原理同直接滴定法,但还原糖因素需通过实验编制的还原糖检索表或者实测得到,然后再计算还原糖的含量。

(2) 试剂:费林试剂甲液:称 34.639 g $CuSO_4 \cdot 5H_2O$,加适量的水溶解,加入 0.5 mL 硫酸,用水稀释至 500 mL,用精制石棉过滤;费林试剂乙液:称取 173 g 酒石酸钾钠和 50 g NaOH 于适量水中溶解,用水稀释至 500 mL,用精制石棉过滤。亚甲基蓝指示剂:10 g/L 水溶液;葡萄糖标准溶液:5 mg/mL 水溶液。

(3) 测定方法

1) 样品溶液的预滴定:吸取费林试剂甲、乙液各 5.0 mL,置于 150 mL 锥形瓶中,加入 10 mL 水,加入 2~3 粒玻璃珠。控制在 2 min 内沸腾,趁沸腾以先快后慢的速度滴加样品溶液,当颜色变浅时,加入亚甲基蓝 2~3 滴,在沸腾条件下以 1 滴/2 s 的速度继续滴定到蓝色刚好褪去为止,记录样液消耗的体积。

2) 样品溶液的滴定:吸取费林试剂甲、乙液各 5.0 mL,置于 150 mL 锥形瓶中,加 10 mL 水,加入 2~3 粒玻璃珠,从滴定管中加入比预滴定少 0.5~1.0 mL 的样品溶液,加热使之在 2 min 内沸腾,并维持沸腾 2 min。然后加入亚甲基蓝 2~3 滴,趁沸腾以 1 滴/2 s 的速度继续滴定至蓝色刚好褪去为止,记录样液消耗的体积。

(4) 结果计算

$$X(\%) = \frac{F}{m \times \dfrac{V_1}{V} \times 1\,000} \times 100$$

式中,X——样品中还原糖含量(以葡萄糖计),g/100 g 或 g/100 mL;

F——还原糖因素(附录 3),即与 10 mL 费林试剂溶液相当的还原糖(葡萄糖)量,mg;

V_1——测定时平均消耗样品溶液体积,mL;

V——样品处理后的总体积,mL;

m——样品质量(或体积),g(或 mL)。

(5) 讨论和说明

1) 本法又称 Lane-Eynon 法,是国际食糖分析方法统一委员会制定的还原糖标准分析方法之一。该法准确度高、重现性好,是一种快速简单的方法。但对试剂浓度、碱液浓度、加热温度和时间都有严格的控制条件,对滴定操作要求同直接滴定法。

2) 费林试剂溶液的配制方法与直接滴定法中的费林试剂配制方法不同,其中还原糖因素可直接查蓝-爱农法专用检索表也可以进行实测。但由于个别操作和试剂成分的变动,实测的还原糖因数可能与表中所列值不相符,宜用标准还原糖对费林试剂溶液进行校正。校正时测定结果用哪种还原糖表示,就应用哪种还原糖标准溶液,校正方法同样品测定,只是用还原糖标准溶液代替样品溶液,按下面公式计算校正系数:

$$f = \frac{c}{G}$$

式中,f——碱酒石酸铜溶液浓度校正系数;

c——还原糖标准溶液配制的实际浓度,mg/100 mL;

G——查表所得还原糖标准溶液 100 mL 所含毫克数。

如允许有 1% 的测定误差,则可省略这项校正,可直接查蓝-爱农法还原糖因数表,也可用还原糖标准溶液标定 10 mL 费林氏溶液而求出还原糖因数,此法误差为 0.5%。

3) 用本法测定加糖乳制品时,蔗糖的存在会使滴定时样液的消耗量减少,使测定结果偏高,故当蔗糖与乳糖的含量比超过 3∶1 时,应加以校正。校正方法是在滴定消耗量上加上表 5-2 中校正值再计算。

表 5-2 乳糖、蔗糖共存时测定乳糖的校正值

糖液滴定量/mL	10 mL 费林试剂溶液试液	
	蔗糖对乳糖量的比	
	3∶1	6∶1
15	0.15	0.30
20	0.25	0.50
25	0.30	0.60
30	0.35	0.70
35	0.40	0.80
40	0.45	0.90
45	0.50	0.95
50	0.55	1.05

3. 高锰酸钾滴定法

(1) 原理:将一定量的样液与一定量过量的费林试剂溶液反应,在加热条件下,还原糖把二价铜盐还原为氧化亚铜。反应式同直接滴定法。经减压过滤,得到氧化亚铜沉淀,加入过量的酸性硫酸铁溶液,氧化亚铜被氧化为铜盐而溶解,硫酸铁被还原为亚铁盐。

$$Cu_2O + Fe_2(SO_4)_3 + H_2SO_4 \longrightarrow 2CuSO_4 + 2FeSO_4 + H_2O$$

用高锰酸钾标准溶液滴定生成的亚铁盐。

$$10FeSO_4 + 2KMnO_4 + 8H_2SO_4 \longrightarrow 5Fe_2(SO_4)_3 + 2MnSO_4 + 8H_2O$$

由反应式可见,5 mol Cu_2O 相当于 2 mol $KMnO_4$,根据滴定时高锰酸钾标准溶液消耗量,计算氧化亚铜含量,再查表得还原糖量。

(2) 试剂:费林试剂甲液,同蓝-爱农法;费林试剂乙液,同蓝-爱农法;硫酸铁溶液 5 g/100 mL;0.1 000 mol/L 高锰酸钾标准溶液。

高锰酸钾溶液的标定 精确称取 150~200 ℃ 干燥 1~1.5 h 的基准乙二酸钠约 0.2 g,溶于 50 mL 水中,加 80 mL 硫酸,用配制的高锰酸钾溶液滴定,接近终点时加热至 70 ℃,继续滴定至溶液呈粉红色 30 s 不褪为止。同时做空白试验。

$$c = \frac{m \times 1\,000}{(V_1 - V_0) \times 134} \times \frac{2}{5}$$

式中,c——高锰酸钾标准溶液的浓度,mol/L;

m——乙二酸钠质量,g;

V_1——标定时消耗高锰酸钾溶液体积,mL;

V_0——空白消耗高锰酸钾溶液体积,mL;

134——乙二酸钠的摩尔质量,g/mol。

(3) 实验方法

1) 称取粉碎后的固体样品 2.5~5 g 或混匀后的液体样品 25~50 g,精确至 0.001 g,置 250 mL 容量瓶中,加水 50 mL,摇匀后慢慢加入 10 mL 费林试剂甲液和 4 mL 1 mol/L 氢氧化钠溶液,加水到刻度,混匀,静置 30 min,用干燥滤纸过滤,取滤液待测。

2) 吸取 50 mL 处理后的样品溶液于 400 mL 烧杯中,加费林试剂甲、乙液各 25 mL,盖上表面皿,置电炉上加热,使其在 4 min 内沸腾,再准确沸腾 2 min,趁热用铺好石棉的古氏坩埚或 G4 垂融坩埚抽滤,并用 60 ℃ 热水洗涤烧杯及沉淀,至吸液不呈碱性反应为止。将坩埚放回原 400 mL 烧杯中,加 25 mL 硫酸铁溶液及 25 mL 水,用玻棒搅拌使氧化亚铜完全溶解,以高锰酸钾标准溶液滴定至微红色为终点。记录高锰酸钾标准

溶液消耗量,同时用水替代溶液做空白试验。

(4) 结果计算

$$X = (V_1 - V_0) \times c \times 71.54$$

式中,X——样品中还原糖质量相当于氧化亚铜的质量,mg;

c——高锰酸钾标准溶液的实际浓度,mol/L;

V_1——测定用样品液消耗高锰酸钾标准溶液的体积,mL;

V_0——试剂空白消耗高锰酸钾标准溶液的体积,mL;

71.54——1 mL 1.000 mol/L 高锰酸钾溶液相当于氧化亚铜的摩尔质量,mg/mol。

再从《相当于氧化亚铜质量时葡萄糖、果糖、乳糖、转化糖的质量表》中查出与氧化亚铜相当的还原糖量(附录6),即可计算出样品中还原糖含量。

$$X_2(\%) = \frac{A}{m \times \dfrac{V_1}{250} \times 1\,000} \times 100$$

式中,X_2——样品中还原糖的含量,g/100 g;

A——由 X_1 查表得出的氧化亚铜相当的还原糖质量,mg;

m——样品质量(体积),g(mL);

V_1——测定用样品溶液的体积,mL;

250——样品处理后的总体积,mL。

(5) 讨论和说明

1) 本法又称贝尔德蓝(Bertrand)法,是国家标准分析方法(GB/T 5009.7—2008 中第二法),方法的准确度和重现性都优于直接滴定法,并适用于各类食品中还原糖的测定,有色样液也不受限制。但操作复杂、费时,需使用专用的检索表。

2) 本法以测定过程中产生的 Fe^{2+} 为计算依据,因此,在样品处理时不能用乙酸锌和亚铁氰化钾作为澄清剂,以免引入 Fe^{2+}。另外,所用费林试剂溶液是过量的,即保证把所有的还原糖全部氧化后,还有过剩的 Cu^{2+} 存在。所以,煮沸后的反应液应呈蓝色(酒石酸钾钠铜络离子)。如不呈蓝色,说明样液含糖浓度过高,应调整样液浓度。

3) 测定必须严格按规定的操作条件进行,必须控制好热源强度,保证在 4 min 内加热至沸,否则误差很大。实验时先取 50 mL 蒸馏水,加费林试剂甲、乙液各 25 mL,调整热源强度,使其在 4 min 内加热至沸,维持热源强度不变,再正式测定。另外,在过滤及洗涤氧化亚铜沉淀的整个过程中,应使沉淀始终在液面以下,避免氧化亚铜暴露于空气中而被氧化。

4) 还原糖与费林试剂溶液的反应过程十分复杂,除按上述反应式进行外,还伴随副反应。此外,不同的还原糖还原能力也不同,反应生成的 Cu_2O 量也不相同。因此,不能根据生成的 Cu_2O 量按反应式直接计算出还原糖含量,而需利用经验检索表。

5) 还原糖含量≥10 g/100 g 时计算结果保留三位有效数字;还原糖含量<10 g/100 g 时,计算结果保留两位有效数字。

4. 萨氏(Somogyi)法

(1) 原理:将一定量的样液与过量的碱性铜盐溶液共热,样液中的还原糖定量地将二价铜还原为氧化亚铜。

$$Cu^{2+} + 还原糖 \longrightarrow Cu_2O$$

碘酸钾与碘化钾在酸性条件下反应,析出游离碘。

$$KIO_3 + 5KI + 3H_2SO_4 =\!=\!= 3K_2SO_4 + 3H_2O + 3I_2$$

氧化亚铜在酸性条件下溶解为一价铜离子,并定量地消耗由碘化钾和碘酸钾反应生成的游离碘,将碘还原为碘化物,而本身从一价铜氧化为二价铜。

$$Cu_2O + H_2SO_4 \rightleftharpoons 2Cu^+ + SO_4^{2-} + H_2O$$

$$2Cu^+ + I_2 \rightleftharpoons 2Cu^{2+} + 2I^-$$

剩余的碘与硫代硫酸钠标准溶液反应,同时做空白试验。

$$I_2 + 2Na_2S_2O_3 \rightleftharpoons Na_2S_4O_6 + 2NaI$$

根据硫代硫酸钠标准溶液消耗量可求出与一价铜反应的碘量,从而计算出样品中还原糖含量。

(2) 讨论和说明

1) 萨氏法自 1933 年由 Somogyi 提出以来,在萨氏试剂的组成上经过了多次改进,使试剂更稳定,方法更灵敏。目前形成了多种萨氏改良法,除微量法外,还有常量法。微量法最低检出量为 0.015~3 mg,常量法检出量为 5~25 mg。该法样液用量少,故可用于生物材料或经过层析处理后的微量样品的测定。终点清晰,有色样液不受限制。

2) 萨氏试剂也是一种碱性铜盐溶液,主要由硫酸铜-磷酸盐-酒石酸盐组成,与费林试剂溶液相比,萨氏试剂用 Na_2HPO_4 代替了部分 NaOH,使试剂碱性较弱,因此不必配成甲、乙液,配成的混合溶液也可保存较长时间。另外,试剂碱度低时,还原糖的还原当量高,可提高测定的灵敏度,因此该法可测定微量还原糖。但是,碱度也不宜过低,否则,还原糖的氧化速度变慢,使反应时间延长。萨氏试剂中加入了大量的 Na_2SO_4,可降低反应液中的溶解氧,避免生成的 Cu_2O 重新氧化。

3) 由于不同还原糖的还原能力及反应速率不同,反应时所需加热时间也不同。另外,萨氏试剂与费林试剂溶液一样,同还原糖的反应也不符合等摩尔关系。利用表 5-3 所示的加热时间和还原糖系数进行操作和计算,可得到正确的测定结果。

表 5-3　还原糖的加热时间和系数

糖的种类	加热时间/min	系数/(mg/mL)	糖的种类	加热时间/min	系数/(mg/mL)
阿拉伯糖	25~35	0.143	半乳糖	35~45	0.175
木　糖	25~35	0.127	转化糖	15~25	0.135
葡萄糖	15~25	0.135	麦芽糖	25~35	0.25
果　糖	15~25	0.135	乳　糖	30~40	0.216
甘露糖	25~35	0.135			

4) 碘化钾不加在萨氏试剂中,而在临用前再加入,可避免生成的 Cu_2O 沉淀溶解。同时,也减少了 Cu_2O 与氧接触的机会。在加热和冷却时,为防止生成的 Cu_2O 由于空气的对流再次被氧化,试管应使用具塞试管。

5) 淀粉指示剂不宜加入过早,否则会形成大量淀粉吸附物,导致达到滴定终点时仍不褪色而影响测定结果。另外,滴定至蓝色消失时即为终点,此时溶液呈微绿色,而不是无色。

6) 要严格控制操作条件,确保测定的准确度,保证空白试验,萨氏试剂的标定和样品测定在同一条件下进行。空白和样品均须做平行试验,平行滴定之差不得超过 0.05 mL。

7) 硫代硫酸钠极易分解,空气中的二氧化碳溶于水中生成的碳酸能与硫代硫酸钠作用生成亚硫酸氢钠和硫,空气的氧化以及微生物的作用,也可使有效成分减少,造成误差。防止措施:配制硫代硫酸钠溶液的蒸馏水在临用前煮沸,以减少水中溶解的氧气、二氧化碳和防止微生物的作用;硫代硫酸钠溶液要储存在棕色瓶中,抑制日光对硫代硫酸钠的分解;每隔一定时间对硫代硫酸钠溶液进行重新标定。

5. 旋光法

(1) 原理:葡萄糖、果糖、麦芽糖及乳糖等还原糖分子中具有不对称碳原子,故有旋光性。用旋光仪测定旋光度,在一定的条件下,旋光度的大小与样品中还原糖的含量呈线性关系。

(2) 仪器:自动旋光仪。

(3) 讨论和说明

1) 该法简单、快速,在制糖、食品、发酵厂和一些检验部门,常用于商品葡萄糖、果糖、麦芽糖等的测定。但被测糖溶液中常含有其他的糖和电解质等光学活性物质,将影响被测物质的旋光度,因此本法适合于纯度较高的糖溶液的测定。

2) ICUMSA 法规定旋光度的标准温度为 20.0 ℃,因此测定旋光度的待测液及仪器的温度应保持在 (20.0 ± 0.1) ℃。

3) 本法适用于浅色和低浊度的糖液测定,若糖液颜色太深或混浊度太高,不能直接测定旋光度值,需要用中性乙酸铅澄清。

4) 测定糖液浓度时,先将已知浓度的标准品或者参考样品按一定比例稀释成 10 个不同浓度的样品,分别测出其旋光度。然后以横轴为浓度,纵轴为旋光度,绘制标准曲线。标准曲线应用同一台仪器,同一支试管来做。

6. 3,5-二硝基水杨酸比色法

(1) 原理:在氢氧化钠和丙三醇存在下,还原糖能将 3,5-二硝基水杨酸中的硝基还原为氨基,生成氨基化合物。反应式如下:

$$\underset{\text{(DNS)黄色}}{\text{HOOC}\diagup\text{HO NO}_2\diagdown\text{NO}_2} + \text{还原糖} \longrightarrow \underset{\text{(3-氨基-5-硝基水杨酸)棕红色}}{\text{HOOC}\diagup\text{HO NO}_2\diagdown\text{NH}_2}$$

此化合物在过量的氢氧化钠碱性溶液中呈橘红色,在 540 nm 波长处有最大吸收,在一定的浓度范围内其吸光度与还原糖浓度成正比关系,符合朗伯-比尔定律,故可进行定量分析。

(2) 讨论和说明

1) 水杨酸比色法自 1922 年由大科利特戈弗提出后,经多次对 3,5-二硝基水杨酸试剂的组成和配制比例进行改进,提高了试剂的稳定性、灵敏度和分析的准确度。

2) 显色试剂不能放置过久,否则标准曲线变动。

3) 此法的相对误差为 2.2%,分析结果与直接滴定法基本一致。

4) 若样品中含有较多酚类物质,会干扰测定。

五、蔗糖的测定

蔗糖是葡萄糖和果糖组成的双糖,没有还原性,不能用费林试剂直接测定,但在一定条件下,蔗糖可水解为具有还原性的葡萄糖和果糖。因此,可以用测定还原糖的方法测定蔗糖含量。对于纯度较高的蔗糖溶液,也可用相对密度法、折光法和旋光法等测定。下面主要介绍盐酸水解法的测定方法。

1. 原理 样品脱脂后,用水或乙醇提取,提取液经澄清处理以除去蛋白质等杂质,再用盐酸进行水解,使蔗糖转化为还原糖。

$$C_{12}H_{22}O_{11} + H_2O \Longrightarrow C_6H_{12}O_6 + C_6H_{12}O_6$$

然后按还原糖测定方法分别测定水解前后样品液中还原糖含量,两者差值即为由蔗糖水解产生的还原糖量,即转化糖的含量乘以换算系数即为蔗糖含量。

2. 试剂 6 mol/L 盐酸溶液;0.1% 甲基红乙醇溶液、20% 氢氧化钠溶液,其他试剂同还原糖的测定中直接滴定法。

3. 实验方法 取一定量的样品,按直接滴定法中的样品处理进行处理。吸取处理过的样液 2 份各 50 mL,分别放入 100 mL 容量瓶中,一份加入 5 mL 6 mol/L 盐酸溶液,置 68~70 ℃ 水浴中加热 15 min,取出迅速冷却到室温,加甲基红指示剂 2 滴,用 20% NaOH 溶液中和至中性,加水至刻度,混匀。另一份直接用水稀释到 100 mL。然后按直接滴定法测定还原糖含量。

4. 结果计算

$$X_1(\%) = \frac{F}{m \times \dfrac{V_1}{250} \times 1\,000} \times 100$$

式中，X_1——样品中还原糖的含量（以葡萄糖计），g/100 g；

F——费林试剂溶液（甲液、乙液各半）相当于葡萄糖的质量，mg；

V_1——测定时平均消耗样品溶液体积，mL；

m——样品质量，g。

以葡萄糖为标准滴定溶液时，按下式计算样品中的蔗糖含量：

$$X(\%) = (m_2 - m_1) \times 0.95$$

式中，X——样品中蔗糖含量，g/100 g；

m_2——水解处理后还原糖含量，g/100 g；

m_1——不经水解处理还原糖含量，g/100 g；

0.95——转化糖换算为蔗糖的系数。

5. 讨论和说明

1) 本法摘自 GB/T 5009.8—2008，蔗糖是一种呋喃果糖苷，它的水解速度远比其他双糖、低聚糖和多糖要快得多。利用此特点可测定蔗糖。本方法规定的酸水解条件为：在 50 mL 样液中，加 6 mol/L 盐酸 5 mL，在 68~70 ℃ 水浴中加热 15 min。在此条件下，蔗糖可完全水解，而其他双糖和淀粉等的水解作用很小，可忽略不计。

2) 为获得准确的结果，必须严格控制水解条件。取样液体积、酸的浓度及用量、水解温度和时间都不能随意改动，到达规定时间后应迅速冷却，以防止低聚糖和多糖水解，果糖的分解。

3) 蔗糖含量≥10 g/100 g 时计算结果保留三位有效数字；蔗糖含量<10 g/100 g 时，计算结果保留两位有效数字。在重复性条件下获得的两次独立测定结果的绝对差值不得超过算术平均值的 10%。

六、总糖的测定

许多食品中共存多种单糖和低聚糖，这些糖有的是来自原料，有的是生产过程中人为加入的，有的则是在加工过程中形成的（如蔗糖水解为葡萄糖和果糖）。对这些糖分别加以测定是比较困难的，通常也是不必要的。食品生产中通常需要测定其总量，这就提出了"总糖"的概念，这里所讲的总糖指具有还原性的（葡萄糖、果糖、乳糖、麦芽糖等）和在测定条件下能水解为还原性单糖的蔗糖的总量。

总糖是食品生产中常规分析项目。它反映的是食品中可溶性单糖和低聚糖的总量，其含量高低对产品的色、香、味、组织形态、营养价值、成本等有一定影响。总糖是麦乳精、乳粉、糕点、果蔬罐头、饮料等许多食品的重要质量指标。

总糖的测定通常以还原糖的测定方法为基础，常用的是直接滴定法，此外还有蒽酮比色法、苯酚-硫酸法等。

1. 直接滴定法

(1) 原理：样品经处理除去蛋白质等杂质后，加入盐酸，在加热条件下使蔗糖水解为还原性单糖，以直接滴定法测定水解后样品中的还原糖总量，再按下式计算总糖的含量：

$$X(\%) = \frac{F}{m \times \dfrac{50}{V} \times \dfrac{V_1}{100} \times 1\,000} \times 100$$

式中，X——总糖的含量（以转化糖计），g/100 g；

F——10 mL 费林试剂溶液相当的转化糖质量，mg；

V——样品处理液总体积，mL；

V_1——测定时消耗样品水解液体积，mL；

m——样品质量,g。

(2) 试剂:同蔗糖的测定。

(3) 实验方法:按测定蔗糖的方法水解样品,再按直接测定方法测定还原糖含量。

(4) 讨论和说明

1) 总糖测定的水解条件同蔗糖,测定时必须严格控制水解条件,使蔗糖完全水解,多糖不水解,单糖不分解。

2) 直接滴定法测定还原糖,不完全符合等摩尔关系,测定时必须严格遵守操作中有关规定,否则结果将会有较大误差。

3) 总糖测定结果一般以转化糖计,但也可以以葡萄糖计,要根据产品的质量指标要求而定。如用转化糖表示,应该用标准转化糖溶液标定费林试剂溶液,如用葡萄糖表示,则应该用标准葡萄糖溶液标定。

2. 蒽酮比色法

(1) 原理:单糖类遇浓硫酸时,脱水生成糠醛衍生物,后者可与蒽酮缩合成蓝绿色的化合物。以葡萄糖为例,反应式如下:

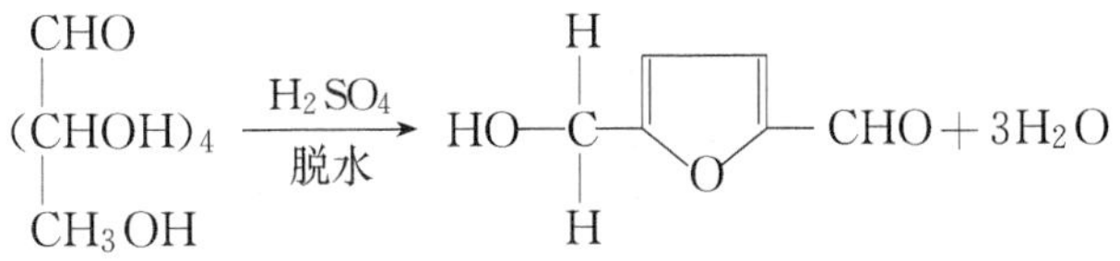

[化学反应式:糖经 H_2SO_4 脱水生成羟-甲基呋喃醛 + $3H_2O$]

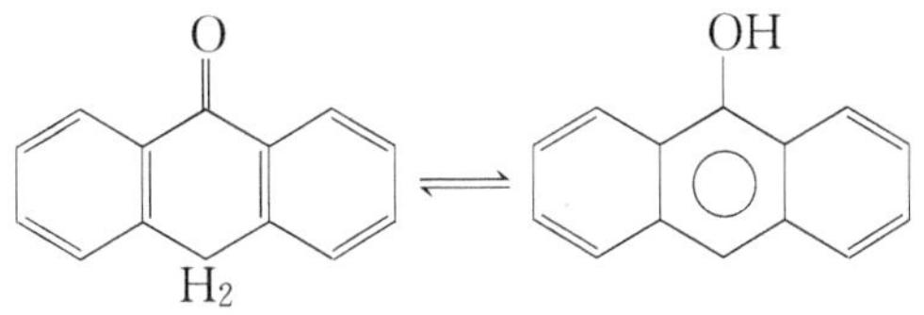

[蒽酮 ⇌ 蒽酚]

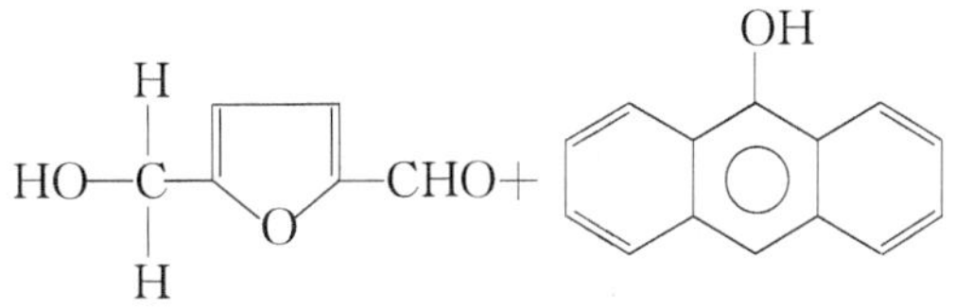

[羟甲基呋喃醛 + 蒽酚 → 中间产物 → 蓝绿色化合物 + H_2O]

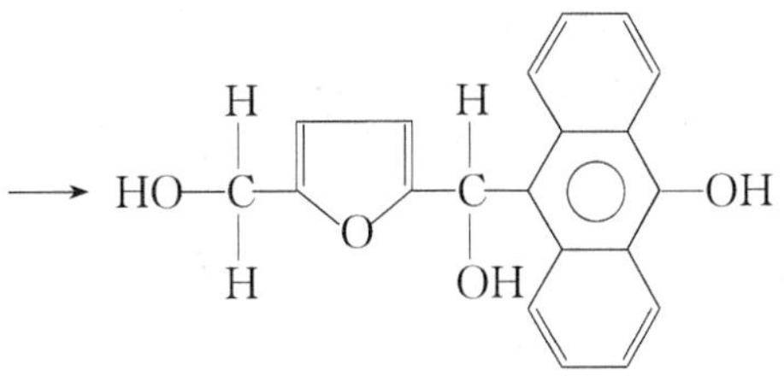

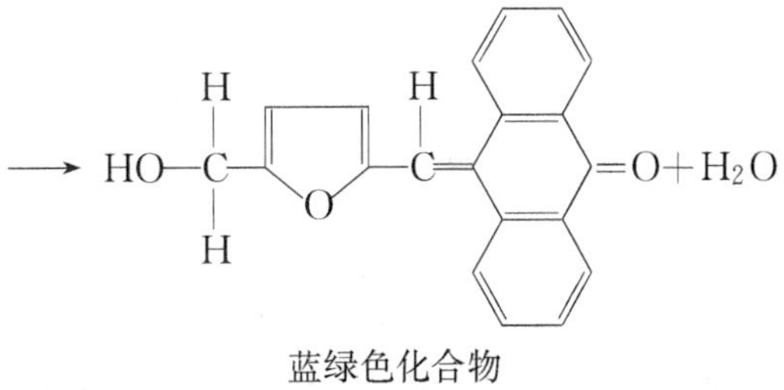

当糖的量为 20~200 mg 时,其成色强度与溶液中糖的含量成正比,因此可以通过比色测定。

(2) 试剂:葡萄糖标准溶液 准确称取 1.000 0 g 葡萄糖,用水定容到 1 000 mL,从中吸取 1 mL、2 mL、4 mL、6 mL、8 mL、10 mL 分别移入 100 mL 容量瓶中,用水定容,即得 10 μg/mL、20 μg/mL、40 μg/mL、

60 μg/mL、80 μg/mL、100 μg/mL 葡萄糖系列标准溶液；0.1%蒽酮溶液。72%硫酸溶液。

（3）实验方法：吸取系列标准溶液，样品溶液(含糖 20～80 μg/mL)和蒸馏水 2 mL 分别放入 8 支具塞比色管中，沿管壁各加入蒽酮试剂 10 mL，立即摇匀，放入沸水中准确加热 10 min，取出，迅速冷却至室温，在暗处放置 10 min 后，在 620 nm 处测定吸光值，绘制标准曲线。根据样品的吸光值查标准曲线，求出糖含量。

（4）结果计算

$$X(\%) = \frac{c_A \times D \times 10^{-4}}{m}$$

式中，X——总糖含量(以葡萄糖计)，g/100 g；

c_A——从标准曲线查得的糖浓度，μg/mL；

10^{-4}——将 ug/mL 换算为%的系数；

D——稀释倍数；

m——样品的质量，g 或 mL。

（5）讨论和说明

1) 该法是微量法，适合于含微量糖的样品，具有灵敏度高、试剂用量少等优点。

2) 该法按操作的不同可分为几种，主要差别在于蒽酮试剂中硫酸的浓度(66%～95%)、取样液量(1～5 mL)、蒽酮试剂用量(5～20 mL)、沸水浴中反应时间(6～15 min)和显色时间(10～30 min)。这几个操作条件之间是有联系的，不能随意改变其中任何一个，否则将影响分析结果。

3) 蒽酮试剂不稳定，易被氧化，放置数天后变为褐色，故应当天配制，添加稳定剂硫脲后，在冷暗处可保存 48 h。

4) 反应液中硫酸的浓度高达 60% 以上，在此高酸度条件下，在沸水浴中加热，可使双糖、淀粉等发生水解，再与蒽酮发生显色反应。因此测定结果是样液中单糖、双糖和淀粉的总量。如要求测定结果包括淀粉，则样品处理时应采用 52% 高氯酸作提取剂；如要求测定不包括淀粉，应该用 80% 乙醇作提取，以避免淀粉和糊精溶出。此外，在测定条件下，纤维素也会与蒽酮试剂发生一定程度的反应，因此应避免样液中含有纤维素。

5) 本法反应条件控制较严，如反应温度、显色时间、试剂和试液的初始温度等都将影响显色状况，操作稍不留心，就会引起误差。样液必须清澈透明，加热后不应有蛋白质沉淀，如样液色泽较深，可用活性炭脱色。

3. 苯酚-硫酸法

（1）原理：在浓硫酸作用下，非单糖水解为单糖，单糖再脱水生成的糠醛或糠醛衍生物与苯酚缩合生成一种橙红色化合物，在一定的浓度范围内其颜色深浅与糖的含量成正比，可在 480～490 nm 波长测定。

$$C_5H_{10}O_5 \longrightarrow \underset{\text{糠醛}}{\begin{array}{c}HC=CH\\HC\quad C-CHO\\\diagdown O \diagup\end{array}} + 3H_2O$$

$$C_6H_{12}O_6 \longrightarrow \underset{\text{羟甲基糠醛}}{\begin{array}{c}HC=CH\\HO-CH_2-C\quad C-CHO\\\diagdown O \diagup\end{array}} + 3H_2O$$

（2）主要仪器与试剂：分光光度计，水浴锅，具塞试管，移液管，80%苯酚溶液，100 mg/L 葡萄糖储备液，浓硫酸。

（3）实验方法：取样品试液 2 mL(含糖 10～70 μg)置于直径 16～20 mm 试管中，加入 80%苯酚溶液 0.05 mL，用快速移液管于 10～20 s 之内，迅速加入浓硫酸 5 mL，摇匀，放置 10 min 后，置水浴(25～30 ℃)

10 min，在最大吸收波长 480 nm 进行比色并记录吸光度。

测定样品的同时，对标准糖液与空白溶液分别做实验，测定方法同样品分析。

(4) 讨论和说明

1) 此法简单、快速、灵敏，重现性好，基本不受蛋白质存在的影响，产生的颜色稳定时间在 160 min 以上。对每种糖仅需制作一条标准曲线。最低检出量为 10 μg，误差为 2%～5%。适用于各类食品中还原糖的测定，尤其是层析法分离洗涤之后样品中糖的测定。

2) 该法可以测定几乎所有的糖类，但是不同的糖其吸光度大小不同：五碳糖常以木糖为标准绘制标准曲线，木糖的最大吸收波长在 480 nm，适合测定木糖含量高的样品，如小麦麸、玉米麸；六碳糖常以葡萄糖为标准绘制标准曲线，葡萄糖的最大吸收波长在 490 nm，软饮料、啤酒、果汁等可用此法测定其中的总糖。

3) 苯酚有毒，硫酸有腐蚀性，需戴手套操作。

第三节　淀粉的测定

淀粉是植物的根、茎、叶、种子、水果和许多高等植物的花粉中储存的多糖，是人类食物的重要组成部分，也是供给人体热能的主要来源。它是仅由葡萄糖单位构成的同质多糖，可分为直链淀粉和支链淀粉。直链淀粉是由葡萄糖残基以 α-1,4 糖苷键连接构成的，分子呈直链状；支链淀粉是由葡萄糖残基以 α-1,4 苷键连接构成直链主干，而支链通过第六碳原子以 α-1,6 糖苷链与主链相连，形成"树枝"状支叉结构，其中 α-1,6 糖苷链占总糖苷键的 5%～6%。一般淀粉均同时含有直链淀粉和支链淀粉，只是不同来源的淀粉，所含这两种淀粉的比例不同。由于直链淀粉和支链淀粉的结构不同，性质上也有一定差异。例如，直链淀粉不溶于冷水，可溶于热水；支链淀粉常压下不溶于水，只有在加热并加压时才能溶解于水。直链淀粉可与碘生成深蓝色络合物；而支链淀粉与碘不能形成稳定的络合物，呈现较浅的蓝紫色。

不同来源的淀粉，其淀粉粒的形状和大小各不相同，用显微镜观察可鉴别淀粉的种类。淀粉不溶于浓度在 30% 以上的乙醇溶液，在酸或酶的作用下可以水解，最终产物是葡萄糖。淀粉水溶液具有右旋性，比旋光度为 (+)201.5°～205°。淀粉的许多测定方法都是根据淀粉的这些理化性质而建立的。常用的方法有酸水解法、酶水解法、酶比色法、碘淀粉比色法和旋光法等。

一、水解法

根据淀粉在酸或酶作用下能水解为葡萄糖，通过测定葡萄糖进行定量分析，淀粉的水解反应如下：

$$(C_nH_{10}O_5)_n + nH_2O \longrightarrow n(C_6H_{12}O_6)$$
$$n \times 162 \qquad\qquad n \times 180$$

将葡萄糖含量折算为淀粉含量的换算系数为 162/180=0.9。

1. 酶水解法

(1) 原理：样品经除去脂肪和可溶性糖类后，在淀粉酶的作用下，使淀粉水解为麦芽糖和低分子糊精，再用盐酸进一步水解为葡萄糖，然后按还原糖测定法测定其还原糖含量，并折算成淀粉含量。

(2) 试剂：乙醚、乙醇、盐酸溶液、NaOH 溶液、酶活力大于或等于 1.6 U/mg 的淀粉酶、碘和碘化钾等溶液，其他试剂详见还原糖的测定。

(3) 实验方法：易于粉碎的样品：磨碎过 40 目筛，称取 2～5 g（精确至 0.001 g）。置于放有折叠滤纸的漏斗内，先用 50 mL 石油醚或乙醚分五次洗涤脂肪，再用约 150 mL 乙醇（85%）洗去可溶性糖类，滤干乙醇，将残留物移入 250 mL 烧杯内，并用 50 mL 水洗滤纸，滤液并入烧杯内，将烧杯置沸水浴上加热 15 min，使淀粉糊化，放冷至 60 ℃以下，加 20 mL 淀粉酶溶液，在 55～60 ℃保温 1 h，并不断搅拌。然后取一滴此液加一滴碘溶液，应不显现蓝色。若显蓝色，再加热糊化并加 20 mL 淀粉酶溶液，继续保温，直至加碘不显蓝色为止。加热至沸，冷后移入 250 mL 容量瓶中，并加水至刻度，混匀，过滤，弃去初始液。取 50 mL 滤液，置于 250 mL 锥形瓶中加 5 mL 盐酸溶液（盐酸：水=1:1），装上回流冷凝器，在沸水浴中回流 1 h，冷却后加两滴甲基红指示液,用氢氧化钠溶液(200 g/L)中和至中性,溶液转入 100 mL 容量瓶中,洗涤并入 100 mL 容量瓶中,加水至刻度,混匀备用。

其他样品:加适量水在组织捣碎机中捣成匀浆(蔬菜、水果需先洗净、晾干、取可食部分),称取相当于原样质量 2.5~5 g(精确至 0.001 g)的匀浆,以下步骤同上。

再按直接滴定法测定葡萄糖的含量。

(4) 结果计算

$$X(\%) = \frac{(m_1 - m_2) \times 0.9}{m \times \dfrac{V}{500} \times 1\,000} \times 100$$

式中,X——样品中淀粉含量,g/100 g;

m_1——测定用样品中水解液还原糖质量,mg;

m_2——试剂空白中还原糖的质量,mg;

0.9——还原糖(以葡萄糖计)折算成淀粉的换算系数;

m——样品质量,g;

V——测定用样品水解液体积,mL;

500——样品液总体积,mL。

计算结果保留到小数点后一位。在重复性条件下获得的两次独立测定结果的绝对差值不得超过算术平均值的 10%。

(5) 讨论和说明

1) 淀粉酶水解样品具有专一性和选择性,它只水解淀粉而不水解半纤维素、多缩戊糖、果胶质等多糖,所以该法不受这些多糖的干扰,水解后可直接通过过滤除去这类多糖。适合于富含纤维素、半纤维素和多缩戊糖等多糖含量高的样品,分析结果准确可靠,重现性好。但是酶催化活力的稳定性受 pH 和温度的影响很大,而且操作烦琐、费时。本法为 GB/T 5009.9—2008 中的第一法。

2) 使用淀粉酶前必须先使淀粉糊化,破坏淀粉的晶体结构,使之结构伸展,易于被淀粉酶作用。

3) 淀粉酶解过程中,淀粉黏度迅速下降,流动性增强。淀粉在淀粉酶中水解的顺序为:淀粉→蓝糊精→红糊精→麦芽糖→葡萄糖。与碘液呈色依次为:蓝色、蓝色、红色、无色、无色。因此可用碘液检验酶解终点。酶解终点为酶解液与碘液的反应不呈蓝色。若呈蓝色,再加热糊化,冷却至 60 ℃ 以下,再加淀粉酶溶液,继续保温,直至酶解液加碘液后不呈蓝色为止。

4) 淀粉酶的用量应根据预实验确定,若酶的活力高则可适当减少其用量,若酶的活力低则应适当增加其用量。

2. 酸水解法

(1) 原理:食品样品经乙醚脱脂(脂肪含量较低时,可省去乙醚脱脂肪步骤),用 85% 乙醇除去可溶性糖类后,用盐酸水解淀粉为葡萄糖,再按测定还原糖的方法测定葡萄糖含量,并折算出淀粉含量。

(2) 讨论和说明

1) 该法一步可将淀粉水解至葡萄糖,简便易行,适用于淀粉含量较高,而半纤维素和缩戊糖等其他多糖含量较少的样品。对富含半纤维素、多缩戊糖及果胶质的样品,因水解时它们也被水解为木糖、阿拉伯糖等还原糖,使测定结果偏高。该法应用广泛,但选择性和准确性不及酶水解法。

2) 样品含可溶性糖类时,会使结果偏高,可用 85% 乙醇分数次洗涤样品以除去。脂肪会妨碍乙醇溶液对可溶性糖类的提取,所以要用乙醚分数次洗去样品中的脂肪。脂肪含量较低时,可省去乙醚脱脂肪步骤。

3) 样品加入乙醇溶液后,混合液中乙醇的浓度应在 80% 以上,以防止糊精随可溶性糖类一起被洗掉。如要求测定结果不包括糊精,则用 10% 乙醇洗涤。

4) 水解条件要严格控制,要保证淀粉水解完全,并避免因加热时间过长对葡萄糖产生影响(形成糠醛聚合体,失去还原性)。对于水解时取样液量、所用酸的浓度及加入量、水解时间等条件,各方法规定有所不同。本法摘自 GB/T 5009.9—2008,即水解取样量 50 mL,盐酸浓度为盐酸:水=1:1,加入量为 5 mL,100 ℃ 水解时间 1 h。

二、旋光法

1. 原理 淀粉具有旋光性，在一定条件下旋光度的大小与淀粉的浓度成正比。用氯化钙溶液提取淀粉，使之与其他成分分离，用氯化锡沉淀提取液中的蛋白质后，测定旋光度，即可计算出淀粉含量。

2. 试剂 氯化钙溶液，氯化锡溶液。

3. 实验方法 将样品研磨并通过 40 目筛，称取 2 g 样品，置于 250 mL 烧杯中，加水 10 mL，搅拌使样品湿润，加入 70 mL 氯化钙溶液，盖上表面皿，在 5 min 内加热至沸并继续加热 15 min。加热时随时搅拌以防样品附在烧杯上。如泡沫过多可加 1~2 滴辛醇消泡。迅速冷却后，移入 100 mL 容量瓶中。用氯化钙溶液洗涤烧杯上附着的样品，洗液并入容量瓶中。加 5 mL 氯化锡溶液，用氯化钙溶液定容至刻度，混匀，过滤，弃去初滤液，收集滤液装入观测管中，测定旋光度。

4. 结果计算

$$X(\%) = \frac{\alpha \times 100}{L \times 203 \times m} \times 100$$

式中，X——淀粉含量，g/100 g；

α——旋光度读数，度；

L——观测管长度，dm；

m——样品质量，g；

203——淀粉的比旋光度，°。

5. 讨论和说明

1) 本法适用于不同来源的淀粉，具有重现性好，操作简便、快速等特点。由于淀粉的比旋光度大，直链淀粉和支链淀粉的比旋光度又很接近，因此本法对于可溶性糖类含量不高的谷物样品，具有较高的准确度。但对于一些未知或性质不清楚的样品及淀粉已经受热或变性，分析结果的误差较大。

2) 本法属于选择性提取法，用氯化钙溶液作为淀粉的提取剂，是因为钙能与淀粉分子上的羟基形成络合物，使淀粉与水有较高的亲和力而易溶于水中。

3) 因为钙能与沉淀分子上的羟基形成络合物，使淀粉与水有较高的亲和力而易溶于水中，所以选用氯化钙作为淀粉的提取剂。淀粉溶液加热后，必须迅速冷却，以防止淀粉老化，形成不溶性淀粉分子微束。

4) 蛋白质也具有旋光性，为消除其干扰，本法加入氯化锡溶液，以沉淀蛋白质。蛋白质含量较高的样品，如高蛋白营养米粉，用旋光法测定时结果偏低，误差较大。

5) 淀粉的比旋光度一般按 203°计，但不同来源的淀粉也略有不同，如玉米、小麦淀粉为 203°，豆类淀粉为 200°。

6) 可溶性糖类比旋光度低，如蔗糖为 +66.5°、葡萄糖为 +52.5°、果糖为 −92.5°，都比淀粉的比旋光度低得多，它们对测定结果一般影响不大，可忽略不计。但糊精的比旋光度较高，为 +195°，对糊精含量高的样品测定结果有较大的误差。

三、碘-淀粉比色法

1. 原理 淀粉可以与碘生成深蓝色的络合物，在一定的浓度范围内，络合物颜色的深浅与样品中淀粉含量成正比，即吸光度值与淀粉含量之间的关系符合朗伯-比尔定律，故可用分光光度法测定样品中淀粉的含量。

2. 试剂

I_2-KI 溶液，80% 乙醇和乙醚。

3. 实验方法

1) 标准曲线的制作：准确称取 1.000 g 精制马铃薯淀粉，加入 5.0 mL 蒸馏水搅匀，分次移入 90 mL 左右沸腾的蒸馏水中，边倒边搅拌，即得澄清透明的糊化淀粉溶液，移入 100 mL 容量瓶中，定容，此淀粉溶液浓度为 10 mg/mL。吸取该溶液 2.0 mL 置于 100 mL 容量瓶中,定容,得 200 μg/mL。取 10 mL 具塞刻度试管 8 支,按表 5-4 加入淀粉及 I_2-KI 溶液,再加蒸馏水使每支试管溶液补足到 10 mL,摇匀,使蓝色溶液稳定 10 min 后,于分光光度计 660 nm 波长处测其吸光度值。以吸光度为纵坐标,淀粉溶液的浓度(μg/mL)为横坐标绘制标准曲线。

表 5-4 淀粉标准系列溶液的配制

试 管 编 号	1	2	3	4	5	6	7	8
标准淀粉溶液/(μg/mL)	0	0.5	1	1.5	2	2.5	3	4
I_2-KI/mL	0.2	0.2	0.2	0.2	0.2	0.2	0.2	0.2
蒸馏水/mL	9.8	9.3	8.8	8.3	7.8	7.3	6.8	5.8
淀粉含量/(μg/mL)	0	100	200	300	400	500	600	800

2) 样品前处理:将马铃薯洗净、去皮切成细丝,迅速称取马铃薯碎丝 300 g,置研钵中磨成匀浆。将匀浆转移到漏斗中,用乙醚 50 mL 分 5 次洗涤脱脂,再用 80% 乙醇洗涤 3 次,以除去样品中的可溶性糖、色素等物质,然后将滤纸上的残留转移到 100 mL 烧杯中,用蒸馏水分次将滤纸上的残留物全部洗入烧杯,将烧杯置于沸水浴中边搅拌边加热,直到淀粉全部糊化呈澄清透明。将此糊化淀粉转移到 100 mL 容量瓶中,定容,混匀。

3) 马铃薯中淀粉含量的测定:吸取处理的淀粉样品溶液 2.0 mL,置 100 mL 容量瓶中,用蒸馏水定容,混匀。准确吸取该溶液 2 mL(吸取量依样品中淀粉浓度而变),置 10 mL 具塞试管,加入 0.2 mL I_2-KI 溶液,直至溶液呈现透明蓝色,用蒸馏水补足至 10 mL,混匀,静置 10 min,于 660 nm 波长处测定吸光度值,由标准曲线查出样品中淀粉含量。

4. 结果计算

$$X(\%) = \frac{c_A \times D \times 100}{m \times 10^6} \times 100$$

式中,X——淀粉的含量,g/100 g;
c_A——从标准曲线查得的样品淀粉含量,μg/mL;
m——样品质量,g;
100——未稀释样液的体积;
D——稀释倍数。

5. 讨论和说明

1) 如果样品含淀粉浓度高,加 I_2-KI 后出现极深的蓝色而无法比色时,必须将溶液重新稀释后再进行测定。

2) 如样品含淀粉量太少时,加 I_2-KI 后不呈现蓝色,可适当加大样品用量。

第四节 纤 维 的 测 定

食品中的纤维是包括纤维素、半纤维素、木质素等多种组分的混合物,是植物性食品的主要成分之一,广泛存在于各种植物体内,其含量随食品种类的不同而异,特别是在谷类、豆类、水果、蔬菜中含量较高。由于其组成十分复杂,且随食品的来源、种类而变化。因此,不同的研究者对纤维的解释也有所不同,其定义也就不同。19 世纪 60 年代,德国的科学家首次提出了"粗纤维"的概念,用来表示食品中不能被稀酸、稀碱所溶解,不能为人体所消化利用的物质。到了近代,在研究和评价食品消化率和品质时,从营养学的观点,提出了膳食纤维的概念。膳食纤维是指食品中不能被人体消化酶所消化、吸收的多糖类和木质素的总和。它包括纤维素、半纤维素、戊聚糖、木质素、果胶、树胶等。膳食纤维比粗纤维更能客观、准确地反映食物的可利用率,因此有逐渐取代粗纤维的趋势。

测定粗纤维的含量,是食品成分分析项目之一。在食品生产和开发中,粗纤维测定对于植物类食品品质管理和营养价值的评定具有重要意义。

一、粗纤维的测定——酸碱洗涤法

1. 原理　在热的稀硫酸作用下,样品中的糖、淀粉、果胶等物质经水解而除去,再用热的氢氧化钾溶液处理,除去蛋白质及脂肪,所得的残渣即为粗纤维,如其中含有不溶于酸碱的杂质,可经灰化后除去。

2. 试剂　1.25%硫酸,1.25%氢氧化钾等。

3. 实验方法

1) 称取20~30 g捣碎的样品(或均匀的干样品5.0 g),移入500 mL锥形瓶中,加入200 mL煮沸的1.25%硫酸,加热到微沸,保持体积恒定,维持30 min,每隔5 min摇动锥形瓶一次,以充分混合瓶内的物质。

2) 取下锥形瓶,立即用亚麻布过滤后,用沸水洗涤至洗液不呈酸性。

3) 再用200 mL煮沸的1.25%氢氧化钾溶液,将亚麻布上的存留物洗入原锥形瓶内,加热微沸30 min后,取下锥形瓶,立即以亚麻布过滤,以沸水洗涤2~3次后,移入已干燥称量的G2垂融坩埚或同型号的垂融漏斗中,抽滤,用热水充分洗涤后,抽干。再依次用乙醇和乙醚洗涤一次。将坩埚和内容物在105 ℃烘箱中烘干后称量,重复操作,直至恒重。

如样品中含有较多的不溶性杂质,则可将样品移入石棉坩埚,烘干称量后,再移入550 ℃高温炉中灰化,使含碳的物质全部灰化,置于干燥器内,冷却至室温称量,所损失的量为粗纤维量。

4. 结果计算

$$X(\%) = \frac{m_1}{m} \times 100$$

式中,X——样品中粗纤维的含量,g/100 g;

m_1——残余物的质量(或经高温炉损失的质量),g;

m——样品的质量,g。

5. 讨论和说明

1) 本法选自GB/T 5009.10—2003《植物类食品中粗纤维的测定》。操作简便、迅速,适用于各类食品,是应用最广泛的经典分析法。但该法测定结果粗糙,重现性差。由于酸碱处理时纤维成分会发生不同程度的降解,使测得值与纤维的实际含量差别很大,这是此法的最大缺点。

2) 严格控制酸、碱处理过程,确保测定结果的准确性。实验证明,酸、碱处理时间必须严格掌握。沸腾不能过于剧烈,以防止样品脱离液体,黏附于液面以上的瓶壁上。每隔5 min摇动锥形瓶一次,以充分混合瓶内物质,并注意加沸水维持原来液面的高度以保持酸、碱的浓度不变。如产生大量泡沫,可加入2滴硅油或辛醇消泡。

3) 回流处理后,必须立即用亚麻布过滤,并用热水洗涤至洗液不呈酸性,否则结果出入较大。用亚麻布过滤时,最好采用200目尼龙筛绢过滤,既耐较高温度,孔径又稳定,本身不吸留水分,洗残渣也较容易。过滤时间不能太长,一般不超过10 min,否则应适量减少称样量。

4) 在重复性条件下获得的两次独立测定结果的绝对差值不得超过算术平均值的10%。恒重要求:烘干<1 mg,灰化<0.5 mg。

5) 本方法在测定中,纤维素、半纤维素、木质素等食物纤维成分都发生了不同程度的降解,且残留物中还包含了少量的无机物、蛋白质等成分,故测定结果称为"粗纤维"。

二、粮食中粗纤维含量的测定——介质过滤法

1. 原理　样品用沸腾的稀硫酸处理,残渣经过滤分离、洗涤,用沸腾的氢氧化钾溶液处理。处理后的残渣经过滤分离、洗涤、干燥并称量,然后灰化。灰化中损失的质量相当于样品中粗纤维的质量。

2. 试剂　0.5 mol/L盐酸溶液,0.13 mol/L硫酸溶液,0.23 mol/L氢氧化钾溶液,丙酮,海沙或硅藻土,消泡剂,石油醚等。

3. 主要仪器　粉碎设备,分析天平,滤坩(孔径40~100 μm),干燥箱,马弗炉,灰化皿等。

4. 实验方法

(1) 样品制备：用粉碎装置将实验室风干的样品粉碎，使其能完全通过筛孔为 1 mm 的筛，然后将样品充分混合均匀。

(2) 试料：称取 1 g 制备好的样品，准确至 0.1 mg。如果样品脂肪含量超过 100 g/kg，或样品中的脂肪不能用石油醚提取，则将样品转移至滤埚中进行预脱脂；如果其中的碳酸盐含量超过 50 g/kg 则应除去。

(3) 预脱脂：在冷提取装置中，在真空条件下，样品用 30 mL 石油醚脱脂后，抽吸干燥残渣，重复 3 次。将残渣转移至带有冷却装置的锥形瓶中。

(4) 除去碳酸盐：样品中加入 100 mL 盐酸，连续振摇 5 min，小心地将溶液倒入铺有过滤辅料的滤埚中，小心地用水洗涤两次，每次 100 mL，充分洗涤使尽可能少的物质留在过滤辅料上。把滤埚中的物质转移至原来的烧杯里进行酸消解。

(5) 酸消解：向样品中加入 150 mL 硫酸。尽快加热至沸腾，并且保持沸腾状态 30 min。开始沸腾时，缓慢转动烧杯。如果有气泡，加入数滴消泡剂。开启冷却装置保持溶液体积不发生变化。

(6) 第一次过滤：在滤埚中铺一层过滤辅料，其厚度约为滤埚高度的五分之一，过滤辅料上可盖筛板以防溅起。当酸消解结束时，把液体通过搅拌棒倾入滤埚中，用弱真空抽滤，使 150 mL 酸消解液几乎全部通过。若发生堵塞而无法抽滤时，用搅拌棒小心地拨开覆盖在过滤辅料上的粗纤维。残渣用热水洗涤 5 次，每次用水约 10 mL。注意使滤埚的筛板始终有过滤辅料覆盖，使粗纤维不接触筛板。停止抽气，加入一定体积的丙酮，使其刚好能覆盖残渣。静置数分钟后，慢慢抽滤除去丙酮，继续抽气，使空气通过残渣，使其干燥。

(7) 脱脂：在冷凝装置中，在真空条件下样品用 30 mL 石油醚脱脂并抽吸干燥，重复 3 次。

(8) 碱消解：将残渣定量转移至酸消解用的同一烧杯中。加入 150 mL 氢氧化钾溶液，尽快加热至沸腾，并且保持沸腾状态 30 min。开启冷却装置保持溶液体积不发生变化。

(9) 第二次过滤：在滤埚中铺一层过滤辅料，其厚度约为滤埚高度的五分之一，过滤辅料上可盖一筛板以防溅起。将烧杯中的物质过滤到滤埚里，残渣用热水洗涤至中性。残渣在负压条件下用丙酮洗涤 3 次，每次用丙酮 30 mL，每次洗涤后继续抽气以干燥残渣。

(10) 干燥：将滤埚置于灰化皿中，在 130 ℃ 干燥箱中至少干燥 2 h。在加热或冷却的过程中，滤埚的烧结滤板可能会部分松散，从而导致分析结果错误，因此应将滤埚置于灰化皿中。滤埚和灰化皿在干燥器中冷却，从干燥器中取出后，立即对滤埚和灰化皿进行称量，称量准确至 0.1 mg。

(11) 灰化：将滤埚和灰化皿放到马弗炉中，在 (500±25) ℃ 下灰化。每次灰化后，让滤埚和灰化皿在马弗炉中初步冷却，待温热时取出，置于干燥器中，使其完全冷却，再进行称量，直至冷却后两次的称量差值不超过 2 mg。称量准确至 0.1 mg。

(12) 空白测定：用大约相同数量的滤器辅料按上述步骤进行空白测定，但不加样品。灰化引起的质量损失不应超过 2 mg。

5. 结果计算

$$X(\text{g/kg}) = \frac{m_1 - m_2}{m}$$

式中，X——样品中粗纤维的含量，g/kg；

m——样品质量，g；

m_1——灰化皿、滤埚以及在 130 ℃ 干燥后获得的残渣的质量，mg；

m_2——灰化皿、滤埚以及在 (500±25) ℃ 下灰化后获得的残渣质量，mg。

6. 说明与讨论

1) 本法摘自 GB/T 5515—2008《粮油检验 粮食中粗纤维含量测定 介质过滤法》。该法规定了用介质过滤法测定粮食中粗纤维含量的手工操作（半自动操作详见 GB/T 5515—2008）的测定步骤，适用于粗纤维含量高于 10 g/kg 的谷物、豆类以及动物饲料中粗纤维素含量的测定。

2) 过滤器中使用的辅料主要是由海砂或硅藻土组成。使用前，海砂用沸腾的 4 mol/L 的盐酸处理，用水洗涤至中性，然后在 (500±25) ℃ 下至少加热 1 h。其他滤器辅料在 (500±25) ℃ 下至少加热 4 h。

3) 石油醚的沸程为 30～60 ℃。

4) 滤坩为石英、陶瓷或者硬质玻璃材质,带有烧结的滤板,孔径 40～100 μm。初次使用前,将滤坩小心地逐步加温,温度不超过 525 ℃,并在(500±25)℃下保持数分钟。也可以使用具有同样性能特性的不锈钢坩埚,其不锈钢滤板的孔径为 90 μm。

5) 马弗炉的温度读数可能发生误差,因此对马弗炉中的温度要定期校正。因为马弗炉的大小及类型不同,炉内不同位置的温度可能不同。当炉门关闭时,必须有充足的空气供应。空气体积流速不宜过大,以免带走滤坩中的物质。

三、食品中膳食纤维的测定

膳食纤维是指在人类小肠中不能被消化吸收,但在大肠中部分或全部发酵的一类以非消化性多糖为主的化合物的总称,包括果胶、纤维素、半纤维素、木质素及食用胶。膳食纤维的组成复杂,性质各异,故分析方法也比较烦琐,现介绍国际和国内广泛采用的酶重量法。

1. 原理　　干燥后的样品经热稳定 α-淀粉酶、蛋白酶和淀粉葡萄糖苷酶解消化,酶解液通过乙醇沉淀、过滤、乙醇和丙酮洗涤残渣后干燥、称量,得到总膳食纤维残渣(TDF);酶解液通过直接过滤、热水洗涤残渣、干燥后称量,得到不溶性膳食纤维(IDF)残渣,滤液用 4 倍体积的 95% 乙醇沉淀、过滤、干燥、称量,得到可溶性膳食纤维(SDF)残渣。TDF、IDF 和 SDF 的残渣扣除蛋白质、灰分和空白即得 TDF、IDF 和 SDF 含量。

2. 试剂

乙醇、丙酮、石油醚(沸程 30～60 ℃)、3 mol/L 乙酸溶液、0.4 g/L 溴甲酚绿、淀粉葡萄糖苷酶溶液(0～5 ℃冰箱储存)

热稳定 α-淀粉酶溶液:于 0～5 ℃冰箱储存。

蛋白酶:用 MES-TRIS 缓冲液配成浓度为 50 mg/mL 的蛋白酶溶液,现用现配,在 0～5 ℃冰箱储存。

酸洗硅藻土:取 200 g 硅藻土于 600 mL 的 2 mol/L 盐酸中,浸泡过夜,用蒸馏水洗至滤液为中性,置于 525 ℃马弗炉中灼烧灰分后备用。

重铬酸钾洗液:100 g 重铬酸钾,用 200 mL 蒸馏水溶解,加入 1 800 mL 浓硫酸混合。

MES:2-(N-吗啉代)乙烷磺酸($C_6H_{13}NO_4S \cdot H_2O$);TRIS:三羟甲基氨基甲烷($C_4H_{11}NO_3$)。

0.05 mol/L MES-TRIS 缓冲液:称取 19.52 g MES 和 12.2 g TRIS,用 1.7 L 蒸馏水溶解,用 6 mol/L 氢氧化钠调 pH 至 8.2,加水稀释至 2 L。

3. 仪器　　高型无导流口烧杯(400 mL)、G2 坩埚(孔径 40～100 μm)、真空泵、分析天平、马弗炉、干燥器、pH 计等。

4. 实验方法

(1) 样品酶解:每个分析样品要同时做 2 个空白。

1) 准确称取双份干燥样品 1 g,把称好的样品置于 400 mL 或 600 mL 高型烧杯中,加入 pH 8.2 的 MES-TRIS 缓冲液 40 mL,用磁力搅拌直至样品完全分散在缓冲液中。避免形成团块,样品和酶不能充分接触。

2) 将热稳定 α-淀粉酶酶解:加 50 μL 热稳定 α-淀粉酶溶液缓慢搅拌,然后用铝箔将烧杯盖住,置于 95～100 ℃的恒温振荡水浴中持续振摇,当温度升至 95 ℃开始计时,通常总反应时间为 35 min。

3) 冷却:将烧杯从水浴中移出,冷却至 60 ℃,打开铝箔盖,用刮勺将烧杯内壁的环状物以及烧杯底部的胶状物刮下,用 10 mL 蒸馏水冲洗烧杯壁和刮勺。

4) 蛋白酶酶解:在每个烧杯中各加入 50 mg/mL 蛋白酶溶液 100 μL,盖上铝箔,继续水浴振摇,水温达 60 ℃时开始计时,在(60±1)℃条件下反应 30 min。

5) pH 测定:30 min 后,打开铝箔盖,边搅拌边加入 3 mol/L 乙醇溶液 5 mL,溶液 60 ℃时,调 pH 约 4.5 (以 0.4 g/L 溴甲酚绿为外指示剂)。

注:一定要在 60 ℃时调 pH,温度低于 60 ℃时 pH 升高。每次都要检测空白的 pH,若所测值超出要求范围,同时也要检查酶解液的 pH 是否合适。

6) 淀粉葡萄糖苷酶酶解:边搅拌边加入 100 μL 淀粉葡萄糖苷酶溶液,盖上铝箔,持续振荡,水温到

60 ℃时开始计时,在(60±1)℃条件下反应 30 min。

(2) 测定

1) 总膳食纤维的测定。

沉淀:在每份样品中,加入预热至 60 ℃的 95%乙醇 225 mL(预热以后的体积),乙醇与样液的体积比为 4∶1,取出烧杯,盖上铝箔,室温下沉淀 1 h。

过滤:用 78%乙醇 15 mL 将称重过的坩埚中的硅藻土润湿并铺平,抽滤去除乙醇溶液,使坩埚中硅藻土在烧结玻璃滤板上形成平面。乙醇沉淀处理后的样品酶解液倒入坩埚中过滤,用刮勺和 78%乙醇将所有残渣转至坩埚中。

洗涤:分别用 78%乙醇、95%乙醇和丙酮 15 mL 洗涤残渣各 2 次,抽滤去除洗涤液后,将坩埚连同残渣在 105 ℃烘干过夜。将坩埚置于干燥器中冷却 1 h,称量(包括坩埚、膳食纤维残渣和硅藻土),精确至 0.1 mg,减去坩埚和硅藻土的干重,计算残渣质量。

蛋白质和灰分的测定:称量后的样品残渣,分别按 GB/T 5009.5 的规定测定氮(N),以 N×6.25 为换算系数,计算蛋白质质量;按 GB/T 5009.4 测定灰分,即在 525 ℃灰化 5 h,于干燥器中冷却,精确称量坩埚总质量(精确至 0.1 mg),减去坩埚和硅藻土质量,计算灰分质量。

2) 不溶性膳食纤维测定。

按上述(1)中称取样品,按(1)进行酶解,将酶解液转移至坩埚中过滤。过滤前用 3 mL 水润湿硅藻土并铺平,抽去水分使坩埚中的硅藻土在烧结玻璃滤板上形成平面。

过滤洗涤:样品酶解液全部转移至坩埚中过滤,残渣用 70 ℃热蒸馏水 10 mL 洗涤 2 次,合并滤液,转移至另一 600 mL 高型烧杯中,备测可溶性膳食纤维。残渣分别用 78%乙醇、95%乙醇和丙酮 15 mL 洗涤 2 次,抽滤去除洗涤液,并按照总膳食纤维的测定中的洗涤方法进行洗涤干燥称量,记录残渣质量。

按照总膳食纤维的测定中的方法测定蛋白质和灰分。

3) 可溶性膳食纤维测定。

计算滤液体积:将不溶性膳食纤维过滤后的滤液收集到 600 mL 高型烧杯中,通过称量"烧杯+滤液"总质量、扣除烧杯质量的方法估算滤液的体积。

沉淀:滤液加入 4 倍体积预热至 60 ℃的 95%乙醇,室温下沉淀 1 h。

以下测定按总膳食纤维步骤中的过滤、洗涤、蛋白质和灰分进行。

5. 结果计算 空白的质量计算:

$$m_0(mg) = \frac{m_{01} + m_{02}}{2} - m_{A1} - m_{A2}$$

式中,m_0——空白的质量,mg;

m_{01} 和 m_{02}——双份空白测定的残渣质量,mg;

m_{A1}——残渣中蛋白质质量,mg;

m_{A2}——残渣中灰分质量,mg。

膳食纤维的含量计算:

$$X(\%) = \frac{[(m_{R1} + m_{R2})/2] - m_p - m_A - m_0}{(m_1 + m_2)/2} \times 100$$

式中,X——膳食纤维的含量,g/100 g;

m_{R1}、m_{R2}——双份样品残渣的质量,mg;

m_p——样品残渣中蛋白质的质量,mg;

m_A——样品残渣中灰分的质量,mg;

m_0——空白的质量,mg;

m_1、m_2——样品的质量,mg。

计算结果保留小数点后两位。在重复性条件下获得的两次独立测定结果的绝对差值不得超过算数平均值的10%。

总膳食纤维(TDF)、不溶性纤维(IDF)、可溶性纤维(SDF)均用膳食含量的计算公式计算。

四、不溶性膳食纤维的测定

1. 原理 在中性洗涤剂的消化下,样品中的糖、淀粉、蛋白质、果胶等物质被溶解除去,不能消化的残渣为不溶性膳食纤维,主要包括纤维素、半纤维素、木质素、角质和二氧化硅等,还包括不溶性灰分。

2. 试剂 无水硫酸钠,石油醚(沸程 30～60 ℃),丙酮,甲苯。

中性洗涤剂溶液:将 18.16 g EDTA 二钠盐和 6.81 g 四硼酸钠(含 $10H_2O$)置于烧杯中,加水约 150 mL,加热使之溶解,将 30 g 月桂基硫酸钠(化学纯)和 10 mL 乙二醇独乙醚(化学纯)溶于约 700 mL 热水中,合并上述两种溶液,再将 5.56 g 无水磷酸氢二钠溶于 150 mL 热水中,再并入上述溶液中,用磷酸调节上述混合液至 pH6.9～7.1,最后加水至 1 000 mL。

磷酸盐缓冲液:由 38.7 mL 0.1 mol/L 磷酸氢二钠和 61.3 mL 0.1 mol/L 磷酸二氢钠混合而成,pH 为 7.0。

2.5‰ α-淀粉酶溶液:称取 2.5 g α-淀粉酶(美国 Sigma 公司,VI-A 型,产品号 6880)溶于 100 mL、pH 为 7.0 的磷酸盐缓冲液中,离心,过滤,滤过的酶液备用。

耐热玻璃棉(耐热 130 ℃,美国 Corning 玻璃厂出品,PYREX 牌,其他牌号也可,但要耐热并不易折断的玻璃棉)。

3. 仪器 实验室常用设备,烘箱(110～130 ℃),恒温箱(37±2 ℃),纤维测定仪。

如没有纤维测定仪,可由下列部件组成:电热板(带控温装置)、高型无嘴烧杯(600 mL)、坩埚式耐热玻璃滤器(容量 60 mL,孔径 40～6 μm)、回流冷却装置、抽滤装置(由抽滤瓶、抽滤垫及水泵组成)。

4. 分析步骤

(1) 样品的处理

1) 粮食:样品用水洗 3 次,置 60 ℃烘箱中烘去表面水分,磨粉,过 20～30 目筛(1 mm),储于塑料瓶内,放一小包樟脑精,盖紧瓶塞保存,备用。

2) 蔬菜及其他植物性食品:取其可食部分,用水冲洗 3 次后,用纱布吸去水滴,切碎,取混合均匀的样品于 60 ℃烘干,称量并计算水分含量,磨粉,过 20～30 目筛,备用。或鲜样品用纱布吸取水滴,打碎,混合均匀后备用。

(2) 测定:准确称取样品 0.5～1.00 g,置高型无嘴烧杯中,若样品脂肪含量超过 10%,需先去除脂肪。例如,1.00 g 样品,用石油醚(30～60 ℃)提取 3 次,每次 10 mL。

加 100 mL 中性洗涤剂溶液,再加 0.5 g 无水亚硫酸钠。

电炉加热 5～10 min 内使其煮沸,移至电热板上,保持微沸 1 h。

于耐热玻璃滤器中,铺 1～3 g 玻璃棉,移至烘箱内,110 ℃烘 4 h,取出置于干燥器中冷至室温,称量,得 m_1(准确至小数点后四位)。

将煮沸后样品趁热倒入滤器,用水泵抽滤,用 500 mL 热水(90～100 ℃),分数次洗烧杯及滤器,抽滤至干,洗净滤器下部的液体和泡沫,塞上橡皮塞。

于滤器中加酶液体,液面需覆盖纤维,用细针挤压掉其中气泡,加数滴甲苯,上盖表玻皿,37 ℃恒温箱中过夜。

取出滤器,除去底部塞子,抽滤去酶液,并用 300 mL 热水分数次洗去残留酶液,用碘液检查是否有淀粉残留,如有残留,继续加酶水解,如淀粉已除尽,抽干,再以丙酮洗 2 次。

将滤液置烘箱中,110 ℃烘 4 h,取出,置干燥器中,冷至室温,称量,得 m_2(准确至小数点后四位)。

5. 结果计算

$$X(\%) = \frac{m_2 - m_1}{m} \times 100$$

式中,X——样品中不溶性膳食纤维的含量,g/100 g;

m_2——滤器加玻璃棉及样品中纤维的质量,g;
m_1——滤器加玻璃棉的质量,g;
m——样品的质量,g。

计算结果保留到小数点后两位。在重复性条件下获得的两次独立测定结果的绝对差值不得超过算术平均值的10%。

6. 说明与讨论

1) 本法摘自GB/T 5009.88—2008《食品中膳食纤维的测定》。适用于植物类食品及其制品中总的、可溶性和不溶性膳食纤维的测定及各类植物性食品和含有植物性食品的混合食品中不溶性膳食纤维的测定。本法测定的总膳食纤维是指不能被α-淀粉酶、蛋白酶和葡萄糖苷酶酶解消化的碳水化合物聚合物,包括纤维素、半纤维素、木质素、果胶、部分回生淀粉、果聚糖及美拉德反应产物等;一些小分子(聚合度3~12)的可溶性膳食纤维,如低聚糖、低聚半乳糖、多聚葡萄糖、抗性麦芽糊精和抗性淀粉等,由于能部分或全部溶解在乙醇溶液中,本法不能够准确测量。

2) 样品处理时若脂肪含量未知,膳食纤维测定前应先脱脂。脱脂具体方法是:样品中脂肪含量大于10%,正常的粉碎困难,可用石油醚脱脂,每次每克样品用25 mL石油醚,连续3次,然后再干燥粉碎。要记录由石油醚造成的样品损失,最后在计算膳食纤维时进行校正。如果样品糖含量高,测定前先进行脱糖处理。每克样品加85%乙醇10 mL处理样品2~3次,40 ℃干燥过夜。

3) 样品混匀后,70 ℃真空干燥过夜,然后置干燥器中冷却,干样粉碎后过0.3~0.5 mm筛,如果样品不能受热,则采取冷冻干燥后再粉碎过筛。

4) 配制0.05 mol/L MES-TRIS缓冲液时,一定要根据温度调pH,24 ℃时调pH为8.2;20 ℃时调pH为8.3;28 ℃时调pH为8.1;20 ℃时和28 ℃之间的偏差,用内插法校正。

5) 总的、可溶性和不溶性膳食纤维的测定及不溶性膳食纤维的测定方法的检出限均为0.1 mg。

第五节 果胶物质的测定

果胶物质广泛存在于水果、蔬菜及其他植物的细胞膜中,是植物细胞壁和内层的主要成分之一。果胶分子结构的主链是由半乳糖醛酸以α-1,4糖苷键聚合而成,支链含有鼠李糖、阿拉伯糖、木糖和岩藻糖等。其主链半乳糖醛酸中的部分羧基被甲基酯化,残留的羧基单元以游离酸的形式存在或形成铵、钾钠和钙等盐。果胶根据甲基酯化程度不同可分为高甲氧基果胶和低甲氧基果胶。甲氧基果胶的甲酯化度大于50%,低甲氧基果胶的酯化度低于50%。

测定果胶物质的方法有重量法、咔唑比色法、果胶酸钙滴定法、蒸馏滴定法等。其中果胶酸钙滴定法较适用于纯果胶的测定,当样品有色时,不易确定滴定终点,且由不同来源的样品得到的果胶酸钙中钙所占的比例不同,所以通过分析果胶酸钙中的钙量不能准确计算果胶的实际含量。因此,应用范围受到限制。蒸馏滴定法在蒸馏时有一部分糠醛分解了,使回收率较低,所以,此法也不常用。故本节只介绍重量法和咔唑比色法。

一、重量法

1. 原理 先用70%乙醇处理样品,使果胶沉淀,再依次用乙醇、乙醚洗涤沉淀,以除去可溶性糖类、脂肪、色素等物质,残渣分别用酸或水提取总果胶或水溶性果胶。果胶经皂化生成果胶酸钠,再经乙酸酸化使之生成果胶酸,加入钙盐则生成果胶酸钙沉淀,烘干后称量。

2. 试剂 乙醇,乙醚,0.05 mol/L 盐酸溶液,0.1 mol/L 氢氧化钠,1 mol/L 醋酸,1 mol/L 氯化钙溶液。

3. 测定方法

(1) 样品处理:称取切块的新鲜样品30~50 g,置于预先放有99%乙醇的500 mL锥形瓶中,装上回流冷凝器,在水浴上沸腾回流15 min,冷却,用布氏漏斗过滤,残渣余研钵中一边慢慢磨碎,一边滴加70%的热乙醇,冷却后再过滤,反复操作至滤液不呈糖的反应(用苯酚-硫酸法检验)为止。残渣用99%乙醇洗涤脱水,再用乙醚洗涤以除去脂类和色素,风干乙醚。

干燥样品需磨碎,细度为60目。

(2) 提取

1) 水溶性果胶提取:用150 mL水将上述漏斗中残渣移入250 mL烧杯中,加热至沸并保持沸腾1 h,随时补足蒸发的水分,冷却后移入250 mL容量瓶中,加水定容,摇匀过滤,弃去初始液,收集滤液,得到水溶性果胶提取液。

2) 总果胶的提取:用150 mL加热至沸的0.05 mol/L盐酸溶液把漏斗中残渣移入250 mL锥形瓶中,装上冷凝器,于沸水浴中加热回流1 h,冷却后移入250 mL容量瓶中,加甲基红指示剂2滴,加0.5 mol/L氢氧化钠中和后,用水定容,摇匀,过滤,收集滤液即得总果胶提取液。

(3) 测定:取一定量的提取液,其量相当于生成果胶酸钙的25 mg。将提取液放入1 000 mL烧杯中,中和后,加水至300 mL,加入0.1 mol/L氢氧化钠100 mL,充分搅拌,放置过夜(脱去甲氧基,使生成果胶酸钠)。加入1 mol/L乙酸溶液50 mL,放置5 min,加入1 mol/L氯化钙溶液25 mL,一边滴加2 mol/L氯化钙溶液25 mL,一边充分搅拌,静置1 h。加热煮沸5 min,趁热以直径为15 cm的滤纸过滤,用热水洗涤至不含有氯化物后,再用热水把滤纸上的沉淀无损地洗入烧杯中,加热煮沸,用已知质量的玻璃砂芯漏斗过滤,滤渣和漏斗一起放入105 ℃的烘箱中干燥至恒重为止。

4. 计算

$$X_1(\%) = \frac{(m_1 - m_2) \times V}{V_1 \times m} \times 100$$

$$X_2(\%) = \frac{0.923\,3 \times (m_1 - m_2) \times V}{V_1 \times m} \times 100$$

式中,X_1——果胶酸钙的含量,g/100 g;

X_2——果胶酸的含量,g/100 g;

m_1——果胶酸钙重和玻璃砂芯漏斗总质量,g;

m_2——玻璃砂芯漏斗的质量,g;

V_1——测定时果胶提取液体积,mL;

V——提取液总容积,mL;

m——样品质量,g;

0.923 3——由果胶酸钙换算成果胶的系数,果胶酸钙的实验式定为$C_{17}H_{22}O_{11}Ca$,其中钙含量为7.67%,果胶酸含量为92.33%。

5. 说明与讨论

1) 此法适用于各类食品,方法稳定可靠,但操作较烦琐费时。果胶酸钙沉淀中易夹杂其他胶态物质,使本法选择性较差。

2) 新鲜样品若直接研磨,由于果胶酶的作用,果胶会迅速分解,故需将样品切片浸入热的95%乙醇中,以钝化酶的活性。

3) 可溶性糖和脂类等物质对测定有影响,测定前必须设法除去。糖分检验可用苯酚-硫酸法:取检液1 mL,置于试管中,加入5%苯酚水溶液1 mL,再加入硫酸5 mL,混匀,如溶液呈褐色,证明检液中含有糖分。

4) 本法是用沉淀剂使果胶物质沉淀析出。沉淀剂有两类:一类是电解质,如氯化钠、氯化钙等;另一类是有机溶剂,如甲醇、乙醇、丙酮等。果胶物质沉淀的难易程度与其酯化程度有关,酯化度越大,溶解度越大,越难于沉淀。电解质适用于酯化度小和中等的果胶物质,如酯化度为0~30%时,常用氯化钠溶液;酯化度为40%~70%时,常用氯化钙溶液作沉淀剂。有机溶剂适用于酯化度较大的果胶物质,且酯化度越大,选用的有机溶剂的浓度也应越大。

5) 本法采用氯化钙溶液作沉淀剂,加入氯化钙溶液时,应边搅拌边缓缓滴加,以减小过饱和度,并避免溶液局部过浓。

6) 由于果胶物质的黏度一般很大,为了降低溶液的黏度,加快过滤和洗涤速度,并增大杂质的溶解度,使其易被洗去,需采用热过滤和热水洗涤沉淀。

二、咔唑比色法

1. 原理 果胶经水解生成半乳糖醛酸,在强酸中与咔唑试剂发生缩合反应,生成紫红色化合物,其呈色强度与半乳糖醛酸含量成正比,可比色定量。

2. 试剂 乙醇、乙醚、0.05 mol/L 盐酸溶液、0.15%咔唑乙醇溶液、硫酸。

精制乙醇 取无水乙醇或95%乙醇1 000 mL,加入锌粉4 g,硫酸(1:1)4 mL,在水浴中回流10 h,用玻璃仪器蒸馏,馏出液每1 000 mL加锌粉和氢氧化钾各4 g,重新蒸馏一次。

半乳糖醛酸标准溶液 精确称取标准 α-D 水解半乳糖醛酸100 mg,溶于蒸馏水并定容到100 mL。用此溶液配制一组浓度为10~70 μg/mL的半乳糖醛酸标准溶液。

3. 测定方法

1)样品处理:同重量法。

2)取8支50 mL比色管,用吸管注入浓硫酸各12 mL。置冰水浴中,边冷却边缓慢依次加入浓度为0 μg/mL、10 μg/mL、20 μg/mL、30 μg/mL、40 μg/mL、50 μg/mL、60 μg/mL、70 μg/mL的半乳糖醛酸标准溶液2 mL,充分混合后,再置冰水浴中冷却。然后再沸水浴中加热10 min,用流动水迅速冷却到室温后,各加入0.15%咔唑溶液各1 mL,充分混合均匀,室温下放置30 min,以0号管作空白分别在530 nm波长下测定其吸光度。以横坐标为每毫升标准半乳糖醛酸含量,纵坐标为吸光度绘制标准曲线。

3)测定:吸取果胶提取液,用水稀释到适当浓度(含半乳糖醛酸10~70 μm/mL)。取2 mL稀释液与50 mL比色管中,以下按制作标准曲线的方法操作,测定其吸光度,从标准曲线上查出半乳糖醛酸浓度。

4. 计算

$$X(\%) = \frac{c_A \times V \times D}{m \times 10^6} \times 100$$

式中,X——果胶物质(以半乳糖醛酸计),g/100 g;

c_A——从标准曲线上查得的半乳糖醛酸浓度,μg/mL;

V——果胶提取液总体积,mL;

D——提取液稀释倍数;

m——样品质量,g。

5. 说明与讨论

1)本试验方法比重量法操作简单,快速,适用于各类食品。标准样品的平均回收率为98.4%~102.7%,准确度高,重现性好,同一样品五次测定结果的标准误差为±(0.46~1.51)。

2)糖分存在对咔唑的呈色反应干扰较大,使结果偏高。因此在提取果胶物质之前,用70%乙醇充分洗涤样品以完全除去糖分。硫酸的浓度对呈色反应影响较大,半乳糖醛酸在低浓度的硫酸中与咔唑试剂的呈色度极低,甚至不显色,只有在浓硫酸中才可使其显色,且颜色深浅与浓硫酸浓度和纯度有关。故在测定样液和制作标准曲线时,应使用同规格、同批号的浓硫酸,确保一样的纯度和浓度,以减小误差。

3)浓硫酸与半乳糖醛酸在加热条件下可形成与咔唑呈色反应所必需的中间化合物,在加热10 min后即已形成,在测定条件下显色迅速且具有一定的稳定性,可满足测定要求。

4)试验结果表明,硫酸-半乳糖醛酸混合溶液中添加0.15%咔唑溶液1 mL时,其呈色度在30 min内达到最高值,并且约在20 min内保持恒定,然后色泽较快消失,所以测定时保证在20 min内完成。

5)本法的测定结果以半乳糖醛酸表示,因不同来源的果胶中半乳糖醛酸的含量不同,如甜橙为77.7%,柠檬94.2%,柑橘为96%,苹果为72%~75%。若把结果换算为果胶的含量,可按上述关系计算换算系数。

思考题

1. 直接滴定法测定还原糖含量时必须注意哪些事项?

2. 叙述酸水解法和酶水解法测定淀粉各自的特点及适用的分析对象。
3. 分别讨论测定还原糖的几种方法的优缺点及适用分析范围。
4. 营养学中"总糖"的概念和食品生产中分析项目"总糖"的区别是什么？
5. 费林试剂乙液加入少量亚铁氰化钾的作用是什么？

第六章

蛋白质和氨基酸的测定

本章主要介绍蛋白质和氨基酸的测定方法。蛋白质测定方法主要有凯氏定氮法、比色法等。凯氏定氮法包括常量凯氏定氮法、微量凯氏定氮法和自动凯氏定氮仪法；比色法主要包括乙酰丙酮甲醛分光光度法、双缩脲法等。还简要介绍紫外吸收光谱法、杜马斯法、红外光谱法在食品中蛋白质含量检测中的应用。氨基酸总量的测定方法主要有甲醛滴定法、电位滴定法和茚三酮比色法等；此外，还简要介绍几种氨基酸分离的方法。

第一节 概 述

一、蛋白质的功能

蛋白质是实现生命物质运动的高级形式，是构成生物体细胞组织的重要成分，也是生物体形态结构的物质基础。蛋白质与人体生长发育及健康有着非常密切的关系。蛋白质既是人体重要的营养素，也是食品中重要的营养成分。此外，在食品加工过程中，蛋白质及其分解产物对食品的色泽、质构和风味都有一定影响。故蛋白质在食品中的含量和性质是食品质量的一个重要指标。因此蛋白质的定量分析对于食品的质量控制和营养标签的标识起着非常重要的作用。

二、食品中蛋白质的含量

食品中蛋白质含量的分布是不均匀的，一般动物组织为主的食品含量高于植物组织为主的食品。动物和豆类食品是优良的蛋白质资源，部分种类食品中蛋白质含量如表6-1所示。

表6-1 部分食品的蛋白质含量

食 物 种 类	蛋白质的含量(以湿基计)/%
谷类和面食	
大米(糙米、长粒、生)	7.9
大米(白米、长粒、生、强化)	7.1
小麦粉(整粒)	13.7
玉米粉(整粒、黄色)	6.9
意大利面条(干、强化)	13.0
玉米淀粉	0.3
乳制品	
牛乳(全脂液体2%)	3.2
牛乳(脱脂、干、添加维生素A)	36.2
切达干酪	24.9
酸奶(普通的、低脂)	5.3
水果和蔬菜	
苹果(生、带皮)	0.3
芦笋(生)	2.2
草莓(生)	0.7
莴苣(冰、生)	0.9
土豆(整粒、肉和皮)	2.0

续 表

食 物 种 类	蛋白质的含量(以湿基计)/%
豆类	
大豆(成熟的种子、生)	36.5
豆(腰子状、所有品种、成熟的种子、生)	23.6
豆腐(生、坚硬)	15.8
豆腐(生、普通)	8.1
肉家禽鱼	
牛肉(颈肉、烤前腿)	21.4
牛肉(腌制、干牛肉)	31.1
鸡(可供煎炸的鸡胸肉、生)	23.1
火腿(切片、普通的)	16.6
鸡蛋(生、全蛋)	12.6
鱼(太平洋鳕鱼、生)	17.9
鱼(金枪鱼、灌装、油浸、鱼干)	26.5

资料来源：http://www.ars.usda.gov/ba/bhnrc/ndl

三、氮与蛋白质的换算系数

蛋白质是一类含氮的生物大分子，相对分子质量大，一般为 $10^4 \sim 10^6$。结构复杂，主要由氢、碳、氧、氮、硫五种元素组成。有些蛋白质还含有微量的磷、铁、锌、铜、钼、碘等元素，分子的长轴达 $1 \sim 100 \ nm$。由 20 多种氨基酸通过酰胺键以一定的方式结合起来。与糖类、脂类等食品中的生物大分子相比，含氮是蛋白质的主要标志。蛋白质平均含氮量为 16%，即一份氮相当于 6.25 份蛋白质，换算系数为 6.25。因此，用含氮量换算成蛋白质含量时，一般采用 6.25。但是不同食品中蛋白质含量是不同的，一般在 13.4%～19.6%范围内，这是由于构成蛋白质的氨基酸比例及方式不同。因此，食品种类不同，蛋白质换算系数也不同。在实际应用中应注意不同的食品要采用不同的换算系数，应用时可查阅相关资料。表 6-2 列举了部分食品的蛋白质换算系数。对于用各种原料混合制成的食品，可采用占总氮量多的原料蛋白质的换算系数。

表 6-2 部分食品的蛋白质换算系数

食 物	换算系数	食 物	换算系数
乳制品和蛋类		荞麦	5.53
干酪素	6.15	燕麦	5.50
牛奶	6.02	小米	5.68
奶酪	6.13	荞菜籽	5.40
鸡蛋	5.73	菜籽粉	5.53
鸡蛋蛋白	5.96	葵籽饼粉	5.36
肉类和鱼类产品		亚麻籽粉	5.41
牛肉	5.72		
鸡肉	5.82	根类和块茎类食物	
鱼肉	5.82	胡萝卜	5.80
蔬菜类		甜菜	5.27
生菜	5.14	马铃薯	5.18
卷心菜	5.30	马铃薯蛋白	5.94
谷类和豆类			
小麦	5.71～5.75	水果	
水稻	5.61～5.64	番茄	6.26
玉米	5.72	香蕉	5.32
高粱	5.93	苹果	5.72
红豌豆	5.40	真菌类	
干豆	5.44	酵母	5.78
黄豆	5.69	蘑菇	5.61

四、蛋白质的水解

蛋白质是由氨基酸组成的高分子化合物。蛋白质在酸、碱、酶等的作用下,可逐步水解为䏡、胨、肽等中间产物,最终水解为氨基酸。目前在自然界发现的氨基酸多达 175 种以上,但构成蛋白质的氨基酸主要是其中的 20 种,并且只有赖氨酸、亮氨酸、异亮氨酸、苯丙氨酸、蛋氨酸、苏氨酸、色氨酸、缬氨酸等 8 种氨基酸在人体中不能合成或合成速度远不能适应机体的需要,必须从膳食中获取,故称为必需氨基酸。必需氨基酸在组成模式和含量上决定了该蛋白质在食品中的质量。因此,检测食品中氨基酸的组成和含量是进行营养配餐、食品研发等工作的重要一环。

第二节 蛋白质的测定

目前可进行食品蛋白质含量分析的方法有许多种。按这些测定方法的原理可分为两大类:一类是利用蛋白质的共性,即含氮量、肽键和折射率等测定蛋白质含量,常用的有定氮法、双缩脲法和物理法。另一类是利用蛋白质中特定的氨基酸残基、酸性和碱性基团及芳香基团等测定蛋白质含量,常用的方法有染料结合法、紫外吸收光谱法、染色法等。由于食品种类繁多,组成成分复杂,尤其是碳水化合物、脂肪、维生素和酚类物质等对食品中蛋白质含量的测定会产生干扰,因此食品中蛋白质含量测定的最基本和最常用的方法是凯氏定氮法。该法是测定有机氮最准确和操作最简单的方法之一。近年来,经过多次的改进,可用于所有的动植物食品的分析,被许多国家和国际组织广泛采用。此外,双缩脲法、染料结合法、燃烧法、黏度、折射率、比重等方法也常用于蛋白质含量的测定。虽然蛋白质含量测定的方法很多,但各方法既有可用性,也有局限性。因此,在具体应用中应根据方法的灵敏度、准确度、精密度、测定速度和成本以及能够兼容不同种类的食品等因素选择一个合适的测定方法。

一、凯氏定氮法

凯氏定氮法是由 Kjeldahl 于 1833 年首先提出。该法是通过测出样品中的总氮量再乘以相应的蛋白质系数而求出蛋白质的含量。因样品中常含有核酸、含氮类脂、含氮色素、生物碱及卟啉等少量非蛋白质含氮化合物,故此法的测定结果称为粗蛋白质含量。目前测定食品谷物及饲料中的蛋白质含量的方法,国标和相关行业标准一般均采用凯氏定氮法。最初的凯氏定氮法经过长期的不断改进,已演变成常量法、半微量法和微量法,适用于蛋白质含量不同的各类食品,但它们的基本原理都是一样的。

1. 常量凯氏定氮法

(1) 原理:样品中的蛋白质和其他有机成分在催化剂和浓硫酸作用下加热消化,有机物经脱水炭化并分解为二氧化碳、二氧化硫和水逸出,蛋白质中有机氮转化为氨并与硫酸结合形成硫酸铵留在消化液中。通过消化液加碱蒸馏,使氨蒸出,用一定量的标准酸溶液吸收,然后再用标准碱溶液反滴定剩余的标准酸,计算出总氮量,即可推算出蛋白质含量。或用硼酸溶液吸收后,直接用标准酸溶液滴定,根据标准酸消耗量计算出蛋白质的含量。

1) 样品消化:

消化反应方程式如下:

$$2NH_2(CH_2)_2COOH + 13H_2SO_4 = (NH_4)_2SO_4 + 6CO_2\uparrow + 12SO_2\uparrow + 16H_2O$$

浓硫酸具有脱水性,使有机物脱水后被炭化为碳、氢、氮。浓硫酸又具有氧化性,将有机物炭化后的碳和氢转化为二氧化碳和水,自身则被还原成二氧化硫。

$$2H_2SO_4 + C = 2SO_2\uparrow + 2H_2O + CO_2\uparrow$$

二氧化硫使氮还原为氨,本身则被氧化为三氧化硫并与生成的水一起逸出,而氨则与硫酸作用生成硫酸铵留在酸性溶液中。

$$H_2SO_4 + 2NH_3 =\!=\!= (NH_4)_2SO_4$$

在消化反应中，为了加速蛋白质的分解，缩短消化时间，常加入硫酸钾、硫酸铜等物质。

硫酸钾：在消化过程中添加硫酸钾可提高反应温度，加快有机物分解。它与硫酸作用生成硫酸氢钾可以提高反应温度。一般纯硫酸的加热沸点在330 ℃左右，而添加硫酸钾后硫酸的沸点可升高至400 ℃以上。升温的原因主要是随着消化过程中硫酸不断地被分解，水分不断逸出而使硫酸钾的浓度不断增大，沸点升高，从而加速了有机物的分解。其反应式如下：

$$K_2SO_4 + H_2SO_4 =\!=\!= 2KHSO_4$$

$$2KHSO_4 =\!=\!= K_2SO_4 + H_2O\uparrow + SO_3\uparrow$$

但硫酸钾加入量不能太大，否则反应体系温度太高，导致已生成的硫酸氢铵发生热分解放出氨而造成损失。

$$(NH_4)_2SO_4 \longrightarrow NH_3\uparrow + (NH_4)HSO_4$$

$$(NH_4)HSO_4 \longrightarrow NH_3\uparrow + 2SO_3\uparrow + H_2O$$

此外，硫酸钠、氯化钾等盐类也可以提高反应温度，原理与硫酸钾相同，但它们的效果不如硫酸钾好。

硫酸铜：硫酸铜的主要作用是催化作用。其反应式如下：

$$2CuSO_4 \longrightarrow Cu_2SO_4 + SO_2\uparrow + O_2\uparrow$$

$$C + 2CuSO_4 \longrightarrow Cu_2SO_4 + SO_2\uparrow + CO_2\uparrow$$

$$Cu_2SO_4 + 2H_2SO_4 \longrightarrow 2CuSO_4 + 2H_2O + SO_2\uparrow$$

待有机物全部消化完后，体系中不再有硫酸铜生成，此时溶液呈现清澈的蓝绿色，故硫酸铜还可指示消化反应的终点，以及下一步蒸馏时作碱性反应的指示剂。如果样品富含碳，为加速有机物氧化，可加入少量高锰酸钾、过氧化氢等氧化剂。

凯氏定氮法中可用的催化剂除了硫酸铜，还可选用氧化汞、汞、硒粉、二氧化钛等。考虑到环境污染、催化效果等因素，通常使用的是硫酸铜。总消化反应的方程式如下：

$$2NH_3(CH_2)_2COOH + 13H_2SO_4 =\!=\!= (NH_4)_2SO_4 + 6CO_2\uparrow + 12SO_2\uparrow + 16H_2O$$

2）蒸馏：消化液中的硫酸铵在碱性条件下释放出氨，通过蒸馏收集氨气：

$$(NH_4)_2SO_4 + 2NaOH =\!=\!= 2NH_3\uparrow + Na_2SO_4 + 2H_2O$$

在蒸馏过程中，碱液加入量要过量，保证氨气充分逸出，另外整个装置密闭性要好，以防止样液中氨气逸出。

3）吸收与滴定：蒸馏过程中所释放的氨气，可用一定量的标准硫酸或盐酸溶液吸收，然后再用标准氢氧化钠溶液反滴定过剩的硫酸或盐酸，计算出总氮量。也可采用一定浓度的硼酸溶液吸收氨气，待吸收完全后，再用标准盐酸溶液滴定。硼酸呈微弱酸性（$K_a = 5.8 \times 10^{-10}$），它有吸收氨的作用，与氨形成强碱弱酸盐。用标准酸滴定时不影响指示剂的变色反应。吸收与滴定反应式如下：

$$2NH_3 + 4H_3BO_3 =\!=\!= (NH_4)_2B_4O_7 + 5H_2O$$

$$(NH_4)_2B_4O_7 + 2HCl + 5H_2O =\!=\!= 2NH_4Cl + 4H_3BO_3$$

（2）试剂：浓硫酸，硫酸铜，硫酸钾，40 g/L硼酸溶液，400 g/L氢氧化钠溶液，0.100 0 mol/L盐酸标准溶液，甲基红-溴甲酚绿混合指示剂（现用现配）。

（3）仪器：可调式电炉，凯氏烧瓶（500~800 mL），定氮蒸馏装置如图6-1所示。

（4）实验方法：准确称取已粉碎混匀的固体样品0.2~2 g，半固体样品2~5 g，液体样品10~25 g（具体视含氮量而定），移入干燥洁净的凯氏烧瓶中，加入0.5 g硫酸铜、10 g硫酸钾和20 mL浓硫酸，轻摇后于瓶口放一小漏斗，将瓶以45°夹角斜支于铺有石棉网的电炉上。在通风橱中，先以小火加热，待内容物全部炭化，

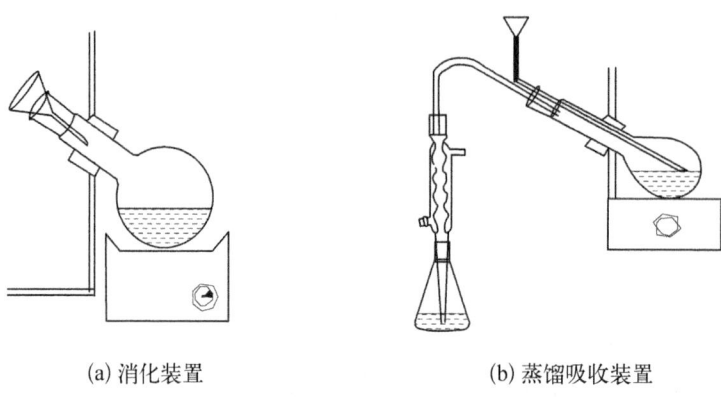

(a) 消化装置　　　　　　　(b) 蒸馏吸收装置

图 6-1　常量凯氏定氮消化、蒸馏吸收装置

泡沫停止产生后,加大火力,保持瓶内液体微沸,至液体呈澄清透明的蓝绿色后,再继续加热 0.5～1 h。停止加热消化,取下冷却,小心加入 200 mL 蒸馏水,再冷却。为防止蒸馏过程中发生暴沸,可在凯氏烧瓶内加入玻璃珠数粒。按图 6-1 所示连接蒸馏装置。将冷凝管下端浸入吸收瓶内的液面之下(瓶内预先加入 50 mL 40 g/L 硼酸溶液及 1～2 滴混合指示剂)。从安全漏斗中加入 70～80 mL 400 g/L 氢氧化钠溶液,立即夹紧夹子,检查整个装置是否漏气。可用直接火源加热蒸馏,也可采用水蒸气蒸馏。蒸馏至凯氏烧瓶内残液减少到 1/3 时,将冷凝管末端提出液面,继续蒸馏 1 min,用蒸馏水冲洗管口,停止加热。

用 0.100 0 mol/L 盐酸标准溶液直接滴定至由蓝色变为灰红色即为终点,记录盐酸溶液用量。

(5) 计算:按下式计算样品中蛋白质的含量:

$$X(\%) = \frac{C \times (V_1 - V_0)}{m} \times \frac{M}{1\,000} \times F \times 100$$

式中,X——样品中的蛋白含量,g/100 g;

V_1——被测样液消耗盐酸标准溶液的体积,mL;

V_0——试剂空白消耗盐酸标准溶液的体积,mL;

C——盐酸标准溶液的浓度,mol/L;

m——试样的质量,g;

M——1/2 N_2 的摩尔质量,14.01 g/moL;

F——氮换算为蛋白质的系数,一般食品为 6.25。

(6) 讨论和说明

1) 本法需做试剂空白试验,即除不加样品外,从消化开始至滴定操作完全相同。

2) 所用试剂溶液要求用无氨蒸馏水配制。

3) 称取好的样品放入凯氏烧瓶时,应小心不要让样品黏附在烧瓶的颈部,如果黏附上,可用少量蒸馏水冲洗下来。

4) 取样量与浓硫酸和催化剂的添加量。

若取样量较大,如干试样超过 5 g,可按每克试样 5 mL 的比例增加硫酸用量,如果样品含脂类较高,可适当增加硫酸量。硫酸量增加,为了提高反应温度,则硫酸钾的添加量也要随之加大。但如果硫酸钾的添加量过多会形成硫酸氢钾,导致氨的损失。一般来说,硫酸钾和硫酸的添加比例是 1 g∶1.7 mL。

5) 消化过程的注意事项:

消化的热源强度要控制在使消化处于缓和沸腾状态,并使火力集中在凯氏烧瓶底部,以免黏附在壁上的含氮样品在无硫酸存在的情况下,消化不完全而造成氮损失。

消化过程中需不时轻轻转动凯氏烧瓶,以便利用冷凝的酸液将附在瓶壁上的固体残渣淋洗下来,使之完全消化。

当样品消化液不容易澄清透明时,可将凯氏烧瓶从热源上取下,放冷后,加入 30% 过氧化氢 2～3 mL 促使氧化,再继续加热消化。

一般样品消化至澄清后,继续消化 30 min 即可,但对于含有特别难以氨化的含氮化合物,如含赖氨酸、组氨酸、色氨酸、酪氨酸或脯氨酸等样品时,需适当延长消化时间。有机物如分解完全,消化液呈蓝色或浅绿色,但含铁多时,呈较深绿色。

若样品含糖或脂肪较高时,消化过程中易产生大量泡沫,强火会使样品逸出瓶外,可采取小火加热,时时摇动或加入少量消泡剂控制加热温度等办法。

6) 实验操作的注意事项:

加碱蒸馏操作时,应确保整个蒸馏装置不漏气,加入氢氧化钠的速度要快。加完后立即关闭通道,观察消化液是否变为深蓝色或有黑色沉淀产生,若无,则表明加碱量不足,需补加氢氧化钠用量。

酸吸收液浓度在 30 g/L 以上可将氨完全吸收,为保险起见一般采用 40 g/L 浓度。此外硼酸吸收液的温度不应超过 40 ℃,以防减弱吸收氨的作用。

混合指示剂在碱性溶液中呈绿色,在中性溶液中呈灰色,在酸性溶液中呈红色。如果吸收液中加入混合指示剂后,溶液不呈现红色,说明器皿或吸收液遭到碱性物质污染。应查找原因,再继续操作。

蒸馏完毕后,应先将冷凝管提离吸收液,继续蒸馏 1 min,用少量蒸馏水淋洗冷凝管下端并完全洗入吸收瓶中,取下,关热源,以防吸收液倒吸。

2. 微量凯氏定氮法

(1) 原理:同常量凯氏定氮法。

(2) 试剂:20 g/L 硼酸溶液,0.010 00 mol/L 盐酸标准溶液,其他试剂同常量凯氏定氮法。

(3) 仪器和设备:凯氏烧瓶(50~100 mL),微量凯氏定氮装置(图 6-2)。

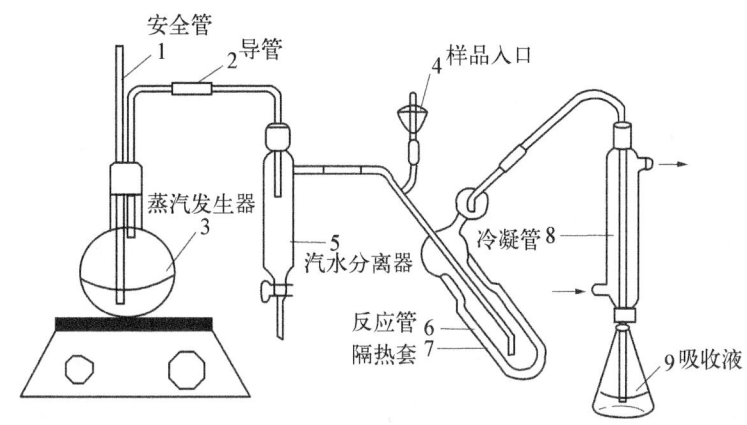

图 6-2 微量凯氏定氮装置

(4) 实验方法:准确称取 0.2~0.5 g(约相当于含氮量 1~2 mg)样品置于凯氏烧瓶中,其余步骤同常量法。将已消化完全、冷却后的消化液完全转移至 100 mL 容量瓶中,蒸馏水定容,混匀。如图 6-2 安装微量定氮装置。水蒸气发生器内注水至约 2/3 处,加数毫升硫酸及数滴甲基红指示剂,以保持水呈酸性,并加入玻璃珠数粒以防暴沸。将冷凝管口插入盛有 20 mL、20 g/L 硼酸和 2 滴混合指示剂吸收液的液面下,从漏斗中准确注入 10.0 mL 消化液的稀释液。再加入 400 g/L 氢氧化钠溶液 10 mL,使呈碱性。最后用少量蒸馏水冲洗漏斗,夹闭通道,水蒸气蒸馏。蒸馏至吸收液由酒红色转为蓝绿色时开始计时,继续蒸馏约 10 min,将冷凝管下端提离液面,再继续蒸馏 1 min。用少量蒸馏水将黏附在冷凝管口的溶液冲洗入吸收瓶中。移开吸收瓶,最后撤掉火源,用 0.010 00 mol/L 盐酸标准溶液滴定吸收瓶中的吸收液至终点。同样,用蒸馏水将整套仪器洗涤一遍后做空白试验。

(5) 计算　方法与常量法相同。

(6) 讨论和说明

1) 水蒸气发生器最好采用带有调压器控制的加热设备,以保证产生的蒸汽均匀充足。

2) 水蒸气发生器内的水应始终保持酸性。如果加入甲基红指示剂后变为黄色,应补加酸,以防在碱性时,水中的游离氨被蒸出而造成测定误差。

3) 蒸馏过程中不得停火断气,否则将发生倒吸。

3. 自动凯氏定氮仪法

(1) 原理:同常量凯氏定氮法。

(2) 试剂:除硫酸铜与硫酸钾制成片剂外,其他试剂与常量凯氏定氮仪法相同。

(3) 仪器:自动凯氏定氮仪:包括红外连续消化、自动蒸馏和自动滴定等三部分。

(4) 实验方法:称取适当样品置于消化管中,加消化剂,消解催化,在预定温度下将多个样品(6～40个样品,随消化炉的不同而不同)同时消化,预定消化温度为420℃,时间30～45 min。到达时间后仪器自动停止加热,将消化液冷却至室温。打开自动凯氏定氮仪和冷凝水开关,检查仪器与试剂的连接是否完好,将一支装有消化液的消化管和吸收瓶连接在定氮仪上,依次按下碱泵加碱、蒸汽泵加蒸汽、硼酸泵向吸收瓶中加硼酸,选择蒸馏时间4～5 min,自动完成蒸馏。滴定,计算氮及蛋白质含量。

二、比色法

比色法是基于蛋白质中某些特定的氨基酸(如酪氨酸、丝氨酸等)与外加的显色剂或染料反应,产生有色物质,有色物质与蛋白质反应的氨基酸数目在一定浓度范围内成正比,从而计算蛋白质的含量。与凯氏定氮法相比,比色法具有灵敏度高、操作快速简便、可同时测定多个样品等特点。缺点是容易受溶液中杂质的影响,需作标准曲线。

可用于食品中蛋白质含量测定的比色法主要有:乙酰丙酮甲醛比色法(acetylacetone-formaldehyde reagent)、双缩脲法(biuret)、福林酚比色法(Lowry)、考马斯亮蓝染料结合比色法(Bradford)、水杨酸比色法(salicylic acid)、二喹啉甲酸法(bicinchoninic acid,BCA)和奈氏比色法(Nessler method)等。

1. 乙酰丙酮甲醛比色法

(1) 原理:样品中的蛋白质和其他有机成分与浓硫酸和催化剂在加热条件下消化,分解产生的氨转化成硫酸铵溶液后,在pH 4.8的乙酸钠-乙酸缓冲溶液中与乙酰丙酮和甲醛反应生成黄色的吡啶化合物,在波长400 nm处比色测定,与标准系列比较定量后,求出样品含氮量,进而计算出蛋白质含量。反应式如下:

$$H_3C-\overset{O}{\underset{\|}{C}}-CH_2 + HCHO + H_2C-\overset{O}{\underset{\|}{C}}-CH_3 + NH_4^+ \longrightarrow \text{3,5-二乙酰-2,6-二甲基-1,4二氢化吡啶(黄色)}$$

$$H_3C-C=O \quad\quad O=C-CH_3$$

(2) 试剂:浓硫酸,硫酸铜,硫酸钾,300 g/L氢氧化钠溶液,对硝基苯酚指示剂,pH 4.8乙酸钠-乙酸缓冲溶液,乙酰丙酮-甲醛试剂,0.1 g/L氨氮标准使用液。

(3) 仪器和设备:分光光度计,电热恒温水浴锅[(100±0.5)℃],天平(感量为1 mg),10 mL具塞玻璃比色管,100 mL凯氏烧瓶或定氮管。

(4) 实验方法:精确称取粉碎、混匀的固体样品0.1～0.5 g(精确到0.001 g),或吸取液体样品1～5 g(精确到0.001 g),移入洁净的100 mL凯氏烧瓶或定氮瓶中,加入0.1 g硫酸铜、1 g硫酸钾和5 mL浓硫酸,轻摇后进行消化。其余步骤同凯氏定氮法。将已完全消化、冷却后的消化液完全转移至50 mL或100 mL容量瓶中,加水至刻度,同时做试剂空白。

精密吸取2.00～5.00 mL消化液置于50 mL或100 mL容量瓶内,加入1～2滴对硝基苯酚指示剂,混匀后用300 g/L氢氧化钠中和至黄色,再用1 mol/L乙酸溶液调至溶液无色(pH 4.0～4.5),用蒸馏水稀释至刻度,混匀。

精确吸取0.5～2.0 mL已调节好酸度的试样溶液,用时吸取0.00 mL、0.05 mL、0.10 mL、0.20 mL、0.40 mL、0.60 mL、0.80 mL、1.00 mL氨氮标准使用液(相当于含氮0.00 μg、5.00 μg、10.0 μg、20.0 μg、40.0 μg、60.0 μg、80.0 μg、100 μg)分别置于10 mL比色管中。分别加入4.0 mL乙酸钠-乙酸缓冲溶液及

4.0 mL 显色剂,加水稀释至刻度,混匀后置于 100 ℃ 沸水浴中加热 15 min。取出用水冷却至室温后,以零管为参比,1 cm 比色杯,于 400 nm 波长处测定吸光度值,标准曲线法定量。

(5) 计算

按下式计算蛋白质含量:

$$X(\%) = \frac{m_A - m_0}{m \times \dfrac{V_2}{V_1} \times \dfrac{V_4}{V_3} \times 1\,000 \times 1\,000} \times 100 \times F$$

式中,X——样品中的蛋白含量,g/100 g;

m_A——从标准曲线上查出的试样测定液中氮的含量,μg;

m_0——从标准曲线上查出的试剂空白测定液中氮的含量,μg;

V_1——试样消化液定容体积,mL;

V_2——制备试样溶液的消化液体积,mL;

V_3——试样溶液总体积,mL;

V_4——测定用试样溶液体积,mL;

m——试样质量,g;

F——氮换算为蛋白质的系数,一般食品为 6.25。

(6) 讨论和说明

1) 本法需做试剂空白试验。

2) 氨氮是指以游离态的非离子氨(NH_3)与铵离子(NH_4^+)形式存在的氮。

3) 乙酰丙酮甲醛比色法是替代凯氏定氮法中的蒸馏吸收和滴定步骤的方法。

4) 此法较常规凯氏定氮法具有快速简便、准确、灵敏度高等优点。

5) 本法适用于蛋白质含量不同的各类食品。

2. 双缩脲法

(1) 原理

双缩脲(NH_2—CO—NH—CO—NH_2)在碱性溶液中能与硫酸铜结合生成紫红色的配合物,此反应称为双缩脲反应。蛋白质分子中含有肽键(—CO—NH—),与双缩脲结构相似,也可以发生双缩脲反应,且产生的紫红色溶液的深浅与蛋白质含量在一定范围内成正比关系。因此,可用分光光度法测定蛋白质含量,紫红色配合物的最大吸收波长范围为 540~560 nm。

反应式如下:

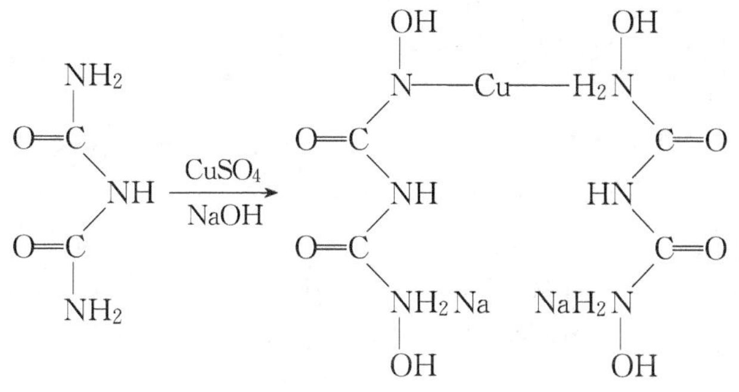

(2) 试剂

1) 碱性硫酸铜溶液:以甘油为稳定剂:将 10 mL、10 mol/L 氢氧化钾和 3.0 mL 甘油加到 937 mL 蒸馏水中,剧烈搅拌,同时慢慢加入 40 g/L 硫酸铜溶液 50 mL。

以酒石酸钾钠为稳定剂:将 10 mL、10 mol/L 氢氧化钾和 20 mL、250 g/L 酒石酸钾钠溶液加到 930 mL 蒸馏水中,剧烈搅拌,同时慢慢加入 40 g/L 硫酸铜溶液 40 mL。

2) 四氯化碳(CCl_4)

(3) 仪器和设备：分光光度计，离心机(4 000 r/min)；振荡机(60 次/min)。

(4) 实验方法：准确称取适量样品（控制蛋白质含量为 40～110 mg 即可），于 50 mL 纳氏比色管中，加入 1 mL 四氯化碳，用碱性硫酸铜溶液（上述两种均可）定容至刻度，振摇 10 min，静置 1 h。取上清液离心 5 min，再取澄清透明的离心液于 1 cm 比色皿中，在 560 nm 波长处以蒸馏水作参比，测吸光度值。

绘制标准曲线：以采用凯氏定氮法测出蛋白含量的样品作为蛋白质标准样。按蛋白含量 40 mg、50 mg、60 mg、70 mg、80 mg、90 mg、100 mg、110 mg 分别称取蛋白质标准样于 8 支 50 mL 纳氏比色管中，分别在每一管中加入 1 mL 四氯化碳。按上述样品测定步骤显色后，测定各溶液的吸光度值，以蛋白质的含量为横坐标，吸光度值为纵坐标，绘制标准曲线。

(5) 计算：按下式计算蛋白质含量：

$$X(\%) = \frac{m_0}{m} \times 100$$

式中，X——样品中蛋白质含量，g/100 g；

m_0——由标准曲线上查得的蛋白质含量，mg；

m——样品质量，g。

(6) 讨论和说明

1) 配制碱性硫酸铜溶液时，必须剧烈搅拌，防止生成氢氧化铜沉淀。

2) 标准曲线是采用与待测样品具有同源蛋白质的标样来制作的，因此标准曲线制作完整后，无需每次再作标准曲线。

3) 含脂肪高的样品，易发生脂浑浊，应预先用有机溶剂除去。

4) 当肽链中含有脯氨酸时，若有多种糖类共存，则影响显色，造成测定值偏低。

5) 本法操作简便、迅速，蛋白质浓度与吸光度值的线性关系好，是食品蛋白质含量测定的常用方法之一。

6) 该方法测定范围为 1～20 mg 蛋白质，灵敏度较低，适用于需要快速、但精确度要求又不高的蛋白质含量测定。常用于谷物蛋白质含量测定。

三、其他方法

1. 紫外吸收光谱法

(1) 原理：蛋白质分子中的酪氨酸、色氨酸和苯丙氨酸等残基的苯环含有共轭双键，使蛋白质具有吸收紫外光的能力，特征吸收峰在 280 nm 波长处。酪氨酸是普遍存在于各种蛋白质中的一种氨基酸，因此在 280 nm 处具有最大吸光度值是蛋白质的一种普遍性质。蛋白质浓度在一定范围内（3～8 mg/mL）与吸光度值成正比。因此，利用一定波长下，测定蛋白质的吸光度，并参照预先测得的蛋白质标准样品作出的标准曲线，即可计算出样品中蛋白质的含量。

(2) 试剂：0.1 mol/L 柠檬酸水溶液，8 mol/L 尿素，2 mol/L 氢氧化钠溶液，95% 乙醇，无水乙醚。

(3) 仪器和设备：紫外分光光度计，离心机(3 000～5 000 r/min)。

(4) 实验方法：标准曲线的制作：准确称取样品 2.00 g，置于 50 mL 烧杯中，加入 30 mL 0.1 mol/L 的柠檬酸溶液，不断搅拌 10 min 使其充分溶解，用四层纱布过滤于玻璃离心管中，以 3 000～5 000 r/min 的速度离心 5～10 min，倾出上清液。分别吸取 0.5 mL、1.0 mL、1.5 mL、2.0 mL、2.5 mL、3.0 mL 于 10 mL 容量瓶中，各加入 8 mol/L 尿素的氢氧化钠溶液，定容至刻度。充分振摇 2 min。若浑浊，再次离心直至透明为止。将透明液置于 1 cm 比色皿中，以 8 mol/L 尿素的氢氧化钠溶液作参比，于 280 nm 波长处测定各溶液的吸光度值。

以事先用凯氏定氮法测定的样品中蛋白质含量为横坐标，上述各溶液的吸光度值为纵坐标，绘制标准曲线。

样品测定：准确称取待测样品 1.00 g，如前处理，吸取的每毫升样品溶液中含有 3～8 mg 的蛋白质。按制作标准曲线的操作条件测定其吸光度值,从标准曲线中查出蛋白质的含量。

(5) 计算:按下式计算样品中蛋白质含量:

$$X(\%) = \frac{m}{m_1} \times 100$$

式中,X——样品中蛋白质的含量,mg/100 g;

m——从曲线上查得的蛋白质质量,mg;

m_1——测定样品溶液中相当于样品的质量,mg。

(6) 讨论和说明

1) 本法适用于糕点、牛乳、肉制品和可溶性蛋白质样品。测定糕点时,应将有颜色的表皮去掉。测定牛乳样品时,改用95%～97%的冰醋酸稀释至刻度,并用该溶液作参比。

2) 该法快捷、灵敏、样品用量小,低浓度盐类不干扰测定。

3) 在测定与标准蛋白质中酪氨酸和色氨酸含量差异较大的蛋白质时,会产生一定的误差。

4) 若样品中含有超过20%的嘌呤、嘧啶等核酸类物质或样液较浑浊时,会产生较大的干扰。

2. 杜马斯法——燃烧法

(1) 原理:燃烧法由Jean-Baptiste Dumas于1831年首先提出,并生产出了第一代仪器,此后经过许多科学家的不断改进,发展到了今天的自动化分析仪器,因此该法又称为杜马斯法。该法是通过样品在高温下(900～1 200 ℃)完全燃烧,在燃烧过程中产生的碳、硫等干扰气体和盐类被吸收管吸收,而氮的氧化物被全部还原成氮气,形成的氮气气流由带热导检测器(TCD)的气相色谱仪测定,测得的氮含量通过蛋白质换算系数计算出样品中的蛋白质含量。

(2) 仪器和设备:分析天平(感量为0.1 mg),氮/蛋白质分析仪。

(3) 实验方法:称量样品(100～500 mg,按仪器要求具体确定),用锡箔包裹后放入具有自动装置的燃烧反应管中。通入高纯氧(≥99.99%),在900～1 200 ℃条件下充分燃烧。产生的氮氧化物被纯氦气运送至还原炉中(800 ℃)。经还原生成氮气后,由内置的气相色谱仪测定。

(4) 计算:按下式计算样品中蛋白质的含量:

$$X(\%) = C \times F$$

式中,X——样品中蛋白质的含量,g/100 g;

C——样品中测得的氮含量,g/100 g;

F——氮换算为蛋白质的系数,一般食品为6.25。

(5) 讨论和说明

1) 燃烧法需做平行试验,结果用算术平均值表示,保留三位有效数字。

2) 燃烧法是凯氏定氮法的替代方法,适用于所有种类的食品,所测结果为粗蛋白含量。

3) AOAC方法992.12和992.23分别将其列于肉类和谷物食品的分析。

4) 燃烧法简便、快速、可在无人看管情况下分析多达150个样品,且无任何有害化合物,但仪器价格昂贵。

3. 红外光谱法

(1) 原理:红外光谱法测定食品中的蛋白质是基于蛋白质和多肽为高散射和高光学密度的介质,因此在近红外区(780～2 500 nm)和中红外区(2 500～25 000 nm)受到频率连续变化的红外光照射时,其特征吸收谱带的强度产生变化,通过测定样品反射或透射光的能量(反比于能量的吸收)可以预测其蛋白质的含量。

(2) 应用:国外采用近红外分析仪,利用波长在0.75～3 μm范围内的近红外线具有被蛋白质组分吸收及反射的特性,建立了近红外光谱快速定量分析方法,广泛应用于谷物、谷类制品、肉类、乳及乳制品等食品蛋白质的分析中。另外,采用中红外光谱技术的红外牛乳分析仪专门用来测定牛乳蛋白质含量。国内近红外分析技术在食品分析中的应用研究也非常多。

(3) 讨论和说明

1) 红外光谱检测技术速度快、简单、无烦琐的前处理和化学反应过程，分析人员只需经一定的培训就可以快速分析样品(0.5~1.0 min)。

2) 由于物质在近红外区吸收弱，灵敏度较低，一般样品含量应大于0.1%。

3) 近红外分析方法需要参考标准的化学方法来建立专用的近红外模型，因此在普及应用方面还需不断完善。

第三节 氨基酸的测定

氨基酸是构成蛋白质最基本的物质。氨基酸的定性定量分析，对于评价食品蛋白质的营养价值、新食品蛋白质资源的开发、计算蛋白质的相对分子质量和提供蛋白质的部分特性价值具有十分重要的意义。

一、氨基酸总量的测定

蛋白质的水解或酶解的最终产物是氨基酸。水解程度可以通过测定氨基酸的含量进行评价。由于一种食品中同时可以存在多种氨基酸，因此氨基酸总量的测定值不能以某一种氨基酸的含量来表示，只能以所有氨基酸中所含的氨基酸态氮的百分含量表示。

1. 甲醛滴定法

(1) 原理：由于氨基酸中的氨基($-NH_2$)可与甲醛结合，从而使其碱性消失，而具有酸性的羧基($-COOH$)不能与甲醛结合，从而导致氨基酸体系呈现酸性，这样就可以用标准碱溶液来滴定羧基，用酚酞或百里酚酞作指示剂，根据标准碱的消耗量，计算出氨基酸的总量。反应如下：

$$R-\underset{NH_3^+}{\overset{H}{\underset{|}{C}}}-COO^- \rightleftharpoons R-\underset{NH_2}{\overset{H}{\underset{|}{C}}}-COO^- \xrightarrow{OH^-} 中和$$

$$\xrightarrow{HCHO} R-\underset{NHCH_2OH}{\overset{H}{\underset{|}{C}}}-COO^- \quad 羟甲基氨基酸$$

$$\xrightarrow{HCHO} R-\underset{N(CH_2OH)_2}{\overset{H}{\underset{|}{C}}}-COO^- \quad 二羟甲基氨基酸$$

(2) 试剂：40%中性甲醛溶液，1 g/L百里酚酞乙醇溶液，1 g/L中性红50%乙醇溶液，0.1 mol/L氢氧化钠标准溶液。

(3) 实验方法：称取样品5.00~10.00 g(含氨基酸20~30 mg)2份，分别置于250 mL锥形瓶中，分别加入50 mL蒸馏水，混匀。其中1份样液中加入3滴中性红指示剂，用0.1 mol/L氢氧化钠标准溶液滴定至由红色变为琥珀色为终点；另一份加入3滴百里酚酞指示剂及中性甲醛20 mL，摇匀，静置1 min，用0.1 mol/L氢氧化钠标准溶液滴定至淡蓝色为终点。分别记录两次所消耗氢氧化钠标准溶液的体积。

(4) 计算：按下式计算样品中氨基酸含量：

$$氨基酸态氮含量(\%) = \frac{(V_2 - V_1) \times c}{m} \times \frac{M}{1\,000} \times 100$$

式中，X——样品中氨基酸态氮的含量，g/100 g；

V_1——用中性红作指示剂时，消耗氢氧化钠量，mL；

V_2——用百里酚酞作指示剂时,消耗氢氧化钠量,mL;

c——氢氧化钠标准溶液的浓度,mol/L;

m——样品质量,g;

M——1/2 N_2 的摩尔质量,14.01 g/mol。

(5) 讨论和说明

1) 此法适用于测定食品中的游离氨基酸,也可用于测定蛋白质水解程度。随着蛋白质水解度的增加,滴定值也增加,当蛋白质水解充分后,滴定值不再增加。

2) 此法较适宜检测浅色或无色样品。若样品颜色较深,可用适量活性炭脱色后再测定,也可改用电位滴定法。

3) 脯氨酸与甲醛作用产生不稳定化合物,使结果偏低;含有酚羟基的酪氨酸在滴定时会消耗一些标准碱液造成结果偏高。体系中若有铵盐存在也可与甲醛反应,造成测定误差。也可改用电位滴定法。

4) 液体样品可直接取用。固体样品应先进行粉碎,然后在 50 ℃ 条件下用蒸馏水萃取约 0.5 h,取萃取液进行测定。

2. 电位滴定法

(1) 原理:根据氨基酸的两性特点,加入甲醛使氨基的碱性消失,使羧基显示出酸性,将酸度计的玻璃电极及甘汞电极同时插入被测液中构成原电池,用氢氧化钠标准溶液进行滴定,依据指示的 pH 控制滴定终点。

(2) 试剂:20% 中性甲醛,0.05 mol/L 氢氧化钠标准溶液。

(3) 仪器和设备:pH 计(附磁力搅拌器),10 mL 微量滴定管,移液管,天平(感量为 1 mg)。

(4) 实验方法:吸取 5.0 mL 样液,置于 100 mL 容量瓶中,用蒸馏水定容至刻度,混匀后吸取 20.00 mL 置于烧杯中,加 60 mL 蒸馏水,将 pH 计的玻璃电极和甘汞电极同时插入溶液中。开动磁力搅拌器,用 0.05 mol/L 氢氧化钠标准溶液滴定至 pH 8.2,记录消耗氢氧化钠溶液的体积(mL),计算总酸含量。

加入 10.0 mL 甲醛溶液,混匀,再用上述氢氧化钠标准溶液继续滴定至 pH 9.2,记录消耗的氢氧化钠标准溶液的体积(mL)。

同时吸取 80 mL 蒸馏水,置于烧杯中,同上述操作。先用 0.05 mol/L 氢氧化钠标准溶液调至 pH 8.2,此时不用记录氢氧化钠的消耗量。再加入 10.0 mL 甲醛溶液,用 0.05 mol/L 氢氧化钠标准溶液继续滴定至 pH 9.2,记录消耗的氢氧化钠标准溶液的体积(mL),作为试剂空白值。

(5) 计算:按下式计算样品中氨基酸含量:

$$X(\%) = \frac{(V_1 - V_0) \times c}{m \times 20/100} \times \frac{M}{1\,000} \times 100$$

式中,X——样品中氨基酸态氮的含量,g/100 mL;

V_1——样液稀释液加入甲醛后滴定至终点(pH 9.2)所消耗氢氧化钠标准溶液的体积,mL;

V_0——试剂空白试验所消耗的氢氧化钠标准溶液的体积,mL;

c——氢氧化钠标准溶液的浓度,mol/L;

m——测定用样液相当于样品的质量,g;

M——1/2 N_2 的摩尔质量,14.01 g/mol。

(6) 讨论和说明

1) 此法适用于测定食品中游离氨基酸,也可用于测定蛋白质水解程度,浑浊和色深样液可不经处理而直接测定。

2) 此法较甲醛溶液法快速、准确。

3) 在发酵食品生产中,常用此法测定发酵液中氨基氮含量的变化,来了解可被微生物利用的氮源的量及利用情况,并以此作为控制发酵生产的指标之一。

3. 茚三酮比色法

(1) 原理:氨基酸在碱性溶液中与茚三酮反应,生成蓝紫色化合物,在 570 nm 波长处有最大吸收,氨基酸含量与蓝紫色化合物的颜色深浅在一定范围内成正比,可比色测定。反应式如下:

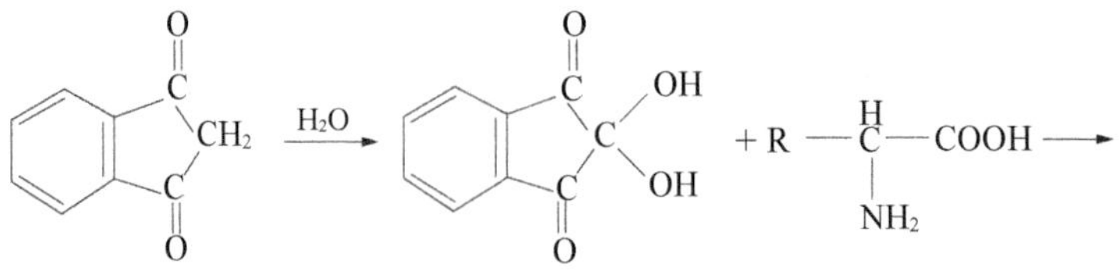

茚三酮　　　　　水合茚三酮

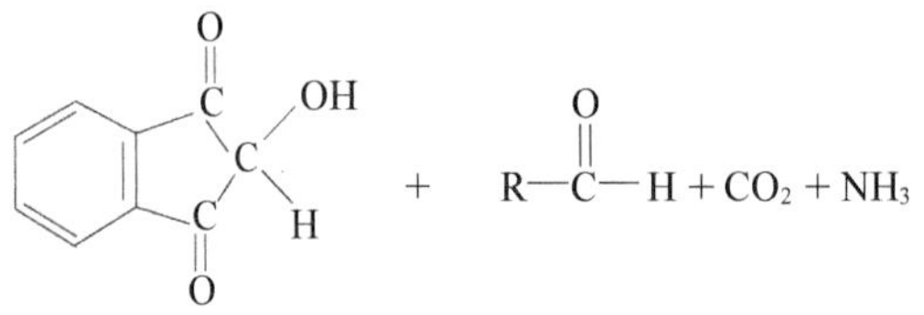

还原茚三酮

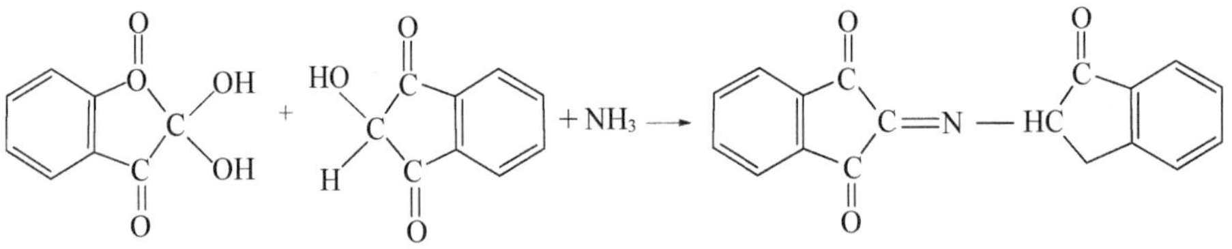

水合茚三酮　　　还原茚三酮　　　蓝紫色化合物

(2) 试剂：20 g/L 茚三酮溶液：称取茚三酮 1 g，用 35 mL 热水溶解，加入 40 mg 氯化亚锡（$SnCl_2 \cdot H_2O$）搅拌过滤（作防腐剂），收集滤液于 50 mL 容量瓶中，冷暗处放置过夜。用蒸馏水定容至刻度，摇匀备用。

磷酸盐缓冲溶液（pH 8.04）：准确称取磷酸二氢钾（KH_2PO_4）4.535 0 g，蒸馏水溶解定容至 500 mL；准确称取磷酸氢二钠（Na_2HPO_4）11.938 0 g，用蒸馏水溶解定容至 500 mL。取磷酸二氢钾溶液 10 mL 与磷酸氢二钠溶液 190 mL 混合即为 pH 8.04 的缓冲溶液。

氨基酸标准溶液：准确称取完全干燥的氨基酸 0.200 0 g，用蒸馏水溶解并定容至 100 mL，混匀。精确吸取此液 10.0 mL 于 100 mL 容量瓶中，用蒸馏水定容至刻度，摇匀，即得 200 μg/mL 氨基酸标准溶液。

(3) 仪器和设备：分光光度计、天平（感量为 1 mg）。

(4) 实验方法：标准曲线绘制：精确吸取氨基酸标准液 0.0 mL、0.5 mL、1.0 mL、1.5 mL、2.0 mL、2.5 mL、3.0 mL（相当于 0 μg、100 μg、200 μg、300 μg、400 μg、500 μg、600 μg 氨基酸）分别置于 7 支 25 mL 比色管中。加水补充至总体积约 4.0 mL。然后分别加入 20 g/L 茚三酮溶液和 pH 8.04 的磷酸盐缓冲溶液 1 mL，混合均匀。在 100 ℃ 沸水浴中加热 15 min。取出立即冷却至室温，加水至刻度，摇匀，静置 15 min 后在波长 570 nm 处进行比色，以试剂空白为参比溶液，分别测定各管的吸光度值，绘制吸光度值-氨基酸浓度曲线。

样品测定：吸取澄清的样液 1～40 mL，按上述制作标准曲线的方法测定 570 nm 处的吸光度值。在标准曲线上查对应的氨基酸质量（μg）。

(5) 计算：按下式计算样品中氨基酸含量：

$$X(\text{mg}/100\text{ g}) = \frac{m_0}{m \times 1\,000} \times 100$$

式中，m_0——从标准曲线上查得的氨基酸的质量，μg；

m——测定样品溶液相当于样品的质量，g。

(6) 讨论和说明

1) 液体样品可直接取用，固体样品应先进行粉碎，然后用蒸馏水和 5 g 活性炭加热煮沸，过滤，用热水分几次洗涤活性炭，合并滤液于 100 mL 容量瓶中，定容，备用。

2) 茚三酮试剂常由于受到光照、温度、湿度等环境因素影响而被氧化呈现红色，影响比色测定。使用前需要结晶处理。方法为：称取 5 g 茚三酮溶于 25 mL 热水中，加入 0.25 g 活性炭，轻轻摇动 1 min，静置

30 min后用滤纸过滤。滤液置于冰箱中过夜。次日析出黄白色结晶,抽滤,用1~2 mL冷水洗涤结晶。置干燥器中干燥后,装入棕色瓶中备用。

二、氨基酸的分离分析方法

1. 氨基酸自动分析仪法

(1) 原理:样品中的各种氨基酸具有不同的相对分子质量、极性和酸碱性等特性,可以采用色谱法分离各氨基酸组分,经茚三酮显色进行定量检测。

一般采用阳离子交换色谱(阳离子交换树脂)法分离氨基酸。食品中的蛋白质经酸或酶水解成为游离氨基酸,当含游离氨基酸的液体样品从色谱柱顶端加入后,采用不同的pH和离子浓度的缓冲溶液作洗脱剂,利用离子交换树脂对各种氨基酸吸附能力的不同,将其依次洗脱下来,达到分离的目的。

氨基酸是两性的,其所带电荷随溶液的pH变化而变化。

$$\underset{\substack{\text{在酸性溶液中的氨基酸}\\ \text{(阳离子)}}}{H_3\overset{+}{N}-\underset{\underset{H}{|}}{\overset{\overset{R}{|}}{C}}-COOH} \underset{H^+}{\overset{OH^-}{\rightleftharpoons}} \underset{\substack{\text{水溶液中的氨基酸}\\ \text{(两性离子,等电点)}}}{H_3\overset{+}{N}-\underset{\underset{H}{|}}{\overset{\overset{R}{|}}{C}}-COO^-} \underset{H^+}{\overset{OH^-}{\rightleftharpoons}} \underset{\substack{\text{在碱性溶液中的氨基酸}\\ \text{(阴离子)}}}{H_2N-\underset{\underset{H}{|}}{\overset{\overset{R}{|}}{C}}-COO^-}$$

样品一般采用pH 2.2的缓冲溶液溶解,故氨基酸是带正电荷的。当样品进入阳离子交换色谱柱后,即被交换吸附,而树脂上的Na^+被交换出来。氨基酸在树脂上结合的紧密程度与缓冲溶液的pH和离子(Na^+)强度有关。采用不同pH的缓冲液流经色谱柱,pH由小到大逐渐增加,氨基酸则逐渐失去正电荷,与树脂的结合能力逐渐减弱,最后从树脂上洗脱下来。由于各种氨基酸在一定的pH下所带的净电荷是不同的,当洗脱液的pH由小到大变化时,酸性氨基酸首先失去正电荷,最先被洗脱下来,中性氨基酸次之,碱性氨基酸最慢。另外,由于氨基酸侧链上带有不同的基团,导致它们的相对分子质量大小不同。相对分子质量小的较相对分子质量大的先洗脱下来。Na^+浓度的增加,减弱了树脂对氨基酸的吸附,因此洗脱剂的离子强度增加时,氨基酸容易从树脂上解吸下来。由于在吸附-解吸的平衡过程中,解吸是吸热过程。所以柱温逐渐升高有利于氨基酸从树脂上解吸。

被洗脱下来的氨基酸与茚三酮在加热条件下反应生成蓝紫色化合物,在570 nm处有最大吸收。茚三酮与脯氨酸、羟脯氨酸等则生成黄色化合物,在440 nm有最大吸收。在一定范围内,呈色反应的深浅与氨基酸含量成正比,可在分光光度计中进行定量比色分析。

(2) 试剂:浓盐酸(优级纯),6 mol/L盐酸溶液(浓盐酸与水1:1混合),混合氨基酸标准液。

pH 2.2的柠檬酸钠缓冲溶液[19.6 g柠檬酸钠($Na_3C_6H_5O_7 \cdot 2H_2O$)和16.5 mL浓盐酸加水稀释到1 000 mL,用浓盐酸或500 g/L的氢氧化钠溶液调pH至2.2]。

pH 3.3的柠檬酸钠缓冲溶液(19.6 g柠檬酸钠和12 mL浓盐酸,加水稀释到1 000 mL,用浓盐酸或500 g/L的氢氧化钠溶液调pH至3.3)。

pH 4.0的柠檬酸钠缓冲溶液(19.6 g柠檬酸钠和9 mL浓盐酸,加水稀释到1 000 mL,用浓盐酸或500 g/L的氢氧化钠溶液调pH至4.0)。

pH 6.4的柠檬酸钠缓冲溶液(19.6 g柠檬酸钠和46.8 g优级纯氯化钠,加水稀释到1 000 mL,用浓盐酸或500 g/L的氢氧化钠溶液调pH至6.4)。

pH 5.2的乙酸锂溶液[168 g氢氧化锂($LiOH \cdot H_2O$)加入279 mL冰醋酸(优级纯),加入稀释到1 000 mL,用浓盐酸或500 g/L氢氧化钠溶液调pH至5.2]。

茚三酮溶液[150 mL二甲基亚砜(C_2H_6OS)和50 mL pH 5.2的乙酸锂溶液,混匀。加入4.0 g水合茚三酮和0.12 g还原茚三酮,搅拌至完全溶解,在氮气下混合至少3 h]。

高纯氮气(纯度99.99%)、冷冻剂(盐与冰按1:3混合)。

(3) 仪器和设备:氨基酸自动分析仪,恒温干燥箱,可调温真空干燥器,真空泵,水解管。

(4) 实验方法

1) 样品处理：如果是含各种游离氨基酸的液体样品，可以除去脂肪等杂质后，直接上柱进行分析。如果样品中含有脂肪、核酸等杂质，必须去除后，再进行酸水解。

样品去除杂质的方法如下：

去脂肪：先将样品干燥粉碎，加入丙酮或乙醚等有机溶剂，离心处理或过滤抽提得蛋白质沉淀物。

去核酸：将样品在 100 g/L 氢氧化钠溶液中，85 ℃加热 6 h，然后用热水充分洗涤，过滤后将固形物用丙酮干燥即可。

去淀粉：先用淀粉酶水解样品，然后用 80%的乙醇溶液洗涤，得蛋白质沉淀物。

酸水解的方法如下：称取经干燥、粉碎、除杂后的样品数毫克（蛋白质含量在 10～20 mg 范围内），置于 20 mL 水解管内，加入 10 mL、6 mol/L 盐酸溶液，混匀，110 ℃下反应 24 h，将反应液在 75 ℃下减压蒸馏至近干，以除去过量的盐酸。用 pH 2.2 的柠檬酸钠缓冲溶液分几次溶解残渣，并转移到 50 mL 容量瓶中，用蒸馏水定容，摇匀，取一定量的水解样品上柱进行分析。

水解液去除无机盐：样品经水解后，如含有大量的无机盐，在上样分析前，须先经阳离子交换树脂进行去盐处理。选用 732 型树脂，先用 1 mol/L 盐酸处理成[H^+]型，然后用水洗至中性，装在一根小柱内。将去除盐酸后的水解样液上小柱，并不断用水洗涤，直至洗出液中无氯离子为止（用硝酸银溶液检查）。此时氨基酸全被交换在树脂上，而无机盐类则被洗去，最后用 2 mol/L 的氨水溶液将氨基酸洗脱下来，收集洗脱液，浓缩，蒸干，上柱分析。

2) 样品分析：每种氨基酸自动分析仪因其灵敏度不同，进样浓度都有一定的范围，按照仪器要求，配置合适浓度的混合氨基酸标准样溶液，作为上机测定用的氨基酸标准，上柱用的样品进样量须预先测定氨基酸的大致含量后再选定。一般为每种氨基酸 0.1 μmol 左右（水解样品干重为 0.3 mg 左右）。测定条件：pH 5～5.5，100 ℃，反应时间 10～15 min，生成的蓝紫色物质在 570 nm 波长下进行比色测定。生成的浅黄色物质（脯氨酸和羟脯氨酸）在 400 nm 波长下比色测定。用阳离子交换树脂分离及测定氨基酸所得标准图谱图 6-3 所示。

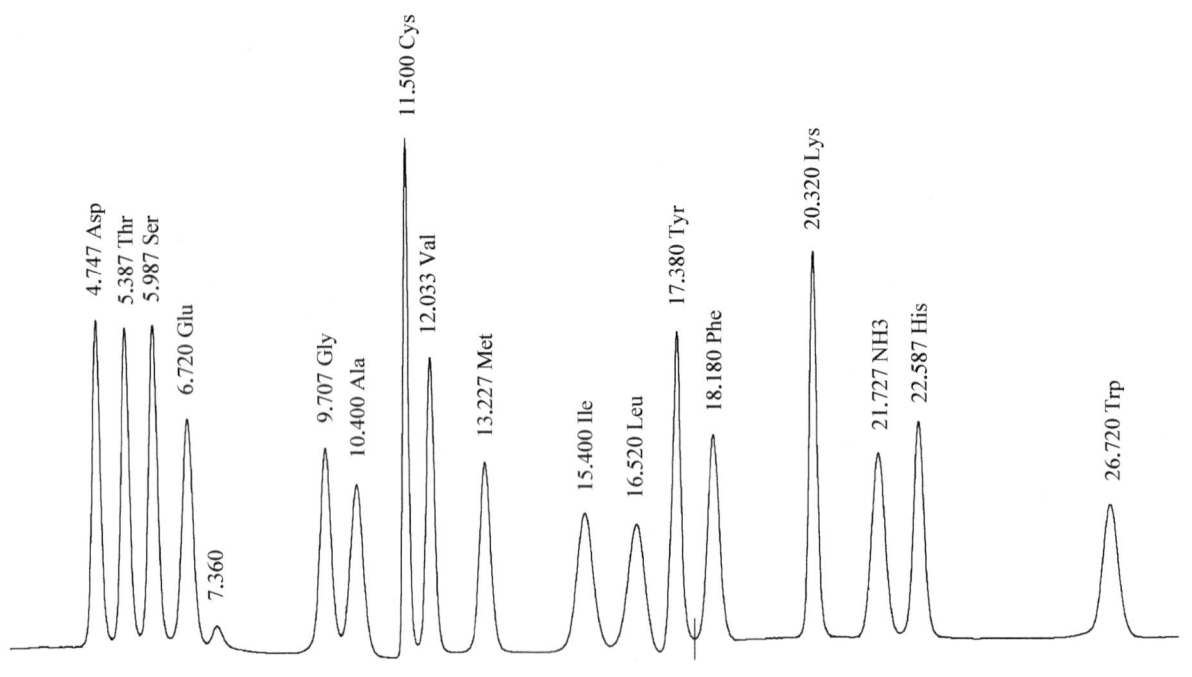

图 6-3 氨基酸自动分析仪的分离图谱

(5) 计算：利用氨基酸自动分析仪自带数据处理系统，根据出峰的保留时间确定样品氨基酸的种类。根据峰面积，计算出氨基酸的含量。

(6) 讨论和说明

1) 氨基酸分析仪是专用于测定蛋白质水解液及各种含游离氨基酸的其他溶液中氨基酸含量的一种专用仪器。仪器一般配置有专用的阳离子树脂氨基酸分离柱、微量输液系统、专用检测器、反应系统及符合国际、国内、涉外等标准的检测方法。

2) 专用氨基酸分析仪的色谱柱主要是以磺酸型强酸性阳离子交换树脂为柱填料,由苯乙烯和二乙烯基苯聚合后磺化而成。球状树脂的粒度一般为 5～10 μm。交联度多为 8%～12%。交联度大的适用于相对分子质量较小的氨基酸分离,交联度小的适用于蛋白质、肽类的分离。

3) 茚三酮试剂对氨基酸出峰面积的大小有直接影响。而茚三酮试剂随着时间的推移发色率会降低,因此在较长时间的测样过程中应注意采用已知浓度的氨基酸标准溶液上柱测定,以检验茚三酮试剂的变化情况,随时校正。

4) 各种不同型号的氨基酸分析仪都有各自柱温的要求,在操作上一般要求柱温达到规定的温度基线稳定以后,才能进行样品的正常分析。防止因基线漂移导致分离效果差及不能准确定量。

5) 对于蛋白质水解得到的游离氨基酸样品和一般的游离氨基酸样品,可分别采用不同浓度 pH 的柠檬酸钠及柠檬酸锂溶液进行梯度洗脱,前者一次最多分析约 25 种氨基酸,速度较快。后者一次最多分析约 50 种氨基酸,速度较慢,基线平直程度不如钠盐系统。

2. 薄层层析法

(1) 原理:蛋白质经水解后的样液滴加在微晶纤维素薄板上,在溶剂系统中双向上行法展开,样品各组分在薄层板上经不断地吸附、解吸、交换等过程,各种氨基酸彼此分离,不同的物质比移值(R_f)不同。用茚三酮-丙酮溶液喷雾显色,与标准氨基酸显色斑点的位置、比移值、颜色的深浅等比较,即可鉴别样品中所含氨基酸的种类及大致含量。

(2) 试剂:展开剂Ⅰ:叔丁醇:甲乙酮:氢氧化铵:水=5:3:1:1(现用现配);展开剂Ⅱ:异丙醇:甲酸:水=20:1:5(现用现配),5 g/L 茚三酮无水丙酮溶液,标准氨基酸溶液,100 g/L 异丙醇溶液(用氨水调 pH 7)。

(3) 仪器:微晶纤维素薄层板,小型喷雾器,小型电吹风,层析缸,真空干燥器。

(4) 实验方法

样液制备:称取样品 5 mg,放入小试管中,加入 0.6 mL、5.7 mol/L 盐酸溶液(恒沸点盐酸)。

在火焰上融封管口后,110 ℃水解 24 h,取出冷却,打开封口,在真空干燥器中减压干燥(除去多余的盐酸)。干燥物用 100 g/L、pH 7 的异丙醇溶液溶解并至总体积为 0.5 mL,置冰箱中保存备用。

点样:用微量注射器吸取样液 5 μL(每种氨基酸 1～10 μg),分次点加在距薄层板下边缘 2 cm 处。边点边用电吹风吹干。控制点样直径在 2～3 mm 以内。

展开:将已点样的两个薄板的薄层面朝外合在一起,放入层析缸(25 cm×10 cm×25 cm)中的玻璃船内,将两板的上端分开靠在缸壁上。先用展开剂Ⅰ展层。在两板间加入展开剂Ⅰ至薄层侵入约 0.5 cm 深为止,盖好缸盖。当展开剂前沿达到距原点约 11 cm 时,取出薄板,冷风吹干。用小刀刮去前沿上端的黄色杂质部分。将薄板转向 90°后,重新放入另一个层析缸中的船内,加入展开剂Ⅱ,展层,展开至距原点约 11 cm 处,取出,冷风吹干。

显色:每块薄层板均匀的喷以 7～10 mL 茚三酮丙酮溶液,使薄板恰好湿润而无液滴流下,然后用电吹风吹干,观察显色情况。有氨基酸存在的地方逐渐显出色斑。脯氨酸为黄色斑点,其余氨基酸为蓝紫色,用铅笔将斑点圈出,以待分析。

标准氨基酸薄层层析的点样、展层与显色操作均同上述步骤。为了定量,可采用不同浓度的氨基酸标准液点样,制作标准氨基酸薄层图谱。

(5) 计算

按下式计算样品中氨基酸的含量:

$$X(\mu g/g) = \frac{V_0 \times m_2}{V \times m_1}$$

式中，X——样品氨基酸含量，$\mu g/g$；

V_0——样品溶液的总体积，mL；

V——点样用样品溶液的体积，mL；

m_1——样品的质量，g；

m_2——样品色斑相当于标准氨基酸的量，μg。

(6) 讨论和说明

1) 二乙氨基乙基纤维素(DEAE)和 MN300 纤维素、淀粉以及葡聚糖凝胶等都是常用的固定相。

2) 与纸层析相比，薄层色谱法层析时间短，灵敏度高，拖尾现象少，所以应用广泛。

3. 高效液相色谱法

(1) 原理：蛋白质样品经水解得到氨基酸溶液，经试剂衍生后，色谱柱分离，紫外或荧光检测，进行定性定量分析。大多数氨基酸无紫外吸收和荧光发射等特征，因此常用衍生化的方法将氨基酸衍生为具有较强紫外吸收或荧光发射能力的衍生物，以提高检测灵敏度和分离选择性。

目前常用的柱前衍生试剂有丹黄酰氯(Dansyl-Cl)、邻苯二甲醛(OPA)、2,4-二硝基氟苯(DNFB)、异硫氰酸苯酯(PITO)、6-氨基喹啉基-N-羟基琥珀酰亚胺基甲酸酯(AQC)等。一般采用反相 C_{18} 色谱柱，极性溶剂(乙腈、甲醇、四氢呋喃和异丙醇等)与弱酸缓冲液(三氟乙酸、磷酸)共同组成流动相，可采用紫外或荧光检测器进行测定。

(2) 应用：目前分析食品中氨基酸的高效液相色谱法用得较多的是异硫氰酸苯酯和邻苯二甲醛法。

(3) 讨论和说明

1) 柱前衍生化高效液相色谱法分析氨基酸具有分析时间短、灵敏度高、方法灵活多样等特性。

2) 柱前衍生化方法较多，每种方法各有其优缺点，需根据衍生速度、分析灵敏度、所测样品的特性、仪器性能和干扰因素等各项指标与实验要求进行选择。

4. 气相色谱法

(1) 原理：由于氨基酸含有羟基、羧基和氨基等极性基团，不易挥发，因此需将其衍生为易气化的非极性化合物，载入流动相中，利用试样中各组分在气相和固定液间的分配系数不同进行分离检测。

常用的衍生试剂有三氟乙酰(TFA)、五氟丙酰(PFP)、七氟丁酰(HFB)、异丙醇和正丙醇等。气体流动相常选用氮气、氦气或氢气。采用聚酯(PEGA)、聚硅烷(SE-30)等作为固定液。用火焰离子化检测器检测。

(2) 讨论和说明

1) 气相色谱法分析氨基酸具有分离时间短、柱效高、灵敏度高、选择性好和操作简单等特点。还可与质谱仪联用，确定氨基酸的结构。

2) 气相色谱法测定氨基酸往往不能用一根色谱柱实现全氨基酸测定。近年来，使用七氟丁基(HFB)酰化和正丙基的 N-HFB-正丙酯酯化，可用一根 OV_1 的柱子完成分离，简化了操作，且精密度与氨基酸自动分析仪法相当，因而得到了重视。

思考题

1. 当选择蛋白质测定方法时，哪些因素是必须考虑的？
2. 凯氏定氮法测定蛋白质，样品需经消化处理。在消化过程中加入浓硫酸、硫酸铜、硫酸钾等试剂分别起哪些作用？
3. 样品在消化过程中，内容物会产生一系列的颜色变化，为什么？
4. 何谓蛋白质转化系数？在蛋白质的结果计算中为什么要乘以蛋白质转化系数？
5. 简述凯氏定氮法的三个主要操作步骤及相应的注意事项。
6. 三聚氰胺是一种富含氮的化学物质，常用于制造塑料(结构见下图)。掺入三聚氰胺的原料乳为什么能够逃脱检验？怎样可以检测出原料乳中的掺假？(提示：不一定要专门检测三聚氰胺，可以利用多种检测方法相结合)

三聚氰胺

7. 试述氨基酸态氮的测定原理。
8. 用甲醛滴定法测定氨基酸含量时,为什么氢氧化钠标准溶液滴定时,不能用一般的酸碱指示剂?

第七章
脂肪及油脂理化指标的测定

食品中脂类总量常用的测定方法主要有索氏抽提法、酸水解法、罗斯-哥特里法、巴布科克法、盖勃法及氯仿-甲醇提取法。其中，索氏抽提法是经典的标准分析方法。油脂的理化指标主要包括油脂中游离脂肪酸含量、油脂的碘值及油脂过氧化值等，是油脂及油脂食品质量管理的重要指标。本章主要介绍食品中脂肪及油脂中常见的几个理化指标的测定方法。

第一节 概 述

脂肪、蛋白质和糖类是自然界存在的三大重要物质，是食品的三大主要成分，脂类为人体的新陈代谢提供所需的能量和碳源、必需脂肪酸、脂溶性维生素和其他脂溶性营养物质，同时也赋予了食品特殊的风味和加工特性。脂肪是一大类天然有机化合物，它的定义为混脂肪酸甘油三酯的混合物。食品中的脂类主要包括脂肪(甘油三酸脂)和一些类脂化合物(如脂肪酸、糖脂、甾醇、磷脂等)。

脂肪是食物中含能量最高的营养素，食品中脂肪含量是衡量食品营养价值高低的指标之一。大多数动物性食品及某些植物性食品(如种子、果实、果仁)都含有天然脂肪或类脂化合物，如表7-1所示。在食品加工生产过程中，原料、半成品、成品的脂类含量对产品的风味、组织结构、品质、外观、口感等都有直接的影响，如对于面包之类的焙烤食品，脂肪含量特别是卵磷脂等组分，对于面包心的柔软度、面包的体积及其结构都有影响。因此，在含脂肪的食品中，其含量都有一定的规定，是食品质量管理中的一项重要指标。

表7-1 部分食品的脂肪含量

	食品种类	脂肪含量/%	食品种类	脂肪含量/%
高脂食品	植物油	100	核桃仁	63~69
	奶 油	80~82	芝 麻	50~57
	花生仁	30~39	全脂乳粉	25~32
低脂食品	面 粉	0.5~1.5	大 米	0.4~3.2
	果 蔬	<1.1	脱脂乳粉	1~1.5
无脂食品	蔗 糖	0	西 瓜	0

脂肪在长期存放过程中易产生一系列的氧化作用和其他化学变化而变质。变质的结果不仅使油脂的酸价增高，而且由于氧化产物的积聚而呈现出色泽、口味及其他变化，从而导致其营养价值降低。因此，对油脂进行理化指标的检测以保证食用安全是必要的。

一、脂类的分类、组成和性质

1. 分类 包括简单脂类(由两种组分组成，如脂肪酸和醇生成的脂)、复合脂类(除以上两种组分外还含有其他组成成分)、衍生脂(如脂肪酸、甾醇、脂溶性维生素A、维生素D、维生素E和维生素K)。

2. 组成 动植物脂肪的主要成分是三脂肪酸甘油酯，简称甘三酯，是由一分子甘油和三分子高级脂肪酸脱水生成的，如下列反应式所示。

$$\begin{array}{c}CH_2OH\\|\\CH_2OH\\|\\CH_2OH\end{array} + \begin{array}{c}HO-\overset{O}{\underset{\|}{C}}-R_1\\\\HO-\overset{O}{\underset{\|}{C}}-R_2\\\\HO-\overset{O}{\underset{\|}{C}}-R_3\end{array} \longrightarrow \begin{array}{c}CH_2O-\overset{O}{\underset{\|}{C}}-R_1\\|\\CH_2O-\overset{O}{\underset{\|}{C}}-R_1\\|\\CH_2O-\overset{O}{\underset{\|}{C}}-R_1\end{array} + 3H_2O$$

甘油　　　　　+　　　脂肪酸　　　　⟶　　　　脂肪　　+　　水

脂肪的结构与类型取决于脂肪酸,如果三个脂肪酸的 R 烃基相同,就称简单脂,即醇与脂肪酸组成。如果脂肪酸的 R 烃基不同,则为复合脂。

在甘三酯分子中,甘油基部分的相对分子质量是 41,脂肪酸基随甘三酯的种类不同而有很大的变化,相对分子质量为 650~970,即脂肪酸占整个甘三酯分子的 94%~96%。由于脂肪酸在甘三酯分子中占主要比例,而且也对甘三酯的理化性质产生较大的影响,所以要认识脂肪,必须首先了解脂肪酸的结构。

(1) 脂肪酸的定义:脂肪酸最初由脂肪水解得到,具有酸性,因此得名。IUPAC-IUB(国际理论和应用化学联合会-国际生物化学联合会)对脂肪酸的定义为:脂肪酸即天然油脂经水解生成的脂肪族羧酸化合物的总称,属于脂肪族的一元羧酸。

(2) 天然脂肪酸的特点

1) 天然脂肪酸绝大部分为偶碳直链(奇碳数、支链脂肪酸很少)。例如,月桂酸、豆蔻酸、棕榈酸、硬脂酸、油酸、亚油酸、亚麻酸等。

2) 天然不饱和脂肪酸多为烯酸,双键多为顺式(反式脂肪酸、炔酸很少)。例如,油酸、亚油酸、亚麻酸、EPA、DHA 等。

3) 多不饱和脂肪酸中的双键多以五碳双烯(1,4-不饱和系统)的形式存在。例如,油酸、亚油酸、亚麻酸、EPA、DHA 等。

4) 天然脂肪酸的碳链个数多为 16、18 个。例如,棕榈酸、硬脂酸、油酸、亚油酸、亚麻酸等。

(3) 饱和脂肪酸(SFA)

结构通式:$C_nH_{2n}O_2$,以含同一数量的碳原子的烃而定名。例如,$CH_3(CH_2)_{10}COOH$ 脂肪酸,相应的烷烃是正十二烷,故称为正十二烷酸,有时"正"字省略,故称为十二烷酸。其中,十碳及以下的 SFA 一般用天干命名法表示,如 $CH_3CH_2CH_2COOH$ 称为丁酸,也可以速记命名法和俗名表示。速记命名法命名规则:碳原子个数:双键个数,如 $CH_3(CH_2)_{10}COOH$ 可表示为 $C_{12:0}$,常见脂肪酸的系统名称及速记表示如表 7-2 所示。

表 7-2　常见饱和脂肪酸

系统命名	十二烷酸	十四烷酸	十六烷酸	十八烷酸	二十烷酸
速记表示	$C_{12:0}$	$C_{14:0}$	$C_{16:0}$	$C_{18:0}$	$C_{20:0}$
俗　　名	月桂酸	豆蔻酸	棕榈酸	硬脂酸	花生酸

(4) 不饱和脂肪酸:不饱和脂肪酸的命名有三种方式,系统命名法是以羧基上的碳原子作为 1,然后依次编排至碳链末端,同时注明双键在碳链中的位置,与饱和脂肪酸命名相似,相应的称为某烯酸;速记命名法命名规则:双键位置双键顺反式(顺式用 c 表示,反式用 t 表示)-碳原子个数:双键个数;n、ω 命名法命名规则:以脂肪酸甲基端的碳原子为 1,到最近的一个双键碳原子为 n 或 ω 值,记法为碳原子个数:双键个数(n-从甲基端数的第一个双键位置或 ω 从甲基端数的第一个双键位置)。需要注意的是应用此方法要满足:① 双键为顺式结构;② 具有五碳双烯结构或者只有一个双键,二者缺一不可。常见不饱和脂肪酸的系统名称及速记表示如表 7-3 所示。

表7-3 常见不饱和脂肪酸

俗 名	油 酸	亚油酸	γ-亚麻酸
系统命名	顺9-十八碳一烯酸	顺-9、顺-12-十八碳二烯酸	顺-6、顺-9、顺-12-十八碳三烯酸
速记表示	$9c$-18:1	$9c,12c$-18:2	$6c,9c,12c$-18:3
n、ω命名	18:1ω9	18:2ω6	18:3ω6

(5) 必需脂肪酸：人体正常生长所需，在体内不能合成，或者合成量很少，无法满足正常需求，必须由食物提供脂肪酸，如亚油酸、亚麻酸、花生四烯酸。

3. 食品中脂肪的存在形式 食品中脂肪有以游离态存在的，如动物性脂肪及植物性油脂；也有结合态的，如天然存在的糖脂、脂蛋白及某些加工品（如焙烤食品及麦乳精等）中的脂肪，与蛋白质或碳水化合物形成结合态。对于大多数食品，游离态脂肪是主要的，结合态脂肪含量较少。

4. 性质

(1) 物理性质：脂类一般为无色、无臭、无味，呈中性，相对密度小于1，固体脂类相对密度约为0.8，液体脂类相对密度为0.915~0.940，脂肪不溶于水，而溶于有机溶剂，根据这点一般采用低沸点的有机溶剂萃取脂类。

(2) 化学性质

1) 水解与皂化

所有脂肪都能在酸、碱或酶的作用下水解为脂肪酸及甘油，酸价是油脂已发生水解反应的标志，其定义为中和1g油脂中的游离脂肪酸所需KOH的毫克数。皂化值则可算出油脂的平均相对分子质量，其定义为1g油脂完全皂化时所需KOH的毫克数。

2) 加成反应

氢化反应：氢化是在催化剂作用下，油脂的不饱和双键加氢。氢化是一种有效的油脂改性手段，能够提高油脂熔点，改变塑性，增强抗氧化能力，并能防止回味，具有很高的经济价值。

卤化反应：卤素中的溴、碘可在一定条件下与C=C发生加成反应。因此在分析上常用碘值来衡量样品的不饱和程度。100g油脂能加成的碘的克数称为碘值，经常用于油脂分析，是重要的油脂化学常识。

3) 氧化与酸败

天然油脂暴露在空气中会发生空气氧化造成油脂酸败，油脂空气氧化首先产生氢过氧化物。产生氢过氧化物的途径有三种：自动氧化，光氧化和酶促氧化。氢过氧化物可以继续氧化生成二级氧化产物，可以直接聚合形成多聚物，也可以脱水形成酮基酸酯，二级氧化产物也可分解产生一系列小分子化合物。因此油脂空气氧化对食用油造成很大影响，氧化产物分解产生的醛、酮、酸等小分子有强烈刺激味，影响口味，不适宜吃，这种味道通常称为哈喇味，这种现象称为油脂酸败。例如，核桃、油炸方便面等富含油的食品，在夏季容易产生哈喇味，实际上就是由油脂发生氧化酸败导致。油脂酸败的另一个原因是水解酸败，是由含低分子酸的油脂如乳脂发生水解反应产生可挥发的酸造成的。对于脂肪与空气氧产生自动氧化，工厂用一些抗氧化剂来防止油的自动氧化。

另外，在用油脂油炸食品的过程中，也会因长时间的高温加热使油脂产生劣变，颜色加深，稠度增大，并且油易起泡。高温长期加热的结果是游离脂肪酸增多，不饱和脂肪还可聚合生成各种聚合物，其中的二聚物在人体中很难代谢，通常对肝脏造成损害，对人体的毒性较大。

对于油脂酸败程度的大小可以用酸价来衡量，而对于油脂氧化程度的大小可借助于过氧化值来衡量，其定义为1 000 g油脂中所含活性氧的量，以过氧化物的物质的量（mmol）来表示。

二、脂肪的测定意义

1. 生理方面

1) 脂肪是一种富含热能的营养素，是人体热能的主要来源，每克脂肪在体内可提供9.5 kcal[①] 热能，比

[①] cal 为非法定单位，1 cal th(热化学卡)=4.184 J。

碳水化合物和蛋白质高一倍以上。

2）在维持细胞构造及生理作用方面起重要作用。

3）提供必需脂肪酸(亚油酸、亚麻酸、花生四烯酸)。

4）具有饱腹感,脂肪可延长食物在胃肠中停留时间。

2. 营养方面　　脂肪还是脂溶性维生素的良好溶剂,有助于脂溶性维生素(维生素 A、维生素 D、维生素 E、维生素 K)的吸收。

3. 烹饪方面　　脂肪是一种很好的热媒介质,能赋予食品良好的风味,特别是油炸、焙烤食品。例如,卵磷脂加入面包中,使面包弹性好,柔软,体积大,形成均匀的蜂窝状。塑性脂肪还可以提供造型功能,如制作人造奶油、蛋糕或其他食品上的造型图案等。

4. 脂肪含量是一项重要的质控指标　　测定食品的脂肪含量可以用来评价食品的品质、衡量食品的营养价值,而且对实行工艺监督、生产过程的质量管理、研究食品的储藏方式是否恰当等方面都有重要的意义。

三、提取剂的选择及样品预处理

1. 提取剂的选择　　脂类不溶于水,易溶于有机溶剂。测定脂类大多采用低沸点的有机溶剂。脂类的结构比较复杂,到现在没有一种溶剂能将纯脂肪萃取出来。常用的溶剂有乙醚、石油醚、氯仿-甲醇混合溶剂。

(1) 乙醚的优缺点

1）优点:乙醚的沸点低,为 34.6 ℃;溶解脂肪能力强。

2）缺点:能被2%的水饱和,含水乙醚使水溶性非脂成分溶解,测定结果偏高(表7-4);易燃、易爆炸,使用时要通风;只适合提取样品中的游离态脂肪。

表7-4　无水乙醚与含水乙醚对非脂成分提取量的影响

非脂成分	无水乙醚对非脂成分提取量/(mg/100 g)	含水乙醚对非脂成分提取量/(mg/100 g)
葡萄糖	10.5	315
蔗糖	15	150
丝氨酸	0	15
NaCl	0	25

由此可见,乙醚含水后,能将样品中非脂成分溶解,因此,使用乙醚时,样品不能含水分,必须干燥。而且使用乙醚时室内需空气流畅。因为乙醚在空气中,最大允许浓度为 400 μg/mL,超过这个极限易爆炸。

另外乙醚一般储存在棕色瓶中放置一段时间后,光下照射就会产生过氧化物,过氧化物也容易爆炸。如果乙醚储存时间过长,在使用前一定要检查有无过氧化物,如果有应当除掉。

(2) 石油醚:石油醚溶解脂肪的能力比乙醚弱些,但吸收水分比乙醚少。没有乙醚易燃,使用时允许样品含有微量水分,它没有胶溶现象,不会夹带胶溶淀粉、蛋白质等物质。采用石油醚作为提取剂,测定值比较接近真实值。

乙醚、石油醚这两种溶剂适用于已烘干磨碎样品,不易潮解结块的样品,而且只能提取样品中游离态的脂肪,不能提取结合态的脂肪,对于结合态脂,必须预先用酸或碱破坏脂类和非脂成分的结合后才能提取。有时利用两种溶剂的优点,常混合使用。

(3) 氯仿-甲醇:氯仿-甲醇是另一种有效的溶剂,它对于脂蛋白、磷脂的提取效率较高,特别适用于水产品、家禽、蛋制品等食品脂肪的提取。

2. 样品的预处理　　根据食品种类、性状及所选取的分析方法,在测定之前对样品进行预处理。

预处理的目的:增加样品的表面积,减少样品含水量,使结合态脂肪游离出来,提高有机溶剂的提取率。

1）固体样品要粉碎,颗粒大小要合适,注意粉碎过程中的温度,防止脂肪氧化。

2）样品要干燥,干燥过程中注意温度的选择,温度偏低样品中酶活力高,脂肪易降解。温度偏高,脂肪易氧化成结合态。较理想的方法是真空冷冻干燥法。真空冷冻干燥技术是将湿物料或溶液在较低的温度

(-50~-10 ℃)下冻结成固态,然后在真空(1.3~13 Pa)下使其中的水分不经液态直接升华成气态,最终使物料脱水的干燥技术。

3) 酸水解。对于乙醚不能渗入内部的或含结合态脂肪的样品可以选择将样品进行酸水解,使结合或包埋在组织里的脂肪游离出来,再用有机溶剂提取。

第二节 脂肪的测定

常用的测定方法有:索氏抽提法、酸水解法、罗斯-哥特里法、巴布科克法、盖勃法和氯仿-甲醇提取法等。过去测定脂肪普遍采用的是索氏抽提法,这种方法至今仍被认为是测定多种食品脂类含量的代表性方法,但对于某些样品测定结果往往偏低;巴布科克法、盖勃法、罗斯-哥特里法主要用于乳及乳制品中脂类的测定;而酸水解法测出的脂肪为游离态脂和结合脂全部脂类。本节将分别介绍以上各种方法。

一、索氏抽提法

1. 原理 样品经前处理后,放入圆筒滤纸内,将滤纸筒置于索氏提取管中,利用无水乙醚或石油醚等有机溶剂在水浴中加热回流,使样品中的脂肪进入溶剂中,回收溶剂后所得到的残留物即为脂肪(粗脂肪)。一般食品用有机溶剂浸提,挥干溶剂后称得的质量主要是游离脂肪,此外还含有磷脂、色素、蜡状物、挥发油、糖脂等物质,所以用索氏抽提法测得的脂肪为粗脂肪。

2. 试剂 无水乙醚或石油醚,海砂(同水分测定)。

3. 仪器 索氏抽提器(图7-1),电热恒温水浴锅,电热鼓风干燥箱等。

4. 实验方法

(1) 滤纸筒的制备:将滤纸剪成长方形8 cm×15 cm,卷成圆筒,直径为6 cm,将圆筒底部封好,最好放一些脱脂棉,避免样品漏出。

(2) 样品处理:固体样品:精密称取干燥并研细的样品2.00~5.00 g(可取测定水分后的样品),必要时拌以海砂,无损地移入滤纸筒内。

半固体或液体样品:称取5.00~10.00 g于蒸发皿中,加入海砂约20 g,于沸水浴上蒸干后,再于95~105 ℃烘干、研细,全部移入滤纸筒内。蒸发皿及黏附有样品的玻棒都用蘸有乙醚的脱脂棉擦净,将棉花一同放进滤纸筒内。

(3) 索氏抽提器的准备:索氏抽提器由回流冷凝器、提取管、提脂瓶三部分组成。提脂瓶在使用前需洗净烘干并至恒重称量。其他需要洗净干燥。

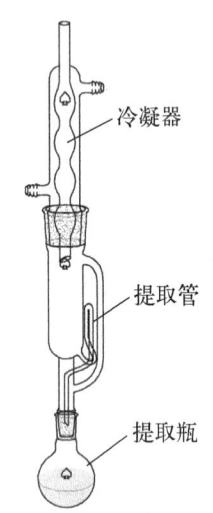

图7-1 索氏提取装置示意图

(4) 抽提:将装好样的滤纸筒放入抽提管,连接整套抽提装置。打开冷凝水,从抽提管上端加入无水乙醚或石油醚,加入的量为提取瓶体积的2/3,在恒温水浴(夏天55 ℃左右,冬天75 ℃左右)中抽提,一般视样品含油量高低抽提6~12 h,可用滤纸检验,直至抽提完全为止。

(5) 回收溶剂、烘干、称量:抽提完成后,利用抽提管回收溶剂。当溶剂在提取管内即将虹吸时立即取下提取管,将其下口放到乙醚回收瓶内,使之倾斜,利用虹吸将有机溶剂回收。待提取瓶内有机溶剂剩1~2 mL时,在水浴上敞口蒸干,再于95~105 ℃烘箱中烘至恒重。

5. 计算

$$脂肪(\%) = \frac{m_2 - m_1}{m} \times 100$$

式中,m——样品的质量(如为测定水分后的样品,以测定水分前的质量计),g;

m_1——抽提烧瓶质量,g;

m_2——抽提烧瓶和脂肪的质量,g。

6. 讨论和说明

1) 索氏抽提法适用于脂类含量较高,结合态的脂类含量较少,能烘干磨细,不易吸湿结块的样品的测定。此法只能测定游离态脂肪,而结合态脂肪不能直接被乙醚、石油醚提取,无法直接测出,要想测出结合态脂肪需在一定条件下水解后使之变为游离态的脂肪方能测出。此法是经典方法,对大多数样品结果比较可靠,但需要周期长,溶剂用量大,且需要专门的索氏抽提器。

2)样品应干燥后研细,装样品的滤纸筒一定要紧密,不能漏出样品。放入滤纸筒的高度不能超过回流弯管,否则,造成样品不能浸渍在溶剂中,脂肪不能全部提出,造成误差。

3)对含多量糖及糊精的样品,要先以冷水使糖及糊精溶解,经过滤除去,将残渣连同滤纸一起烘干,再一起放入抽提管中。

4)抽提时水浴温度不能过高,一般使乙醚或石油醚刚开始沸腾即可。回流速度以5~8 min一次或者每分钟从冷凝管滴下80~120滴冷凝液为宜。

5)抽提用的乙醚或石油醚要求无水、无醇、无过氧化物,挥发残渣含量低。因水和醇可导致水溶性物质溶解,如水溶性盐类、糖类等,使得测定结果偏高。过氧化物会导致脂肪氧化,在烘干时也会引起爆炸。

6)过氧化物的检查方法:取6 mL乙醚,加2 mL 10%碘化钾溶液,用力振摇,放置1 min后,若出现黄色,则证明有过氧化物存在。应另选乙醚或处理后再用。

7)冷凝管上端最好连接一个氯化钙干燥管,这样不仅可以防止空气中水分进入,而且还可以避免石油醚挥发到空气中,这样可防止实验室微小环境空气的污染。如无此装置,塞一团干脱脂棉球亦可。

8)在挥发溶剂时,切忌用直接火加热,在放入烘箱前应驱除全部残余溶剂,否则会有发生爆炸的危险。将脂肪瓶放在烘箱内干燥时,瓶口向一侧倾斜45°放置使挥发物石油醚易与空气形成对流,这样干燥迅速。

9)样品及醚提出物在烘箱内烘干时间不要过长,因为一些多不饱和的脂肪酸,容易在加热过程中被氧化成不溶于石油醚的物质;中等不饱和脂肪酸,受热容易被氧化而增加质量。在没有真空干燥箱的条件下,可以在95~105 ℃干燥1.5~3 h。

二、酸水解法

1. 原理　　将试样与盐酸溶液一同加热进行水解,使结合或包藏在组织里的脂肪游离出来,再用乙醚和石油醚提取脂肪,回收溶剂,干燥后称量,提取物的质量即为脂肪含量。

2. 试剂　　95%乙醇、乙醚(不含过氧化物)、石油醚(30~60 ℃沸程)、盐酸。

3. 仪器　　100 mL具塞刻度量筒。

4. 试验方法

(1)样品处理

固体样品:精密称取约2.00 g置于50 mL大试管中,加8 mL水,混匀后再加10 mL盐酸。

液体样品:称取10.00 g置于50 mL大试管中,加10 mL盐酸。

(2)水解:将试管放入70~80 ℃水浴中,每5~10 min用玻棒搅拌一次,至样品脂肪游离消化完全为止,需40~50 min。

(3)提取:取出试管,加入10 mL乙醇,混合,冷却后将混合物移入100 mL具塞量筒中,用25 mL乙醚分次洗试管,一并倒入量筒中。待乙醚全部倒入量筒后,加塞振摇1 min,小心开塞放出气体,再塞好,静置12 min,小心开塞,用石油醚-乙醚等量混合液冲洗塞及筒口附着的脂肪。静置10~20 min,待上部液体清晰,吸出上清液于已知恒重的锥形瓶内,再加入5 mL乙醚于具塞量筒内,振摇,静置后,仍将上层乙醚吸出,放入原锥形瓶内。

(4)回收溶剂、烘干、称量:将锥形瓶于水浴上蒸干后,置95~105 ℃烘箱中干燥2 h,取出放入干燥器内冷却30 min后称量,并重复以上操作至恒重。

5. 计算

$$脂肪(\%)=\frac{m_2-m_1}{m}\times 100$$

式中,m——样品的质量,g;

m_1——空锥形瓶质量,g;

m_2——锥形瓶和脂肪的质量,g。

6. 讨论和说明

1) 此法适用于各类、各种状态食品中脂肪的测定。特别是加工后的混合食品,易吸湿,不好烘干的,直接用索氏抽提法效果不好的样品。本法不适于测定含磷脂高的食品,如鱼、贝、蛋品等。因为在盐酸加热时,磷脂几乎完全分解为脂肪酸和碱,当只测定前者时,使测定值偏低。本法也不适于测定含糖高的食品,因糖类遇强酸易炭化而影响测定。

2) 测定的样品须充分磨细,液体样品需充分混合均匀,以便消化完全至无块状碳粒,否则结合性脂肪不能完全游离,导致结果偏低,同时用有机溶剂提取时也往往易乳化。

3) 水解时应防止大量水分损失,使酸浓度升高。

4) 水解后加入乙醇可使蛋白质沉底,降低表面张力,促进脂肪球聚合,同时溶解一些碳水化合物、有机酸等。后面用乙醚提取脂肪时,因乙醇可溶于乙醚,故需加入石油醚,降低乙醇在醚中的溶解度,使乙醇溶解物留在水层,并使分层清晰。

5) 挥干溶剂后,残留物若有黑色焦油状杂质,是分解物与水一同混入所致,会使测定值增大,造成误差,可用等量的乙醚及石油醚溶解后过滤,再次进行挥干溶剂的操作。

三、罗斯-哥特里(Rose-Gottlieb)法

1. 原理　利用氨-乙醇溶液破坏乳的胶体性状及脂肪球膜使非脂成分溶解于氨-乙醇溶液中,而脂肪游离出来,再用乙醚-石油醚提取出脂肪,蒸馏去除溶剂后,残留物即为乳脂肪。

2. 试剂　25%氨水(相对密度0.91)、96%乙醇、乙醚(不含过氧化物)、石油醚(30~60℃沸程)。

3. 仪器

抽脂瓶:内径2.0~2.5 cm,容积100 mL,如图7-2所示。

4. 实验方法　取一定量样品于抽脂瓶中,加入1.25 mL氨水,充分混匀,置60℃水浴中加热5 min,再振摇2 min,加入10 mL乙醇,充分摇匀,于冷水中冷却后,加入25 mL乙醚,振摇半分钟,加入25 mL石油醚,再振摇半分钟,静置30 min,待上层液澄清时,读取醚层体积。放出一定体积醚层于已恒重的烧瓶中,蒸馏回收乙醚和石油醚,挥干残余醚后,放入95~105℃烘箱中烘干至恒重,称量。

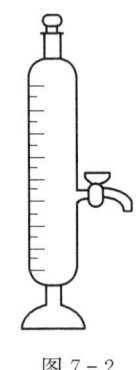

图7-2
抽脂瓶

5. 计算

$$\text{脂肪}(\%) = \frac{m_2 - m_1}{m \times \dfrac{V_1}{V}} \times 100$$

式中,m_1——烧瓶质量,g;

m_2——烧瓶和脂肪质量,g;

m——样品质量,g(或毫升数×相对密度);

V——读取醚层总体积,mL;

V_1——放出醚层体积,mL。

6. 讨论和说明

1) 本法适用于各种液状乳(生乳、加工乳、部分脱脂乳、脱脂乳等),各种炼乳、奶粉、奶油及冰淇淋等能在碱性溶液中溶解的乳制品,也适用于豆乳或加水呈乳状的食品。对已结块的乳粉,用本法测定脂肪,其结果往往偏低。本法为国际标准化组织(ISO),联合国粮农组织/世界卫生组织(FAO/WHO)等采用,为乳及乳制品脂类定量的国际标准法。

2) 乳类脂肪虽然也属于游离脂肪,但因脂肪球被乳中酪蛋白钙盐包裹,又处于高度分散的胶体分散系中,故不能直接被乙醚、石油醚提取,需预先用氨水处理,故此法也称为碱性乙醚提取法。

3) 若无抽脂瓶时,可用容积100 mL的具塞量筒,待分层后读数,用移液管吸出一定量醚层。

4) 加氨水后,要充分混匀,否则会影响下步醚对脂肪的提取。操作时加入乙醇的作用是沉淀蛋白质以防止乳化,并溶解醇溶性物质,使其留在水中,避免进入醚层,影响结果。加入石油醚的作用是降低乙醚极

性,使乙醚与水不混溶,只抽提出脂肪,并可使分层清晰。

四、巴布科克(Babcock)法和盖勃(Gerber)法

1. 原理 用浓硫酸分解乳中的乳糖和蛋白质等非脂成分,将牛奶中的酪蛋白钙盐转变成可溶性的重硫酸酪蛋白,使脂肪球膜被破坏,脂肪游离出来,再通过加热离心,使脂肪完全分离,在乳脂瓶中直接读取脂肪层的数值,便可知被测乳的含脂率。

2. 试剂 硫酸:相对密度$1.816\pm0.003(20\ ℃)$,相当于$90\%\sim91\%$硫酸;异戊醇:相对密度$0.811\pm0.002(20\ ℃)$,沸程$128\sim132\ ℃$。

3. 仪器

巴布科克氏乳脂瓶:颈部刻度有$0.0\sim8.0\%$,$0.0\sim10.0\%$两种,最小刻度值为0.1%,如图7-3所示。

盖勃氏乳脂计:颈部刻度为$0.0\sim8.0\%$,最小刻度值为0.1%,如图7-4所示。

盖勃氏离心机。

标准移乳管($17.6\ mL$,$11\ mL$)。

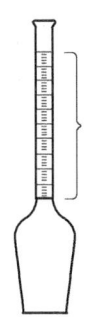
图7-3 巴布科克氏乳脂瓶

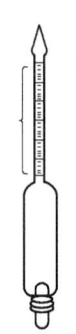
图7-4 盖勃氏乳脂计

4. 实验方法

(1) 巴布科克法:精确吸取17.6 mL样品,倒入巴布科克氏乳脂瓶中,再取17.5 mL硫酸,沿瓶颈缓缓注入瓶中,将瓶颈回旋,使液体充分混合,至无凝块并呈均匀棕色。置乳脂离心机上,以约1 000 r/min的速度离心5 min,取出,加入80 ℃以上的水至瓶颈基部,再置离心机中离心2 min,取出后再加入80 ℃以上的水至脂肪浮到2或3刻度处,再置离心机中离心1 min,取出后置55~60 ℃水浴中,5 min后立即读取脂肪层最高与最低点所占的格数,即为样品含脂肪的百分数。

(2) 盖勃法:在乳脂计中先加入10 mL硫酸(颈口勿沾湿硫酸),再沿管壁小心地加入混匀的牛乳11 mL,使样品和硫酸不要混合,然后加入1 mL异戊醇,塞上橡皮塞,用布把瓶口包裹住(以防振摇时酸液溅出),使瓶口向下向外,用力振摇使凝块完全溶解,呈均匀棕色液体,静置数分钟后瓶口向下,置于65~70 ℃水浴中放5 min,取出擦干,调节橡皮塞使脂肪柱在乳脂计的刻度内。放入离心机中,以800~1 000 r/min的转速离心5 min,取出乳脂计,再置65~70 ℃水浴中(注意水浴水面应高于乳脂计脂肪层),5 min后取出立即读数,脂肪层上下弯月形下缘数字之差,即为脂肪的质量分数。

5. 讨论和说明

1) 这两种方法都是测定乳脂肪的标准方法,适用于鲜乳及乳制品脂肪的测定。对含糖多的乳品(如甜炼乳、加糖乳粉等),采用此法时由于糖易焦化,使结果误差较大,故不适宜。此法操作简便、迅速,对于大多数样品测定精度可满足要求,但不如重量法准确。

2) 硫酸的浓度要严格遵守规定的要求,如过浓会使乳炭化成黑色溶液而影响读数;过稀则不能使酪蛋白完全溶解,会使测定值偏低或使脂肪层浑浊。

3) 硫酸除可破坏脂肪球膜,使脂肪游离出来外,还可增加液体相对密度,使脂肪容易浮出。

4) 盖勃法中所用异戊醇的作用是促使脂肪析出,并能降低脂肪球的表面张力,以利于形成连续的脂肪层。

5) 加热(65~70 ℃水浴)和离心的目的是促使脂肪离析。

6) 巴布科克法中采用17.6 mL标准吸管取样,实际上注入巴布科克氏乳脂瓶中的样品只有17.5 mL,牛乳的相对密度为1.03,故样品质量为17.5×1.03=18 g。巴布科克氏乳脂瓶颈的刻度(0~10%)共10个大格,每大格容积为0.2 mL,在60 ℃左右,脂肪的平均相对密度为0.9,故当整个刻度部分充满脂肪时,其脂肪质量为0.2×10×0.9=1.8 g。18 g样品中含有1.8 g脂肪,即瓶颈全部刻度表示为脂肪含量10%,每一大格代表1%的脂肪。故瓶颈刻度读数即为样品中脂肪的百分含量。

7) 盖勃法所用移乳管为11 mL,实际注入的样品为10.9 mL,样品的质量为11.25 g,乳脂计刻度部分(0~8%)的容积为1 mL,当充满脂肪时,脂肪的质量为0.9 g,11.25 g样品中含有0.9 g脂肪,故全部刻度表示为脂肪含量0.9÷11.25×100%=8%,即刻度数即为脂肪百分含量。

8) 罗斯-科特里法、巴布科克法和盖勃法都是测定乳脂肪的标准分析方法。对比研究表明,前者的准确度较后两者高,后两者中巴布科克法的准确度稍高些。

五、氯仿-甲醇提取法

1. 原理　　将试样分散于氯仿-甲醇混合液中,在水浴中轻微沸腾,氯仿、甲醇和试样中的水分形成三种成分的溶剂,可把包括结合态脂类在内的全部脂类提取出来。经过滤除去非脂成分,回收溶剂,残留的脂类用石油醚提取,蒸馏除去石油醚后定量。

2. 试剂　　氯仿:97%(体积比)以上;甲醇:96%(体积比)以上;氯仿-甲醇混合溶液:前述氯仿和甲醇两种试剂按2∶1混合(CM混合液);石油醚;无水硫酸钠:特级,以120~135 ℃干燥1~2 h,保存于聚乙烯瓶中。

3. 实验方法　　准确称取样品约5 g,置于具塞三角瓶内(高水分食品可加适量硅藻土使其分散),加入60 mL CM混合液(干燥食品加入2~3 mL水)。连接提取装置,于65 ℃水浴中加热,从微沸开始计时提取1 h。取下三角瓶,用玻璃过滤器过滤,用另一具塞三角烧瓶收集滤液。用CM混合液洗涤烧瓶、滤器及滤器中试样残渣,洗涤液并入滤液中,把烧瓶置于65~70 ℃水浴中蒸发回收溶剂,至烧瓶内物料呈浓稠态(不能使其干涸);冷却后加入25 mL石油醚溶解内容物,再加入无水硫酸钠15 g,立即加塞振荡1 min,将醚层移入具塞离心沉淀管进行离心分离(3 000 r/min)5 min,用移液管迅速吸取离心管中澄清的醚层10 mL,于已恒重的称量瓶内,蒸发去除石油醚后,于100~105 ℃烘箱中烘至恒重(约需30 min,与前次测定质量相比减量在0.3 mg以下即认为达到恒重)。

4. 计算

$$脂类(\%) = \frac{(m_2 - m_1) \times 2.5}{m} \times 100$$

式中,m——试样的质量,g;

m_1——称量瓶的质量,g;

m_2——称量瓶和脂类的质量,g;

2.5——从25 mL石油醚中取10 mL进行干燥,故乘以系数2.5。

5. 讨论和说明

(1) 本法适合于结合态脂类,特别是磷脂含量高的样品,如鱼、贝类、肉、禽、蛋及其制品,大豆及其制品(发酵大豆类制品出外)等。对于这类样品,用索氏抽提法测定时,脂蛋白、磷脂等结合态脂类不能被完全提取出来;用酸水解法测定时,又会使磷脂分解而损失。但在有一定水分存在下,用极性的甲醇和非极性的氯仿混合液却能有效地提取出结合态脂类。本法对高水分试样的测定更为有效,对于干燥试样,可先在试样中加入一定量的水,使组织膨润,再用CM混合液提取。

(2) 提取结束后,用玻璃过滤器过滤,用溶剂洗涤烧瓶,每次5 mL洗3次,然后用30 mL溶剂洗涤试样残渣及滤器。洗涤残渣时一边用玻棒搅拌残渣,一边用溶剂洗涤。

(3) 溶剂回收到残留物尚具有一定流动性,不能完全干涸,否则脂类难以溶解于石油醚,使测定值偏低。因此,残留有适量水时应停止蒸发。

(4) 无水硫酸钠必须在石油醚之后加入,以免影响石油醚对脂肪的溶解。根据残留物中水分的多少,可加 5~15 g。

(5) 从加入石油醚至用移液管吸取部分醚层的操作中,应注意避免石油醚挥发。

第三节 油脂中酸价的测定

一、概述

油脂酸价是指中和 1 g 油脂中的游离脂肪酸所需的氢氧化钾的质量(以毫克计)。它是评价未和甘油结合的游离脂肪酸含量的指标,而不是油脂的特性常数。经过精制的新鲜油脂通常为中性,含有少量脂肪酸,酸价较低。而未经碱炼的粗制油脂酸价较高。一般植物油的游离脂肪酸按油酸计,棕榈油按软脂酸计,椰子油棕榈核油按月桂酸计。

正常情况下,从新收获的、成熟的油料种子中所提取的植物油脂中含有约 1% 的游离脂肪酸。原料中含有较多的未熟粒、发芽粒、霉变粒等时,则制出的原油中含有较多的游离脂肪酸。油脂精炼工艺不当时,则等级油将会有较高的酸价。此外,在油脂储藏过程中,如果水分、杂质含量高,或者储存温度较高,则脂肪酶活性会比较高,而脂肪酶的作用会使植物油脂中游离脂肪酸的含量增高。因此,测定油脂酸价可用于评定储藏方法是否得当及油脂品质的好坏,同时能为油脂精炼工艺的制定提供参考。我国食用植物油都有国家标准的酸价规定,如表 7-5 所示。

表 7-5 大豆油、花生油酸价国家标准

指 标	等 级				
	原油	一级	二级	三级	四级
酸价/(mgKOH/g 油)≤	4	0.2	0.3	1.0	3.0

二、酸价的测定

1. 原理

用中性乙醇和乙醚混合溶剂溶解油样,然后用碱标准溶液滴定其中的游离脂肪酸,每克油样所消耗氢氧化钾的质量(mg)即为该样的酸价。

2. 试剂

0.05 mol/L 氢氧化钾标准溶液;中性乙醚-乙醇(2:1)混合溶剂,临用前用 0.1 mol/L 碱液滴至中性;1 g/100 mL 酚酞乙醇溶液指示剂。

3. 仪器

25 mL 滴定管,150 mL、250 mL 锥形瓶,感量 1 mg 分析天平,100 mL 量筒,容量瓶,移液管,称量瓶等。

4. 实验方法

1) 在干洁的 250 mL 锥形瓶中加入乙醚-乙醇的混合溶液 100 mL,加入酚酞指示剂 5 滴,用标准碱液滴至微红色(溶液呈中性)为止。

2) 称取混匀试样 3~5 g(准确至 0.001 g)注入锥形瓶中,加入上述混合溶剂 50 mL,摇动使试样溶解,再加三滴酚酞指示剂,用 0.05 mol/L 标准碱液滴定至出现微红色,在 30 s 内不褪色,记下消耗的碱液毫升数(mL)。

5. 计算

$$酸价 = \frac{V \times c \times 56.1}{m}$$

式中,酸价——中和 1 g 油脂中的游离脂肪酸所需的氢氧化钾的质量,mg KOH/g;

V——滴定消耗的氢氧化钾溶液体积,mL;

c——KOH 溶液浓度，mol/L；

m——试样质量，g；

56.1——KOH 的摩尔质量，g/mol。

平行实验结果允许差不超过 0.2 mg KOH/g 油，求其平均数，即为测定结果。测定结果取小数点后一位。

6. 讨论和说明

1）若油样颜色过深，可减少取样量，或者适当增加混合溶剂的用量，以酚酞为指示剂，终点变色明显。或者将指示剂改为 1 g/100 mL 百里酚酞、2 g/100 mL 碱性蓝 6B 等。百里酚酞变色 pH 范围为 9.3～10.5，从无色到蓝色即为终点；碱性蓝 6B 指示剂变色 pH 范围为 9.4～14，酸性显蓝色，中性显紫色，碱性显淡红色。

2）蓖麻油不溶于乙醚，当测蓖麻油的酸价时，只用中性乙醇溶剂。

3）测定过程中若出现浑浊或分层，表明由碱液带入水量过多（水：乙醇超过 1：4），是肥皂水解所致。此时应补加混合溶剂以消除浑浊，或改用碱的乙醇溶液进行滴定。

4）除游离脂肪酸的含量除以酸价表示外，还可用油脂中游离脂肪酸的含量（以某种脂肪酸计）表示。酸价和游离脂肪酸含量可进行如下换算：游离脂肪酸(%)＝酸价×f，f 为脂肪酸的换算系数，油酸 0.503，软脂酸 0.456，月桂酸 0.356，芥酸 0.602。

第四节 油脂中碘价的测定

一、概述

碘价（碘值）即 100 g 油脂所吸收的氯化碘或溴化碘换算成碘的质量(g)。

植物油脂中所包含的脂肪酸有饱和脂肪酸和不饱和脂肪酸之分，而其中的不饱和脂肪酸无论在游离状态还是结合状态都能在双键处与卤素发生加成反应。组成每种油脂的各种脂肪酸的含量都有一定的范围，因此，油脂吸收卤素的能力就成为它的特征常数之一。

碘价的大小在一定范围内反映了油脂的不饱和程度，所以根据油脂的碘价，可以判定油脂的干性程度。例如，碘价大于 130 的属于干性油，可用作油漆；碘价小于 100 的属于不干性油；碘价为 100～130 的则为半干性油。各种油脂的碘价大小和变化范围是一定的，常见油脂的碘价一般为大豆油：120～141 gI/100 g，花生油：84～100 gI/100 g，芝麻油：103～116 gI/100 g，核桃油：140～152 gI/100 g，葵花籽油：125～135 gI/100 g，猪油：52～77 gI/100 g，牛油：40～48 gI/100 g。

测定油脂的碘价，有助于了解它们的组成是否正常、有无掺杂使假等。而在油脂氢化制作起酥油的过程中，还可以根据碘价来计算油脂氢化时所需要的氢量并检查油脂的氢化程度，所以碘价的测定在油脂日常检测中具有重要意义。

碘价的测定方法很多，但其原理大致相同。首先将试样溶入惰性试剂，加入过量的卤素标准溶液，使油脂与卤素发生加成反应，但不使卤素取代脂肪酸中的氢原子。再加入碘化钾与未起反应的卤素作用，最后用硫代硫酸钠滴定放出的碘来进行定量。

二、碘价的测量

1. 原理

在溶剂中溶解试样并加入 Wijs 试剂（韦氏碘液），氯化碘则与油脂中的不饱和脂肪酸发生加成反应。

$$CH_3\cdots\cdots CH=CH\cdots\cdots COOH + ICl = CH_3\cdots\cdots CHI-CHCl\cdots\cdots COOH$$

再加入过量的碘化钾与剩余的氯化碘作用，以析出碘。

$$KI + ICl = KCl + I_2$$

析出的碘用硫代硫酸钠标准溶液进行滴定。

$$I_2 + 2Na_2S_2O_3 = Na_2S_4O_6 + 2NaI$$

同时做空白试验进行对照,从而计算试样加成的氯化碘(以碘计)的量,求出碘价。

2. 试剂

碘化钾溶液 10 g/100 mL,不含碘酸盐或游离碘;0.5% 淀粉溶液;0.1 mol/L $Na_2S_2O_3$ 标准溶液,标定后 7 天内使用;混合溶剂:环己烷和冰醋酸等体积混合;Wijs 试剂:含一氯化碘的乙酸溶液,称取 25 g 一氯化碘溶解在 1 500 mL 冰醋酸中。

配制 Wijs 试剂的冰醋酸应符合质量要求,不得含有还原性物质。

鉴定是否含有还原性物质的方法:取冰醋酸 2 mL,加入 10 mL 蒸馏水稀释,加入 1 mol/L 高锰酸钾 0.1 mL,颜色应在 2 h 内不变色。如变色,说明含有还原性物质。应用如下方法精制:取冰醋酸 800 mL 放入圆底烧瓶内,加入 8~10 g 高锰酸钾,接回流冷凝器加热回流 1 h,移入蒸馏瓶中蒸馏,收集 118~119 ℃ 的馏出物(也可采用市售 Wijs 试剂)。

3. 仪器

分析天平,感量 0.1 mg;玻璃称量皿,与试样量适宜并可置入锥形瓶中;锥形瓶,容量 500 mL,具塞并完全干燥;大肚吸管,25 mL。

4. 实验方法

(1) 称样:试样的质量根据估计的碘价而异,如表 7-6 所示。

表 7-6 碘价范围与试样质量

估计碘价	试样质量/g	估计碘价	试样质量/g
≤5	3.00	51~100	0.20
5~20	1.00	101~150	0.13
21~50	0.40	151~200	0.10

(2) 试样制备:将称好的试样放入 500 mL 锥形瓶中,加入 20 mL 混合溶剂(环己烷和冰醋酸等体积混合液)溶解试样,用大肚吸管准确加入 25 mL Wijs 试剂,盖好塞子,摇匀后将锥形瓶放于暗处。

同样用溶剂和试剂制备空白溶液。

对碘价低于 150 的样品,锥形瓶应在暗处放置 1 h;碘价高于 150 和已经聚合的物质或氧化到相当程度的样品,应置于暗处 2 h。

(3) 测定:反应时间结束后,加入 20 mL 碘化钾溶液和 150 mL 水。用 $Na_2S_2O_3$ 标准溶液滴定至浅黄色,加几滴淀粉指示剂继续滴定至剧烈摇动后蓝色刚好消失。在相同条件下,同时做一空白试验。

5. 计算

$$碘价 = \frac{(V_0 - V_1) \times c \times 0.126\ 9}{m} \times 100$$

式中,碘价——100 g 油脂所能吸收碘的质量,g/100 g;

V_1——试样用去的硫代硫酸钠溶液体积,mL;

V_0——空白试验用去的硫代硫酸钠溶液体积,mL;

c——硫代硫酸钠溶液的浓度,mol/L;

m——试样质量,g;

0.126 9——1/2 I_2 的毫摩尔质量,g/mmol。

双实验结果的允许差不超过 0.5 碘价单位,求其平均数,即为测定结果。

第五节 油脂中过氧化值的测定

一、概述

油脂在储藏期间,由于光、热、空气中的氧以及油脂中的水和酶的作用常会发生变质腐败的复杂变化,这种变化称为酸败。油脂的酸败分为水解酸败和氧化酸败两种，一般油脂主要发生氧化酸败，氧化酸败主要是由油脂（特别是含不饱和脂肪酸的油脂）在空气中氧气的作用下发生一系列氧化反应后，分解形成醛、酮、酸等小分子物质所致，这些酸败产物常具有特殊的臭气和发苦的滋味，酸败严重的油脂不能食用，我国食用植物油相关国家质量标准中都有对过氧化值的规定，如表 7-7 所示。

表 7-7 花生油的过氧化值标准

指标	等级						
	原油	压榨一级	压榨二级	浸出一级	浸出二级	浸出三级	浸出四级
过氧化值/(mmol/kg)≤	7.5	6.0	7.5	5.0	5.0	7.5	7.5

过氧化值是评价每千克油中活性氧的量，它的大小能反映油脂是否新鲜及酸败的程度。过氧化值是油脂分析中的一项常规卫生指标，但并非决定性数值，因为它不稳定，油脂酸败之初呈上升趋势，到深度酸败时便会下降，故深度酸败（已呈异味）油脂的过氧化值反而会变小。

二、过氧化值的测定

1. 原理

油脂在氧化酸败过程产生的过氧化物很不稳定，氧化能力较强，能氧化碘化钾成为游离碘，用硫代硫酸钠标准溶液滴定，根据析出碘量计算过氧化值。

2. 试剂

冰醋酸；异辛烷；冰醋酸与异辛烷混合液（体积比 60∶40）：将 3 份冰醋酸与 2 份异辛烷混合；碘化钾饱和溶液：新配制且不得含有游离碘和碘酸盐。确保溶液中有结晶存在，存放于避光处。0.1 mol/L $Na_2S_2O_3$ 标准溶液，临用前标定。0.01 mol/L $Na_2S_2O_3$ 标准溶液，临用前稀释、标定。0.5% 淀粉溶液，此液在 4～10 ℃ 冰箱中可储藏 2～3 周，当滴定终点从蓝色到无色不明显时，需重新配制。

3. 仪器

分析天平：感量 0.1 mg；250 mL 具塞锥形瓶；移液管（5 mL、10 mL、15 mL）；100 mL 量筒；滴定管（10 mL，最小分度值 0.05 mL）。

4. 实验方法

（1）称样：根据估计的过氧化值，称取混匀和过滤的油样。过氧化值与试样质量如表 7-8 所示，准确至 0.001 g。

表 7-8 过氧化值与试样质量

估计过氧化值/(mmol/kg)	≤6	6～10	10～15	15～25	25～45
试样质量/g	5.0～2.0	2.0～1.2	1.2～0.8	0.8～0.5	0.5～0.3

5. 测定

1）将 50 mL 冰醋酸-异辛烷溶液加入锥形瓶中，盖上塞子摇动至样品溶解。

2）加入 0.5 mL 饱和碘化钾溶液，盖上塞子使其反应 1 min±1 s，在此期间摇动锥形瓶至少 3 次，然后立即加入 30 mL 蒸馏水。

用 0.01 mol/L 硫代硫酸钠标准溶液滴定上述溶液。逐渐地、不间断地添加滴定液，同时伴随有力的搅动，直到黄色几乎消失。添加 0.5 mL 淀粉指示剂继续滴定，临近终点时，不断摇动使所有的碘从溶剂层释放出来，逐滴添加滴定液至蓝色消失，即为终点。

同时进行空白试验。如空白试验消耗 0.01 mol/L 硫代硫酸钠标准溶液超过 0.1 mL，则应更换试剂，重新对样品进行测定。

6. 计算

$$过氧化值 = \frac{(V_1 - V_0) \times c}{2m} \times 1\,000$$

式中，过氧化值——1 kg 油脂中所含过氧化物的物质的量，mmol/kg；

V_1——试样用去的硫代硫酸钠溶液体积，mL；

V_0——空白试验用去的硫代硫酸钠溶液体积，mL；

c——硫代硫酸钠溶液的浓度，mol/L；

m——试样质量，g。

7. 讨论和说明

1) 饱和碘化钾溶液中不可存在游离碘和碘酸盐。验证方法：在 30 mL 冰醋酸-异辛烷溶液中添加 0.5 mL 碘化钾饱和溶液和 2 滴 0.5% 淀粉溶液，如果出现蓝色，需要 0.01 mol/L 硫代硫酸钠标准溶液 1 滴以上才能消除，则重新配制此溶液。

2) 冰醋酸对皮肤和组织有强刺激性，有中等毒性，不要误食和吸入。异辛烷是易燃物，在空气中的爆炸极限为 1.1%～6.0%（体积分数）。异辛烷有毒，不要误食和吸入，操作应在通风橱中进行。

3) 异辛烷漂浮在水相的表面，溶剂和滴定液需要充分的时间混合。当过氧化值≥35 mmol/kg 时，用淀粉溶液指示终点，会滞后 15～30 s。

4) 当油样溶解性比较差时（如硬脂或动物脂肪），按下述步骤操作：在锥形瓶中加入 20 mL 异辛烷，摇动使样品溶解，加 30 mL 冰醋酸再按上述步骤测定。

思考题

1. 简述脂肪的组成、性质及存在形式。
2. 脂肪提取剂的种类及特点是什么？
3. 说明索氏抽提法的适用范围。测定中需注意哪些问题？为何称为粗脂肪？
4. 哪些食品适合用酸水解法测定其脂肪？为什么？如何减少测定误差？
5. 乳脂如何测定？为何不能直接用索氏抽提法？
6. 油脂的酸价、过氧化值、碘值的定义是什么？分别如何测定？

第八章

维生素的测定

本章主要介绍维生素的测定方法。脂溶性维生素中主要介绍比色法测定维生素A，纸色谱法测定胡萝卜素，高效液相色谱法测定维生素A、维生素D、维生素E和维生素K_1。水溶性维生素中主要介绍荧光法测定维生素B_1和B_2，微生物法测定维生素B_6，滴定法、比色法和荧光法测定维生素C。

第一节 概 述

维生素是维持人体正常生理功能所必需的一类小分子有机化合物，其化学结构复杂，性质和生理功能各不相同，但它们具有以下共同特点：不能为机体提供热量，也不是人体的构成成分，在生物代谢中充当辅酶的角色；人体需要量极少，但体内不能合成或者合成量不能满足生理需求，必须从食物中获得；长期缺乏某种维生素会导致相应的疾病，但当摄入量超过生理需求量时也可能导致体内积存过多而引起中毒。

根据维生素的溶解性质，习惯上将其分为脂溶性维生素和水溶性维生素两大类。脂溶性维生素包括维生素A、维生素D、维生素E和维生素K，它们不溶于水，能溶于脂肪和有机溶剂，在生物体内和食物中常与脂类物质共存，脂肪酸败容易导致其破坏。脂溶性维生素主要储存于肝脏中，不能从尿中排出，如摄取过多可能引起中毒。水溶性维生素包括维生素B族和维生素C族，它们能溶于水，一般存在于植物性食品和食品原料中，满足机体需要后多余的水溶性维生素能从尿液排出。

维生素的分析方法主要有生物鉴定法、微生物法、仪器分析法和化学分析法。生物鉴定法具有不需要大量分离待测组分的优点，早期曾用于维生素D的测定，但该法费时（一般需要20天左右）、费力，而且需要专门的动物饲养设施和场地，一般仅在没有其他合适方法可选或者测定样品的生物利用率时才使用。微生物法是基于微生物的生长对特定维生素需求的一种测定方法，方法特异性较高、不需要特殊仪器，但操作烦琐、费时较长，且仅限于水溶性维生素的测定。仪器分析法包括荧光法、色谱法、分光光度法等，它们快速、简便、灵敏、有较好的选择性，且可同时测定多种维生素，但分析费用较高。化学分析法有比色法、滴定法等，操作简便，不需要特殊仪器。实际操作中应根据检测目的、样品特性、实验条件等选择维生素的测定方法。

食品中维生素的含量主要取决于食品的种类以及食品的储存条件和加工工艺。人们在日常生活中可以通过合理的膳食搭配获得适量的人体所需的各种维生素。测定食品和食品原料中的维生素含量，在评价食品的营养价值，指导合理膳食，研究维生素在储存和加工过程中的变化，食品执法和监督等方面具有重要的意义和作用。

本章主要介绍食品中几种常见维生素的测定方法。

第二节 脂溶性维生素的测定

一、维生素A的测定

维生素A又名视黄醇，是指含有视黄醇结构，并具有其生物活性的一大类物质，它包括已经形成的维生素A、维生素A原及它们的代谢产物。人体内的视黄醇主要来源于动物性食品，或由植物来源的胡萝卜素合成。维生素A为淡黄色晶体，熔点62～64 ℃，不溶于水，溶于甲醇、乙醇、乙醚、氯仿和苯等有机溶剂，易氧化，高温和光接触不稳定，对碱稳定。维生素A具有维持正常视觉、调节机体多种组织细胞的生长和分化、抗氧化和抑制肿瘤生长等生理功能。

维生素A有多种异构体,维生素A_1存在于哺乳动物脂肪和咸水鱼肝脏中,也就是一般所说的维生素A的母体化合物视黄醇。维生素A_2存在于淡水鱼的肝脏中,称为3-脱氢视黄醇,其生物效能为视黄醇的40%。

维生素A_1　　　　　　　　　　维生素A_2

维生素A的测定方法有比色法、荧光法、紫外分光光度法、气相色谱法和高效液相色谱法。紫外分光光度法因易受其他物质的干扰,检测时对样品的透明度和纯度要求较高,适用范围有较大局限性。高效液相色谱法简单易操作、灵敏度高,是国标GB/T 5009.82—2003的第一法。比色法是国标第二法,下面主要介绍其测定原理和方法。

1. 原理　　维生素A在氯仿中与三氯化锑相互作用,生成蓝色络合物,在620 nm波长处具有最大吸收波长,其蓝色深浅在一定范围内与维生素A的含量成正比,可通过测定吸光度计算维生素A的含量。

2. 仪器与试剂　　分光光度计、回流冷凝装置。

氯仿:氯仿放置后易受空气中氧气的作用生成氯化氢和光气,实验用氯仿不能含有此类分解物,否则会破坏维生素A。① 检查方法:取少量氯仿于试管中加少量水振摇,使氯化氢溶到水层,然后加数滴硝酸银溶液,如有白色沉淀则说明三氯甲烷中有分解产物。② 处理方法:如有分解产物,于分液漏斗中加水洗数次,加无水硫酸钠或氯化钙使之脱水,然后蒸馏。

三氯化锑-氯仿溶液(250 g/L):用氯仿溶解三氯化锑,溶液储存于棕色试剂瓶中,避免吸收水分。

维生素A或视黄醇乙酸酯标准液:视黄醇(纯度85%)或视黄醇乙酸酯(纯度90%)经皂化处理后使用。用脱醛乙醇溶解维生素A标准品,使其质量浓度大约为1 mL相当于1 g视黄醇,临用前用紫外分光光度法标定其准确质量浓度。

3. 实验方法

(1) 样品处理:维生素A易受光破坏,实验操作应在微弱光线下或棕色玻璃仪器中进行。根据试样性质,可采用皂化法或研磨法。

1) 皂化法:皂化法适用于维生素A含量不高的试样,可减少脂溶性物质的干扰,但试验过程操作费时,且易导致维生素A的损失。

皂化:准确称取0.5~5 g经捣碎或混匀的试样于三角瓶中,加入50%的氢氧化钾溶液10 mL及20~40 mL乙醇,于电热板上回流30 min至皂化完全,此时溶液澄清透明。

提取:将皂化瓶内混合物移至分液漏斗,以30 mL水洗涤皂化瓶,洗液并入分液漏斗,如有渣子,可用脱脂棉漏斗滤入分液漏斗。用50 mL乙醚分2次洗涤皂化瓶,洗液并入分液漏斗中,振摇并注意放气,静置分层后,水层放入第二个分液漏斗。皂化瓶再用约30 mL乙醚分2次冲洗,洗液倒入第二个分液漏斗中。振摇后,静置分层,水层放入三角瓶中,醚层与第一个分液漏斗合并,重复至水液中无维生素A为止。

洗涤:用约30 mL水加入第一个分液漏斗中,轻轻振摇,静置片刻后放出水层。加0.5 mol/L氢氧化钾溶液15~20 mL于分液漏斗中,轻轻振摇后,弃去下层碱液,除去醚溶性酸皂。继续用水洗涤,每次用水约30 mL,直至洗涤液与酚酞指示剂呈无色为止。醚层液静置10~20 min,将析出的水小心放出。

浓缩:将醚层液经过无水硫酸钠滤入三角瓶中,再用约25 mL乙醚冲洗分液漏斗和硫酸钠2次,洗液并入三角瓶内。置水浴上蒸馏,回收乙醚。待瓶中剩约5 mL乙醚时取下,减压干燥后,立即加入一定量的三氯甲烷使溶液中维生素A浓度在适宜范围内。

2) 研磨法:研磨法适用于每克试样维生素A质量大于5 μg样品的测定,操作步骤简单,省时,结果准确。具体操作过程如下:

精确称 2~5 g 试样,置于盛有 3~5 倍试样质量的无水硫酸钠研钵中,研磨至试样中水分完全吸收,并均质化。小心将均质化试样无损地转移至具塞三角瓶内,准确加入 50~100 mL 乙醚。盖紧塞子,用力振摇,使试样中维生素 A 溶于乙醚中,然后静置澄清或离心澄清(乙醚易挥发,气温高时应在冷水浴中操作,装乙醚的试剂瓶先放入冷水浴中)。取澄清的乙醚提取液 2~5 mL,放入比色管中,在 70~80 ℃ 水浴上抽气蒸干,立即加入 1 mL 氯仿溶解残渣,待用。

(2) 标准曲线的绘制:准确量取维生素 A 标准液 0.0 mL、0.1 mL、0.2 mL、0.3 mL、0.4 mL、0.5 mL 于 6 个 10 mL 容量瓶中,以氯仿定容,得到标准系列使用液。然后取相同数量的比色管依次加入 1 mL 氯仿和标准系列使用液 1 mL,各管加入 1 滴乙酸酐,制成标准比色系列。于 620 nm 波长处,以氯仿调零,将其标准比色系列按顺序移入光路前,迅速加 9 mL 三氯化锑-氯仿溶液,于 6 s 内测定吸光度,绘制标准曲线。

(3) 样品测定:于一支比色管中加入 10 mL 氯仿,加 1 滴乙酸酐为空白液。另一比色管中加入 1 mL 氯仿,其余比色管中分别加入 1 mL 试样溶液及 1 滴乙酸酐。以下操作步骤同标准曲线的绘制。

4. 计算

$$X(mg/100\ g) = \frac{C \times V \times 100}{m \times 1\ 000}$$

式中,X——试样中维生素 A 的含量,mg/100 g(如按国际单位,1 IU $= 0.3\ \mu$g 维生素 A);

C——由标准曲线上查得维生素 A 的含量,μg/mL;

m——试样质量,g;

V——提取维生素 A 后加氯仿定量的体积,mL。

5. 讨论和说明

1) 本法摘自 GB/T 5009.82—2003,适用于食品中维生素 A 含量的测定。

2) 乙醚为溶剂的萃取体系,易发生乳化现象。在提取、洗涤操作中,不要用力过猛,若发生乳化,可加几滴乙醇。

3) 三氯化锑腐蚀性强,不能沾在手上;三氯化锑遇水生成白色沉淀,因此用过的仪器要先用稀盐酸浸泡后再清洗。

4) 三氯化锑与维生素所产生的蓝色物质很不稳定,要在 6 s 内完成吸光度的测定,否则蓝色会逐渐消失,使测定结果偏低。

二、胡萝卜素的测定

胡萝卜素是一类广泛存在于蔬菜和水果中的天然色素,有多种异构体和衍生物,总称为类胡萝卜素,其中分子结构中含有 β-紫罗宁残基的类胡萝卜素,在人体内可转化为维生素 A,故称为维生素 A 原。

胡萝卜素对热、酸、碱都比较稳定,但紫外线和氧气可促进其结构氧化破坏,可溶于脂肪及大多数有机溶剂。胡萝卜素在 450 nm 处有最大吸收峰,故只要能完全分离,便可定性和定量测定,但在植物中胡萝卜素经常与叶绿素、叶黄素等共存,提取时,这些色素也能被有机溶剂提取。因此在测定前必须将胡萝卜素与其他色素分开,常用的方法有纸层析、柱层析和薄层层析法等。高效液相色谱法和纸色谱法是国标 GB/T 5009.83—2003 规定的胡萝卜素含量测定的标准方法,这里就纸色谱法进行介绍。

1. 原理 试样经过皂化后,以石油醚提取食物中的胡萝卜素及其他植物色素,以石油醚为展开剂进行纸层析。胡萝卜素极性最小,移动速度最快,从而与其他色素分开。剪下胡萝卜素区带,洗脱后于 450 nm 波长处进行比色测定。

2. 试剂 石油醚(沸程 30~60 ℃)。

胡萝卜素标准储备液:准确称取 50 mg β-胡萝卜素标准品,溶于 100 mL 三氯甲烷中,浓度约为 500 μg/mL,准确测其浓度。标定浓度的方法如下:

取标准储备液 10 μL,加正己烷 3 mL,混匀,测其吸光度值,比色杯厚度为 1 cm,以正己烷为空白,入射光波长为 450 nm,平行测定三份,取均值。按下式计算溶液浓度:

$$c = \frac{A}{E} \times \frac{3.01}{0.01}$$

式中，C——胡萝卜素标准溶液浓度，μg/mL；

A——吸光度值；

E——胡萝卜素在正己烷溶液中，入射光波长 450 nm，比色杯厚度 1 cm，溶液浓度为 1 mg/L 的吸光系数，为 0.263 8；

$\frac{3.01}{0.01}$——测定过程中稀释倍数的换算系数。

胡萝卜素标准使用液：将已标定的标准液用石油醚准确稀释 10 倍，使每毫升溶液相当于 50 μg 胡萝卜素，避光保存于冰箱中。

3. 仪器　　玻璃层析缸，分光光度计，旋转蒸发器，皂化回流装置，点样器或微量注射器。

4. 实验方法

(1) 样品处理

1) 皂化：取试样 1～5 g（含胡萝卜素 20～80 μg）匀浆，置 100 mL 具塞锥形瓶中，加脱醛乙醇 30 mL，再加 10 mL 50% 的氢氧化钾溶液，回流加热 30 min，然后用冰水使之迅速冷却。皂化后试样用石油醚提取，直至提取液无色为止，每次提取石油醚用量为 15～25 mL。

2) 洗涤：皂化后的试样提取液用蒸馏水洗涤至中性，然后将提取液通过盛有 10 g 无水硫酸钠的小漏斗，漏入圆底烧瓶，用少量石油醚分数次洗净分液漏斗和无水硫酸钠层内的色素，洗涤液并入圆底烧瓶。

3) 浓缩与定容：将上述圆底烧瓶内的提取液于旋转蒸发器上减压蒸发，蒸发至约 1 mL 时，取下圆底烧瓶，用氮气吹干，石油醚定容，备层析用。

(2) 纸层析

1) 点样：在 18 cm×30 cm 的滤纸下端距离底边 4 cm 处做一基线，在基线上取 A、B、C、D 四个点。立即吸取 0.100～0.400 mL 浓缩液在 AB 和 CD 间迅速点样。

2) 展开：待纸上所点样液自然挥发干后，将滤纸卷成圆筒状，置于盛有石油醚饱的层析缸中，进行上行展开。

3) 洗脱：待胡萝卜素与其他色素完全分开后，取出滤纸，自然挥发干石油醚，将位于展开剂前沿的胡萝卜素层析带剪下，立即放入盛有 5 mL 石油醚的具塞试管中，用力振摇，使胡萝卜素完全溶解。

(3) 比色测定

1) 标准曲线的绘制：取胡萝卜素标准使用液 1.0 mL、2.0 mL、4.0 mL、6.0 mL、8.0 mL，分别置于 100 mL 具塞锥形瓶中，按试样分析步骤进行预处理和纸层析，点样体积为 0.100 mL，以胡萝卜素含量为横坐标，吸光度为纵坐标绘制标准曲线。

2) 样品测定：以石油醚调零点，于 450 nm 波长下，测样品洗脱液吸光度并依据标准曲线计算胡萝卜素的含量。

5. 计算

$$X(\mu g/100 \text{ g}) = m_1 \times \frac{V_2}{V_1} \times \frac{100}{m}$$

式中，X——试样中胡萝卜素的含量（以 β-胡萝卜素计），μg/100 g；

m_1——在标准曲线上查得的胡萝卜素质量，μg；

V_1——点样体积，mL；

V_2——试样提取液浓缩后的定容体积，mL；

m——试样质量，g。

6. 讨论和说明

1) 胡萝卜素易被阳光破坏，应在较暗的环境下操作。

2) 本法摘自 GB/T 5009.83—2003 第二法，不能区分 α-胡萝卜素、β-胡萝卜素、γ-胡萝卜素，检测结果为胡萝卜素总量。国标第一法为高效液相色谱法,该法可区分 α-胡萝卜素、β-胡萝卜素,其样品前处理与纸层析法相似。

三、维生素 D 的测定

维生素 D 为类甾醇衍生物,具有抗佝偻病活性,又称为钙化醇,是一类关系到钙、磷代谢的活性物质。维生素 D 在自然界中以多种形式存在,其中最重要的成员是麦角钙化醇(维生素 D_2)和胆钙化醇(维生素 D_3)。麦角钙化醇可通过太阳作用于植物麦角甾醇而产生。胆钙化醇是动物的皮肤在接受紫外光照射后,由维生素 D 原(7-脱氢胆甾醇)而产生的。

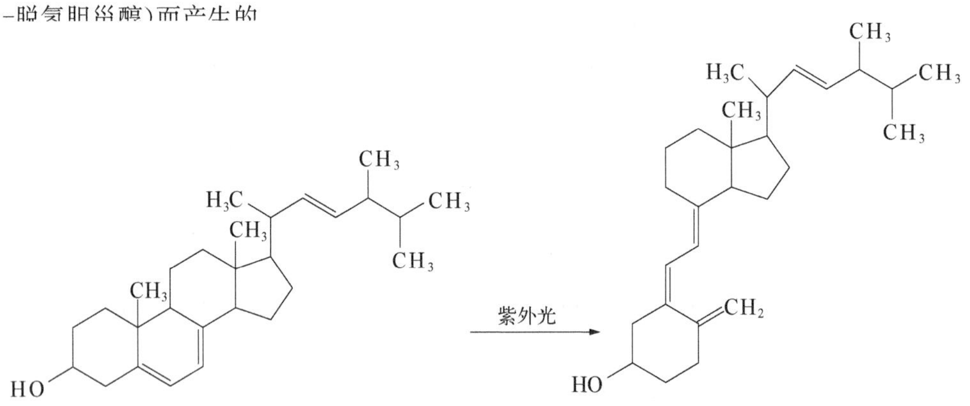

麦角甾醇 $\xrightarrow{紫外光}$ 麦角钙化醇(维生素 D_2)

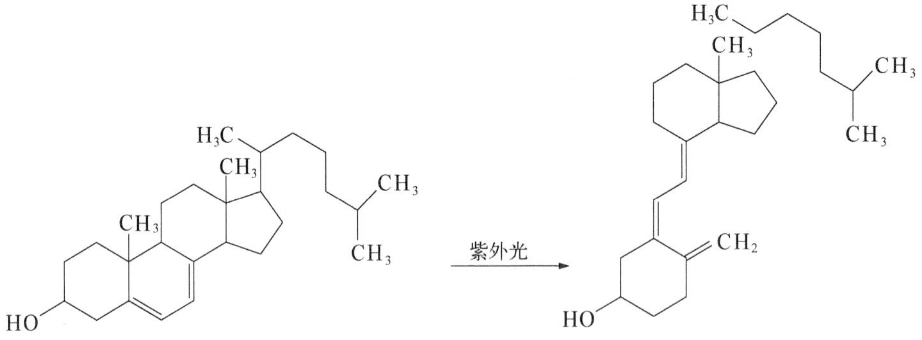

7-脱氢胆甾醇 $\xrightarrow{紫外光}$ 胆钙化醇(维生素 D_3)

维生素 D 的测定方法有比色法、薄层层析法、气相色谱法、高效液相色谱法等。比色法较灵敏,但操作复杂、费时。气相色谱法操作简单、精密度高,但灵敏度低。高效液相色谱法具有灵敏度高、分析速度快等优点,是 GB 5413.9—2010 所采用的方法,这里将介绍此法。

1. 原理 试样在抗坏血酸保护下皂化,用石油醚萃取不皂化物,萃取物经正相色谱柱净化后,再用反相色谱柱进一步分离,紫外检测器检测,外标法定量。

2. 试剂与仪器 维生素 D 标准储备液(100 μg/mL):精确称取 10 mg 的维生素 D_2 或维生素 D_3 标准品,用乙醇(色谱纯)溶解并定容于 100 mL 棕色容量瓶中。

α-淀粉酶:酶活力≥1.5 U/mg;抗坏血酸的乙醇溶液(15 g/L)。

氮吹仪;高效液相色谱仪,带紫外检测器。

3. 实验方法

(1) 样品处理

1) 含淀粉的试样:称取混合均匀的固体试样 5 g 或液体试样 50 g 于 250 mL 三角瓶中,加入 1 g α-淀粉酶,固体试样需用 50 mL 45~50 ℃的水溶解,混合均匀后充氮,盖上瓶塞,置于(60±2)℃培养箱内培养 30 min。

2) 不含淀粉的试样:称取混合均匀的固体试样 10 g 或液体试样 50 g 于三角瓶中,固体试样需用约 50 mL 45~50 ℃水使其溶解,混合均匀。

(2) 待测液的制备

1) 皂化：于上述处理的试样溶液中加入 100 mL 抗坏血酸的乙醇溶液，充分混匀后加 25 mL 氢氧化钾水溶液(1.25 kg/L)混匀，放入磁力搅拌棒，充氮排出空气，盖上胶塞。于大烧杯中加入 300 mL 的水，将烧杯放在恒温磁力搅拌器上，当水温控制在(53 ± 2)℃时，将三角瓶放入烧杯中，磁力搅拌皂化约 45 min 后，取出立刻冷却到室温。

2) 提取：用少量的水将皂化液全部转入分液漏斗中，加入 100 mL 石油醚(沸程 30～60 ℃)，轻轻摇动，排气后盖好瓶塞，室温下振荡 10 min 后，静置分层，将水相转入另一分液漏斗中，按上述方法进行第二次萃取。合并醚液，用水洗至近中性。醚液通过无水硫酸钠过滤脱水，滤液收入圆底烧瓶中，于旋转蒸发器上在(40 ± 2)℃充氮条件下蒸至近干(不允许蒸干)。残渣用石油醚转移至 10 mL 容量瓶中，定容。

3) 从上述容量瓶中准确移取 7.0 mL 石油醚溶液放入试管中，将试管置于(40 ± 2)℃的氮吹仪中，将试管中的石油醚吹干。向试管中加 2.0 mL 正己烷，振荡溶解残渣，再将试管离心，取出静置至室温后待测。

(3) 正相色谱柱净化

1) 色谱柱：硅胶柱，150 mm×4.6 mm，或具同等性能的色谱柱。
2) 流动相：环己烷与正己烷按体积比 1∶1 混合，并按体积分数 0.8% 加入异丙醇。
3) 流速：1 mL/min。
4) 检测波长：264 nm。
5) 柱温：(35 ± 1)℃。
6) 进样体积：500 μL。

取约 0.5 mL 维生素 D 标准储备液于具塞试管中，在(40 ± 2)℃的氮吹仪上吹干。残渣用 5 mL 正己烷振荡溶解。取该溶液 50 μL 注入液相色谱仪中测定，确定维生素 D 保留时间。然后将 500 μL 待测液注入液相色谱仪中，根据维生素 D 标准溶液保留时间收集维生素 D 馏分于试管中，将试管置于(40 ± 2)℃条件下的氮吹仪中吹干，取出，准确加入 1.0 mL 甲醇，残渣振荡溶解，即为维生素 D 测定液。

(4) 反相色谱柱检测

1) 色谱柱：C_{18}柱，250 mm ×4.6 mm，5 μm，或具同等性能的色谱柱。
2) 流动相：甲醇。
3) 流速：1 mL/min。
4) 检测波长：264 nm。
5) 柱温：(35 ± 1)℃。
6) 进样量：100 μL。

标准曲线的绘制：准确吸取维生素 D 标准储备液 0.20 mL、0.40 mL、0.60 mL、0.80 mL、1.00 mL 于棕色容量瓶中，用乙醇定容至刻度，混匀。此标准系列工作液浓度分别为 0.200 μg/mL、0.400 μg/mL、0.600 μg/mL、0.800 μg/mL、1.000 μg/mL。将维生素 D 标准工作液注入液相色谱仪中，得峰高(或峰面积)，以峰高(或峰面积)为纵坐标，维生素 D 标准工作液浓度为横坐标分别绘制标准曲线。

吸取维生素 D 测定液 100 μL 注入液相色谱仪中得到峰高(或峰面积)，根据标准曲线得到维生素 D 测定液中维生素 D 的浓度。

维生素 D 回收率测定结果记为回收率校正因子 f，代入测定结果计算公式，对维生素 D 含量测定结果进行校正。

4. 计算

$$X(\mu g/100\ g) = \frac{c \times 10/7 \times 2 \times 2 \times 100}{m \times f}$$

式中，X——试样中维生素 D 的含量，μg/100 g；

c——从标线得到的维生素 D 待测液的浓度，μg/mL；

m——试样的质量，g；

f——回收率校正因子。

5. 讨论与说明

1) 本法摘自 GB 5413.9—2010,适用于婴幼儿食品和乳品中维生素 D 的测定。本法对维生素 D_2 和维生素 D_3 不加区分,两者同时存在时,以维生素 D 总量表示。

2) 维生素 D 标准储备液均须 -10 ℃以下避光储存,标准工作液临用前配制,标准储备溶液用前需校正。

3) 测定维生素 D 的试样需要同时做回收率实验。

四、维生素 E 的测定

维生素 E 是与动物生育有关的酚类物质,故称生育酚,主要存在于植物油中,豆类和蔬菜中含量也较高。天然的生育酚有 8 种异构体,按化学结构分为生育酚及生育三烯酚两类,每类根据甲基数目和位置的不同,分为 α、β、γ 和 δ 四种。其中 α-生育酚的活性最高,β-生育酚、γ-生育酚和 δ-生育酚分别为 α-生育酚活性的 40%、8% 和 20%,其他形式的活性甚微,通常以 α-生育酚作为维生素 E 的代表进行研究。

生育酚

生育三烯酚

化合物	R_1	R_2
α-生育酚(α-生育三烯酚)	CH_3	CH_3
β-生育酚(β-生育三烯酚)	CH_3	H
γ-生育酚(γ-生育三烯酚)	H	CH_3
δ-生育酚(δ-生育三烯酚)	H	H

维生素 E 为黄色油状液体,对热、酸稳定,对碱不稳定,对氧敏感。虽对热不敏感,但油炸时维生素 E 活性明显降低。维生素 E 具有良好的抗氧化活性,可以保护细胞免于氧化破坏,延长细胞寿命。

维生素 E 的测定方法有荧光法、比色法、液相色谱法和气相色谱法等。荧光法适合测定 α-生育酚含量较高的样品。对于 α-生育酚含量不高的样品,由于其他异构体的存在造成激发波长和发射波长的荧光强度差异,测定误差较大。比色法灵敏度不高,且容易受到其他物质的干扰。下面介绍高效液相色谱法同时测定试样中维生素 A 和维生素 E 的方法。

1. 原理　　试样中的维生素 A 及维生素 E 经皂化提取处理后,将其从不可皂化部分提取至有机溶剂中。用高效液相色谱 C_{18} 反相色谱柱将维生素 A 和维生素 E 分离,经紫外检测器检测,并用内标法定量测定。

2. 试剂与仪器　　维生素 A 标准液:视黄醇(纯度 85%)或视黄醇乙酸酯(纯度%)经皂化处理后使用。用脱醛乙醇溶解维生素 A 标准品,使其浓度为 1 mL/mg 左右。临用前用紫外分光光度法标定其准确浓度。

维生素 E 标准液:α-生育酚(纯度 95%),γ-生育酚(纯度 95%),δ-生育酚(纯度 95%)。用脱醛乙醇分别溶解以上三种维生素 E 标准品,使其浓度为 1 mL/mg 左右。临用前用紫外分光光度计分别标定此三种维生素 E 溶液的准确浓度。

内标溶液:称取苯并[e]芘(纯度 95%),用脱醛乙醇配制成 1 mL/mg 的苯并[e]芘内标溶液。

高效液相色谱仪,带紫外分光检测器。

3. 实验方法

(1) 样品处理

1) 皂化：准确称取 1～10 g 试样(含维生素 A 约 3 μg，维生素 E 各异构体约 40 μg)于平底烧瓶(作皂化瓶用)中，加 30 mL 无水乙醇，振摇使样品分散。加 5 mL 10%抗坏血酸溶液和 2 mL 苯并[e]芘溶液，混匀，加 10 mL 50%氢氧化钾溶液混匀，于沸水浴回流 30 min 使皂化完全。皂化后立即放入冰水中冷却。

2) 提取：将皂化后的试样移入分液漏斗中，用 50 mL 水分 2～3 次洗皂化瓶，洗液并入分液漏斗中用约 100 mL 乙醚分两次洗皂化瓶及其残渣，乙醚液并入分液漏斗中。如有残渣，可将此液通过有少许脱脂棉的漏斗滤入分液漏斗。轻轻振摇分液漏斗 2 min，静置分层，弃去水层。用约 50 mL 水洗分液漏斗中的乙醚层，用 pH 试纸检验直至水层不显碱性。

3) 浓缩：将乙醚提取液经过无水硫酸钠(约 5 g)滤入与旋转蒸发器配套的球形蒸发瓶内，用 100 mL 乙醚冲洗分液漏斗及无水硫酸钠 3 次，并入蒸发瓶内，于 55 ℃水浴中减压蒸馏并回收乙醚，待瓶中剩下约 2 mL 乙醚时，取下蒸发瓶，立即用氮气吹掉乙醚并迅速加入 2 mL 乙醇，充分混合，溶解提取物。将乙醇液移入离心管离心，上清液供色谱分析。

(2) 标准曲线的制备：把一定量的维生素 A、α-生育酚、γ-生育酚、δ-生育酚及内标苯并[e]芘溶液混合均匀。选择合适灵敏度，使上述物质的各峰高约为满量程 70%，为高浓度点。高浓度的 1/2 为低浓度点(其内标苯并[e]芘的浓度值不变)，用此种浓度的混合标准进行色谱分析。维生素标准曲线绘制是以维生素峰面积与内标物峰面积之比为纵坐标，维生素浓度为横坐标绘制，或计算线性回归方程。

(3) 试样分析

1) 预柱：ODS 4 mm×4.5 cm，10 μm。

2) 分析柱：ODS 4.6 mm×25 cm，5 μm。

3) 流动相：甲醇+水=98+2 (体积比)，混匀，临用前脱气。

4) 紫外检测器波长：300 nm，量程 0.02。

5) 进样量：20 μL。

6) 流速：1.7 mL/min。

7) 取试样浓缩液 20 μL，待绘制出色谱图及色谱参数后，再进行定性和定量。

4. 计算

$$X(\text{mg}/100\text{ g}) = \frac{c}{m} \times V \times \frac{100}{1\,000}$$

式中，X——维生素的含量，mg/100 g；

c——由标准曲线上查到某种维生素含量，μg/mL；

V——试样浓缩定容体积，mL；

m——试样质量，g。

5. 讨论和说明

1) 本法摘自 GB/T 5009.82—2003，适用于食品中维生素 A 和维生素 E 的同时测定。维生素 A 的最小检出限为 0.8 ng，α-生育酚为 91.8 ng，γ-生育酚为 36.6 ng，δ-生育酚为 20.6 ng。

2) 本测定方法所用无水乙醚不能含有过氧化物，否则需重蒸去除；无水乙醇不得含有醛类物质。

3) 为了避免维生素的破坏，实验操作应在微弱光线下进行，或用棕色玻璃仪器。

五、维生素 K 的测定

维生素 K 具有促进凝血的功能，又称凝血维生素，包括维生素 K_1、维生素 K_2、维生素 K_3 和维生素 K_4。其中维生素 K_1 在绿色植物和动物肝脏中含量较丰富；维生素 K_2 是人体肠道细菌的代谢产物；维生素 K_3 和维生素 K_4 为人工合成，主要用于强化食品和饲料。维生素 K 是黄色晶体，熔点为 52～54 ℃，不溶于水，能溶于油脂及醚等有机溶剂。维生素 K 的化学性质都较稳定，能耐酸、耐热，正常烹调中只有很少损失，但对光敏感，也易被碱和紫外线分解。维生素 K 主要采用高效液相色谱法测定，下面介绍乳制品中维生素 K_1 的高效液相色谱测定方法。

1. 原理 用脂肪酶降解试样中的脂肪和不饱和脂肪酸,对于含淀粉试样需先用淀粉酶降解试样中的淀粉,经碱皂化后,用正己烷提取维生素 K_1,通过液相色谱法分离,柱后还原维生素 K_1,荧光检测器检测,外标法定量。

2. 试剂与仪器 淀粉酶:酶活力≥1.5 U/mg;脂肪酶:酶活力≥700 U/mg;维生素 K_1 标准储备液(2 mg/mL):称取0.05 g维生素 K_1 标准品,于25 mL容量瓶中,用正己烷溶解定容;维生素 K_1 标准中间液(20 μg/mL):取标准储备液1 mL加正己烷定容至100 mL;高效液相色谱仪,带有荧光检测器。

3. 实验方法

(1) 样品处理

1) 含淀粉的试样:称取混合均匀的固体试样2.5 g或液体试样10 g于三角瓶中,加入0.5 g淀粉酶,用30 mL温水溶解。

2) 不含淀粉的试样:称取混合均匀的固体试样2.5 g或液体试样10 g于三角瓶中,用30 mL温水溶解。

(2) 测定液的制备:向上述处理过的试样溶液中加入1 g脂肪酶,于(37±5)℃恒温振荡过夜,使其充分酶解。取出酶解好的试样,加入2 mL氢氧化钠溶液(10 mol/L),用50 mL 95%乙醇将溶液转入分液漏斗中,充分混匀。加入50 mL正己烷,充分振摇2 min,静置分层。放出下层水相于另一个分液漏斗中,留下有机相。向水相中再次加入50 mL正己烷再次萃取,合并有机相。用适量蒸馏水洗有机相两次。将有机相通过无水硫酸钠脱水过滤到烧瓶中,于(40±2)℃下旋蒸至近干。用正己烷转移残留物到试管中,置氮吹仪上于(40±2)℃下吹干,准确加入1 mL正己烷,充分振荡溶解残留物。将试管放入冰箱中,在0 ℃以下冷冻1 h备用。

(3) 色谱条件

1) 色谱柱:C_{18} 色谱柱,150 mm×4.6 mm,5 μm,或具同等性能的色谱柱。

2) 锌还原柱:将锌粉密集装入还原柱(4.6 m×50 mm,不锈钢材质)中,装柱时,应连续少量多次将锌粉装入柱中,边装边轻轻拍打,以使装入的锌粉紧密。

3) 检测波长:激发波长为243 nm,发射波长为430 nm。

4) 流动相:甲醇900 mL,二氯甲烷100 mL,冰醋酸0.3 mL,氯化锌1.5 g,无水乙酸钠0.5 g,溶解后用0.45 μm滤膜过滤。

5) 流速:1 mL/min。

6) 进样量:10 μL。

(4) 标准曲线的制备:分别准确吸取标准储备液0.0 mL、0.5 mL、1.0 mL、1.5 mL、2.0 mL和2.5 mL加正己烷定容至25 mL,此标准系列工作液维生素 K_1 浓度分别为0.00 μg/mL、0.40 μg/mL、0.80 μg/mL、1.20 μg/mL、1.60 μg/mL和2.00 μg/mL。将系列标准维生素 K_1 工作液分别注入高效液相色谱仪中,测定相应的峰面积或峰高,以峰面积或峰高为纵坐标,以标准测定液浓度为横坐标绘制标准曲线。

(5) 样品液的测定:将制备好的测定液在暗处放至室温,离心后吸取上清液注入高效液相色谱仪中,测定相应的峰面积或峰高。从标准曲线上查得试样溶液中维生素 K_1 的浓度,或通过回归方程计算出试样溶液中维生素 K_1 的浓度。

4. 计算

$$X(\mu g/100\ g) = \frac{c \times V \times f}{m} \times 100$$

式中,X——维生素 K_1 的含量,μg/100 g;

c——试样溶液的浓度,μg/mL;

V——试样溶液的体积,mL;

m——试样的质量,g;

f——样液稀释倍数。

5. 讨论和说明

1) 本法摘自GB 5413.10—2010,同时也是AOAC维生素 K_1 的分析方法,适用于婴幼儿食品和乳品中维

生素 K_1 的测定。

2）由于维生素 K_1 遇光易分解，整个操作应避光。标准溶液浓度临用前需通过比吸光系数进行校正。

第三节 水溶性维生素的测定

一、维生素 B_1 的测定

维生素 B_1 为抗神经炎维生素，又称抗脚气病维生素，由含硫的噻唑环和含氨基的嘧啶环组成，故称硫胺素。硫胺素通常以游离态，或以硫胺素焦磷酸的形式存在于自然界，另外还有近 10 种维生素 B_1 的盐类及其衍生物。硫胺素呈白色针状结晶，不易氧化，较耐热，酸性环境下稳定，碱性条件下易受热破坏。维生素 B_1 主要存在于谷类、豆类、干果、动物内脏、瘦肉及禽蛋类食品中。

维生素 B_1 含量测定方法主要有比色法、荧光法和高效液相色谱法。比色法依据硫胺素可与多种重氮盐偶合呈现不同的颜色，进行比色测定，但方法灵敏度较低，准确度也较差，仅适用于硫胺素含量较高的样品。荧光法和高效液相色谱法灵敏度较高，这里介绍荧光法测定维生素 B_1 的含量。

1. 原理 硫胺素在碱性铁氰化钾溶液中被氧化成硫色素，在紫外光照射下产生蓝色荧光。如果不存在其他荧光物质干扰，荧光强度与硫色素含量成正比。反应式如下：

硫胺素 $\xrightarrow{\text{NaOH} \atop K_3Fe(CN)_6}$ 硫色素

如试样中含杂质较多，需通过离子交换剂处理，分离硫胺素与杂质，然后测定纯化液中硫胺素的含量。

2. 试剂 碱性铁氰化钾溶液：取 4 mL 10 g/L 铁氰化钾溶液，用 150 g/L 氢氧化钠溶液稀释至 60 mL。用时现配，避光使用。

活性人造沸石：称取 200 g 40～60 目的人造沸石，以 10 倍于其体积的热 3% 乙酸溶液搅拌 2 次，每次 10 min，再用 5 倍于其体积的 250 g/L 热氯化钾溶液搅拌 15 min，然后用 3% 乙酸溶液搅拌 10 min，最后用热蒸馏水洗至没有氯离子，于蒸馏水中保存。

硫胺素标准储备液(0.1 mg/mL)：准确称取 100 mg 经氯化钙干燥 24 h 的硫胺素，溶于 0.01 mol/L 盐酸中，并定容至 1 000 mL，于冰箱中避光保存。用时用 0.01 mol/L 盐酸逐级稀释为 0.1 μg/mL 的硫胺素标准使用液。

溴甲酚绿溶液(0.4 g/L)：称取 0.1 g 溴甲酚绿，置于小研钵中，加入 1.4 mL 0.1 mol/L 的氢氧化钠溶液研磨片刻，再加入少许水继续研磨至完全溶解，用水定容至 250 mL。

3. 仪器 荧光分光光度计，恒温培养箱，Maizel-Gerson 反应瓶（图 8-1）、盐基交换管（图 8-2）。

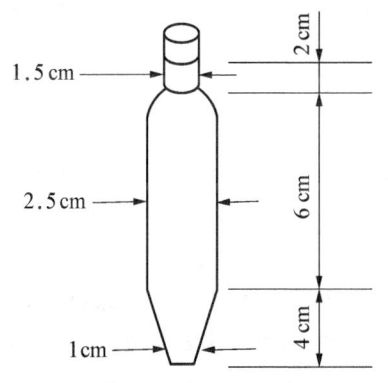

图 8-1 Maizel-Gerson 反应瓶

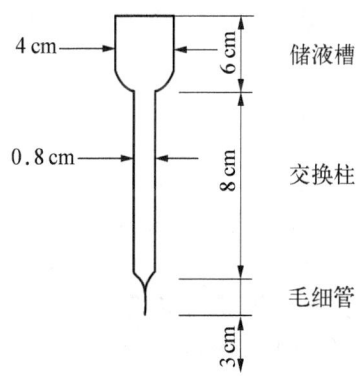

图 8-2 盐基交换管

4. 实验方法

(1) 样品处理

1) 提取：称取 2~10 g 试样，置于三角瓶中，加 0.3 mol/L 盐酸溶液 50 mL 溶解，然后放入高压锅中加热水解，冷却后用 2 mol/L 乙酸钠调节 pH 至 4.5，加入淀粉酶和蛋白酶，45~50 ℃ 保温 16 h，冷却，定容至 100 mL，过滤，即为提取液。

2) 净化：用少许脱脂棉铺于盐基交换管的交换柱底部，加水将棉纤维中气泡排出，再加约 1 g 活性人造浮石使之达到交换柱的三分之一高度。保持盐基交换管中液面始终高于活性人造浮石。加入提取液 20~60 mL，加约 10 mL 热蒸馏水冲洗交换柱，弃去洗液，如此重复三次。加入 20 mL 热的 250 g/L 酸性氯化钾，收集此液于 25 mL 刻度试管内，冷却至室温，用 250 g/L 酸性氯化钾定容至 25 mL，即为试样净化液。重复上述操作，将 20 mL 硫胺素标准使用液加入盐基交换管以代替试样提取液，即得标准净化液。

3) 氧化：取 A、B 两个 Maizel-Gerson 反应瓶，分别加入 5 mL 净化液。在避光条件下将 3 mL 150 g/L 氢氧化钠加入反应瓶 A，将 3 mL 碱性铁氰化钾溶液加入反应瓶 B，振摇，然后加入 10 mL 正丁醇；将 A、B 两个反应瓶用力振摇，静置分层后吸去下层碱性溶液，加入 2~3 g 无水硫酸钠使溶液脱水。

(2) 测定：激发波长 365 nm、发射波长 435 nm、激发波狭缝 5 nm、发射波狭缝 5 nm 条件下测定试样空白、标准空白、试样、标准样品的荧光强度。

5. 计算

$$X(\text{mg}/100 \text{ g}) = (U - U_b) \times \frac{c \times V}{S - S_b} \times \frac{V_1}{V_2} \times \frac{1}{m} \times \frac{100}{1\,000}$$

式中，X——样品中硫胺素含量，mg/100 g；

U——试样荧光强度；

U_b——试样空白荧光强度；

S——标准荧光强度；

S_b——标准空白荧光强度；

c——硫胺素标准使用液浓度，μg/mL；

V——用于净化的硫胺素标准使用液体积，mL；

V_1——试样水解后定容的体积，mL；

V_2——试样用于净化的提取液体积，mL；

m——样品质量，g；

$100/1\,000$——样品含量由 μg/g 换算成 mg/100 g 的系数。

6. 讨论和说明

1) 本法摘自 GB/T 5009.84—2003，适用于各类食品中硫胺素的测定，方法检出限为 0.05 μg，线性范围为 0.2~10 μg。

2) 试样应匀浆或粉碎后再进行样品处理，如需留样应在低温冰箱中冷冻保存。

3) 硫色素在紫外线照射下会被破坏，所以硫胺素氧化后，反应瓶应用黑布遮盖或在暗室内进行氧化和荧光测定。

二、维生素 B_2 的测定

维生素 B_2 又名核黄素，是由核糖醇与 7,8-二甲基异咯嗪连接而成的化合物。核黄素水溶液呈黄绿色荧光，耐氧化，光照及紫外照射引起不可逆的分解，在中性和酸性溶液中受热稳定，但在碱性溶液中加热易破坏。核黄素常用的测定方法有荧光法、微生物法和高效液相色谱法。荧光法分为测定核黄素荧光强度法和测定核黄素光分解产物光黄素荧光强度法，前者只适用于核黄素较纯的样品，且分析精度不高，后者灵敏度和精密度较高，且只要提取完全，可省去将结合型核黄素转变为游离型核黄素的操作；微生物法为 GB/T 5009.85—2003 的第二法，不需要对样品进行提取，但操作较复杂；高效液相色谱法简便快速。这里就应用比较普遍的荧光法进行介绍。

1. 原理 核黄素在440～500 nm波长光照射下发出黄绿色荧光,在稀溶液中,其荧光强度与核黄素的浓度成正比。样品除杂后,在波长525 nm下测定其荧光强度。然后往试液中加入低亚硫酸钠($Na_2S_2O_4$),将核黄素还原为无荧光的物质,然后再测定试液中杂质的残余荧光强度,两者之差即为食品中核黄素所产生的荧光强度。

2. 试剂 硅镁吸附剂:60～100目;木瓜蛋白酶(100 g/L):用2.5 mol/L乙酸钠溶液配制,临用前现配;淀粉酶(100 g/L):用2.5 mol/L乙酸钠溶液配制,临用前现配;核黄素标准储备液(25 μg/mL):将标准品核黄素粉状结晶置于干燥器中,24 h后,准确称取50 mg,置于容量瓶中,加入2.4 mL冰醋酸和1.5 L水。将容量瓶置于温水中摇动,待其溶解,冷却至室温,用水定容至2 L,移至棕色瓶内,加少许甲苯盖于溶液表面,于冰箱中保存;核黄素标准使用液:吸取2.0 mL核黄素标准储备液,置于50 mL棕色容量瓶中,用水定容至刻度。避光,储4 ℃冰箱,可保存一周。此溶液每毫升相当于1 μg核黄素。

3. 仪器 电热恒温培养箱,荧光分光光度计,核黄素吸附柱(图8-3)。

4. 实验方法

(1) 样品处理

1) 水解:准确称取2～10 g样品于三角瓶中,加50 mL 0.1 mol/L盐酸,搅拌至分散均匀。置于高压锅内高压水解,水解液冷却后,滴加1 mol/L氢氧化钠,调节pH为4.5。然后加淀粉酶和蛋白酶酶解16 h,定容至100 mL,过滤备用。

2) 氧化去杂质:取一定体积的试样提取液及核黄素标准使用液分别于具塞刻度试管中,加水至15 mL。各管加0.5 mL冰醋酸,混匀。加30 g/L高锰酸钾溶液0.5 mL,混匀,放置2 min,使氧化去杂质。滴加3%双氧水溶液数滴,去除多余高锰酸钾。

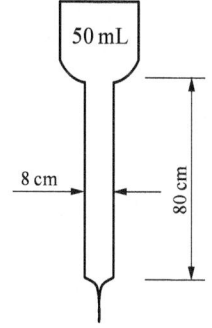

图8-3 核黄素吸附柱

3) 核黄素的吸附和洗脱:取硅镁吸附剂约1 g用湿法装柱,将全部氧化后的样液及标准液通过吸附柱后,用热水洗去样液中的杂质。然后用洗脱液将试样中核黄素洗脱并收集于容量瓶中,再用水洗吸附柱,收集洗出液并定容至刻度,待测。

(2) 测定:于激发光波长440 nm,发射光波长525 nm,测量试样管及标准管的荧光值。待试样及标准的荧光值测量后,在各管的剩余液中加1 mL 20%低亚硫酸钠溶液,立即混匀,在20 s内测出各管的荧光值,作为各管的空白值。

5. 计算

$$X(\text{mg}/100 \text{ g}) = \frac{(U-U_b) \times m_s}{(S-S_b) \times m} \times f \times \frac{100}{1\,000}$$

式中,X——样品中核黄素含量,mg/100 g;

U——试样管荧光强度;

U_b——试样空白管荧光强度;

S——标准管荧光强度;

S_b——标准空白管荧光强度;

f——稀释倍数;

m——试样质量,g;

m_s——标准管中核黄素质量,μg;

100/1 000——样品含量由μg/g换算成mg/100 g的系数。

6. 讨论和说明

1) 本法摘自GB/T 5009.85—2003第一法,适用于各类食品中核黄素的测定,方法检出限为0.006 μg,线性范围为0.1～20 μg。

2) 整个操作过程需避光进行。

三、维生素 B_6 的测定

维生素 B_6 又称抗皮炎维生素,主要包括吡哆醇、吡哆醛和吡哆胺 3 种天然形式,皆属于吡啶衍生物。维生素 B_6 为无色晶体,易溶于水及乙醇,在酸性溶液中热稳定,在碱性溶液中受光照易破坏。

吡哆醇　　　　　　　吡哆醛　　　　　　　吡哆胺

维生素 B_6 的测定方法有微生物法、荧光法和高效液相色谱法。其中微生物法是经典方法,特异性强、精密度高、准确度好、操作简单,且样品不需要提纯,下面介绍食品中维生素 B_6 含量的微生物测定方法。

1. 原理　　微生物的生长需要某些特定维生素的存在,如卡尔斯伯酵母菌(Saccharomyces carlsbrgensis)需在有维生素 B_6 存在的条件下才能生长,在一定条件下维生素 B_6 的量与其生长成正比关系。用比浊法测定该菌在试样液中生长的浑浊度,与标准曲线相比较得出试样中维生素 B_6 的含量。

2. 试剂和仪器　　培养基:称取吡哆醇 Y 培养基 5.3 g,溶解于 100 mL 蒸馏水中;吡哆醇标准储备液(100 μg/mL):称取 122 mg 盐酸吡哆醇标准溶于 1 L 25% 乙醇中,保存于 4 ℃冰箱中,稳定 1 个月;吡哆醇标准中间液(1 μg/mL):取 1 mL 吡哆醇标准储备液,稀释至 100 mL;琼脂培养基:吡哆醇 Y 培养基 5.3 g,琼脂 1.2 g,溶解于 100 mL 蒸馏水中;电热恒温培养箱、高压灭菌锅、液体快速混合器、离心机、分光光度计。

3. 实验方法

(1) 菌种的制备及保存:选用卡尔斯伯酵母菌(Saccharomyces carlsbrgensis ATCC No. 9080 简称 SC)纯菌种,接入 2 个或多个琼脂培养基管中,在(30±0.5)℃恒温箱中保温 18～20 h,取出于冰箱中保存,至多不超过两星期。保存数星期以上的菌种,不能立即用作制备接种液,一定要在使用前每天接种一次,连续 2～3 天复壮,方可使用,否则生长不好。

(2) 种子培养液的制备:加 0.5 mL 50 ng/mL 的维生素 B_6 标准应用液于尖头管中,加入 5.0 mL 基本培养基,塞好棉塞,高压灭菌,取出,置于冰箱中,此管可保留数星期。每次可制备 2～4 管。

(3) 试样处理:称取一定量试样于三角瓶中,加 72 mL 0.22 mol/L 的硫酸,高压锅内水解 5 h,取出冷却,用 10 mol/L 氢氧化钠和 0.5 mol/L 硫酸调 pH 至 4.5,将三角瓶内的溶液转移到 100 mL 容量瓶中,用蒸馏水定容,过滤,滤液备用。

(4) 接种液的制备:将卡尔斯伯酵母菌菌种由储备菌种管移种于已消毒的种子培养液中,可同时制备两根管,在(30±0.5)℃的恒温箱中培养 18～20 h,取出离心,倾去上部液体,用已消毒的生理盐水淋洗 2 次,再加 10 mL 消毒过的生理盐水,将离心管置于液体快速混合器上混合,使菌种成为混悬体,将此液倒入已消毒的注射器内,立即使用。

(5) 标准管的制备:取标准储备液 2 mL 稀释至 200 mL 成为中间液,从中间液中取 5 mL 稀释至 100 mL 作为工作液,浓度为 50 ng/mL,在 3 组各 6 支试管中分别加 0.00 mL、0.02 mL、0.04 mL、0.08 mL、0.12 mL 和 0.16 mL 工作液,再加 5 mL 吡哆醇 Y 培养基,混匀,加棉塞。

(6) 试样管的制备:在 3 支试管中分别加入 0.05 mL、0.10 mL、0.20 mL 样液,再加入 5 mL 吡哆醇 Y 培养基,用棉塞塞住试管,将制备好的标准管和试样测定管放入高压锅灭菌备用。

(7) 接种和培养:每管种一滴接种液,于(30±0.5)℃恒温箱中培养 18～22 h。

(8) 测定:将培养后的标准管和试样管从恒温箱中取出后,用分光光度计于 550 nm 波长下,测定各管的吸光度值。以标准管维生素 B_6 所含的浓度为横坐标,吸光度值为纵坐标,绘制维生素 B_6 标准曲线或计算回归方程,用试样管得到的吸光度值查或计算试样管中维生素 B_6 的含量。

4. 计算

$$X(\text{mg}/100\text{ g}) = \frac{c \times V \times 100}{m \times 10^6}$$

$$c = \frac{u_1 + u_2 + u_3}{3}$$

式中，X——样品中维生素 B_6 含量，mg/100 g；

　　　c——试样提取液中维生素 B_6 的浓度，ng/mL；

　　　u——各试样测定管中维生素 B_6 的浓度，ng/mL；

　　　V——试样提取液的总体积，mL；

　　　m——试样质量，g；

　　　$100/10^6$——折算成每 100 g 试样中维生素 B_6 的毫克数。

5. 讨论和说明

1) 本法摘自 GB/T 5009.154—2003，适用于各类食品中维生素 B_6 的测定，方法检出限为 0.1 ng，线性范围为 0.1～6 ng。

2) 本实验所用吡哆醇 Y 培养基不得含维生素 B_6 生长因子，实验过程要做避光处理。

3) 微生物法仅限于对水溶性维生素的分析测定，除了测定浊度外，还可以通过测定微生物的产酸量、质量变化和呼吸作用等指标来反映微生物的生长状况。

四、维生素 C 的测定

维生素 C 具有防治坏血病的功能，又称抗坏血酸。自然界存在的抗坏血酸有 D 型和 L 型两种，其中 D 型的生物活性为 L 型的十分之一。维生素 C 主要存在于新鲜水果和蔬菜中。

维生素 C 为无色晶体，对光敏感，具有较强的还原性，在水溶液中易氧化分解，在碱性条件下更易被氧化，弱酸性条件下较稳定，氧化后的产物为脱氢抗坏血酸，仍具有生理活性，再进一步氧化则生成无生理活性的 2,3-二酮古乐糖酸。食品分析中测定的总抗坏血酸是指抗坏血酸和脱氢抗坏血酸的总量，不包括无活性的 2,3-二酮古乐糖酸及其进一步的氧化产物。

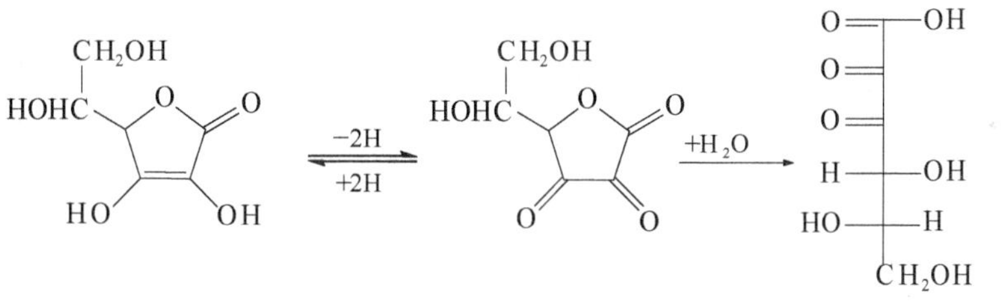

抗坏血酸　　　　脱氢抗坏血酸　　　2,3-二酮古乐糖酸

测定维生素 C 的常用方法有 2,6-二氯靛酚滴定法、2,4-二硝基苯肼比色法、荧光法和高效液相色谱法等。下面介绍前三种方法。

1. 2,6-二氯靛酚滴定法

(1) 原理：染料 2,6-二氯靛酚在酸性溶液中呈粉红色（在中性和碱性溶液中呈蓝色），还原型抗坏血酸可以定量地还原该染料为无色，本身被氧化为脱氢抗坏血酸。滴定时，用已知滴定度的 2,6-二氯靛酚标定弱酸性环境下样品中的还原型抗坏血酸，滴定终点为红色。

(2) 实验方法

1) 样品制备：称取试样 10～20 g，迅速切碎加入等量 2% 乙二酸，匀浆后用 1% 乙二酸定容至 200 mL，过滤，备用。

2) 滴定：吸取滤液 10～20 mL 于三角瓶中，用标定过的 2,6-二氯靛酚溶液滴定至粉红色，同时做空白试验。

(3) 计算

$$X(\text{mg}/100\ \text{g}) = \frac{(V - V_0) \times T}{m} \times 100$$

式中，X——样品中还原型抗坏血酸含量，mg/100 g；

V——滴定样液消耗染料的体积,mL;

V_0——空白滴定消耗染料的体积,mL;

T——1 mL染料相当于还原型抗坏血酸的量,mg/mL;

m——滴定时吸取的样液相当于样品的质量,g。

(4) 讨论和说明

1) 本法测定的维生素C为样品中还原型抗坏血酸。

2) 样品称取后,应浸泡在已知量的2%乙二酸溶液中,以防止抗坏血酸被氧化。若样品滤液颜色较深,影响滴定终点观察,可加入白陶土再过滤。白陶土使用前应测定回收率。

3) 2,6-二氯靛酚溶液可存于冰箱,但用前要标定。

4) 如果样品中含有铁离子、铜离子、亚锡离子等物质会使测定结果偏高,所以在提取过程中可加入EDTA等螯合剂。

2. 2,4-二硝基苯肼比色法

(1) 原理：样品中还原型抗坏血酸经活性炭处理后氧化为脱氢抗坏血酸,再与2,4-二硝基苯肼作用,生成红色脎。脎在硫酸溶液中的含量与总抗坏血酸含量成正比,在500 nm波长处进行比色测定。

(2) 实验方法

1) 样品制备：同2,6-二氯靛酚滴定法。

2) 氧化处理：取25 mL滤液加入0.5 g活性炭,振摇1 min,过滤,滤液中加入10 mL 2%硫脲溶液,混匀备用。

3) 呈色测定：取三支试管,每支试管都加入上述氧化稀释液4 mL。其中一支试管作空白,另两支试管各加入1.0 mL 2% 2,4-二硝基苯肼溶液,将三支试管放(37±0.5)℃恒温水浴中准确保温3 h。取出试管放入冰水中。空白管冷至室温后加入1.0 mL 2% 2,4-二硝基苯肼溶液,10~15 min后也放入冰水中。向每支试管滴加5 mL 85%浓硫酸,边加边摇动。加完硫酸后将试管从冰水中取出,室温下准确放置30 min后,500 nm波长下测吸光值。

4) 标准曲线制备重复上述氧化、呈色测定步骤。

(3) 计算

$$X(\text{mg}/100\text{ g}) = \frac{c \times V \times f}{m} \times 100$$

式中,X——样品中总抗坏血酸含量,mg/100 g;

c——由标准曲线得测定液中总抗坏血酸的浓度,mg/mL;

V——试样用1%乙二酸定容后的体积,mL;

f——样品液处理过程中的稀释倍数;

m——样品质量,g。

(4) 讨论和说明

1) 本法适用于蔬菜、水果及其制品中总抗坏血酸含量的测定,最小检出量为0.02 μg/mL。

2) 活性炭氧化机理是基于表面吸附的氧进行界面反应,加入量不足,氧化不充分,加入量过高,对抗坏血酸有较多吸附。

3) 硫脲可保护抗坏血酸不被氧化,且可帮助脎的形成,最终溶液中硫脲的浓度应一致,否则影响测定结果。

4) 试管从冰浴中取出后,由于糖类的存在造成显色不稳定,颜色会逐渐加深,30 min后影响将减少,故在加入85%硫酸30 min后比色。

5) GB/T 5009.159—2003采用固蓝盐比色法测定食品中还原型抗坏血酸。测定原理为：在乙酸溶液中,抗坏血酸与固蓝盐B反应生成黄色的草酰肼-2-羟基丁酰内酯衍生物,可在其最大吸收波长(420 nm)处测定吸光度,与标准系列比较定量。

3. 荧光法

(1) 原理：样品中还原型抗坏血酸经活性炭氧化生成脱氢型抗坏血酸后，与邻苯二胺（OPDA）反应生成具有荧光性能的喹喔啉，其荧光强度与脱氢抗坏血酸的浓度在一定条件下成正比，以此测定食物中抗坏血酸和脱氢抗坏血酸的总量。

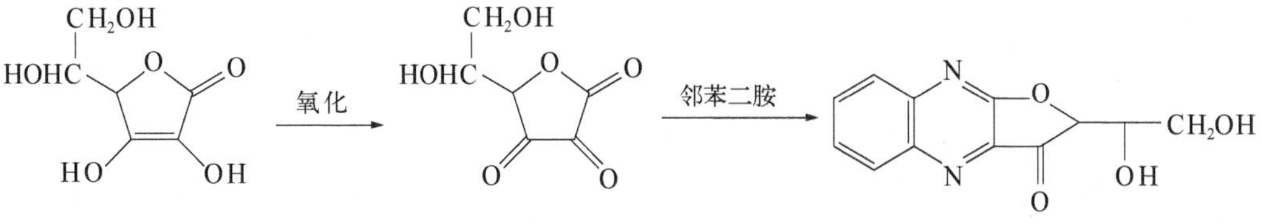

$$\text{抗坏血酸} \xrightarrow{\text{氧化}} \text{脱氢抗坏血酸} \xrightarrow{\text{邻苯二胺}} \text{喹喔啉}$$

脱氢抗坏血酸与硼酸可形成复合物而不与 OPDA 反应，以此消除样品中荧光杂质所产生的干扰。

(2) 实验方法

1) 样品制备：称取均匀的样品，加 100 g 偏磷酸-乙酸溶液（15 g HPO_4 和 40 mL CH_3COOH 溶于 500 mL 蒸馏水中）打成匀浆，控制 pH 为 1.2，过滤，备用。

2) 氧化处理：2 g 活性炭氧化样品溶液和标准溶液各 100 mL（0.1 mg/mL），振摇 1 min，过滤，滤液备用。

3) 空白溶液的制备：各取 5 mL 标准抗坏血酸氧化液和样品氧化液分别于 2 个 50 mL 容量瓶中，各加 5 mL 硼酸-乙酸钠溶液，混合振摇 15 min，用水定容至 50 mL，在 4 ℃ 冰箱中放置 2 h，取出备用。

4) 样品及标准溶液的制备：各取 5 mL 标准氧化液和样品氧化液分别于 2 个 50 mL 容量瓶中，各加入 5 mL 50% 乙酸钠溶液，用水定容至刻度，摇匀备用。

5) 荧光反应：取样品空白溶液及样品溶液各 2 mL 于 10 mL 具塞试管中，在暗室中迅速向各管中加入 5 mL 邻苯二胺，振摇混合于室温下反应 35 min，用激发光波长 338 nm，发射光波长 420 nm 测定荧光强度。同样方法做标准空白溶液和一个标准系列的抗坏血酸溶液的荧光测定，作标准曲线。

(3) 计算

$$X(\text{mg}/100\text{ g}) = \frac{c \times V \times f}{m} \times 100$$

式中，X——样品中总抗坏血酸含量，mg/100 g；

c——由标准曲线得测定液中总抗坏血酸的浓度，mg/mL；

V——荧光反应所用试样体积，mL；

f——样品溶液的稀释倍数；

m——样品质量，g。

(4) 讨论和说明

1) 本法适用于蔬菜、水果及其制品中总抗坏血酸含量的测定，最小检出量为 0.02 μg/mL。

2) 本法全过程应避光操作。

3) 邻苯二胺临用前现配，因其颜色在空气中会逐渐加深，影响显色。

思考题

1. 食品中维生素的测定方法有哪些？各有什么特点？
2. 简述维生素的分类。针对不同的维生素，样品应如何处理？
3. 高效液相色谱法同时测定维生素 A 和维生素 D 的原理是什么？
4. 维生素 B_1、维生素 B_2 和维生素 B_6 的测定原理是什么？
5. 简述维生素 C 的测定方法及原理。

第九章 酸度的测定

本章主要介绍食品的总酸度、有效酸度和挥发酸度的测定方法。其中,总酸度的主要测定方法有指示剂法和电位滴定法,有效酸度的测定方法有电位计法和比色法,挥发酸度的测定方法介绍水蒸气蒸馏法。

第一节 概述

一、酸度的种类和概念

食品中的酸度通常可用总酸度(滴定酸度)、有效酸度、挥发酸度等表示,以下是几种酸度的概念。

1. 总酸度 总酸度是指食品中所有酸性成分的总量。它包括未离解的酸的浓度和已离解的酸的浓度,其大小可通过滴定法来确定,故总酸度又称为可滴定酸度。

2. 有效酸度 有效酸度是指被测溶液中 H^+ 的浓度,所反映的是已离解的那部分酸的浓度,常用 pH 来表示,其数值可用酸度计(即 pH 计)和 pH 试纸来测定。

3. 挥发酸 挥发酸是指食品中易挥发的低碳链有机酸,如甲酸、乙酸、丁酸等直链脂肪酸,其大小可通过蒸馏分离,再用碱标准溶液滴定。

4. 牛乳酸度 牛乳酸度指滴定 100 mL 牛乳消耗 0.100 mol/L 氢氧化钠溶液的毫升数,常用°T 表示,也可以用乳酸的百分数来表示牛乳酸度。刚挤出来的新鲜牛乳本身所具有的酸度,是由磷酸、酪蛋白、白蛋白、柠檬酸和 CO_2 等所引起的,称为外表酸度或者固有酸度;牛乳放置过程中,在乳酸菌作用下乳糖发酵产生了乳酸而升高的那部分酸度称为真实酸度或发酵酸度。

二、酸度测定的意义

食品中的酸类物质不仅是酸味的构成成分,而且对食品的加工、储藏及品质管理等方面具有一定的指导作用,测定食品中的酸度具有十分重要的意义。

1. 酸度是反映某些食品质量的重要指标 酸的种类和含量是判别某些食品品质的重要标准。某些发酵制品中有甲酸积累,则说明已发生细菌性腐败。水果发酵制品中含有 0.1% 以上的乙酸,则说明制品腐败。牛乳及乳制品中乳酸过高时,说明已由乳酸菌发酵而产生腐败(酸奶除外)。新鲜的油脂常是中性的,不含游离脂肪酸,但油脂在存放过程中,受光照、氧化以及本身所含酶的作用会产生游离脂肪酸,使油脂酸败,故测定油脂酸度(以酸价表示)可判别其新鲜程度。酸度也是判别食品质量的指标,对于肉类食品,特别是鲜肉,对肉中 pH 的测定有助于评定肉的品质(新鲜度)和动物宰前的健康状况。动物在宰前,肌肉的 pH 为 7.1~7.2,宰后由于肌肉代谢发生变化,使肉的 pH 下降,宰后 1 h 的鲜肉,pH 为 6.2~6.3;24 h 后,pH 下降到 5.6~6.0,并可维持到发生腐败分解之前,此 pH 称为排酸值。当肉腐败时,由于肉中蛋白质在细菌酶的作用下,被分解为氨或胺类等碱性化合物,可使肉的 pH 显著增高,当 pH>6.7 时,说明肉已变质。此外动物在宰前由于过劳患病,肌糖原减少,宰后肌肉中乳酸形成减少,pH 也因此增高。

2. 食品中的酸类物质影响食品的色、香、味及稳定性 水果和蔬菜中色素所呈现的颜色与其酸度密切相关,往往在不同的 pH 范围内显示不同的颜色,如叶绿素在酸性条件下变成黄褐色的脱镁叶绿素,而花青素于不同酸度下,颜色也不相同。果实及其制品的口感取决于糖和酸的种类、含量及比例,酸度降低则甜味增加,同时水果中适量的挥发酸含量也会带给其特定的香气。另外,酸度对食品的稳定性有一定影响,降低 pH，能减弱微生物的抗热性，并抑制其生长，所以 pH 是果蔬罐头杀菌条件的主要依据。在水果加工中，控制介质 pH 可以抑制水果褐变。有机酸能与 Fe、Sn 等金属反应，加快设备和容器的腐蚀作用，影响制品的风味与色泽。有机酸还可以提高维生素 C 的稳定性，防止其氧化。

3. 可判断某些果蔬的成熟度　有机酸在果蔬中的含量，因其成熟度及生长条件不同而异，一般随着成熟度提高，有机酸含量下降，而糖含量增加，糖酸比增大。测定酸度可判断某些果蔬的成熟度，对于确定果蔬收获及加工工艺条件很有意义，如果汁加工中要求果实具备一定的酸度，而不是越甜越好。

三、食品中常见的有机酸

食品中酸包括有机酸和无机酸两类，但主要是有机酸，无机酸含量很少。通常有机酸部分呈游离状态，部分呈酸式盐状态存在于食品中，而无机酸呈中性盐化合物存在于食品中。食品中常见的有机酸有柠檬酸、苹果酸、酒石酸、琥珀酸、乙二酸、乙酸、乳酸等。这些有机酸有的是食品所固有的，如果蔬及制品中的有机酸；有的是在食品加工中人为加入的，如饮料中的有机酸；有的是在生产、加工、储藏过程中产生的，如酸奶中的乳酸，食醋中的乙酸。

果蔬中所含有酸种类较多，但不同果蔬中所含有机酸种类亦不同，如表 9-1 和表 9-2 所示。

表 9-1　果实中主要有机酸种类

果实种类	主要有机酸种类	果实种类	主要有机酸种类
苹果	苹果酸、少量柠檬酸	橘子	柠檬酸、苹果酸
梨	苹果酸、果心部分有柠檬酸	橙子	柠檬酸、苹果酸、琥珀酸
洋梨	柠檬酸、苹果酸	柠檬	柠檬酸、苹果酸
桃	苹果酸、柠檬酸、奎宁酸	梅	柠檬酸、苹果酸、乙二酸
葡萄	酒石酸、苹果酸	菠萝	柠檬酸、苹果酸、酒石酸
樱桃	苹果酸	甜瓜	柠檬酸
杏	苹果酸、柠檬酸	番茄	柠檬酸、苹果酸

表 9-2　蔬菜中主要有机酸种类

蔬菜种类	主要有机酸种类	蔬菜种类	主要有机酸种类
菠菜	乙二酸、苹果酸、柠檬酸	甜菜	乙二酸、柠檬酸、苹果酸
甘蓝	柠檬酸、苹果酸、琥珀酸、乙二酸	莴苣	苹果酸、柠檬酸、乙二酸
竹笋	乙二酸、酒石酸、乳酸、柠檬酸	甘薯	乙二酸
芦笋	柠檬酸、苹果酸、酒石酸	蓼	甲酸、乙酸、戊酸

果蔬中有机酸的含量取决于其品种、成熟度以及产地气候条件等因素，加工食品中有机酸的含量取决于其原料种类、产品配方以及生产工艺等。

部分果蔬中的苹果酸及柠檬酸含量如表 9-3 所示，部分果蔬及某些食品的 pH 如表 9-4 和表 9-5 所示。

表 9-3　部分果蔬中柠檬酸和苹果酸的含量

果蔬种类	柠檬酸含量/%	苹果酸含量/%	果蔬种类	柠檬酸含量/%	苹果酸含量/%
草莓	0.91	0.1	荚豌豆	0.03	0.13
苹果	0.03	1.02	甘蓝	0.14	0.1
葡萄	0.43（酒石酸）	0.65	胡萝卜	0.09	0.24
橙子	0.98	极少	洋葱	0.02	0.17
柠檬	3.84	极少	马铃薯	0.51	无
香蕉	0.32	0.37	甘薯	0.07	无
菠萝	0.84	0.12	南瓜	无	0.15
桃	0.37	0.37	菠菜	0.08	0.09
梨	0.24	0.12	花椰菜	0.21	0.39
杏（干）	0.35	0.81	番茄	0.47	0.05
洋梨	0.03	0.92	黄瓜	0.01	0.24
甜樱桃	0.1		芦荟	0.11	0.1

表 9-4 部分果蔬的 pH

果蔬种类	pH	果蔬种类	pH	果蔬种类	pH
苹果	3.0~5.0	甜樱桃	3.2~3.95	葡萄	2.55~4.5
梨	3.2~3.95	草莓	3.8~4.4	西瓜	6.0~6.4
杏	3.4~4.0	酸樱桃	2.5~3.7	甘蓝	5.2
桃	3.2~3.9	柠檬	2.2~3.5	番茄	4.1~4.8
青辣椒	5.4	菠菜	5.7	橙子	3.55~4.9
南瓜	5.0	胡萝卜	5.0	豌豆	6.1

表 9-5 某些食品的 pH

食品名称	pH	食品名称	pH
牛肉	5.1~6.2	蛤肉	6.5
羊肉	5.4~6.7	蟹肉	7.0
猪肉	5.3~6.9	牡蛎肉	4.8~6.3
鸡肉	6.2~6.4	虾肉	6.0~7.0
鱼肉	6.6~6.8	面粉	6.0~6.5
牛乳	6.5~7.0	米饭	6.7

第二节 总酸度的测定

食品中总酸度的测定采用碱标准溶液滴定法。根据滴定终点判断方式的不同,可分为指示剂法和电位滴定法。指示剂法使用酚酞指示滴定终点,操作简便,适用于果蔬制品、饮料、乳制品、酒、谷物制品和调味品等食品中总酸度的测定,但不适用于深色和浑浊的食品测定。电位滴定法利用酸度计指示滴定终点,精确度高,但操作较烦琐。电位滴定法适用范围广,尤其适用于深色和浑浊食品中总酸度的测定。

一、指示剂法

1. 原理 食品中酸类物质电离常数大于 10^{-8},用碱标准溶液直接滴定处理后的试样,以酚酞作指示剂,当滴定至终点,溶液呈浅红色且 30 s 不褪色,根据所消耗的标准碱溶液的浓度和体积,计算样品中总酸含量。

2. 实验方法

(1) 样品的制备

1) 固体样品:去除不可食部分,称取样品于研钵或组织捣碎机中研碎或粉碎,混匀。然后取适量样品,用无 CO_2 蒸馏水将其移入容量瓶中,在 75~80 ℃水浴上加热 0.5 h(果脯类沸水浴加热 1 h),冷却后定容,用干滤纸过滤,弃去初始滤液,收集滤液备用。

2) 液体样品:不含 CO_2 的样品,如果汁、饮料、牛乳、调味品等,可混匀后直接取样,必要时进行稀释。含有 CO_2 的饮料、酒类样品置于 40 ℃水浴上加热 0.5 h,以除去 CO_2,冷却后备用。

(2) 测定:准确吸取上述制备滤液 50 mL,加酚酞指示剂 3 滴,用 0.1 mol/L NaOH 标准溶液滴定至溶液呈微红色,30 s 不褪色,记录消耗 NaOH 标准溶液的体积。

3. 计算

$$X(\%) = \frac{c \times V \times K \times V_0}{m \times V_1} \times 100$$

式中,X——试样总酸度,g/100 g 或 g/100 mL;

C——标准 NaOH 溶液的浓度,mol/L;

V——滴定消耗标准 NaOH 溶液体积,mL;

m——样品质量或体积,g 或 mL;

V_0——样品稀释液总体积,mL;

V_1——滴定时吸取的样液体积,mL;

K——换算系数,即1 mmol NaOH 相当于主要酸的克数。

食品中含有多种有机酸,总酸度测定结果通常以样品中含量最多的酸类物质表示,如表9-6所示。

表9-6 食品总酸度换算系数

试 样	主要酸类物质	换算系数(K)
葡萄及其制品	酒石酸	0.075
柑橘类及其制品	柠檬酸	0.064 或 0.070(带一分子结晶水)
苹果、核果及其制品	苹果酸	0.067
乳品、肉类、水产品及其制品	乳酸	0.090
酒类、调味品	乙酸	0.060
菠菜	乙二酸	0.045

4. 讨论和说明

1) 本法适用于各类无色和浅色食品中总酸的测定。

2) 如果食品本身具有较深的颜色,使终点颜色变化不明显,可通过加水稀释,或用活性炭褪色,或用原试样溶液对照来减少干扰。若样液颜色过深或浑浊,可以选择电位滴定法。

3) 咖啡样品处理方法为:将样品粉碎通过40目筛,取10 g粉碎的样品于锥形瓶中,加入75 mL 80%乙醇,加塞放置16 h,并不时摇动,过滤。

4) 样品浸渍、稀释用的蒸馏水不能含有CO_2,因为CO_2溶于水成为酸性的H_2CO_3形式,影响滴定终点时酚酞颜色变化,无CO_2蒸馏水在使用前煮沸15 min并迅速冷却备用。必要时须经碱液抽真空处理。基于同样的原理,对于含CO_2的样品,在测定之前要除去CO_2。

5) 样品处理和稀释的用水量应根据样品中总酸含量选择,为使误差不超过允许范围,一般要求滴定时消耗NaOH标准溶液不得少于5 mL,最好在控制在10～15 mL。

二、电位滴定法

1. 原理 用碱标准溶液滴定试样溶液,用pH玻璃指示电极和饱和甘汞参比电极组成工作电池,根据酸碱中和原理和能斯特方程,由滴定过程中电池电动势的突跃判断滴定终点,由终点时所消耗碱标准溶液的物质的量计算食品总酸度。

2. 实验方法

(1) 样品的制备:同指示剂法。

(2) 酸度计的校正:接通电源,预热稳定后,用缓冲溶液校正酸度计。

(3) 样品测定:取20～50 mL试液于烧杯中,加40～60 mL无CO_2蒸馏水,将盛有试液的烧杯放到磁力搅拌器上,再将玻璃电极及甘汞电极浸入试液的适当位置。按下pH读数开关,开动搅拌器,迅速以0.100 mol/L氢氧化钠标准溶液滴定,同时观察溶液pH的变化。接近终点时,放慢滴定速度,直至溶液的pH达到指定终点。记录消耗氢氧化钠标准溶液的体积。

(4) 空白试验:用水代替试液,按样品测定操作,滴定终点记录消耗氢氧化钠标准溶液的体积。

3. 计算

$$X(\%) = \frac{c \times (V_2 - V_3) \times K \times V_0}{m \times V_1} \times 100$$

式中,X——试样总酸度,g/100 g 或 g/100 mL;

c——标准NaOH溶液的浓度,mol/L;

V_0——样品稀释液总体积,mL;

V_1——滴定时吸取的样液体积,mL;

V_2——滴定样品消耗标准 NaOH 溶液体积,mL;

V_3——空白滴定消耗标准 NaOH 溶液体积,mL;

m——样品质量或体积,g 或 mL;

K——换算系数,即 1 mmol NaOH 相当于主要酸的克数,如表 9-6 所示。

4. 讨论和说明

1) 本法适用于各类食品中总酸的测定。

2) 如样品酸度太低,可用 0.050 mol/L 或 0.010 mol/L 氢氧化钠标准溶液滴定。

第三节 有效酸度的测定

在食品分析中,有效酸度(pH)的测定往往比总酸度的测定更具有实际意义,更能说明问题。pH 表示溶液体系中 H^+ 的浓度,即 $pH=-\lg[H^+]$,其数值大小说明了食品介质的酸碱性。食品的 pH 不仅与原料的品种和成熟度有关,而且与储存和加工工艺有很大关系。pH 的大小不仅取决于酸的数量和性质,而且受该食品中缓冲物质的影响。pH 测定方法有 pH 试纸比色法、标准色管比色法和 pH 计法,其中 pH 计法简便准确。

一、电位计法

1. 原理 利用电极在不同溶液体系中所产生的电位变化来测定溶液的 pH。测定时,酸度计的玻璃电极作测试电极,甘汞电极作参比电极组成原电池。玻璃电极的电位因溶液 H^+ 浓度不同而改变,甘汞电极的电位保持不变,因此电极之间产生电位差(电动势),其大小与溶液中 H^+ 浓度遵循能斯特方程。

$$E = E_0 - 0.0591\text{pH}(25\ ℃)$$

即在 25 ℃时,每增加或减少一个 pH 单位就会增加或减少 59.1 mV 的电池电动势,利用酸度计测量电池电动势并以 pH 表示,故可从酸度计表头上读出样品溶液的 pH。

2. 仪器与试剂 酸度计、pH 玻璃电极对;pH = 1.68 标准缓冲溶液(20 ℃)、pH = 4.01 标准缓冲溶液(20 ℃)、pH = 6.88 标准缓冲溶液(20 ℃)、pH = 9.23 标准缓冲溶液(20 ℃),按包装上标明的方法配制。

3. 实验方法

(1) 样品制备

1) 一般液体样品摇匀后直接取样测定,含 CO_2 的液体样品,排除 CO_2 后测定。

2) 果蔬榨汁后,取果蔬汁直接测定 pH。对果蔬干制品,可取适量样品,加无 CO_2 蒸馏水,于水浴上加热 30 min,再捣碎,过滤,取滤液测定。

3) 肉类制品除去油脂并粉碎后,称取 10 g 样品于锥形瓶中,加入 100 mL 无 CO_2 蒸馏水,浸泡 15 min,并随时摇动,过滤后取滤液测定。

4) 鱼类等水产品粉碎后,称取 10 g 样品于锥形瓶中,加入 100 mL 无 CO_2 蒸馏水,浸泡 30 min,并随时摇动,过滤后取滤液测定。

5) 罐头制品(液固混合样品)先将样品汁液沥出,取浆汁液测定,或将液固混合捣碎成浆状后,取浆状物测定。若有油脂,则应先分出油脂。

6) 含油及油浸样品,先分离出油脂,再把固形物捣碎成浆状,必要时加少量无 CO_2 蒸馏水搅匀后,进行 pH 测定。

(2) 酸度计的校正

1) 开启酸度计电源,预热 30 min,连接玻璃电极及甘汞电极,在读数开关放开情况下调零。

2) 选择适当 pH 的标准缓冲液,一般选择两种或三种 pH 的标准缓冲液,即二点或三点校正。

3) 将电极浸入标准缓冲液中,按下读数开关,调节定位旋钮使 pH 指针指在缓冲溶液的 pH 上,放开读数开关,指针回零,如此重复操作两次。

(3) 样液 pH 测定

1) 用无 CO_2 蒸馏水冲洗电极,并用滤纸吸干,再用待测样液冲洗两电极。

2) 根据样液温度调节酸度计温度补偿旋钮,将两电极插入待测样液中,按下读数开关,稳定 1 min 后,酸度计指针所指 pH 即为待测样液 pH。

3) 放开读数开关,清洗电极。

4. 讨论和说明

1) 本法适用于各类食品 pH 的测定。

2) 新电极或很久未用的干燥电极,必须预先浸在蒸馏水或 0.1 mol/L 盐酸溶液中 24 h 以上,其目的是使玻璃电极球膜表面形成有良好离子交换能力的水化层。玻璃电极不用时,宜浸在蒸馏水中。

3) 玻璃电极的玻璃球膜壁薄易碎,使用时应特别小心,安装两电极时玻璃电极应比甘汞电极稍高些。若玻璃膜上有油污,则将玻璃电极依次浸入乙醇、丙酮中清洗,最后用蒸馏水冲洗干净。

4) 甘汞电极中的氯化钾溶液应保持饱和状态,为避免因温度升高而导致氯化钾变为不饱和,可以加入少许氯化钾晶体,但应防止晶体堵塞甘汞电极砂感陶瓷通道。在使用时,应排除弯管内的气泡和电极表面的气泡,以防溶液被隔断,引起测量电路断路。

5) 在使用甘汞电极时,要把电极上部的小橡皮塞拔出,并使甘汞电极内氯化钾溶液的液面高于被测样液的液面,以使陶瓷砂芯处保持足够的液位压差,从而有少量的氯化钾溶液从砂芯中流出,否则,待测样液会回流扩散到甘汞电极中,将使结果不准确。

6) 为了减少测量误差,应选用 pH 与待测样液 pH 相近的标准缓冲溶液进行校正。仪器一经标定,定位和斜率二旋钮就不得随意触动,否则必须重新标定。

二、比色法

酸碱指示剂在不同的 pH 范围内显示不同的颜色,故可利用不同指示剂及其混合物显示各种不同的颜色来指示样液的 pH。根据操作方法的不同,此法又分为试纸法和标准管比色法。

1. 试纸法　　将滤纸裁成细长条,浸入配置好的指示剂溶液中,取出干燥即得 pH 试纸。检测时,在玻棒上沾少量样液,滴在 pH 试纸上,使其显色,在 2~3 s 后,与标准比色卡比较,读出样液的 pH。此法简便、快速、经济,但结果不够准确,仅能粗略估计样液的 pH。

2. 标准管比色法　　配制具有 pH 梯度的系列标准缓冲溶液,加入适当的酸碱指示剂使其显示不同颜色,即形成标准色。在样液中加入与标准缓冲液相同的酸碱指示剂,显色后与标准色管的颜色进行比较,与样液颜色相近的标准色管中缓冲液的 pH 即为待测样液的 pH。此法适用于色度和混浊度较低的样液 pH 的测定,因其受样液颜色、浊度、胶体物质和各种氧化剂和还原剂的干扰,故测定结果不够准确,其测定仅能准确到 0.1pH 单位。

第四节　挥发酸的测定

挥发酸是指食品中易挥发的有机酸,包括甲酸、乙酸和丁酸等低碳链的直链脂肪酸,但不包括可用水蒸气蒸馏的乳酸、琥珀酸、山梨酸、二氧化碳和二氧化硫等。正常状态的食品及其原料,挥发酸的含量较稳定,如果食品生产过程中使用了不合格的原料,或违反了正常的储藏和加工工艺,都会造成食品中挥发酸含量的增加,降低了食品品质,因此挥发酸含量是某些食品一项重要的质量控制指标。

食品中总挥发酸含量测定方法有直接法和间接法。直接法是通过水蒸气蒸馏或溶剂萃取把挥发酸分离出来,然后用碱标准溶液滴定。间接法是将挥发酸蒸发排除后,用碱标准溶液滴定不挥发酸,最后从总酸度中减去不挥发酸,即为挥发酸含量。前者操作简便,较常用,适用于挥发酸含量较高的样品。后者适用于蒸馏液有所损失或被污染,或样品中挥发酸含量较少的样品。下面介绍水蒸气蒸馏法。

1. 原理　　样品经适当处理后,加入适量磷酸使结合态挥发酸游离出。用水蒸气蒸馏分离出总挥发酸,经冷凝收集后,以酚酞作指示剂,用标准碱液滴定至微红色 30 s 不褪色为终点。根据标准碱消耗量计算出样品中总挥发酸含量。

2. 仪器 水蒸气蒸馏装置,如图 9-1 所示。主要由蒸汽发生烧瓶、样品瓶、冷凝器、收集器和加热装置等组成。

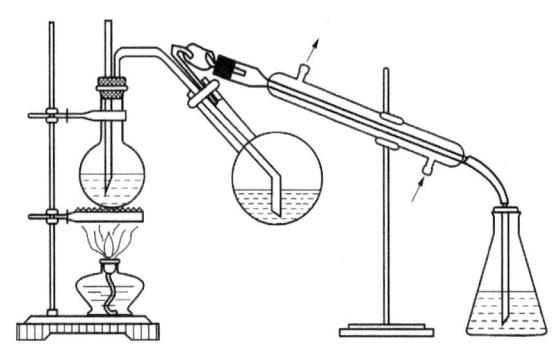

图 9-1 水蒸气蒸馏装置

3. 实验方法

(1) 样品处理

1) 一般果蔬及饮料可直接取样。

2) 含 CO_2 的饮料、发酵酒类,需排除 CO_2。

3) 固体样品及冷冻、黏稠样品,先取可食部分加入一定量水(冷冻制品先解冻)用高速组织捣碎机捣成浆状,再称取处理样品加无 CO_2 蒸馏水溶解。

(2) 样品蒸馏:量取 25 mL 经上述处理的样品移入蒸馏瓶中,加入 25 mL 无 CO_2 蒸馏水和 1 mL 10% H_3PO_4 溶液,如图 9-1 连接蒸汽蒸馏装置,加热蒸馏至馏出液不呈酸性为止。相同条件下做空白试验。

(3) 滴定:将馏出液加热至 60~65 ℃,加入 3 滴酚酞指示剂,用 0.1 mol/L NaOH 标准溶液滴定到溶液呈微红色 30 s 不褪色,即为终点,记录消耗 NaOH 标准溶液的体积。

4. 计算

$$X(\%) = \frac{c \times (V - V_0) \times K}{m} \times 100$$

式中,X——试样总挥发酸含量,g/100 g 或 g/100 mL;

c——标准 NaOH 溶液的浓度,mol/L;

V——样品滴定消耗标准 NaOH 溶液体积,mL;

V_0——空白滴定消耗标准 NaOH 溶液体积,mL;

m——样品质量或体积,g 或 mL;

K——换算系数,即 1 mmol NaOH 相当于主要酸的克数,见表 9-6 所示。

5. 讨论和说明

1) 本法适用于各类饮料、果蔬及其制品、发酵制品和酒类中总挥发酸含量的测定。

2) 样品中挥发酸的蒸馏方式可采用直接蒸馏和水蒸气蒸馏,但直接蒸馏挥发酸比较困难,因为挥发酸与水构成有一定比例的混溶体,具有固定的沸点,在该沸点下,蒸汽中的酸与留在溶液中的酸保持平衡关系,在直接蒸馏过程中,这个平衡关系不变。但水蒸气蒸馏,则挥发酸与水蒸气是和水蒸气分压成比例地从溶液中一起蒸馏出来,因而加速挥发酸的蒸馏过程。

3) 蒸馏前应先将水蒸气发生瓶中的水煮沸 10 min,或在其中加 2 滴酚酞指示剂并滴加 NaOH 使其呈红色,以排除其中的 CO_2。

4) 在整个蒸馏过程,应注意蒸馏装置密封良好,发防挥发酸损失。

5) 滴定前必须将蒸馏液加热到 60~65 ℃(温度不可过高),使其终点明显,加速滴定反应,缩短滴定时间,减少溶液与空气接触机会,以提高测定精度。

6) 样品中含有CO_2和SO_2等易挥发性成分,使结果偏高,须排除其干扰。排除CO_2方法见前述部分。排除SO_2方法为：在已用标准碱液滴定过的蒸馏液中加入5 mL 25%硫酸,以淀粉溶液作指示剂,用0.02 mol/L I_2滴定至蓝色,10 s不褪色为终点,并从计算结果中扣除此滴定量。

思考题

1. 酸度的分类有哪些？酸度测定的意义是什么？
2. 对于颜色较深的样品,在测定其总酸度时应如何排除干扰,保证测定的准确度？
3. 简述酸度计的工作原理及如何利用酸度计测定样品的pH。
4. 测定挥发酸的方法有哪些？用水蒸气蒸馏法测定挥发酸时,加入10%磷酸有何作用？

第十章
食品添加剂的测定

本章介绍食品中漂白剂、发色剂、抗氧化剂、防腐剂、甜味剂和着色剂等几种主要添加剂的测定方法,并阐述食品添加剂的毒副作用、监管和可能带来的食品安全问题。

第一节 概 述

食品添加剂是指为改善食品品质和色、香、味,以及为防腐、保鲜和加工工艺的需要而加入食品中的人工合成或者天然的物质。营养强化剂、食品用香料、胶基糖果中基础剂物质、食品工业用加工助剂也包括在内。食品添加剂的种类很多,按其来源可分为天然食品添加剂和化学合成添加剂;天然食品添加剂是利用动物与植物组织或分泌物及以微生物的代谢产物为原料,经过提取、加工所得到的物质,如辣椒红色素、番茄红色素等。而化学合成添加剂是通过一系列化学手段所得到的有机或无机物质。我国食品添加剂使用标准(GB 2760—2011)把食品添加剂按功能分为酸度调节剂、抗结剂、消泡剂、抗氧化剂、漂白剂、膨松剂、胶基糖果中基础剂物质、着色剂、护色剂、乳化剂、酶制剂、增味剂、面粉处理剂、被膜剂、水分保持剂、营养强化剂、防腐剂、稳定剂和凝固剂、甜味剂、增稠剂、食品用香料、食品工业用加工助剂和其他等23类。

食品添加剂的使用要求:保持或提高食品本身的营养价值;提高食品的质量和稳定性,改进其感官特性;在达到食品生产、加工、包装、运输或者储藏等的作用及效果的基础上,必须无毒无害,不应对人体产生任何健康危害;在达到预期目的即有效的前提下应尽可能降低在食品中的使用量。然而在目前的食品添加剂使用中的确存在少数毒性较大、对人体健康具有较大威胁的种类,尤其是违规使用和滥用,产生了严重的食品安全问题,对消费者的健康造成了不容忽视的影响。例如,亚硝酸钠是香肠类等肉制品很好的发色剂;可使肉类制品呈现美好、鲜艳的亮红色;可抑制多种厌氧性芽孢菌,尤其是抑制肉毒棱状芽孢杆菌,防止肉毒中毒;增进肉制品风味。然而其本身具有较大的毒性(小鼠经口 LD_{50} 为 220 mg/kg 体重),而且可与仲胺类物质反应生成有很强致癌作用的物质——亚硝胺类而备受关注。因此,我国食品添加剂使用标准中对食品添加剂的品种、使用范围及最大使用量或残留量作了明确的规定。

目前,食品添加剂品种繁多,常用的有200种以上,而且同一种食品添加剂可用于不同的食品种类中。由于不同食品成分差别大,一种检验方法往往不能适合所有食品的检验。因此,随着食品检验技术的发展,食品添加剂的测定方法有很多,即便是同一种食品添加剂也发展了几种不同的检测方法,以满足不同食品添加剂测定的需求。

第二节 漂白剂的测定

食品漂白剂是指能够破坏、抑制食品的发色因素,使其褪色或使食品免于褐变的物质。在食品的生产加工过程中,食品的色泽常发生改变,为使食品获得更好的感官效果,常加入漂白剂,如果脯的生产和淀粉糖浆等制品的漂白处理。

食品漂白剂分为氧化型和还原型两类。氧化型漂白剂是通过本身的氧化作用破坏着色物质或发色基团,从而达到漂白的目的。氧化型漂白剂被用于小麦面粉等食品原料中,以氧化面粉的色素,使其白度增加,故也称为面粉处理剂,此外它还有增强面筋韧性的作用。还原型漂白剂在果蔬加工中使用较多,使果蔬中的许多色素分解或褪色,从而改善果蔬制品的色泽,另外它还有钝化生物酶活性、控制酶促褐变、抑制细菌繁殖等作用。我国允许使用的还原型漂白剂主要有亚硫酸钠($NaSO_3$)、亚硫酸氢钠($NaHSO_3$)、低亚硫酸钠(又名保险粉,$Na_2S_2O_4$)、焦亚硫酸钠($Na_2S_2O_5$)和二氧化硫(SO_2)等。还原型漂白剂通过解离成亚硫酸,然后通过亚硫酸的还原性起到漂白及脱色等作用。亚硫酸毒性较小,只有当一天摄取 4~6 g 时,才会损害人体胃肠,造成剧烈腹泻。但在 1981 年澳大利亚和美国的科学家发现二氧化硫可诱发过敏性疾病和哮喘,由此很多国家对食品中二氧化硫残存提出了残留限量的规定,我国也不例外。因此,对二氧化硫残留和亚硫酸盐的测定成为食品漂白剂检测的主要内容之一。

一、SO_2 及亚硫酸盐的测定

1. 盐酸副玫瑰苯胺比色法

(1) 原理:二氧化硫(或来自亚硫酸盐)被四氯汞钠吸收后,生成稳定的络合物,再与甲醛和盐酸副玫瑰苯胺作用,并经分子重排后,生成紫红色的络合物。该络合物的最大吸收峰在波长 550 nm 处,其颜色的深浅与二氧化硫的浓度成正比,可以比色测定,与标准系列比较定量。

$$Na_2HgCl_4 + SO_2 + H_2O \longrightarrow [HgClSO_3]^{2-} + 2H^+ + 2NaCl$$

$$[HgClSO_3]^{2-} + HCHO + 2H^+ \longrightarrow HgCl_2 + HO-CH_2-SO_3H$$

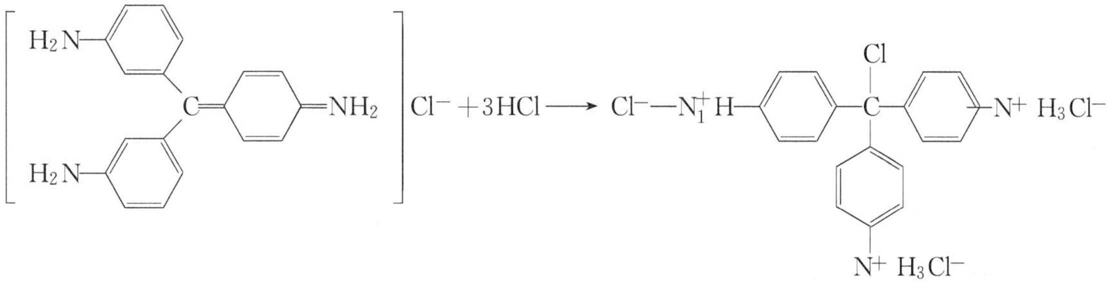

盐酸副玫瑰苯胺

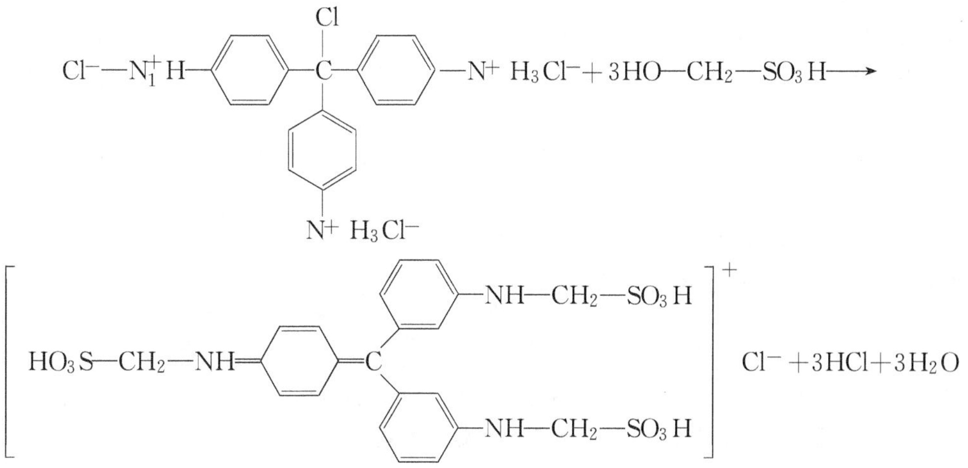

聚玫瑰红甲基磺酸(紫红色)

本方法适用于各类食品中亚硫酸盐及其二氧化硫残留量的测定。方法操作简单、快速、灵敏度高,重现性好。

(2) 试剂:四氯汞钠吸收液,氨基磺酸铵溶液:12 g/L,甲醛溶液:2 g/L,淀粉指示液,亚铁氰化钾溶液,乙酸锌溶液,盐酸副玫瑰苯胺溶液,碘溶液:$c(I/2I_2)=0.100$ mol/L,硫代硫酸钠标准溶液:$c=0.100$ mol/L,二氧化硫标准使用溶液:2 μg/mL。

(3) 仪器:分光光度计。

(4) 实验方法

1) 样品处理:水溶性固体样品如白糖等,可称取 10.0 g 均匀样品(样品量可视含量高低而定),以少量水溶解,置于 100 mL 容量瓶中,加入 4 mL 0.5 mol/L 氢氧化钠溶液,5 min 后加入 4 mL 0.5 mol/L 硫酸溶液,

然后加入 20 mL 四氯汞钠吸收液,以水稀释至刻度。

其他固体如饼干、粉丝等,称取 5.0～10.0 g 研磨均匀的样品,以少量水湿润并移入 100 mL 容量瓶中,然后加入 20 mL 四氯汞钠吸收液,浸泡 4 h 以上,若上层溶液不澄清,可加入亚铁氰化钾及乙酸锌溶液各 2.5 mL,最后用水稀释至刻度,过滤后备用。

液体样品如葡萄酒等,直接吸取 5.0～10.0 mL 样品,置于 100 mL 容量瓶中,以少量水稀释,加 20 mL 四氯汞钠吸收液,最后加水到刻度,摇匀,必要时过滤备用。

2)测定:吸取 0.50～5.00 mL 上述样品处理液于 25 mL 具塞比色管中。另吸取 0.00 mL、0.20 mL、0.40 mL、0.60 mL、0.80 mL、1.00 mL、1.50 mL、2.00 mL 二氧化硫标准使用液(相当于 0.00 μg、0.40 μg、0.60 μg、0.80 μg、1.20 μg、1.60 μg、2.00 μg、3.00 μg、4.00 μg 二氧化硫),分别置于 25 mL 具塞比色管中。

于样品及标准管中各加四氯汞钠吸收液至 10 mL,然后加入 1 mL 12 g/L 氨基磺酸铵溶液、1 mL 甲醛溶液及 1 mL 盐酸副玫瑰苯胺溶液,摇匀,放置 20 min。用 1 cm 比色杯以零管调节零点,于波长 550 nm 处测吸光度,并绘制标准曲线。

(5)计算:根据样品的吸光度,从标准曲线查得相应的二氧化硫含量。按下式计算样品中二氧化硫的含量:

$$X(\text{mg/kg}) = \frac{m_1}{m \times \dfrac{V}{100} \times 1\,000} \times 1\,000$$

式中,X——样品中二氧化硫的含量,mg/kg;

m_1——测定用样液中二氧化硫量的含量,mg;

m——样品质量,g;

V——测定用样液的体积,mL。

(6)讨论和说明

1)颜色较深的样品需用活性炭脱色。

2)盐酸副玫瑰苯胺中盐酸使用量对显色有影响,加入盐酸量多,显色浅,量少显色深,因此需严格控制。

3)样品中加入四氯汞钠吸收液以后,溶液中的二氧化硫含量在 24 h 内稳定,测定需在 24 h 内进行。

4)二氧化硫标准定量使用溶液的浓度随放置时间逐渐降低,必须临用前用新标定的二氧化硫标准储备溶液稀释。

5)亚硫酸和食品中的醛(乙醛等)、酮(酮戊二酸、丙酮酸)和糖(葡萄糖、果糖、甘露糖)相结合,以结合形式的亚硫酸存在于食品中。加碱是将食品中的二氧化硫释放出来,加硫酸是为了中和碱,这是因为总的显色反应是在微酸性条件下进行的。

6)亚硝酸对本法有干扰,故加入氨基磺酸铵,使亚硝酸分解。

$$\text{HNO}_2 + \text{NH}_2\text{SO}_2\text{ONH}_4 \longrightarrow \text{NH}_4\text{HSO}_4 + \text{N}_2 \uparrow + \text{H}_2\text{O}$$

7)显色时间和温度对显色有影响,所以在显色时要严格控制显色时间和温度一致;通常显色时间 10～30 min 内稳定;温度 10～25 ℃ 显色稳定,高于 30 ℃ 测定值偏低。

2. 蒸馏法

(1)原理:在密闭容器中对样品进行酸化并加热蒸馏,释放出其中的二氧化硫,释放物用乙酸铅溶液吸收。吸收后用浓盐酸酸化,再以碘标准溶液滴定,由消耗的碘标准溶液的量计算出样品中二氧化硫含量。本方法适用于色酒、葡萄糖糖浆和果脯等。

(2)试剂:盐酸(1+1);乙酸铅溶液:20 g/L,碘标准溶液:$c(\text{I}/2\text{I}_2) = 0.010$ mol/L,淀粉指示液:10 g/L,应现用现配。

(3)仪器:全玻璃蒸馏器,碘量瓶,酸式滴定管。

(4)实验方法

1)样品处理

固体试样用刀切或剪刀剪成碎末后混匀,称取约 5.00 g 均匀试样(试样量视含量高低而定)。液体样品可直接吸取 5.0~10.0 mL,置于圆底蒸馏烧瓶中。

2) 测定

蒸馏:将称好的样品置入圆底蒸馏烧瓶中,加入 250 mL 水,装上冷凝装置,冷凝管下端应插入碘量瓶中的 25 mL 乙酸铅吸收液中,然后在蒸馏瓶中加入 10 mL 盐酸,立即盖塞,加热蒸馏。当蒸馏液约 200 mL 时,使冷凝管下端离开液面,再蒸馏 1 min。用少量蒸馏水冲洗插入乙酸铅溶液的装置部分。在检测样品的同时做空白试验。

滴定:向取下的碘量瓶中依次加入 10 mL 浓盐酸、1 mL 淀粉指示液。摇匀之后用碘标准滴定溶液滴定至变蓝且在 30 s 内不褪色为止。

(5) 计算

样品中二氧化硫总含量按下式计算:

$$X(g/kg) = \frac{c \times (V - V_0) \times 0.032}{m} \times 1\,000$$

式中,X——样品中的二氧化硫总含量,g/kg;

c——滴定时所用碘标准溶液的浓度,mol/L;

V——滴定样品时所用碘标准溶液的体积,mL;

V_0——滴定试剂空白时所用碘标准溶液的体积,mL;

m——样品质量,g;

0.032——1 mL 碘标准溶液[$c(1/2\ I_2) = 0.010$ mol/L]相当于二氧化硫的量,mg。

(6) 讨论和说明

1) 配制试剂及处理样品等用水须是新煮沸过的蒸馏水。

2) 为了尽量避免接收管和冷凝管壁附着水滴,仪器必须洗涤干净。

3) 此方法主要用于 SO_2(或亚硫酸盐)含量在 0.1 g/kg 以上样品的测定。

4) 样品中含有醛类物质也和碘作用,使测定值偏高。

二、过氧化氢的测定——钛盐比色法

1. 原理 过氧化氢在酸性溶液中,与钛离子生成稳定橙色络合物,颜色的深浅与样品中过氧化氢成正比,可以求出样品中过氧化氢的含量。反应式如下:

$$Ti^{4+} + H_2O_2 + 2H_2O \longrightarrow H_2TiO_4 + 4H^+$$

2. 试剂

(1) 钛溶液:称取二氧化钛(TiO_2)1.0 g,移入 250 mL 锥形瓶中,加入硫酸铵 4 g,浓硫酸 100 mL,上面放一小漏斗,置于 150 ℃ 砂锅中加热 15~16 h,冷却后,将溶液倾入至 4 倍的水中,放冷,用磁板过滤,清夜备用。

(2) 过氧化氢标准溶液:0.1 mg/mL。

3. 仪器

分光光度计。

4. 实验方法

(1) 标准曲线的绘制:用移液管分别吸取每毫升相当于 0.1 mg 的标准溶液 0.0 mL、0.5 mL、1.0 mL、2.0 mL、4.0 mL、6.0 mL、8.0 mL 和 10 mL,分别移入 25 mL 比色管中,加水至 10 mL。分别加入钛溶液 7 mL,用水稀释至 25 mL,摇匀后,在分光光度计波长 430 nm 处测定吸光度,绘制标准曲线。

(2) 样品测定:称取搅碎均匀的样品 5.0 g,用水移入 50 mL 容量瓶中,加水至刻度,不时振摇,浸抽 30 min 后,过滤,然后用移液管吸取溶液 10 mL,置于 25 mL 比色管中,加入钛溶液 7 mL。以下按绘制标准曲线步骤进行,测得吸光度,从标准曲线中查出样液中过氧化氢含量。

5. 计算

样品中过氧化氢含量按下式计算:

$$X(\text{mg/kg}) = \frac{m_1}{m_2} \times 1\,000$$

式中，X——样品中过氧化氢含量，mg/kg；

m_1——从标准曲线查的过氧化氢的质量，mg；

m_2——测定时所取样品溶液相当的样品质量，g。

6. 讨论和说明

1）脱水蔬菜等样品应取样 50~100 g，加水至 200 g，泡软后用组织搅碎机搅碎，混匀后取样。

2）如果样液有颜色，应以样液空白为参比液，即用稀硫酸(1∶4)7 mL 代替 7 mL 钛溶液，其他仍按方法进行。

3）钡、铅、锶和钙等离子能与硫酸生成沉淀物，需过滤后再进行测定。

4）用钒离子同时与过氧化氢生成黄至橙红色络合物，也可以目视比较法求出样液中过氧化氢含量。

第三节　发色剂的测定

发色剂，也称护色剂、助色剂或呈色剂，是指能与肉及肉制品中呈色物质作用，使之在食品加工、保藏等过程中不致分解、破坏，呈现良好色泽的物质。

发色剂一般泛指硝酸盐和亚硝酸盐类物质，它们本身无色，也无着色能力，但当其应用于肉制品加工中，硝酸盐可在亚硝酸菌的作用下，还原为亚硝酸盐。亚硝酸盐在酸性条件下（如肌肉中的乳酸）产生游离的亚硝酸，与肉中肌红蛋白结合，生成亚硝基肌红蛋白，呈现稳定的红色化合物，致使肉品呈鲜艳的亮红色，而且又具有较强的抑菌作用，尤其是抑制肉毒梭菌的生长，可有效减少由此引发的中毒事故，因此又是防腐剂。我国在肉制品加工中使用发色剂已有较长的历史，古人在腌肉类制品中使用的硝石就是一种硝酸盐（硝酸钾），它依靠转化形成的亚硝酸盐对肉制品起到护色和防腐的作用。

亚硝酸盐具有一定的毒性，体内过量的亚硝酸盐可使血液中二价铁离子氧化为三价铁离子，使正常血红蛋白转变为高铁血红蛋白，失去携氧能力，从而出现亚硝酸盐中毒症状。同时亚硝酸盐又是致癌性 N-亚硝基化合物的前体物，研究证明人体内和食物中的亚硝酸盐只要与酰胺类同时存在，就可能形成致癌性的亚硝基化合物。由于亚硝酸盐是致癌的前体物及其对人体有毒副作用，长期以来，人们一直在寻求亚硝酸盐的替代品，但迄今为止，尚未见到具有发色作用又能防腐的新替代品。因此，特别需要注重亚硝酸盐的规范使用和添加效果，在保证安全和产品质量的前提下，严格控制其使用量，尽可能减少残留，以减轻亚硝酸盐对人体潜在危害。

一、亚硝酸盐的测定——盐酸萘乙二胺比色法

1. 原理　　样品经沉淀蛋白质、去除脂肪后，在弱酸性条件下，亚硝酸盐与对氨基苯磺酸重氮化后，再与盐酸萘乙二胺偶联形成紫红色化合物。

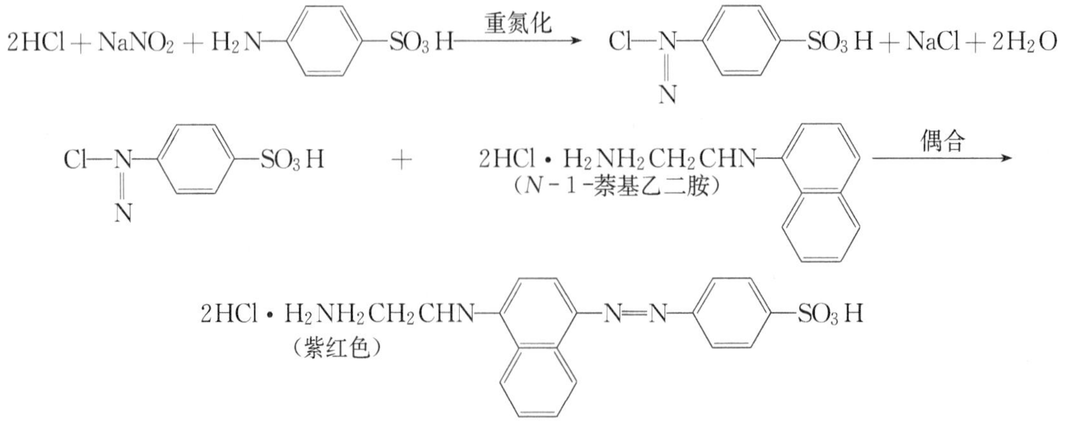

该化合物颜色深浅与亚硝酸盐含量成正比,其最大吸收波长为538 nm,可在该波长下测定其吸光度,并与标准样品比较定量。

2. 试剂 亚铁氰化钾溶液,乙酸锌溶液,饱和硼砂溶液,对氨基苯磺酸溶液:4 g/L,盐酸萘乙二胺溶液:2 g/L,亚硝酸钠标准使用液:5 μg/mL。

3. 仪器 分光光度计,小型绞肉机,打浆机。

4. 实验方法

(1) 样品处理

1) 肉制品:称取经搅拌混合均匀的样品5 g于50 mL烧杯中,加入硼砂饱和溶液12.5 mL,用玻棒搅拌,继以70 ℃左右的重蒸水约300 mL将其冲洗入500 mL容量瓶中,置于沸水浴中加热15 min;取出,一边转动,一边滴加2.5 mL乙酸锌溶液,以沉淀蛋白质。冷却至室温,用重蒸水定容至刻度,摇匀,放置0.5 h,除去上层脂肪,清液用滤纸过滤,弃去初滤液30 mL,取清澈滤液备用(若为红烧肉类,则取其滤液60 mL于100 mL容量瓶中,加氢氧化铝溶液定容,摇匀,过滤,滤液应无色透明)。

2) 果蔬类:样品用打浆机打碎。称取适量浆液置于500 mL容量瓶中,加200 mL水,摇匀后再加100 mL果蔬提取剂。振摇1 h,加2.5 mol/L氢氧化钠溶液40 mL,用蒸馏水定容后立即过滤。然后取60 mL于100 mL容量瓶中,加氢氧化铝溶液定容,摇匀,过滤,滤液应无色透明。

(2) 绘制标准曲线:准确吸取亚硝酸钠标准使用液(5 μg/mL)0.0 mL、0.2 mL、0.4 mL、0.6 mL、0.8 mL、1.0 mL、1.5 mL、2.0 mL、2.5 mL,分别置于50 mL容量瓶中,各加2 mL对氨基苯磺酸溶液(4 g/L),摇匀,静置3~5 min后,各加入1 mL盐酸萘乙二胺溶液(2 g/L),并用蒸馏水定容至刻度,摇匀,静置15 min。同时做试剂空白。

用2 cm比色杯,于波长538 nm处测吸光度,绘制标准曲线。

(3) 样品的测定:取40 mL样品滤液于50 mL容量瓶中,加2 mL对氨基苯磺酸溶液(4 g/L),摇匀,静置3~5 min后,加入1 mL盐酸萘乙二胺溶液(2 g/L),并用蒸馏水定容至刻度,摇匀,静置15 min。用2 cm比色杯,于波长538 nm处测定其吸光度。

5. 计算

从标准曲线上查得相应的亚硝酸钠浓度,按下式计算样品中亚硝酸盐的含量:

$$X(\text{mg/kg}) = \frac{m_1}{m \times \frac{V_1}{V_2} \times 1\,000} \times 1\,000$$

式中,X——样品中亚硝酸盐的含量,mg/kg;

m_1——测定用样液中亚硝酸钠的质量,μg;

m——样品质量,g;

V_1——测定用样液体积,mL;

V_2——样品处理液总体积,mL。

6. 讨论和说明

1) 当样品亚硝酸盐含量高时,过量的亚硝酸盐可以将偶氮化合物氧化变成黄色,而使红色消失,这时可以采取先加入试剂,然后滴加样液,从而避免亚硝酸盐过量。

2) 显色时的pH以1.9~3.0为宜,显色后稳定性与室温有关,一般认为显色温度为15~30 ℃,在20~30 min内比色为好。

二、硝酸盐的测定——镉柱法

1. 原理 样品经沉淀蛋白质、除去脂肪后,得到样品提取液,提取液通过镉柱,使其中的硝酸根离子还原成亚硝酸根离子。反应如下:

$$Cd + NO_3^- \longrightarrow CdO + NO_2^-$$

然后再按盐酸萘乙二胺比色法测定亚硝酸盐含量,由总量减去直接测得的亚硝酸盐含量即得硝酸盐含量。

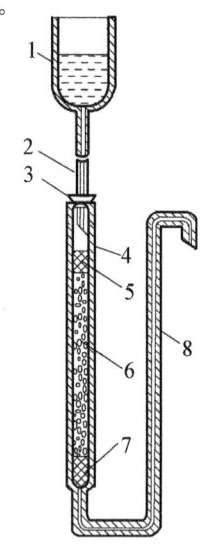

图 10-1 镉柱装置
示意图
1. 储液漏斗;2. 进液毛细管;3. 橡皮塞;4. 镉柱玻璃管;5. 玻璃棉;6. 海绵状镉;7. 玻璃棉;8. 出液毛细管

2. 试剂 氨缓冲溶液:pH 9.6~9.7,盐酸溶液:0.1 mol/L,硝酸钠标准使用液:5 μg/mL,亚硝酸钠标准使用液:5 μg/mL,亚铁氰化钾溶液,乙酸锌溶液,饱和硼砂溶液,对氨基苯磺酸溶液:4 g/L,盐酸萘乙二胺溶液:2 g/L。

3. 仪器 镉柱(图 10-1)、分光光度计。

4. 实验方法

(1) 样品处理:同盐酸萘乙二胺法测亚硝酸盐含量中处理方法。

(2) 亚硝酸盐标准曲线:同盐酸萘乙二胺法。

(3) 样品的测定

首先,以 25 mL 稀氨缓冲液冲洗镉柱,流速控制在 3~5 mL/min(以滴定管代替的可控制在 2~3 mL/min)。

其次,吸取 20 mL 处理过的样液于 50 mL 烧杯中,加 5 mL 氨缓冲溶液,混匀后注入储液漏斗,使流经镉柱还原,以原烧杯收集流出液;当储液漏斗中样液流完后,再加 5 mL 水置换柱内留存的样液。

再次,将全部收集液再经镉柱还原一次,第二次流出液收集于 100 mL 容量瓶中,继续以水流经镉柱洗涤三次,每次 20 mL,洗液一并收集于同一容量瓶中,加水至刻度,摇匀。

最后,亚硝酸盐总量的测定:取 40 mL(视滤液中含亚硝酸盐量而定)还原后的溶液于 50 mL 容量瓶中,按盐酸萘乙二胺法测定亚硝酸盐总量。

5. 计算 按下式计算样品中硝酸盐的含量:

$$X(\text{mg/kg}) = \frac{m_1 - m_2}{m \times \dfrac{V_1}{V_2} \times 1\,000} \times 1.232 \times 1\,000$$

式中,X——样品中硝酸盐的含量,mg/kg;

m_1——经镉柱还原后测得的亚硝酸钠的质量,μg;

m_2——直接测得的亚硝酸盐的质量,μg;

m——样品的质量,g;

V_1——测定用样液体积,mL;

V_2——样品处理液总体积,mL。

6. 讨论和说明

1) 在制取海绵状镉和装填镉柱时最好在水中进行,勿使镉粒暴露于空气中以免氧化。镉柱每次使用完毕后,应先用 25 mL 盐酸溶液(0.1 mol/L)洗涤,再用水洗两次,每次 25 mL,最后用水覆盖镉柱。

2) 为保证硝酸盐测定结果准确,镉柱还原效率应当经常检查。

3) 在沉淀蛋白质时,乙酸锌溶液的用量不宜过多。否则,在经镉柱还原时,由于加 5 mL 氨缓冲溶液(pH 9.6~9.7)而生成 $Zn(OH)_2$ 白色沉淀,堵塞镉柱,影响测定。

4) 镉是有害元素之一,在制作海绵状镉或处理镉柱时,其废弃液中含有大量的镉,不要将这些有害的镉放入下水道,要先经过处理。另外,不要用手直接接触镉,同时不要弄到皮肤上,一旦接触,要立即用水冲洗。

三、亚硝酸盐和硝酸盐的测定——离子色谱法

1. 原理 试样经沉淀蛋白质、去除脂肪后,采用相应的方法提取和净化,以氢氧化钾溶液为淋洗液,阴离子交换柱分离,电导检测器检测。以保留时间定性,外标法定量。

2. 试剂 超纯水:电阻率>18.2 MΩ·cm,亚铁氰化钾溶液,乙酸锌溶液,饱和硼砂溶液,亚硝酸根离子(NO_2^-)标准溶液(100 mg/L,水基体),硝酸根离子(NO_3^-)标准溶液(1 000 mg/L,水基体),亚硝酸盐(以

NO_2^-计,下同)和硝酸盐(以 NO_3^- 计,下同)混合标准使用液:1 mL 含亚硝酸根离子 1.0 μg 和硝酸根离子 10.0 μg。

3. 仪器 离子色谱仪:带电导检测器;净化柱:包括 C_{18} 柱、Ag 柱和 Na 柱或等效柱。

4. 实验方法

(1) 试样预处理

1) 新鲜蔬菜、水果:将试样用去离子水洗净,晾干后,取可食部切碎混匀。将切碎的样品用四分法取适量,用组织捣碎机制成匀浆备用。如需加水应记录加水量。

2) 肉类、蛋、水产及其制品:用四分法取适量或取全部,用组织捣碎机制成匀浆备用。

3) 乳粉、豆奶粉、婴儿配方粉等固态乳制品(不包括干酪):将试样装入能够容纳 2 倍试样体积的带盖容器中,通过反复摇晃和颠倒容器使样品充分混匀直到使试样均一化。

4) 发酵乳、乳、炼乳及其他液体乳制品:通过搅拌或反复摇晃和颠倒容器使试样充分混匀。

5) 奶酪:取适量的样品研磨成均匀的泥浆状。为避免水分损失,研磨过程中应避免产生过多的热量。

(2) 试样提取

1) 水果、蔬菜、鱼类、肉类、蛋类及其制品等:称取试样匀浆 5 g(精确至 0.001 g),以 80 mL 水洗入 100 mL 容量瓶中,超声提取 30 min,每隔 5 min 振摇一次,保持固相完全分散。于 75 ℃水浴中放置 5 min,用水定容至刻度。溶液经滤纸过滤后,取部分溶液于 10 000 r/min 离心 15 min,上清液备用。

2) 腌鱼类、腌肉类及其他腌制品:称取试样匀浆 2 g(精确至 0.001 g),以 80 mL 水洗入 100 mL 容量瓶中,超声提取 30 min,每 5 min 振摇一次,保持固相完全分散。于 75 ℃水浴中放置 5 min,取出放置至室温,用水定容至刻度。溶液经滤纸过滤后,取部分溶液于 10 000 r/min 离心 15 min,上清液备用。

3) 牛奶:称取试样 10 g (精确至 0.001 g),置于 100 mL 容量瓶中,加水 80 mL,摇匀,超声 30 min,加入 3%冰醋酸溶液 2 mL,于 4 ℃放置 20 min,取出放置至室温,用水定容至刻度。溶液经滤纸过滤,取上清液备用。

4) 奶粉:称取试样 2.5 g(精确至 0.001 g),置于 100 mL 容量瓶中,加水 80 mL,摇匀,超声 30 min,加入 3%乙酸溶液 2 mL,于 4 ℃放置 20 min,取出放置至室温,用水定容至刻度。溶液经滤纸过滤,取上清液备用。

取上述备用的上清液约 15 mL,通过 0.22 μm 水性滤膜针头滤器、C_{18} 柱,弃去前面 3 mL(如果氯离子大于 100 mg/L,则需要依次通过针头滤器、C_{18} 柱、Ag 柱和 Na 柱,弃去前面 7 mL),收集后面洗脱液待测。

固相萃取柱使用前需进行活化,如使用 OnGuard Ⅱ RP 柱(1.0 mL)、OnGuard Ⅱ Ag 柱(1.0 mL)和 OnGuard Ⅱ Na 柱(1.0 mL),其活化过程为:OnGuard Ⅱ RP 柱(1.0 mL)使用前依次用 10 mL 甲醇、15 mL 水通过,静置活化 30 min。OnGuard Ⅱ Ag 柱(1.0 mL)和 OnGuard Ⅱ Na 柱(1.0 mL)用 10 mL 水通过,静置活化 30 min。

(3) 测定

1) 标准曲线的绘制:移取亚硝酸盐和硝酸盐混合标准使用液,加水稀释,制成系列标准溶液,含亚硝酸根离子浓度为 0.00 mg/L、0.02 mg/L、0.04 mg/L、0.06 mg/L、0.08 mg/L、0.10 mg/L、0.15 mg/L、0.20 mg/L;硝酸根离子浓度为 0.0 mg/L、0.2 mg/L、0.4 mg/L、0.6 mg/L、0.8 mg/L、1.0 mg/L、1.5 mg/L、2.0 mg/L 的混合标准溶液,从低浓度到高浓度依次进样,得到上述各浓度标准溶液的色谱图(图 10-2)。以亚硝酸根离子或硝酸根离子的浓度(mg/L)为横坐标,以峰高(μS)或峰面积为纵坐标,绘制标准曲线,并计算线性回归方程。

2) 样品测定:用 1.0 mL 注射器分别吸取空白和试样溶液,在相同工作条件下,依次注入离子色谱仪中,记录色谱图。根据保留时间定性,分别测量空白和样品的峰高(μS)或峰面积。

5. 计算

试样中亚硝酸盐(以 NO_2^- 计)或硝酸盐(以 NO_3^- 计)含量按下式计算:

$$X(\text{mg/kg}) = \frac{(c-c_0) \times V \times f \times 1\,000}{m \times 1\,000}$$

式中,X——试样中亚硝酸根离子或硝酸根离子的含量,mg/kg;

c——测定用试样溶液中的亚硝酸根离子或硝酸根离子浓度,mg/L;

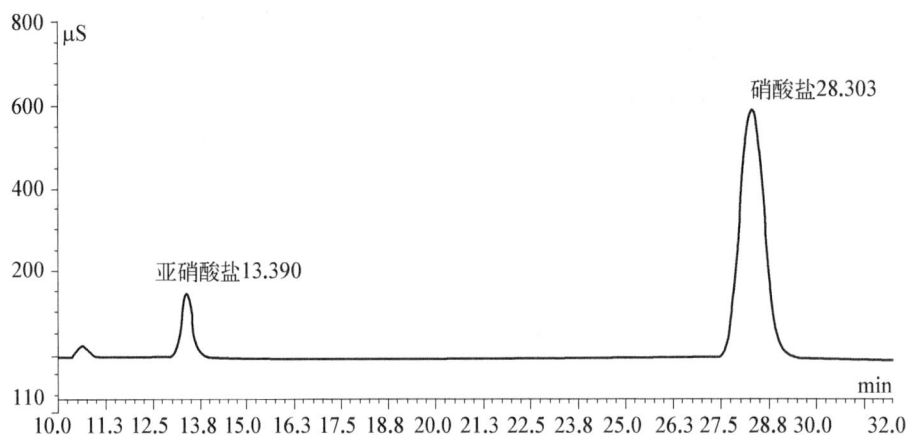

图10-2 亚硝酸盐和硝酸盐混合标准溶液的离子色谱图

c_0——试剂空白液中亚硝酸根离子或硝酸根离子的浓度,mg/L;

V——试样溶液体积,mL;

f——试样溶液稀释倍数;

m——试样取样量,g。

6. 讨论和说明

1) 本法是 GB 5009.33—2010 中第一法。所有玻璃器皿使用前均需依次用 2 mol/L 氢氧化钾和水分别浸泡 4 h,然后用水冲洗 3~5 次,晾干备用。

2) 试样中测得的亚硝酸根离子含量乘以换算系数 1.5,即得亚硝酸盐(按亚硝酸钠计)含量;试样中测得的硝酸根离子含量乘以换算系数 1.37,即得硝酸盐(按硝酸钠计)含量。

3) 以重复性条件下获得的两次独立测定结果的算术平均值表示,结果保留两位有效数字,但两次独立测定结果的绝对值差不得超过算术平均值的 10%。

第四节 抗氧化剂的测定

抗氧化剂是指能防止或延缓油脂或食品成分氧化分解、变质,提高食品稳定性的物质。食品在生产、储藏及流通过程中除了受微生物的作用发生腐败变质外,油脂氧化也是导致食品品质劣化的又一重要因素。油脂氧化不仅使油脂或富含油脂的食品酸败(哈败)变味,降低食品的感官品质,同时也破坏其中的营养成分,而且氧化严重时还会产生一些过氧化物、氧自由基等有毒有害物质。此外,氧化会引起食品的褪色、褐变等。因此,防止食品的油脂氧化变质十分重要,而使用一些安全性高、效果显著的食品抗氧化剂是抑制油脂氧化的重要手段之一。

常用的油脂抗氧化剂主要有:丁基化羟基茴香醚(BHA)、丁基化羟基甲苯(BHT)、没食子酸丙酯(PG)、维生素 E 和茶多酚等。其中食品中使用广泛的人工合成油溶性抗氧化剂 BHA、BHT、PG 等对人体有一定的毒副作用,需要进行检测,以加强监督管理,保证安全使用。

一、叔丁基羟基茴香醚(BHA)与 2,6-二叔丁基对甲酚(BHT)的测定——气相色谱法

1. 原理 样品中的 BHA 和 BHT 用石油醚提取,通过层析柱使 BHA 与 BHT 净化,浓缩后,经气相色谱分离后用氢火焰离子化检测器检测,根据试样峰高与标准峰高比较定量。

2. 试剂 石油醚:沸程 30~60 ℃,二氯甲烷,二硫化碳,无水硫酸钠,硅胶 G:60~80 目,弗罗里矽土(Florisil):60~80 目,BHA、BHT 混合标准使用液:0.04 mg/mL BHA、BHT。

3. 仪器 气相色谱仪:附 FID 检测器。

4. 实验方法

(1) 样品的制备：

称取 500 g 含油脂较多的试样(固体)(若含油脂少则取 1 000 g)，然后沿对角线取四分之二或六分之二，或根据试样情况取有代表性试样，在玻璃乳钵中研碎，混合均匀后放置广口瓶内保存于冰箱中。

(2) 脂肪的提取

1) 含油脂高的试样(如桃酥等)：称取 50 g，混合均匀，置于 250 mL 具塞锥形瓶中，加入 50 mL 石油醚(沸程为 30～60 ℃)，放置过夜，用快速滤纸过滤后，减压回收溶剂，残留脂肪备用。

2) 含油脂中等的试样(如蛋糕、江米条等)：称取 100 g 左右，混合均匀，置于 500 mL 具塞锥形瓶中，加入 100～200 mL 石油醚(沸程为 30～60 ℃)，放置过夜，用快速滤纸过滤后，减压回收溶剂，残留脂肪备用。

3) 含油脂少的试样(如面包、饼干等)：称取 250～300 g，混合均匀后，置于 500 mL 具塞锥形瓶中，加入适量石油醚(沸程为 30～60 ℃)浸泡，放置过夜，用快速滤纸过滤后，减压回收溶剂，残留脂肪备用。

(3) 净化处理

1) 层析柱的制备：于层析柱底部加入少量玻璃棉、少量无水硫酸钠，将硅胶-弗罗里矽土(6+4)共 10 g，用石油醚湿法混合装柱，柱顶部再加入少量无水硫酸钠。

2) 脂肪提取物净化处理：称取经上述方法提取的脂肪 1.50～2.00 g，放入 50 mL 烧杯中，加 30 mL 石油醚溶解，转移到层析柱上，再用 10 mL 石油醚分数次洗涤烧杯，并转入到层析柱。用 100 mL 三氯甲烷分五次淋洗，合并淋洗液，减压浓缩近干时，用二硫化碳定容至 2.0 mL，该溶液为待测溶液。

(4) 植物油样品的制备：直接称取均匀试样 2.00 g，放入 50 mL 烧杯中，加 30 mL 石油醚溶解，转移到层析柱上，再用 10 mL 石油醚分数次洗涤烧杯，并转入到层析柱。用 100 mL 三氯甲烷分五次淋洗，合并淋洗液，减压浓缩近干时，用二硫化碳定容至 2.0 mL，该溶液为待测溶液。

(5) 测定：吸取 3 μL BHA、BHT 混合标准使用液注入气相色谱仪，绘制色谱图，分别量取各组分峰高或面积。

进 3 μL 试样待测溶液(应视试样含量而定)，绘制色谱图，分别量取峰高或面积，与标准峰高或面积比较计算含量。

5. 计算

1) 待测溶液 BHA(或 BHT)的质量按下式进行计算。

$$m_1(\text{mg}) = \frac{h_i}{h_s} \times \frac{V_m}{V_i} \times V_s \times C_s$$

式中，m_1——待测溶液 BHA(或 BHT)的质量，mg；

h_i——注入层析柱试样中 BHA(或 BHT)的峰高或面积；

h_s——标准使用液中 BHA(或 BHT)的峰高或面积；

V_i——注入层析柱试样溶液的体积，mL；

V_m——待测试样定容的体积，mL；

V_s——注入层析柱中标准使用液的体积，mL；

C_s——标准使用液的浓度，mg/mL。

2) 食品中以脂肪计 BHA(或 BHT)的含量计算。

$$X(\text{g/kg}) = \frac{m_1 \times 1\,000}{m_2 \times 1\,000}$$

式中，X——食品中以脂肪计 BHA(或 BHT)的含量，g/kg；

m_1——待测液中 BHA(或 BHT)的质量，mg；

m_2——油脂(或食品中脂肪)的质量，g。

6. 讨论和说明

1) 抗氧化剂随存放时间延长，其含量逐渐下降，因此采集来的样品应及时检测，不宜久存。

2) 脂肪过柱净化处理时应注意：待湿法装柱后，石油醚自层析柱停止流出时，立即将样品提取液倾入柱内，以防止时间过长柱层断裂，影响净化效果。

3) 抗氧化剂在层析柱中停留时间不宜过长，一般以 72 滴/min 淋洗为好。

4) 本法检出限为 2.0 μg，油脂取样量为 0.50 g 时检出浓度为 4.0 mg/kg；最佳线性范围为：0.0～100.0 μg。

5) 方法采用填充柱分离，对含量较低的样品不能满足需要，现多用毛细管柱进行分离，其分离效果、准确性和灵敏度均远高于填充柱。

二、BHT 的测定——比色法

1. 原理 样品通过水蒸气蒸馏，使 BHT 分离，用甲醇吸收，BHT 与邻联二茴香胺、亚硝酸溶液生成橙红色复合物，用三氯甲烷提取，与标准溶液比较定量。

2. 试剂 50%甲醇溶液，三氯甲烷，邻联二茴香胺溶液，亚硝酸钠溶液：3 g/L，BHT 标准溶液：0.50 mg/mL，BHT 标准使用液：10.0 μg/mL。

3. 仪器 水蒸气蒸馏装置，甘油浴，分光光度计。

4. 实验方法

(1) 样品处理：称取 2～5 g 样品（约含 0.4 mgBHT）于 100 mL 蒸馏瓶中，加 16 g 无水氯化钙粉末及 10 mL 水，当甘油浴温度达到 165 ℃恒温时，将蒸馏瓶浸入甘油浴中，连接好水蒸气发生装置及冷凝管，冷凝管下端浸入盛有 50 mL 甲醇的 200 mL 容量瓶中，进行蒸馏，蒸馏速度 1.5～2 mL/min，在 50～60 min 内收集约 100 mL 馏出液（连同原盛有的甲醇共约 150 mL，蒸气压不可太高，以免油滴带出），以温热的甲醇分次洗涤冷凝管，洗液并入容量瓶中并稀释至刻度。

(2) 测定：准确吸取 25 mL 上述处理后的样品溶液，移入用黑纸（布）包扎的 60 mL 分液漏斗中，另准确吸取 0 mL、1.0 mL、2.0 mL、3.0 mL、4.0 mL、5.0 mL BHT 标准使用液（相当于 0 μg、10 μg、20 μg、30 μg、40 μg、50 μgBHT），分别置于黑纸（布）包扎的 60 mL 分液漏斗中，加入 50%甲醇至 25 mL。分别加入 5 mL 邻苯二茴香胺溶液，混匀，再各加 2 mL 0.3%亚硝酸钠溶液，振摇 1 min，放置 10 min，再各加 10 mL 三氯甲烷，剧烈振摇 1 min，静置 3 min 后，将三氯甲烷层分入黑纸（布）包扎的 10 mL 比色管中，管中预先放入 2 mL 甲醇，混匀。用 1 cm 比色杯，以"0"管调节零点，于波长 520 nm 处测定吸光度，绘制标准曲线比较，以外标法定量。

5. 计算 样品中 BHT 的含量按下式计算：

$$X(\text{g/kg}) = \frac{m_1 \times 1\,000}{m \times \dfrac{V_2}{V_1} \times 1\,000 \times 1\,000}$$

式中，X——样品中 BHT 的含量，g/kg；

m_1——测定用样液 BHT 的质量，μg；

m——样品质量，g；

V_1——蒸馏后样液总体积，mL；

V_2——测定用吸取样液的体积，mL。

6. 讨论和说明

1) 本法适用于油脂中 BHT 的测定。

2) BHT 遇光分解，测定过程中要注意避光。

3) 本法检出限为 10.0 μg，油脂取样量为 0.25 g 时检出浓度为 4.0 mg/kg。

三、没食子酸丙酯（PG）的测定——比色法

1. 原理 样品经石油醚溶解，用乙酸铵水溶液提取后，没食子酸丙酯（PG）与亚铁酒石酸盐呈紫色反应，于波长 540 nm 处测吸光度，与标准溶液比较进行定量分析。

2. 试剂　石油醚：沸程 30～60 ℃，乙酸铵溶液，显色剂：称取 0.100 g 硫酸亚铁($FeSO_4 \cdot 7H_2O$)和 0.500 g 酒石酸钾钠($NaKC_4H_4O_6 \cdot 4H_2O$)，加水溶解，稀释至 100 mL，临用前现配，PG 标准溶液：50.0 μg/mL。

3. 仪器　分光光度计。

4. 实验方法　(1) 样品处理。称取 10 g 样品，用 100 mL 石油醚溶解，移入 25 mL 分液漏斗中，加 20 mL 乙酸铵溶液(16.7 g/L)振摇 2 min，静置分层，将水层放入 125 mL 分液漏斗中(如乳化，连同乳化层一起放入)，石油醚层再用 20 mL 乙酸铵溶液(16.7 g/L)重复提取两次，合并水层。石油醚层用水振摇洗涤两次，每次 15 mL，水洗液并入同一 125 mL 分液漏斗中，振摇静置。将水层通过干燥滤纸滤入 100 mL 容量瓶中，用少量水洗涤滤纸，加 2.5 mL 乙酸铵溶液(100 g/L)，加水至刻度，摇匀。将此溶液用滤纸过滤，弃去初滤液的 20 mL，收集滤液供比色测定用。

(2) 测定。吸取 20.0 mL 上述处理后的样品提取液于 25 mL 具塞比色管中，加入 1 mL 显色剂，加 4 mL 水，摇匀。另吸取 0 mL、1.0 mL、2.0 mL、4.0 mL、6.0 mL、8.0 mL、10.0 mL PG 标准溶液(相当于 0 μg、50 μg、100 μg、200 μg、300 μg、400 μg、500 μg PG)分别置于 25 mL 具塞比色管中，加入 2.5 mL 乙酸铵溶液(100 g/L)，准确加水至 24 mL，加入 1 mL 显色剂，摇匀。用 1 cm 比色杯，以"0"管调节零点，在波长 540 nm 处测定吸光度，以外标法进行定量分析。

5. 计算　从标准曲线上查得相应的 PG 含量，按下式计算样品中 PG 的含量：

$$X(\text{g/kg}) = \frac{m_1 \times 1\,000}{m \times \dfrac{V_1}{V} \times 1\,000 \times 1\,000}$$

式中，X——试样中 PG 的含量，g/kg；

m_1——测定用样液中 PG 的质量，μg；

m——样品质量，g；

V——提取后样液总体积，mL；

V_1——测定用吸取样液的体积，mL。

6. 讨论和说明

1) 本方法适用于油脂中 PG 的测定。

2) 方法检出限为 50 μg，测定试样相当于 2 g 时，最低检出浓度为 25 mg/kg。

3) 油脂中 PG 的测定也有用液相色谱法的，AOAC 在 1994 年第 17 版提出了油、脂肪和白脱油中抗氧化剂(PG、TBHQ、BHA、BHT)的液相色谱法测定方法。

四、对羟基苯甲酸酯类的测定——气相色谱法

1. 原理　试样酸化后，对羟基苯甲酸酯类用乙醚提取浓缩后，用乙醇定容，并利用氢火焰离子化检测器气相色谱法进行分离测定，保留时间定性，外标法定量。

2. 试剂　无水乙醚($C_2H_5OC_2H_5$)：重蒸，饱和氯化钠溶液，碳酸氢钠溶液：10 g/L，盐酸溶液：1+1，对羟基苯甲酸乙酯、丙酯标准溶液：1.00 mg/mL。

3. 仪器　气相色谱仪：配有氢火焰离子化检测器(FID)；K-D 浓缩器。

4. 实验方法

(1) 提取净化

1) 酱油、醋、水果汁：吸取 5 g 预先均匀化的试样于 125 mL 分液漏斗中，加入 1 mL 1∶1 盐酸酸化，10 mL 饱和氯化钠溶液，摇匀，分别以 75 mL、50 mL、50 mL 乙醚提取三次，每次 2 min，放置片刻，弃去水层，合并乙醚层于 250 mL 分液漏斗中，加入 10 mL 饱和氯化钠溶液洗涤一次，再分别以 1 g/100 mL 碳酸氢钠溶液 30 mL、30 mL、30 mL 洗涤三次，弃去水层。用滤纸吸去漏斗颈部水分，塞上脱脂棉，加 10 g 无水硫酸钠于室温放置 30 min，在 K-D 浓缩器上浓缩近干，用吹氮除去残留溶剂。用无水乙醇定容至每毫升含 1 mg 对羟基苯甲酸乙酯、丙酯供气相色谱用。

2) 果酱：称取 5 g 预先均匀化的试样于 100 mL 具塞试管中，加入 1 mL 1∶1 盐酸酸化，10 mL 饱和氯化钠溶液，摇匀，用 50 mL、30 mL、30 mL 乙醚提取三次，每次 2 min，用吸管转移乙醚至 250 mL 分液漏斗中，以下按酱油、醋、水果汁提取净化方法操作。

(2) 测定：进样 1 μL 标准系列中各浓度标准使用液于气相色谱中，测定不同浓度对羟基苯甲酸乙酯、丙酯的峰高，以浓度为横坐标，峰高为纵坐标绘制标准曲线。同时进样 1 μL 样品溶液，测定峰高与标准曲线比较定量。

5. 计算 试样中对羟基苯甲酸酯类含量按下式计算：

$$X(\text{g/kg}) = \frac{m_1 \times 1\,000}{m \times \dfrac{V_2}{V_1} \times 1\,000}$$

式中，X——样品中对羟基苯甲酸酯类的含量，g/kg；

m_1——测定用样品中对羟基苯甲酸酯类的质量，μg；

V_1——样品制备液体积，mL；

V_2——样品进样体积，μL；

m——样品质量，g。

6. 讨论和说明

1) 对含量较低的样品采用填充柱分析，溶剂峰干扰大，分离效果差，准确性差，灵敏度低，不能满足检测的需要，可改用分离度高、灵敏度高的毛细管色谱法。

2) GB 2760—2011 中规定的食品中对羟基苯甲酸酯类限量标准的限量值是以对羟基苯甲酸计的，故此法的测定值应换算成以对羟基苯甲酸计。0.831 2——对羟基苯甲酸乙酯与对羟基苯甲酸的换算系数；0.766 5——对羟基苯甲酸丙酯与对羟基苯甲酸的换算系数。

第五节 防腐剂的测定

防腐剂是指防止食品腐败变质、延长食品储存期的物质。主要用于防止由于微生物生长繁殖所引起的食品在储藏、流通过程中的腐败变质，有助于延长食品的保质期和货架期。食品防腐剂的使用，是一种常用的食品保藏辅助手段，它使用简便，成本低廉，不需要特殊设备。不仅在现代食品工业保障食品供应方面扮演了重要的角色，而且在食品保藏中占据了主要的地位。

目前，常用的食品防腐剂种类很多，通常可分为有机酸及其盐类防腐剂、无机物及无机盐类防腐剂、酯类防腐剂和生物类防腐剂。我国允许使用的防腐剂主要有：苯甲酸及其钠盐、山梨酸及其钾盐、丙酸钙、对羟基苯甲酸乙酯及丙酯、乳酸链球菌素和那他霉素等。由于一些人工合成的化学防腐剂对人体有一定的健康危害，对食品防腐剂的使用有严格的限量规定，为了更好保证食品添加剂的安全有效使用以及食品的安全，对食品防腐剂的检测已成为食品分析的重要组成部分之一。

一、苯甲酸和山梨酸的测定

1. 气相色谱法

(1) 原理：样品酸化后，用乙醚提取山梨酸、苯甲酸，用附氢火焰离子化检测器的气相色谱仪进行分离测定，与标准系列比较定量。

(2) 试剂：乙醚：不含过氧化物，石油醚：沸程 30～60 ℃，(1+1)盐酸，氯化钠酸性溶液：40 g/L，山梨酸、苯甲酸标准溶液：2.0 mg/mL。

(3) 仪器：气相色谱仪：具有氢火焰离子化检测器。

(4) 实验方法

1) 样品提取：称取 2.50 g 事先混合均匀的样品，置于 25 mL 带塞量筒中，加 0.5 mL 盐酸(1+1)酸化，用 15 mL、10 mL 乙醚提取两次，每次振摇 1 min，将上层乙醚提取液吸入另一个 25 mL 带塞量筒中。合并乙醚提取液。用 3 mL 氯化钠酸性溶液(40 g/L)洗涤两次,静置 15 min,用滴管将乙醚层通过无水硫酸钠滤入 25 mL 容量瓶中。加乙醚至刻度,混匀。准确吸取 5 mL 乙醚提取液于 5 mL 带塞刻度试管中,置 40 ℃ 水浴上挥干,加入 2 mL 石油醚-乙醚(3+1)混合溶剂溶解残渣,备用。

2) 测定:进样 2 μL 标准系列中各浓度标准使用液于气相色谱仪中,可测得不同浓度山梨酸、苯甲酸的峰高,以浓度为横坐标,相应的峰高值为纵坐标,绘制标准曲线。

同时进样 2 μL 样品溶液,测得峰高与标准曲线比较定量。

(5) 计算:样品中山梨酸、苯甲酸的含量按下式计算:

$$X(\text{g/kg}) = \frac{m_1 \times 1\,000}{m \times \dfrac{5}{25} \times \dfrac{V_2}{V_1} \times 1\,000}$$

式中,X——样品中山梨酸或苯甲酸的含量,g/kg;

m_1——测定用样品液中山梨酸或苯甲酸的质量,μg;

V_1——加入石油醚-乙醚(3+1)混合溶剂的体积,mL;

V_2——测定时进样的体积,μL;

m——样品的质量,g;

5——测定时吸取乙醚提取液的体积,mL;

25——样品乙醚提取液的总体积,mL。

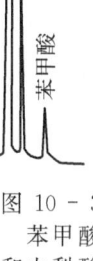

图 10-3 苯甲酸和山梨酸测定的气相色谱图

(6) 讨论和说明

1) 由测得苯甲酸的量乘以 1.18,即为样品中苯甲酸钠的含量;由测得山梨酸的量乘以 1.33,即为样品中山梨酸的含量。

2) 苯甲酸和山梨酸测定的气相色谱图如图 10-3 所示。

3) 两次独立测定结果的绝对差值不得超过算术平均值的 10%。

2. 高效液相色谱法

(1) 原理:试样加温除去二氧化碳和乙醇,调 pH 至近中性,过滤后进高效液相色谱仪。经反相色谱分离后,根据其标准溶液峰的保留时间进行定性,以其峰面积求出样品中被测物质的含量。

(2) 试剂:甲醇,氨水(1+1),乙酸铵溶液:0.02 mol/L,碳酸氢钠溶液:20 g/L,苯甲酸、山梨酸标准混合使用液:0.1 mg/mL。

(3) 仪器:高效液相色谱仪:带紫外检测器。

(4) 实验方法

1) 样品处理。

汽水:称取 5.0~10.0 g 样品,放入小烧杯中,微温搅拌除去二氧化碳,用氨水(1+1)调 pH 约为 7;移入 10 mL 容量瓶中,加水定容,经 0.45 μm 滤膜过滤。

果汁类:称取 5.0~10.0 g 样品,放入小烧杯中,用氨水(1+1)调 pH 约为 7;移入 10 mL 容量瓶中,加水定容,摇匀,离心,上清液经 0.45 μm 滤膜过滤。

配制酒类:称取 10.0 g 样品,放入小烧杯中,水浴加热除去乙醇,用氨水(1+1)调 pH 约为 7;移入 10 mL 容量瓶中,加水定容,经 0.45 μm 滤膜过滤。

2) 绘制标准曲线:分别吸取苯甲酸、山梨酸标准混合使用液(0.10 mg/mL)0 mL、0.2 mL、0.4 mL、0.6 mL、0.8 mL、1.0 mL 于 10 mL 容量瓶中,用氨水(1+1)调 pH 约为 7,加水定容至刻度,摇匀。分别取 10 μL 注入 HPLC 仪,以峰面积为纵坐标、浓度为横坐标,分别绘制苯甲酸和山梨酸标准曲线。

3) 样品的测定:吸取样品处理液 10 μL 注入高效液相色谱仪中进行分离,以其标准溶液峰的保留时间为依据进行定性,以其峰面积求出样液中苯甲酸和山梨酸的含量。

(5) 计算:根据保留时间定性,外标峰面积法定量。样品中苯甲酸和山梨酸的含量按下式计算:

$$X(\text{g/kg}) = \frac{m_1}{m \times \dfrac{V_2}{V_1} \times 1\,000} \times 1\,000$$

式中，X——样品中苯甲酸或山梨酸的含量，g/kg；

m_1——进样体积中苯甲酸或山梨酸的质量，mg；

m——样品质量，g；

V_1——样品处理液总体积，mL；

V_2——进样液体积，mL。

(6) 讨论和说明

1) 样品如为碳酸饮料类，应先水浴加温搅拌除去二氧化碳；如为配制酒类，应先水浴加热除去乙醇，再用氨水(1+1)调 pH 约为 7。

2) 被测溶液 pH 对测定和色谱柱使用寿命均有影响，pH > 8 或 pH < 2 时，影响被测组分的保留时间，对仪器有腐蚀作用。苯甲酸和山梨酸的测定以中性为宜。

3) 测定食品中苯甲酸、山梨酸的含量，也可用 Micro PAK CN - 10 4 mm×300 mm 柱，流动相可用甲醇-水。

二、丙酸钠、丙酸钙的测定

1. 原理 试样酸化后，丙酸盐转化为丙酸，经水蒸气蒸馏，收集后直接进气相色谱，用氢火焰离子化检测器检测，与标准系列比较定量。

2. 试剂 磷酸溶液，甲酸溶液，硅油，丙酸标准储备液：10 mg/mL，丙酸标准使用液：10~250 μg/mL。

3. 仪器 气相色谱仪，带氢焰检测器(FID)；水蒸气蒸馏装置。

4. 实验方法

(1) 样品提取：

称取 30 g 事先均匀化的样品（面包样品需在室温下风干，磨碎）于 500 mL 蒸馏瓶中，加入 100 mL 水，再用 50 mL 水冲洗容器，转移到蒸馏瓶中，加 10 mL 磷酸溶液，2~3 滴硅油，进行水蒸气蒸馏，将 250 mL 容量瓶置于冰浴中作为吸收液装置，待蒸馏约 250 mL 时取出，在室温下放置 30 min，加水至刻度，吸取 10 mL 该溶液于试管中，加入 0.5 mL 甲酸溶液，混匀，供气相色谱测定用。

(2) 测定：取标准系列中各种浓度的标准使用液 10 mL，加 0.5 mL 甲酸溶液，混匀。取 5 μL 进气相色谱仪中，测定相应的峰高，根据浓度与峰高绘制标准曲线。同时进样品溶液，根据样品的峰高与标准曲线比较定量。

5. 计算

样品中丙酸的含量按下式计算：

$$X(g/kg) = \frac{c}{m} \times \frac{250}{1\,000}$$

式中，X——试样中丙酸的含量，g/kg；

c——待测定样品中丙酸含量，μg/mL；

m——试样质量，g。

丙酸钙含量＝丙酸含量×1.296 7；丙酸钠含量＝丙酸含量×1.256 9；计算结果以两次独立测定结果的算术平均值表示，保留两位有效数字。

6. 讨论和说明

1) 方法适用于酱油、醋、面包和糕点中丙酸钠、丙酸钙的测定。

2) 方法检出限为面包、糕点 0.05 g/kg，酱油、醋 0.02 g/kg。

3) 加入硅油的目的是消泡，如不起泡，可少加或不加。蒸馏时气泡多时，可多加几滴硅油。

4) 加入甲酸溶液是为了防止在分离柱中形成非挥发性盐类物质。

三、禁用防腐剂定性试验

1. 硼酸、硼砂 (1) 试剂：盐酸(1+1)，碳酸钠溶液：40 g/L，氢氧化钠溶液：4 g/L，姜黄试纸。

(2) 方法

1) 样品处理：称取 3~5 g 固体样品，加碳酸钠溶液(40 g/L)充分湿润后，于小火上烘干、炭化后再置高温炉中灰化。量取 10~20 mL 液体样品，加碳酸钠溶液(40 g/L)至呈碱性后，置水浴上蒸干，炭化后再置高温炉中灰化。

2) 定性试验：姜黄试纸法：取一部分灰分，滴加少量水与盐酸(1+1)至微酸性，边滴边搅拌，使残渣溶解，微温后过滤。将姜黄试纸浸入滤液中，取出试纸置表面皿上，于 60~70 ℃干燥，如有硼酸、硼砂存在时，试纸显红色或橙红色，在其变色部分熏以氨即转为绿黑色。

焰色反应：取灰分置于坩埚中，加硫酸数滴及乙醇数滴，直接点火，硼酸或硼砂存在时，火焰呈绿色。

2. 水杨酸

(1) 试剂：三氯化铁溶液：10 g/L，亚硝酸钾溶液：100 g/L，乙酸：50%，硫酸铜溶液：100 g/L。

(2) 实验方法

1) 样品提取：按 GB/T 5009.28 食品中糖精钠的测定 9.1 中试样提取操作，将乙醚提取液蒸干后，残渣备用。

2) 定性试验

三氯化铁法：残渣加 1~2 滴三氯化铁溶液(10 g/L)，水杨酸存在时显紫堇色。

确证试验：溶解残渣于少量热水中，冷后加 4~5 滴亚硝酸钾溶液(100 g/L)，4~5 滴乙酸(50%)及 1 滴硫酸铜溶液(100 g/L)，混匀，煮沸 0.5 h，放置片刻，水杨酸存在时呈血红色(苯甲酸不显色)。

第六节 甜味剂的测定

甜味剂是赋予食品以甜味的物质。目前，世界上使用的甜味剂较多，按其来源分为两类：一类是天然甜味剂，如砂糖或糖浆、淀粉糖，是甜味调味剂中具有代表性的天然甜味剂，对人体有着重要的营养作用，是机体最适合、最有效及主要的能量来源；另一类是人工合成甜味剂，采用化学合成的方法制得，由于对人体的毒性程度不一，各国对其有严格的使用限量规定。我国常用的人工合成甜味剂有糖精钠、环己基氨基磺酸钠（甜蜜素）、乙酰磺胺酸钾（AK 糖）、三氯蔗糖等。对该类甜味剂的检测，是食品分析不可或缺的内容，也已成为食品安全监督管理的重要组成部分之一。

一、糖精钠的测定

1. 高效液相色谱法

(1) 原理：试样加温除去二氧化碳和乙醇，调 pH 至近中性，过滤后进高效液相色谱仪。经反相色谱分离后，根据其标准物质峰的保留时间进行定性，以其峰面积求出样品中被测物质的含量。

(2) 试剂：甲醇，氨水(1+1)，乙酸铵溶液：0.02 mol/L，糖精钠标准使用溶液：0.10 mg/mL。

(3) 仪器：高效液相色谱仪：附紫外检测器。

(4) 实验方法

1) 样品处理

汽水：① 称取 5.00~10.00 g，放入小烧杯中，微温搅拌除去二氧化碳，用氨水(1+1)调 pH 约为 7。加水定容至适当的体积，经 0.45 μm 滤膜过滤。② 称取 5.00~10.00 g，用氨水(1+1)调 pH 约为 7，加水定容至适当的体积，离心沉淀，上清液经 0.45 μm 滤膜过滤。③ 称取 10.00 g，放小烧杯中，水浴加热除去乙醇，用氨水(1+1)调 pH 约为 7，加水定容至 20 mL，经 0.45 μm 滤膜过滤。

固体、半固体食品：准确称取 25 g 样品于透析膜中，加 0.08% NaOH 60 mL，制成糊状，将透析袋口扎紧，放于盛有 0.08% NaOH 200 mL 的烧杯中透析，过夜。在透析液烧杯中，加 HCl(1+1) 0.8 mL，使呈中性，加 0.2% $CuSO_4$ 15 mL，4% NaOH 8 mL，混匀，30 min 后过滤。取滤液 100 mL 用水定容至 250 mL 分液漏斗中。加稀 HCl(1+1)，用无水乙醚 30 mL 提取残渣两次，合并乙醚提取液于 K-D 浓缩器中，浓缩至干。加水溶解，再用氨水(1+1)调 pH 约为 7，移入 10 mL 容量瓶中，加水定容，经 0.45 μm 滤膜过滤。

2) 绘制标准曲线：分别吸取糖精钠标准使用溶液(0.10 mg/mL)0 mL、0.2 mL、0.4 mL、0.6 mL、0.8 mL、1.0 mL于10 mL容量瓶中，用氨水(1+1)调pH约为7，加水定容至刻度，摇匀。分别取10 μL注入高效液相色谱仪，以峰面积为纵坐标、浓度为横坐标，绘制标准曲线。

3) 样品的测定：吸取样品处理液10 μL注入高效液相色谱仪中进行分离，以其标准溶液峰的保留时间为依据进行定性，以其峰面积求出样液中被测物质的含量。

(5) 计算：样品中糖精钠的含量按下式计算：

$$X(\text{g/kg}) = \frac{m_1}{m \times \dfrac{V_1}{V_2} \times 1\,000} \times 1\,000$$

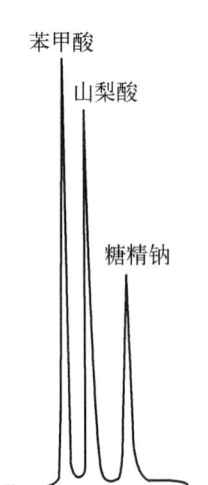

图10-4 苯甲酸、山梨酸和糖精钠的色谱图

式中，X——样品中糖精钠的含量，g/kg；

m_1——样品峰面积查标准曲线对应含量，mg；

m——样品质量，g；

V_1——进样液体积，mL；

V_2——样品处理液体积，mL。

(6) 讨论和说明

1) 样品如为碳酸饮料类，应先水浴加温搅拌除去二氧化碳；如为配制酒类，应先水浴加热除去乙醇，再用氨水(1+1)调pH约为7。

2) 固体、半固体样品为蜜饯、糕点、酱菜、冷饮等。

3) 糖精易溶于乙醚，而糖精钠难溶于乙醚，为了便于乙醚提取，使糖精钠转换为糖精，样品溶液需进行酸化处理。

4) 为防止用乙醚萃取时发生乳化，可在样品溶液中加入$CuSO_4$和NaOH，沉淀蛋白质；对于富含脂肪的样品，可先在碱性条件下用乙醚萃取脂肪，然后酸化，再用乙醚提取糖精。

5) 此方法可以同时测定苯甲酸、山梨酸和糖精钠(图10-4)。

二、甜蜜素的测定

1. 气相色谱法

(1) 原理：在硫酸介质中，环己基氨基磺酸钠与亚硝酸反应，生成环己醇亚硝酸酯，利用气相色谱法进行定性定量。该法多用于饮料、蜜饯、凉果等样品中甜蜜素的检测。

(2) 试剂：正己烷，氯化钠，层析用硅胶(或海砂)，亚硝酸钠溶液：50 g/L，硫酸溶液：100 g/L，甜蜜素标准储藏液：10 mg/mL。

(3) 仪器：气相色谱仪：附氢火焰离子化检测器；旋涡混合器；离心机。

(4) 方法

1) 样品处理

液体样品：摇匀后直接称取。含二氧化碳的样品先加热除去，含乙醇的样品加40 g/L的氢氧化钠溶液调至碱性，于沸水浴中加热除去，制成样品。

固体样品：凉果、蜜饯类试样将其剪碎制成样品。

2) 样品制备

液体试样：称取20.0 g试样于100 mL带塞比色管，置冰水浴中。

固体试样：称取2.0 g已剪碎的试样于研钵中，加少许层析硅胶(或海砂)研磨至呈干粉状，经漏斗倒入100 mL容量瓶中，加水冲洗研钵，并将洗液一并转移至容量瓶中。加水至刻度，不时摇动，1 h后过滤，即得试样，准确吸取20 mL于100 mL带塞比色管，置冰水浴中。

3) 测定

A. 绘制标准曲线：准确吸取1.00 mL甜蜜素标准储藏液(10 mg/mL)于100 mL带塞比色管中，加水

20 mL,置冰浴中,加入 5 mL 50 g/L 亚硝酸钠溶液、10％硫酸溶液 5 mL,混匀,冰浴中放置 30 min,不断摇动,准确加入正己烷 10 mL、氯化钠 5 g,摇匀后置漩涡混合器上振动 1 min(或振摇 80 次),待静止分层后吸出正己烷层于 10 mL 带塞离心管中进行离心分离,每毫升己烷提取液相当 1 mg 环己基氨基磺酸钠,将标准提取液进样 1～5 μL 于气相色谱仪中,根据响应值绘制标准曲线。

B. 样品的测定：试样管按标准溶液的操作方法,根据外标法测定试样中甜蜜素含量。

(5) 计算

$$X(\mathrm{g/kg}) = \frac{m_1}{m \times \dfrac{V_1}{V_2} \times 1\,000} \times 1\,000$$

式中,X——样品中甜蜜素的含量,g/kg；

m_1——从标准曲线上查得的甜蜜素含量,mg；

m——称取样品的总质量,g；

V_1——进样体积,mL；

V_2——样品液的总体积,mL。

(6) 讨论和说明

1) 如样品中含有二氧化碳,先加热除去；如含有乙醇,加 4％氢氧化钠溶液使其呈碱性,于沸水浴中加热除去后再称取。

2) 环己基氨基磺酸钠与亚硝酸钠的反应须在冰浴中进行。

3) 提取时也可采用超声提取法。

2. 比色法 (1) 原理：在硫酸介质中环己基氨基磺酸钠与亚硝酸钠反应,生成环己醇亚硝酸酯,与磺胺重氮化后再与盐酸萘乙二胺偶合生成红色染料,在 550 nm 波长测其吸光度,与标准比较定量。

(2) 试剂：三氯甲烷,甲醇,透析剂：称取 0.5 g 二氯化汞和 12.5 g 氯化钠于烧杯中,以 0.01 mol/L 盐酸溶液定容至 100 mL,亚硝酸钠溶液：10 g/L,硫酸溶液：100 g/L,尿素溶液：100 g/L,盐酸溶液：100 g/L,磺胺溶液：10 g/L,盐酸萘乙二胺溶液：1 g/L,环己基氨基磺酸钠标准溶液：0.1 mg/mL。

(3) 仪器：分光光度计,漩涡混合器,离心机,透析纸。

(4) 实验方法

1) 样品处理

液体样品：摇匀后直接称取。含二氧化碳的样品先加热除去,含乙醇的样品加 40 g/L 的氢氧化钠溶液调至碱性,于沸水浴中加热除去,制成样品。

固体样品：凉果、蜜饯类试样将其剪碎制成样品。

2) 提取

液体试样：称取 10.0 g 试样于透析纸中,加 10 mL 透析剂,将透析纸口扎紧。放入盛有 100 mL 水的 200 mL 广口瓶内,加盖,透析 20～24 h 得透析液。

固体试样：称取 2.0 g 已剪碎的试样于研钵中,加少许层析硅胶(或海砂)研磨至呈干粉状,经漏斗倒入 100 mL 容量瓶中,加水冲洗研钵,并将洗液一并转移至容量瓶中。加水至刻度,不时摇动,1 h 后过滤,即得试样,准确吸取 20 mL 于 100 mL 带塞比色管,置冰水浴中。准确吸取 10.0 mL 于透析纸中,加 10 mL 透析剂,将透析纸口扎紧。放入盛有 100 mL 水的 200 mL 广口瓶内,加盖,透析 20～24 h 得透析液。

3) 测定

取两支 50 mL 带塞比色管,分别加入 10 mL 透析液和 10 mL 标准液,于 0～3 ℃冰水浴中,加入 1 mL 10 g/L 亚硝酸钠溶液,1 mL 100 g/L 硫酸溶液,摇匀后放入冰水浴中不时摇动,放置 1 h,取出后加 15 mL 三氯甲烷,置漩涡混合器上振动 1 min。静置后吸去上层液。再加 15 mL 水,振荡 1 min,静止后吸去上层液,加 10 mL 100 g/L 尿素溶液,再振荡 5 min,静置后吸去上清液,加 15 mL 水,振动 1 min,静置后吸去上层液,分别准确吸出 5 mL 三氯甲烷于 2 支 25 mL 比色管中。另取一支 25 mL 比色管加入 5 mL 三氯甲烷作参比管。于各管中加入 15 mL 甲醇,1 mL 10 g/L 磺胺,置冰水中 15 min,取出,恢复常温后加入 1 mL 1 g/L 盐酸萘乙二胺溶液,加甲醇至刻度,在 15~30 ℃下放置 20~30 min,用 1 cm 比色杯于波长 550 nm 处测定吸光度,测得吸光度 A 及 A_s。

另取两支 50 mL 带塞比色管,分别加入 10 mL 水和 10 mL 透析液,除不加 10 g/L 亚硝酸钠外,其他按上述步骤进行,测得吸光度 A_{s_0} 及 A_0。

(5) 计算:样品中环己基氨基磺酸钠的含量计算如下式:

$$X(\text{g/kg}) = \frac{c}{m} \times \frac{A-A_0}{A_s-A_{s_0}} \times \frac{100+10}{V} \times \frac{1}{1\,000} \times \frac{1\,000}{1\,000}$$

式中,X——试样中环己基氨基磺酸钠的含量,g/kg;

m——试样质量,g;

V——透析液用量,mL;

c——标准管浓度,μg/mL;

A_s——标准液吸光度;

A_{s_0}——水的吸光度;

A——试样透析液吸光度;

A_0——不加亚硝酸钠的试样透析液吸光度。

(6) 讨论和说明

1) 本法多用于饮料、蜜饯、凉果等样品中甜蜜素的测定。

2) 两次独立测定结果的绝对差值不得超过算数平均值的 10%。

三、乙酰磺氨酸钾的测定——高效液相色谱法

1. 原理　试样中乙酰磺氨酸钾经反相 C_{18} 柱分离后,以保留时间定性,峰高或峰面积定量。

2. 试剂　甲醇,乙腈,硫酸铵溶液:0.02 mol/L,硫酸溶液:10%,中性氧化铝,100~200 目,乙酰磺氨酸钾标准储备液:1 mg/mL,流动相:0.02 mol/L 硫酸铵(740~800 mL)+甲醇(170~150 mL)+乙腈(90~50 mL)+10% H_2SO_4 (1 mL)。

3. 仪器　高效液相色谱仪。

4. 实验方法　(1) 样品处理

1) 汽水:将试样温热,搅拌除去二氧化碳或超声脱气。吸取试样 2.5 mL 于 25 mL 容量瓶中,加流动相至刻度,摇匀后,溶液通过微孔滤膜过滤,过滤作 HPLC 分析用。

2) 可乐型饮料:将试样温热,搅拌除去二氧化碳或超声脱气,吸取已除去二氧化碳的试样 2.5 mL,通过中性氧化铝柱,将试样液流至柱表面时,收集 25 mL 洗脱液,摇匀后超声脱气,此液作 HPLC 分析用。

3) 果茶、果汁类食品:吸取 2.5 mL 试样,加水约 20 mL 混匀后,离心 15 min(4 000 r/min),上清液全部转入中性氧化铝柱,待水溶液流至柱表面时,用流动相洗脱。收集洗脱液 25 mL,混匀后,超声脱气,此液作 HPLC 分析用。

(2) 绘制标准曲线:

分别进样含乙酰磺氨酸钾 4 μg/mL、8 μg/mL、12 μg/mL、16 μg/mL、20 μg/mL 的标准液各 10 μL,进行 HPLC 分析,然后以峰面积为纵坐标,以乙酰磺氨酸钾的含量为横坐标,绘制标准曲线。

(3) 样品测定:

吸取处理后的试样溶液 10 μL 进行 HPLC 分析,测定其峰面积,从标准曲线查得测定液中乙酰磺氨酸钾的含量。

5. 计算　试样中乙酰磺氨酸钾的含量按下式计算:

$$X(\text{mg/kg}) = \frac{c \times V \times 1\,000}{m \times 1\,000}$$

式中,X——试样中乙酰磺氨酸钾的含量,mg/kg 或 mg/L;

c——由标准曲线上查得进样液中乙酰磺氨酸钾的量，μg/mL；
V——试样稀释液总体积，mL；
m——试样质量，g 或 mL。

6. 讨论和说明

1）本方法也适用于糖精钠的测定。

2）本方法检出限：乙酰磺氨酸钾、糖精钠为 4 μg/mL(g)，线性范围乙酰磺氨酸钾、糖精钠为 4~20 μg/mL。

3）HPLC 色谱图如图 10-5 所示。

第七节 着色剂的测定

色、香、味是食品感官品质的主要内容和指标，而颜色是认识食品质量的第一感受，食品具有的鲜艳色泽不仅可以提高食品的感官品质，给人以美的享受，而且还可以增进食欲。颜色使大自然绚丽多彩，也把很多天然食品点缀得五彩缤纷，但在加工及储藏过程中由于加热、氧化等，导致食品褪色、变色，严重影响食品的感官。因此，为了更好地保持和改善加工食品的色泽，需要在食品中添加食品着色剂。

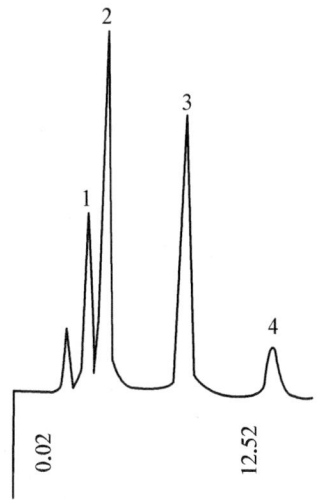

图 10-5 乙酰磺氨酸钾的 HPLC 色谱图

1. 乙酰磺胺酸钾；2. 糖精钠；
3. 咖啡因；4. 天门冬酰苯丙氨酸甲酯

食品着色剂，又称食用色素，是赋予食品色泽和改善食品色泽的物质。着色剂的使用，有利于丰富和增加加工食品的花色品种，以满足消费者的饮食习惯与食欲要求。食品着色剂按其来源和性质可分为合成着色剂和天然着色剂两类。天然着色剂主要是由动植物和微生物中提取的，如红曲色素、叶绿素铜钠、辣椒红素、紫胶红、栀子黄等，具有安全性较高、着色色调比较自然等优点，但存在成本高、稳定性差、着色力弱、容易变质、难以调出理想色调等缺点，难以满足现代食品工业的需求。食品合成着色剂，也称食品合成染料，是通过人工化学合成的方法所制得，主要有胭脂红、苋菜红、柠檬黄、靛蓝、亮蓝、赤藓红、新红等，它们具有着色力强、色泽鲜艳、不易褪色、稳定性好、易溶解、易调色、色域宽、成本低等优点，但是在合成生产过程中，使用化工原料及合成过程中的副产物残留等问题，难免存在一定的毒性，因此在使用中应该严格控制使用的范围和用量。

此外，随着食品添加剂向复配方向发展，使用单一食品着色剂已不能满足现代食品工业发展对食品色泽的需要，因此复合色素的使用给食品分析提出了新的课题。

一、食品合成着色剂的测定——高效液相色谱法

1. 原理 食品中人工合成色素用聚酰胺吸附法或用液-液分配法提取，制成溶液，注入高效液相色谱仪，经反相色谱柱分离，根据保留时间定性并用峰面积进行定量。

2. 试剂 甲醇，乙酸胺溶液：0.02 mol/L，2％氨水的 0.02 mol/L 乙酸胺溶液，聚酰胺粉，甲醇-甲酸溶液（6∶4），无水乙醇-氨-水溶液（7∶2∶1），5％三正辛胺正丁醇溶液，pH 6 的水，合成着色剂标准溶液：1.00 mg/mL 柠檬黄、日落黄、苋菜红、胭脂红、新红、赤藓红、亮蓝、靛蓝。

3. 仪器 高效液相色谱仪：附紫外检测器。

4. 实验方法

(1) 样品处理

1）橘子水、果味水、果子露汽水等：称取 20.0~40.0 g，放入 100 mL 烧杯中。含二氧化碳样品加热驱除二氧化碳。

2）配制酒类：称取 20.0~40.0 g，放在 100 mL 烧杯中，加小碎瓷片数片，加热驱除乙醇。

3）硬糖、蜜饯类、淀粉软糖等：称取 5.00~10.00 g 粉碎样品，放入 100 mL 烧杯中，加水 30 mL，温热溶解，若样品溶液 pH 较高，用 200 g/L 柠檬酸调 pH 到 6 左右。

4）巧克力豆及着色糖衣制品：称取 5.00 g~10.00 g，放入 100 mL 烧杯中，用水反复洗涤色素，到样品无

色素为止,合并色素漂洗液为样品溶液。

(2) 色素提取

1) 聚酰胺吸附法:样品溶液加 200 g/L 柠檬酸调 pH 为 6,加热至 60 ℃,将 1 g 聚酰胺粉加少许水调成粥状,倒入样品溶液中,搅拌片刻,以 G3 垂融漏斗抽滤,用 60 ℃ pH 4 的水洗涤 3~5 次,然后用甲醇-甲酸混合溶液洗涤 3~5 次(含赤藓红的样品不能洗),再用水洗至中性,用乙醇-氨水-水混合液解吸 3~5 次,每次 5 mL,收集解吸液,加乙酸中和,蒸发至近干,加水溶解,定容至 5 mL。经 0.45 μm 滤膜过滤,取 10 μL 进高效液相色谱仪。

2) 液-液分配法(适用于含赤藓红的样品):将制备好的样品溶液放入分液漏斗中,加 2 mL 盐酸,三正辛胺-正丁醇溶液 10~20 mL,振摇提取,分取有机相,重复提取至有机相无色,合并有机相,用饱和硫酸钠溶液洗 2 次,每次 10 mL,分取有机相,放蒸发皿中,水浴加热浓缩至 10 mL,转移到分液漏斗中,加 60 mL 2% 正己烷溶液,混匀,加氨水提取 2~3 次,每次 5 mL,合并氨水溶液层(含水溶性酸性色素),用正己烷洗 2 次,氨水层加乙酸调成中性,水浴加热蒸发至近干,加水溶解,定容至 5 mL。经 0.45 μm 滤膜过滤,取 10 μL 进高效液相色谱仪。

5. 计算 样品中合成着色剂的含量按下式进行计算:

$$X(\text{g/kg}) = \frac{m_1 \times 1\,000}{m \times \dfrac{V_2}{V_1} \times 1\,000 \times 1\,000}$$

式中,X——样品中着色剂的含量,g/kg;

m_1——样品中着色剂的质量,μg;

m——样品质量,g;

V_2——进样体积,mL;

V_1——样品稀释液总体积,mL。

6. 讨论和说明

(1) 本方法适用于各类食品中合成着色剂的测定。

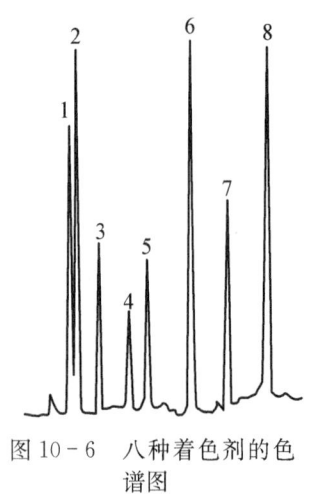

图 10-6 八种着色剂的色谱图

1. 新红;2. 柠檬黄;3. 苋菜红;4. 靛蓝;5. 胭脂红;6. 日落黄;7. 亮蓝;8. 赤藓红

(2) 本方法的检出限为:新红 5 ng,柠檬黄 4 ng,苋菜红 6 ng,胭脂红 8 ng,日落黄 7 ng,赤藓红 18 ng,亮蓝 26 ng;当进样量相当 0.025 g 时,检出浓度分别为新红 0.2 mg/kg,柠檬黄 0.16 mg/kg,苋菜红 0.24 mg/kg,胭脂红 0.32 mg/kg,日落黄 0.28 mg/kg,赤藓红 0.72 mg/kg ng,亮蓝 1.04 mg/kg。

(3) 图 10-6 为八种着色剂的色谱图。

二、诱惑红的测定——纸色谱法

1. 原理 诱惑红在酸性条件下被聚酰胺粉吸附,然后在碱性条件下解吸,再用纸色谱法进行分离,与标准物质比较定性、定量。

2. 试剂 石油醚:沸程 30~60 ℃,聚酰胺粉(尼龙 6):200 目,硫酸(1+10),氢氧化钠:50 g/L,海砂,乙醇-氨溶液:取 2 mL 的氨水,加 70%(体积分数)乙醇至 100 mL,pH 6 的水,柠檬酸溶液:200 g/L,钨酸钠溶液:100 g/L,诱惑红的标准溶液:1 mg/mL,展开剂:① 丁酮+丙酮+水+氨水(7:3:3:0.5);② 正丁醇+无水乙醇+1% 氨水(6:2:3);③ 2.5% 柠檬酸钠+氨水+乙醇(8:1:2)。

3. 仪器 分光光度计、展开槽、电吹风机。

4. 实验方法

(1) 样品处理

1) 汽水:将样品加热去二氧化碳后,称取 10.0 g 样品于烧杯中,然后用 20% 柠檬酸调 pH 呈酸性,加入 0.5~1.0 g 聚酰胺粉吸附色素,将吸附色素的聚酰胺粉全部转移到漏斗中过滤,用 pH 4 的酸性热水洗涤多次(约 200 mL),以洗去糖等物质。若有天然色素,用甲醇-甲酸溶液洗涤 1~3 次,每次 20 mL,至洗液无色为止。再用 70 ℃ 的水多次洗涤至流出液中性。洗涤过程必须充分搅拌然后乙醇-氨溶液分次解吸色素,收集全部解吸液,于水浴上驱除氨,蒸发至 2 mL 左右,转入 5 mL 的容量瓶中,用 50% 的乙醇分次洗涤蒸发皿,洗涤液并入 5 mL 的容量瓶中,用 50%的乙醇定容至刻度。此液留作纸色谱用。

2) 硬糖:称取 10.0 g 的已粉碎的样品,加 30 mL 的水,温热溶解,若样品溶液的 pH 较高,用柠檬酸溶液(200 g/L)调至 pH 4 左右。以下按汽水中"加入 0.5~1.0 g 聚酰胺粉吸附色素"起操作。

3) 糕点:称取 10.0 g 已粉碎的样品,加入 30 mL 石油醚提取脂肪,共提三次,然后用电吹风吹干,倒入漏斗中,用乙醇-氨溶液解吸色素,解吸液于水浴上蒸发至 20 mL,加入 1 mL 的钨酸钠溶液沉淀蛋白,真空抽滤,用乙醇-氨溶液解吸滤纸上的诱惑红,然后将滤液于水浴上挥去氨,调 pH 呈酸性,以下按汽水中"加入 0.5~1.0 g 聚酰胺粉吸附色素"起操作。

4) 冰淇淋:称取 10.0 g 已均匀的样品于烧杯中,加入 20 g 海砂,15 mL 石油醚提取脂肪,提取 2 次,倾去石油醚,然后在 50 ℃的水浴上挥去石油醚,再加入乙醇-氨溶液解吸诱惑红,解吸液倒入 100 mL 的蒸发皿中,直至解吸液无色。将解吸液于水浴上挥去乙醇,使体积约为 20 mL 时,加入 1 mL 硫酸(1+10),1 mL 钨酸钠溶液沉淀蛋白,放置 2 min,然后用乙醇-氨溶液调至 pH 呈碱性,将溶液转入离心管中,5 000 r/min,离心15 min,倾出上清液,于水浴上挥去乙醇,然后用柠檬酸溶液(3.10)调 pH 呈酸性,以下按汽水中"加入 0.5~1.0 g 聚酰胺粉吸附色素"起操作。

(2) 定性

取色谱用纸,在距底边 2 cm 起始线上分别点 3~10 μL 的样品处理液、1 mL 色素标准液,分别挂于盛有展开剂①、②、③ 的展开槽中,用上行法展开,待溶剂前沿展至 15 cm 处,将滤纸取出空气中晾干,与标准斑比较定性。

(3) 定量

1) 标准曲线的制备:吸取 0.0 mL、0.2 mL、0.4 mL、0.6 mL、0.8 mL、1.0 mL 诱惑红标准使用液,分别置于 10 mL 比色管中,各加水稀释到刻度。用 1 cm 比色杯,以零管调零点,于波长 500 nm 处,测定吸光度,绘制标准曲线。

2) 样品的测定:取色谱用纸,在距离底边 2 cm 的起始线上,点 0.20 mL 样品处理液,从左至右点成条状。纸的右边点诱惑红的标准溶液 1 μL,依法展开,取出晾干。将样品的色带剪下,用少量热水洗涤数次,洗液移入 10 mL 的比色管中,加水稀释至刻度,混匀后,与标准管同时在 500 nm 处,测定吸光度。

5. 计算   样品中着色剂的含量按下式计算:

$$X(\text{g/kg}) = \frac{m_1 \times 1\,000}{m \times \dfrac{V_2}{V_1} \times 1\,000}$$

式中,X——样品中诱惑红的含量,g/kg;

m_1——测定用样品中诱惑红的质量,mg;

m——样品的质量,g;

V_1——样品解吸后总体积,mL;

V_2——样品纸层析用体积,mL。

6. 讨论和说明

1) 在点样时点样点直径不宜超过 2 mm。

2) 用上行法展开,注意避免出现边缘效应。

三、栀子黄的测定——高效液相色谱法

1. 原理   样品中栀子黄经提取净化后,用高效液相色谱法测定,以保留时间定性、峰高定量,其中栀子甙是栀子黄的主要成分,作为标准物质对照分析。

2. 试剂   甲醇,石油醚:60~90 ℃,乙酸乙酯,三氯甲烷,姜黄色素,栀子甙标准溶液:27.5 μg/mL。

3. 仪器   高效液相色谱:带荧光检测器。

4. 实验方法

(1) 样品处理

1) 饮料:将样品温热,搅拌除去二氧化碳或超声脱气,摇匀后,通过微孔滤膜 0.4 μm 过滤,滤液备作

HPLC分析用。

2) 酒:样品通过微孔滤膜过滤,滤液备作HPLC分析用。

3) 糕点:称取10 g样品放入100 mL的圆底烧瓶中,用50 mL石油醚加热回流30 min,置室温。砂芯漏斗过滤,用石油醚洗涤残渣5次,洗液并入滤液中,减压浓缩石油醚提取液,残渣放入通风橱至无石油醚味。用甲醇提取3~5次,每次30 mL,直至提取液无栀子黄颜色,用砂芯漏斗过滤,滤液通过微孔滤膜过滤,滤液储于冰箱备用。

(2) 测定

1) 标准曲线的绘制:在本实验条件下,分别注入栀子甙标准使用液0 μL,2 μL,4 μL,6 μL,8 μL,进行HPLC分析,然后以峰高对栀子甙浓度作标准曲线。

2) 样品的测定:在实验条件下,注入5 μL样品处理液,进行HPLC分析,取其峰与标准比较,测得样品中栀子甙含量。

5. 计算 样品中的栀子黄色素含量按下式计算:

$$X(g/kg) = \frac{c \times V}{m \times 1\,000}$$

式中,X——样品中栀子黄色素的含量,g/kg;

c——进样液中栀子甙的含量,μg/mL;

V——样品制备液体积,mL;

m——样品质量,g。

6. 讨论和说明

1) 本方法栀子甙的检出限为3.2 μg/mL;标准曲线的线性范围为:0~200 ng/mL。

2) 栀子黄色素浓度在0.2~0.3 g/kg范围内,饮料、酒、蛋糕回收率分别为94.1%,92%,91.3%,相对标准差(RSD)%:2.69,4.70,3.20。

四、红曲色素的测定

1. 原理 样品中红曲色素经提取,净化后,经薄层层析法(TLC)分离,与标准物质比较定性。

2. 试剂 硅胶:120~180目,硅胶:GF$_{254}$,甲醇,正己烷+乙酸乙酯+甲醇(5:3:2),三氯甲烷+甲醇(8:3),海砂,石油醚:沸程60~90 ℃,红曲色素的标准溶液:1 mg/mL。

3. 仪器 微量注射器,展开槽,薄层板。

4. 实验方法

(1) 样品处理

1) 配制酒:取10 mL样品,于水浴上挥干,加少量乙醇溶解残渣,进行薄层分析。

2) 蛋糕:取30.0 g蛋糕,搅碎,加海砂少许,混匀,用热风机吹干样品即可,加入30 mL石油醚去脂肪,重复3~5次,弃去石油醚,然后将蛋糕渣放入通风橱中,残余石油醚自然挥除后,放入蒸馏瓶中,加95%乙醇约90 mL,回流30 min,过滤,用乙醇洗涤5次,合并提取液,将提取液浓缩至20 mL,此液留作测定用。

3) 市售豆腐乳:取豆腐乳30 g,搅碎,加95%的乙醇50~70 mL,提取回流30 min,过滤,用乙醇洗涤残渣5次,合并乙醇提取液,减压浓缩至20 mL,此液留作测定用。

4) 火腿肠:称取30 g火腿肠,捣碎,加海砂少许,混匀,每次加入50 mL石油醚提取脂肪,共提取三次,每次提取45 min,过滤,滤液弃去,残渣放通风橱中,用吹风机吹干,用50 mL甲醇提取红曲色素30 min,共3次,过滤,合并滤液,滤液中加入3 mL的钨酸钠溶液沉淀蛋白,弃去蛋白,滤液减压浓缩至10 mL,此液供测定用。

(2) 测定

1) 点样:取市售硅胶GF254板(4 cm×20 cm),离底边2 cm处,点上述样品溶液10 μL,同时在右边点2 μL色素标准溶液。

2) 展开:将已点上样品与标准品的两块板,分别放入试剂(4)和(5)中展开,待展开剂前沿至15 cm处,取出,放入通风橱,晾干,在紫外光 254 nm 下观察,试剂(4)得到 4 个点,R_f 值分别分 0.86,0.71,0.54,0.38,试剂(5)得到 3 个点,R_f 值分别为 0.86,0.69,0.57。样品与标品的斑点的 R_f 值一致。则证明样品的色素为红曲色素。

5. 讨论和说明 本方法采用薄层层析方法仅对食品中红曲色素进行定性检测,是由于食品添加剂使用标准 GB 2760—2011 规定,红曲色素作为天然食品着色剂,安全性高,可按生产正常需要量加入,而不作限量要求。

思考题

1. 什么是食品添加剂?我国食品添加剂是如何分类的?
2. 试述食品添加剂测定的意义。
3. 食品添加剂中使用的漂白剂有哪些?各有何特点?
4. 盐酸副玫瑰苯胺比色法测定二氧化硫中哪些因素会影响结果的准确性?
5. 简述盐酸萘乙二胺法测定食品中亚硝酸盐、硝酸盐的原理。
6. 简述硝酸盐和亚硝酸盐的护色机理、毒害作用及有哪些预防措施。
7. 镉柱法测定硝酸盐时,如何防止镉粒被氧化?
8. 食品添加剂中的抗氧化剂主要有哪些?它们是如何测定的?
9. 目前广泛使用的人工合成抗氧化剂主要是哪一类物质,试说明其作用机理。
10. 比较测定食品中 BHT 的气相色谱法、薄层色谱法和比色法的异同。
11. 我国允许使用的防腐剂主要有哪些?目前有哪些主要的测定方法?
12. 为什么用有机溶剂提取食品中苯甲酸、山梨酸时需先酸化样品?乙醚提取液为什么要用无水硫酸钠脱水?
13. 试述食品中苯甲酸、山梨酸的气相色谱法的测定原理和方法。
14. 我国食品添加剂中使用的甜味剂主要有哪些?有何特点?
15. 薄层色谱法测定糖精钠的过程有哪些操作关键点?
16. 试述糖精钠液相色谱的测定原理,此法如何消除样品中有机物对测定的干扰?
17. 说明我国允许使用的人工合成着色剂的种类及主要测定方法。
18. 用薄层色谱法测定样品中的水溶性合成着色剂时,是如何进行定性的?哪些物质有干扰,如何除去?
19. 试述食品中合成色素的常用提取方法。
20. 食品着色剂和发色剂有何区别?

第十一章 一些重要无机元素的测定

本章主要介绍食品中钙、铁、磷、碘、锌、铜、铝、铅、汞、铬、镉、砷以及水产品中盐分含量的测定方法，以国标推荐方法为主，重点介绍方法的基本原理、样品处理方法、测定条件以及注意事项等。

第一节 概　　述

在天然的条件下，地球上或多或少地可以找到90多种元素，目前多数科学家认为生命必需的元素共有29种，包括碳、氢、氮、氧、钠、镁、磷、硫、氯、钾、钙、铁、铜、锌、钴、锰、铬、硒、碘、镍、氟、钼、钒、锡、硅、锶、硼、铷、砷。除去碳、氢、氧、氮这4种构成水分和有机物质的元素以外，其他元素统称为矿质元素。

在29种生命必需的元素中，按体内含量的高低可分为宏量元素和微量元素。

宏量元素指含量占生物体总质量0.01%以上的元素，如碳、氢、氧、氮、硫、磷、氯、钾、钠、钙和镁。碳、氢、氧、氮、硫、磷组成生物体内的蛋白质、脂肪、碳水化合物和核糖核酸，是提供基础的结构单元，也是组成地球上生命的基础。钾、钙、钠、镁等元素在维持体液的渗透压、维持机体的酸碱平衡、酶的活化等方面起着十分重要的作用。

微量元素指占生物体总质量0.01%以下的元素。根据其在体内生物学作用不同，又可分为必需微量元素：铁、铜、锌、钴、锰、铬、硒、碘、镍、氟、钼、钒、锡、硅、锶、硼、铷、砷，它们参与人体的各种生理作用，是维持生命所必需的元素；非必需微量元素：铝、钡、钛、锂、锆等；有害微量元素：铋、锑、汞、铅、锗、镓等。微量元素与人类健康有密切关系，摄入过量、不足、或缺乏都会不同程度地引起人体生理的异常或发生疾病。例如，过量铁对胰腺和性腺有不良影响；过量锌有致癌性；缺铁导致贫血；缺锌使免疫力下降并影响发育和智力；缺碘发生甲状腺肿大等。

人体所需要的各种元素大都可从食物中得到补充，食物中所含的元素种类和数量直接影响人体健康。因此，对加工食品中微量元素的限量各国都制定有相应的标准。我国《生活饮用水卫生标准》（GB/T 5749—2006），其中对无机元素的限量要求列于表11-1中。

表11-1 《生活饮用水卫生标准》中无机元素的限量标准（单位：mg/L）

项目	标准	项目	标准	项目	标准	项目	标准	项目	标准
砷	0.01	汞	0.001	锰	0.1	银	0.05	锑	0.005
镉	0.005	硒	0.01	铜	1.0	镍	0.02	钡	0.7
六价铬	0.05	铝	0.2	锌	1.0	钼	0.07	铍	0.002
铅	0.01	铁	0.3			铊	0.0001	硼	0.5

无机元素的测定方法很多，常用的有化学分析法、比色法、原子吸收光谱法、ICP-AES法、原子荧光光谱法等。其中，比色法设备简单、操作方便，能达到食品中微量元素规定的测定灵敏度。原子吸收光谱法选择性好、灵敏度高、测定快速，得到广泛应用。

第二节 钙的测定

钙（calcium）是构成机体骨骼、牙齿的主要成分，长期缺钙会影响骨骼和牙齿的生长发育，严重时产生骨质疏松,发生软骨病,钙还参与凝血过程和维持毛细血管的正常渗透压,并影响神经肌肉的兴奋性,缺钙时可引起手足搐搦。

食品中含钙较多的是豆、豆制品、蛋、酥鱼、排骨、虾皮等(表11-2)。机体对食品中钙的吸收受多种因素的影响,蛋白质、氨基酸、乳糖、维生素有利于钙的吸收,脂肪太多或含镁量过多不利于钙的吸收,乙二酸、植酸或脂肪酸的阴离子能与钙生成不溶性沉淀,也会影响钙的吸收。菠菜、韭菜、苋菜等蔬菜中含乙二酸量较高,不但其本身所含钙不能被吸收,而且还影响其他食物中钙的吸收,使有效钙量为负值。

表11-2 部分食品中钙的含量(单位: mg/100 g)

食品名称	钙含量	食品名称	钙含量	食品名称	钙含量	食品名称	钙含量
牛 肉	23	猪 肉	6	羊 肉	6	狗 肉	52
鸡 肉	9	鸭 肉	6	牛 乳	104	酸 奶	118
兔 肉	12	狗 肉	52	火腿肠	9	葵花籽(炒)	72
全脂牛奶粉	676	奶 片	269	鸡 蛋	56	鸭 蛋	62

注:出自中国食物成分表(2002)。

有效钙量=(钙重/钙相对原子质量-乙二酸重/乙二酸相对分子质量)×钙相对原子质量。为此,对含乙二酸多的蔬菜,有时不仅要测定钙的量,还要同时测定乙二酸的量。

钙的经典测定方法是用乙二酸铵使钙生成乙二酸钙沉淀,然后用重量法或容量法测定。例如,高锰酸钾滴定法,此法虽有较高的精确度,但需经沉淀,过滤,洗涤等步骤,费时费力,现在较为少用,目前广泛应用的是EDTA络合滴定法和原子吸收光谱法(GB/T 5009.92—2003)。

一、原子吸收光谱法

1. 原理 样品经湿法消化后,导入原子吸收分光光度计中,经火焰原子化后,以422.7 nm的共振线作为吸收波长,与标准系列比较进行定量分析。

2. 试剂 要求使用去离子水,酸为优级纯。

混合酸:硝酸+高氯酸(4+1);氧化镧溶液(20 g/L);钙标准储备溶液:精确称取1.2486 g碳酸钙(纯度大于99.9%),加入50 mL去离子水,加盐酸使之溶解,移入1 000 mL容量瓶中,用20 g/L的氧化镧定容至刻度,储存于聚乙烯瓶内,4 ℃冰箱中保存,此溶液每毫升相当于500 μg钙;钙标准使用液:吸取钙标准储备液5.0 mL,置于100 mL的容量瓶中,用20 g/L氧化镧溶液稀释至刻度。该溶液每毫升相当于25 μg钙。

3. 仪器与设备 所用玻璃器皿均用10%硝酸浸泡24 h以上,再用去离子水洗净。以下各节中对所用玻璃仪器的处理相同。原子吸收分光光度计。

4. 实验方法

(1) 试样处理

1) 试样制备:微量元素分析的试样制备过程应特别注意防止各种污染。所用设备,如电磨、绞肉机、匀浆机、打碎机等必须是不锈钢制品。所用容器必须使用玻璃或聚乙烯制品,做钙测定的试样不得用石磨研碎。

鲜样(如蔬菜、水果、鲜鱼、鲜肉等)用自来水冲洗干净后,要用去离子水充分洗净。干粉类试样(如面粉、奶粉等)取样后立即装容器密封保存,防止空气中的灰尘和水分污染。

2) 试样消化:精确称取均匀试样干样0.5~1.5 g,湿样2.0~4.0 g,饮料等液体样品5.0~10.0 g于250 mL高型烧杯中,加混合酸消化液20~30 mL,上盖表面皿,置于电热板或沙浴上加热消化,如未消化好而酸液过少时,补加几毫升混合酸消化液,继续加热消化,直至溶液透明为止。取下冷却后,再加数毫升水,加热以除去多余的硝酸。待烧杯中的液体接近2~3 mL时,取下冷却。用20 g/L氧化镧溶液转移入10 mL刻度试管中,定容至刻度。

取与消化试样相同量的混合酸消化液,按上述操作做试剂空白测定。

(2) 测定

1) 标准曲线制备:准确吸取钙标准使用液1.0 mL、2.0 mL、3.0 mL、4.0 mL、6.0 mL分别置于50 mL的

容量瓶中,用 20 g/L 氧化镧溶液定容至刻度,此标准系列钙浓度分别为 0.5 μg/mL、1.0 μg/mL、1.5 μg/mL、2.0 μg/mL、3.0 μg/mL。

2) 操作参数:波长为 422.7 nm;火焰为空气-乙炔。仪器狭缝、空气及乙炔的流量、灯头高度、灯电流等均按使用的仪器说明调至最佳状态。

3) 将消化好的试样液、试剂空白液和标准系列分别导入火焰进行测定,记录吸光度值。

5. 计算 测定用试样液及试剂空白液由标准曲线查出浓度值(c 及 c_0),再按下式计算:

$$X(\text{mg}/100\text{ g}) = \frac{(c_1 - c_0) \times V \times f \times 100}{m \times 1\,000}$$

式中,X——样品中钙含量,mg/100 g;

c_1——测定用试样液中钙的浓度,μg/mL;

c_0——试剂空白液中钙的浓度,μg/mL;

V——试样定容体积,mL;

f——稀释倍数;

m——试样质量,g。

6. 讨论和说明 计算结果表示到小数点后两位;本法检出限为 0.1 μg/mL,线性范围为 0.5~1.5 μg;重复性条件下获得的两次独立测定结果的绝对差值不得超过算术平均值的 10%。

氧化镧溶液作为释放剂,消除磷酸的干扰,提高测定灵敏度。

样品消化时注意酸不要烧干,以免发生危险。

二、EDTA 络合滴定法

1. 原理 样品经湿消化后,钙离子与 EDTA 定量形成金属络合物,该络合物的稳定性较钙与钙红指示剂形成的络合物强。在 pH12~14 的含钙溶液中,同时有氰化钾和柠檬酸钠的情况下,以 EDTA 滴定,在达到化学计量点时,EDTA 从指示剂络合物中夺取钙离子,溶液呈现游离指示剂的纯蓝颜色。由 EDTA 消耗量和滴定度可计算出钙的含量。

2. 试剂 硝酸-高氯酸消化液(4+1);氰化钠溶液(10 g/L);柠檬酸钠溶液(0.05 mol/L);KOH 溶液(1.25 mol/L);0.45% EDTA 溶液,聚乙烯瓶装,4 ℃保存,使用时稀释 10 倍;钙标准溶液:精确称取 0.124 8 g 碳酸钙(纯度大于 99.99%,105~110 ℃烘干 2 h),加 20 mL 去离子水及 3 mL 0.5 mol/L 盐酸溶解,移入 500 mL 容量瓶中,去离子水稀释至刻度,聚乙烯瓶装,4 ℃保存。此溶液每毫升相当于 100 μg 钙;钙红指示液 1 g/L。

3. 仪器与设备 所用玻璃仪器处理同原子吸收分光光度法;滴定装置;高型烧杯等。

4. 实验方法

(1) 试样处理:与本节原子吸收分光光度法中同。

(2) 测定:0.5 mL 钙标准溶液,以 EDTA 滴定,标定 EDTA 浓度,根据滴定结果计算出每毫升 EDTA 相当于钙的毫克数,即滴定度(T)。

吸取 0.1~0.5 mL(根据钙的含量而定)试样消化液及空白于试管中,加 1 滴氰化钠溶液和 0.1 mL 柠檬酸钠溶液,用滴定管加 1.5 mL 1.25 mol/L KOH 溶液,加 3 滴钙红指示剂,立即以稀释 10 倍的 EDTA 溶液滴定,至指示剂由紫红色变蓝为止。

5. 计算 按下式计算样品中钙的含量:

$$X(\text{mg}/100\text{ g}) = \frac{(V - V_0) \times T \times f \times 100}{m}$$

式中,X——样品中钙元素的含量,mg/100 g;

T——EDTA 滴定度,mg/mL;

V——滴定试样消化液时所用 EDTA 量,mL;

V_0——滴定空白消化液时所用 EDTA 量,mL;

f——试样稀释倍数;

m——试样质量,g。

6. 讨论和说明 滴定用的样品量随钙含量而定,最适合的范围是 $5\sim50~\mu g$;加钙红指示剂后,不能放置过久,否则终点发灰,不明显;氰化钾是消除锌、铜、铁、铝、镍、铅等金属离子的干扰,而柠檬酸钠是防止钙和磷结合形成磷酸钙沉淀;滴定时 pH 应为 $12\sim14$,过高过低指示剂变红,终点颜色不出现。

第三节 铁 的 测 定

铁(iron)是人体必需的微量元素,它是人体内血红蛋白、肌红蛋白、细胞色素以及某些呼吸酶的组成成分,参与血液中氧的运输作用和组织呼吸过程等,所以人体每日都必须摄入一定量的铁。铁的适宜摄入量:成年男子 12 mg/d,女子 18 mg/d,缺乏铁会引起低色素性贫血、血浆水平低下、智力发育受损、抗感染能力降低等病症,人体内含铁过量时也会引起血色素沉着症等疾病。在肉、蛋、肝脏和果蔬中均含有丰富的铁质(表 11-3)。食品在储存过程中会常由于污染了大量铁而使之产生金属味,色泽加深并导致食品中脂肪氧化和维生素 D 分解,造成食品品质降低,影响食品风味,所以食品铁的测定不但具有卫生意义而且具有营养学意义。

表 11-3 部分食品中铁的含量(单位: mg/100 g)

食品名称	铁含量	食品名称	铁含量	食品名称	铁含量	食品名称	铁含量
牛 肉	3.3	猪 肉	1.6	羊肉串(烤)	8.5	腰 果	4.8
鸡 肉	1.4	黑芝麻	22.7	酸 奶	0.4	紫 菜	54.9
全脂牛奶粉	1.2	猪 肝	22.6	羊 肉	2.3	珍珠白蘑(干)	189.9

注:出自中国食物成分表(2002)。

食品中铁含量测定方法有邻菲罗啉比色法、硫氰酸盐比色法、磺基水杨酸比色法和原子吸收分光光度法等,本节主要参照 GB/T 5009.90—2003 介绍原子吸收分光谱法和邻菲罗啉比色法。

一、原子吸收光谱法

1. 原理 试样经湿消化后,导入原子吸收分光光度计中,经火焰原子化后,用铁的 248.3 nm 共振线进行测定,外标法定量。

2. 试剂 盐酸、硝酸、高氯酸;混合酸消化液:硝酸+高氯酸=4+1;0.5 mol/L 硝酸溶液;标准溶液:准确称取金属铁 1.000 0 g,或含 1.000 0 g 纯金属相对应的氧化物。加硝酸溶解并移入 1 000 mL 容量瓶中,加 0.5 mol/L 硝酸溶液并稀释至刻度,储存于聚乙烯瓶内,4 ℃保存;标准使用液:吸取标准溶液 10 mL,移入 100 mL 容量瓶中,加 0.5 mol/L 硝酸溶液并稀释至刻度,储存于聚乙烯瓶内,4 ℃保存。

3. 实验方法

(1) 试样处理:精确称取均匀试样干样 $0.5\sim1.5$ g,湿样 $2.0\sim4.0$ g,饮料等液体样品 $5.0\sim10.0$ g 于 250 mL 高型烧杯中,加混合酸消化液 $20\sim30$ mL,按原子吸收光谱测定钙的消解方法处理。消化后用去离子水转移入 10 mL 刻度试管中,加水定容至刻度。同时做试剂空白试验。

(2) 测定

1) 标准曲线制备:准确吸取铁标准使用液 0.5 mL、1.0 mL、2.0 mL、3.0 mL、4.0 mL 分别置于 100 mL 的容量瓶中,用 0.5 mol/L 硝酸溶液定容至刻度。

2) 操作参数:波长为 248.3 nm;火焰为空气-乙炔;仪器狭缝、空气及乙炔的流量、灯头高度、灯电流等均按使用的仪器说明调至最佳状态。

3) 将消化好的试样液、试剂空白液和标准系列分别导入火焰进行测定。记录吸光度值。

4. 计算 测定用试样液及试剂空白液由标准曲线查出浓度值(c 及 c_0),再按下式计算:

$$X(\mu g/100\,g) = \frac{(c_1 - c_0) \times V \times f \times 100}{m \times 1\,000}$$

式中，X——样品中铁的含量，mg/100 g；

c_1——测定用试样液中铁的浓度，$\mu g/mL$；

c_0——试剂空白液中铁的浓度，$\mu g/mL$；

V——试样定容体积，mL；

f——稀释倍数；

m——试样质量，g。

5. 讨论和说明 计算结果表示到小数点后两位；本法检出限为 $0.2\,\mu g/mL$；重复性条件下获得的两次独立测定结果的绝对差值不得超过算术平均值的 10%。

二、邻菲罗啉比色法

1. 原理 亚铁离子（Fe^{2+}）与邻菲罗啉生成稳定的橙红色络合物，在 510 nm 波长下有最大吸收，吸光度与铁浓度的关系符合朗伯-比尔定律，反应式如下：

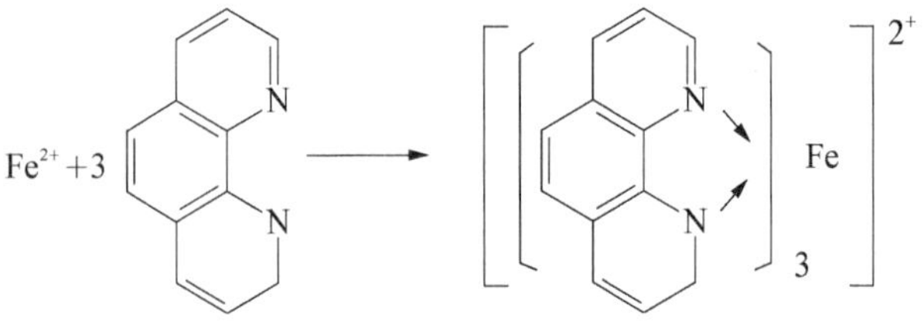

样品经消化后，铁以三价形式存在，故显色以前应先加盐酸羟胺，将三价铁还原成二价铁，反应式如下：

$$4Fe^{3+} + 2NH_2OH \cdot HCl \longrightarrow 4Fe^{2+} + N_2O + H_2O + 6H^+ + 2Cl^-$$

如果有其他金属离子干扰，可加柠檬酸盐或 EDTA 作掩蔽剂。

2. 试剂 铁盐标准溶液：准确称取 0.073 0 g 分析纯硫酸亚铁铵[$(NH_4)_2Fe(SO_4)_2 \cdot 6H_2O$]于 100 mL 烧杯中，加 50 mL 1 mol/L HCl，完全溶解后，移入 1 L 容量瓶中，再加约 50 mL 1 mol/L HCl，并用水稀释到刻度，摇匀，所得溶液每毫升含铁 0.01 mg；0.1% 邻菲罗啉水溶液；1% 盐酸羟胺水溶液；乙酸-乙酸钠缓冲溶液（pH 4.6）：称取 136 g 分析纯乙酸钠，加 120 mL 冰醋酸，加水溶解后稀释至 500 mL。

3. 仪器 分光光度计，容量瓶等。

4. 实验方法

（1）标准曲线绘制：分别吸取铁的标准溶液 0 mL、1.0 mL、2.0 mL、3.0 mL、4.0 mL、5.0 mL、6.0 mL、7.0 mL 于 8 只 50 mL 容量瓶中，依次分别加入 5 mL 乙酸-乙酸钠缓冲溶液，2.5 mL 盐酸羟胺溶液，5 mL 邻菲罗啉溶液，用蒸馏水稀释至刻度，摇匀，放置 10 min，然后用分光光度计在 510 nm 波长下测得吸光度，以不加铁的试剂溶液作参比，绘制出标准曲线。

（2）试样中铁含量的测定：吸取试样溶液 10 mL（其中含铁 0.02~0.06 mg）于 50 mL 容量瓶中，按绘制标准曲线的操作，加入各种试剂使之显色，用水稀释至刻度，摇匀。以不加铁的试剂溶液作参比，于分光光度计上测得吸光度 A，由标准曲线查得相应的铁含量，计算出试样的含铁浓度。

5. 讨论和说明

1）加入盐酸羟胺的目的是使三价铁离子转化为二价铁离子。

2）显色对溶液的 pH 应为 2~9，若酸度过高（pH<2），显色缓慢而色浅。

3）Bi^{3+}、Cd^{2+}、Hg^{2+}、Ag^+、Zn^{2+} 与显色剂生成沉淀，Co^{2+}、Ni^{2+} 则形成有色络合物，因此当这些离子共存时应注意它们的干扰作用，较大量的乙二酸盐（在 pH>6 时）及酒石酸盐（在 pH>3 时）无干扰，而 CN^- 将严重干扰测定。

4）配制试剂及测定中用水均是以玻璃仪器重蒸的蒸馏水。

5）邻菲罗啉比色法测定铁，灵敏度较高，溶液中含铁 0.1 mg/kg 时其颜色也很明显，易于比色。

6）邻菲罗啉与二价铁在微酸性条件下形成的红色络合物颜色相当稳定，比硫氰酸盐比色法稳定得多。

7）本法选择性高，干扰少，显色稳定，灵敏度和精密度都较高。

第四节　磷及磷酸盐的测定

磷（phosphorus）广泛存在于动植物组织中，与蛋白质或脂肪结合成核蛋白、磷蛋白、磷脂等，还有少量以无机磷化合物的形式存在。除植酸形式的磷不能被机体充分吸收利用外，其他大部分磷的化合物都能被消化吸收。人体内的磷参与各种生理活动和新陈代谢，同时磷是骨骼的重要成分。含磷的食品能补充脑磷脂，特别是对幼儿时期补磷尤为重要，因此测定食品中的磷具有重要意义。测定食品中总磷后，再减去植酸磷，则可算出可利用磷的量。部分食品中磷的含量如表 11-4 所示。

表 11-4　部分食品中磷的含量（单位：mg/100 g）

食品名称	磷含量	食品名称	磷含量	食品名称	磷含量	食品名称	磷含量
牛　肉	168	猪　肉	162	猪　肝	310	金华火腿	125
牛肉干	464	鸡　肉	156	鸭　肉	122	鸡　肝	263
鸡　蛋	130	全脂牛奶粉	469	酸　奶	85	牛　奶	73

注：出自中国食物成分表（2002）。

磷的测定方法很多，如果食品中磷的含量较高，可采用喹钼柠酮重量法测定；如果磷含量很低，则采用钼蓝比色法。

一、喹钼柠酮重量法

1. 原理　样品经消化或灰化后，在酸性条件下，磷与喹钼柠酮作用生成磷钼酸喹啉沉淀，沉淀物经过滤、洗涤，在（260±20）℃下烘干，称量可计算出磷的含量。反应式如下：

$H_3PO_4 + 12Na_2MoO_4 + 24HNO_3 + 3C_9H_7N \longrightarrow (C_9H_7N)_3H_3PO_4 \cdot 12MoO_3 \cdot H_2O \downarrow + 24NaNO_3 + 11H_2O$

2. 讨论与说明

1）洗涤坩埚中的沉淀可先用自来水冲洗剩余部分，用 1∶1 氨水浸泡至黄色消失，再用自来水冲洗，最后用热蒸馏水洗涤数次，烘干备用。

2）此法也可改用容量法进行：试样经灰化后制成稀盐酸的溶液，在酸性溶液中，磷酸根离子与钼酸钠和喹啉反应生成磷钼酸喹啉沉淀，过滤洗涤后，用过量标准碱溶液溶解沉淀，然后用标准酸溶液回滴，根据标准溶液的用量求算磷的含量。

$(C_9H_7N)_3H_3PO_4 \cdot 12MoO_3 \cdot H_2O + 26NaOH \longrightarrow 3C_9H_7N + Na_2HPO_4 + 12Na_2MoO_4 + 15H_2O$

$NaOH + HCl \longrightarrow NaCl + H_2O$

二、钼蓝比色法

1. 原理　样品中的磷经灰化或消化后以磷酸根形式存在，在酸性条件下与钼酸铵作用生成淡黄色的磷钼酸铵，其中高价的钼具有氧化性，可被抗坏血酸、氯化亚锡（或者对苯二酚与亚硫酸钠）还原成蓝色化合物——钼蓝，在 650 nm 下有最大吸收，其吸光度与磷浓度成正比，即可定量分析。反应式如下：

$24(NH_4)_2MoO_4 + 2H_3PO_4 + 21H_2SO_4 \longrightarrow 2[(NH_4)_3PO_4 \cdot 12MoO_3] + 21(NH_4)_2SO_4 + 24H_2O$

$(NH_4)_3PO_4 \cdot 12MoO_3 + SnCl_2 + 7HCl \longrightarrow (Mo_2O_5 \cdot 4MoO_3)_2 \cdot H_3PO_4 + SnCl_4 + 3NH_4Cl + 2H_2O$
（钼蓝）

2. 试剂　稀盐酸；钼酸铵溶液（50 g/L）；对氢醌（对苯二酚）溶液（5 g/L）；亚硫酸钠溶液（200 g/L）；磷酸盐标准溶液：精确称取 0.716 5 g KH$_2$PO$_4$ 溶于水中，移入 1 000 mL 容量瓶中，水稀释至刻度。此溶液每毫升相当于 500 μg 磷酸盐。吸取 10.0 mL 此溶液，置于 500 mL 容量瓶中，加水至刻度。此溶液每毫升相当于 10 μg 磷酸盐(PO_4^{3-})。

3. 实验方法

（1）标准曲线绘制：分别吸取磷酸盐标准溶液 0.0 mL、0.2 mL、0.4 mL、0.6 mL、0.8 mL、1.0 mL，分别置于 25 mL 比色管中，每管中依次加入 2.0 mL 钼酸铵溶液，1 mL 200 g/L 亚硫酸钠溶液，1 mL 对氢醌（对苯二酚）溶液，加蒸馏水稀释至刻度，摇匀，静置 30 min 后，以零管溶液为空白，于 660 nm 处比色，测定个标准溶液吸光度，绘制标准曲线。

（2）测定：将瓷蒸发器在火上加热灼烧、冷却，准确称取均匀试样 2～5 g，在火上灼烧成碳分，550 ℃灰化成白色灰分（浓硝酸有助于灰化完全），加稀盐酸(1+1) 10 mL 及硝酸 2 滴，水浴上蒸干，再加稀盐酸(1+1) 2 mL，用水分数次将残渣完全洗入 100 mL 容量瓶中，水稀释至刻度，摇匀，过滤（如无沉淀则不需过滤）。

取滤液 0.5 mL，置 25 mL 比色管中，与标准曲线绘制相同进行操作。根据测得的吸光度，从标准曲线上求得相应磷含量。

4. 计算

$$X(\text{mg/kg}) = \frac{m_1}{m} \times 1\,000$$

式中，X——试样中磷酸盐含量，mg/kg；

m_1——从标准曲线中查出的相当于磷酸盐(PO_4^{3-})的质量，mg；

m——测定时所吸取试样溶液相当于试样的质量，g；

5. 讨论和说明 计算结果保留两位有效数字；在重复性条件下获得的两次独立测定结果的绝对差值不得超过算术平均值的 5%；本法适用于西式蒸煮、烟熏火腿中复合磷酸盐（以磷酸盐计）的测定；本法检出限为 2 μg，线性范围为 5～50 μg。

第五节 碘 的 测 定

碘(iodine)是人体必需的微量元素之一，是人体内合成甲状腺素的原料。甲状腺素能够调节体内新陈代谢，促进身体的生长发育，是人体正常健康生长必不可少的激素之一。人体对碘的日需要量为 100～150 μg。身体缺碘时，会发生甲状腺肿大，甲状腺素的合成减少甚至缺乏，可使人产生呆小症。健康成人甲状腺组织内含碘 8～12 mg。

人体需要的碘主要来源于饮水和食品，进入人体内的碘主要（98％左右）到达甲状腺，用来合成甲状腺球蛋白和甲状腺素（T_3 和 T_4）。食品中碘含量最丰富的是海产品，部分食品中碘含量如表 11-5 所示。

表 11-5 部分食品中碘的含量（单位：μg/100 g）

食品名称	碘含量	食品名称	碘含量	食品名称	碘含量	食品名称	碘含量
海带(鲜)	113.9	海杂鱼(咸)	295.9	贻贝(淡菜)	346.0	火腿肠(洛阳)	46.2
海带	36 240.0	豆豉鱼(罐头)	24.1	杏仁咸菜	274.5	鹌鹑蛋	37.6
紫菜	4 323.0	茄汁沙丁鱼(罐头)	22.0	生姜粉	133.5	黄花鱼(小)	5.8
虾皮	264.5	虾米(海米、虾仁)	82.5	肉松	37.7	鸡蛋	27.2

注：出自中国食物成分表(2002)。

食品中碘的测定方法有氯仿萃取比色法、硫酸铈接触法、溴氧化碘滴定法、HPLC 法、GC 法、极谱测定法、分光光度法等。下面简单介绍氯仿萃取比色法和气相色谱法。

一、氯仿萃取比色法

1. 原理 样品在碱性条件下灰化，碘被有机物还原成碘离子，碘离子与碱金属离子结合成碘化物，碘化物在酸性条件下与重铬酸钾作用，定量析出碘。当用氯仿萃取时，碘溶于氯仿中呈现粉红色，当碘含量低时，颜色深浅与碘含量成正比，故可以比色测定，反应式如下：

$$Cr_2O_7^{2-} + 6I^- + 14H^+ \longrightarrow 2Cr^{3+} + 3I_2 + 7H_2O$$

2. 讨论和说明

1) 灰化样品时,加入氢氧化钾的作用是使碘形成难挥发的碘化钾,防止碘在高温灰化时挥发损失。

2) 本法操作简便,颜色稳定,重现性好。

二、气相色谱法

1. 原理 试样中的碘在硫酸条件下与丁酮反应生成丁酮与碘的衍生物,经气相色谱分离,电子捕获检测器检测,外标法定量。

2. 仪器 0.1 mg 天平;气相色谱仪:带电子捕获检测器。

3. 试剂 水:GB/T 6682 规定的一级水;高峰氏(Taka-Diastase)淀粉酶,酶活力≥1.5 U/mg;碘化钾(KI)或碘酸钾(KIO_3),优级纯;丁酮(C_4H_8O)色谱纯;硫酸(H_2SO_4);正己烷(C_6H_{14});无水硫酸钠($NaSO_4$);双氧水(3.5%):吸取 11.7 mL 30%的双氧水稀释至 100 mL;亚铁氰化钾溶液(109 g/L);乙酸锌溶液(219 g/L)。

碘标准溶液:

1) 碘标准储备液(1.0 mg/mL):称取 131 mg 碘化钾(精确至 0.1 mg),或 168.5 mg 碘酸钾(精确至 0.1 mg),用水溶解定容至 100 mL,4 ℃冷藏保存,一周内有效。

2) 碘标准工作液(1.0 μg/mL):吸取 10 mL 碘标准储备液,水定容至 100 mL 混匀,再吸取 1 mL,水定容至 100 mL,临用前配制。

4. 实验方法

(1) 试样处理

1) 不含淀粉的试样:称取混合均匀的固体试样 5 g,液体试样 20 g(精确至 0.000 1 g)于 150 mL 三角瓶中,固体试样用 25 mL 约 40 ℃的热水溶解。

2) 含淀粉的试样:称取混合均匀的固体试样 5 g,液体试样 20 g(精确至 0.000 1 g)于 150 mL 三角瓶中,加入 0.2 g 高峰氏淀粉酶;固体试样用 25 mL 约 40 ℃的热水充分溶解,置于 50~60 ℃恒温箱中酶解 30 min,取出冷却。

(2) 试样测定液的制备

1) 沉淀:将上述处理过的试样溶液转入 100 mL 容量瓶中,加入 5 mL 亚铁氰化钾溶液和 5 mL 乙酸锌溶液后,水定容至刻度,充分振摇后静置 10 min。滤纸过滤后,吸取滤液 10 mL,于 100 mL 分液漏斗中,加 10 mL水。

2) 衍生与提取:向分液漏斗中加入 0.7 mL 硫酸、0.5 mL 丁酮、2.0 mL 双氧水,充分混匀,室温下保持 20 min 后加入 20 mL 正己烷,振荡萃取 2 min。静止分层后,将水相移入另一分液漏斗中,再进行第二次萃取。合并有机相,用水洗涤 2~3 次。通过无水硫酸钠过滤脱水后移入 50 mL 容量瓶中用正己烷定容,此为试样测定液。

(3) 碘标准测定液的制备:分别吸取 1.0 mL、2.0 mL、4.0 mL、8.0 mL、12.0 mL 碘标准工作液配制成碘标准溶液。

(4) 测定

1) 色谱条件:色谱柱:填料为 5%氰丙基-甲基聚硅氧烷的毛细管柱(L30 m,Φ 0.25 mm,膜厚 0.25 μm)或具同等性能的色谱柱;进样口温度 260 ℃;ECD 检测器温度 300 ℃;分流比 1:1;进样量 1 μL;程序升温 50 ℃持续 9 min,后以 30 ℃/min 的升温速率升温到 220 ℃,持续 3 min。

2) 标准曲线的制作:将碘标准测定液分别注入气相色谱仪中,得到标准测定液的峰面积(或峰高)。以标准测定液的峰面积(或峰高)为纵坐标,碘的质量为横坐标制作标准曲线。

3) 试样溶液的测定:将试样测定液注入气相色谱仪中,得到峰面积(或峰高),从标准曲线中获得试样中碘的含量(μg)。

5. 计算 试样中碘含量按下式计算:

$$X(\mu g/100\ g) = \frac{m_1}{m} \times 100$$

式中，X——试样中碘含量，$\mu g/100\ g$；

m_1——从标准曲线中获得试样中碘的含量，μg；

m——试样的质量，g。

6. 讨论和说明　　以重复条件下获得的两次独立测定结果的算术平均值表示，结果保留至小数点后一位；在重复条件下获得的两次独立测定结果的绝对差值不得超过算术平均值的10%；本标准检出限为2.0 $\mu g/100\ g$。

第六节　锌的测定

锌(zinc)已经被证明是动物营养必需的微量元素，其营养作用已经受到了普遍的重视。锌在催化、结构和调节3个方面调控基因的表达，对动物的生长发育有重要的作用；作为免疫辅助因子、免疫增强剂、抗氧化剂和补体，提高动物机体的免疫功能；体内多种酶的组成成分参与代谢或酶激活剂；参与维生素A、核酸、蛋白质和激素的合成；促进食欲。人体含锌2~2.5 g，主要存在于肌肉、骨骼、皮肤，单位质量计则以视网膜、脉络膜、前列腺最高。食物中的铜、植酸、蛋白质、膳食纤维等可妨碍锌吸收。不同人群锌的推荐摄入量不同，如乳母的推荐摄入量为21.5 mg/d，男性高于女性。

贝壳类海产品以及高蛋白食物普遍含锌丰富，如牡蛎、生蚝、芝麻、猪肝等。部分食物中的锌含量如表11-6所示。

表11-6　部分食品中锌的含量(单位：mg/100 g)

食品名称	锌含量	食品名称	锌含量	食品名称	锌含量	食品名称	锌含量
富锌饼干	1.52	螺　蛳	10.27	梭子蟹	5.50	牡　蛎	9.39
驴打滚	1.05	毛蛤蜊	2.29	蛏　子	2.01	生　蚝	71.2
蜜三刀	1.38	芝麻(黑)	6.13	河　蚌	6.23	鸡肝(肉鸡)	3.46
豆奶粉	2.0	墨鱼(干)	10.02	扇贝(鲜)	11.69	猪　肝	5.78

注：出自中国食物成分表(2002)。

食品中锌含量的测定方法主要有原子吸收光谱法、二硫腙比色法，下面依据GB/T 5009.14—2003《食品中锌的测定》介绍这两种方法。

一、原子吸收光谱法

1. 原理　　试样经处理后，导入原子吸收分光光度计中，原子化后，用锌的213.8 nm共振线测定，外标法定量。

2. 试剂　　4-甲基戊酮-2(MIBK，又名甲基异丁酮)；磷酸(1+10)；盐酸(1+11)；混合酸：硝酸+高氯酸(3+1)；锌标准溶液：准确称取0.500 g金属锌(99.99%)溶于10 mL盐酸中，然后在水浴上蒸发至近干，用少量水溶解后移入1 000 mL容量瓶中，水稀释至刻度，储于聚乙烯瓶中，此溶液每毫升相当于0.50 mg锌；锌标准使用液：吸取10.0 mL锌标准溶液置于50 mL容量瓶中，以盐酸(0.1 mol/L)稀释至刻度，此溶液每毫升相当于100.0 μg锌。

3. 实验方法

(1) 试样处理：称取5.00~10.00 g置于50 mL瓷坩埚中，小火炭化至无烟后移入马弗炉中，(500±25)℃灰化约8 h后，取出坩埚，放冷后再加入少量混合酸，小火加热，不使干涸，必要时加少许混合酸，如此反复处理，直至残渣中无碳粒，待坩埚稍冷，加10 mL盐酸(1+11)，溶解残渣并移入50 mL容量瓶中，再用盐酸(1+11)反复洗涤坩埚，洗液并入容量瓶中，稀释至刻度，混匀备用。

取与试样处理相同量的混合酸和盐酸(1+11)，按同一操作方法做试剂空白试验。

(2) 测定：吸取 0.10 mL、0.20 mL、0.40 mL、0.80 mL 锌标准使用液，分别置于 50 mL 容量瓶中，以盐酸 (1 mol/L)稀释至刻度。

将处理后的样液、试剂空白液和锌标准溶液分别导入调至最佳条件的火焰原子化器进行测定。参考测定条件：灯电流 6 mA，波长 213.8 nm，狭缝 0.38 nm，空气流量 10 L/min，乙炔流量 2.3 L/min，灯头高度 3 mm，氘灯背景校正，以锌含量对应吸光值，绘制标准曲线，从标准曲线上可得到试样液中锌含量。

4. 计算 试样中锌的含量按下式计算：

$$X(mg/kg) = \frac{(c_1 - c_2) \times V \times 1\,000}{m \times 1\,000}$$

式中，X——试样中锌的含量，mg/kg 或 mg/L；

c_1——测定用试样液中锌的含量，μg/mL；

c_2——试剂空白液中锌的含量，μg/mL；

m——试样质量或体积，g 或 mL；

V——试样处理液的总体积，mL。

5. 讨论和说明 计算结果保留两位有效数字；在重复性条件下获得的两次独立测定结果的绝对差值不得超过算术平均值的 10%；本法检出限为 0.4 mg/kg。

二、二硫腙比色法

1. 原理 试样经消化后，在 pH 4.0～5.5 时，锌离子与二硫腙形成紫红色络合物，溶于四氯化碳，加入硫代硫酸钠，防止铜、汞、铅、铋、银和镉等离子干扰，与标准系列比较定量。

2. 试剂 乙酸钠溶液(2 mol/L)；乙酸(2 mol/L)；乙酸-乙酸盐缓冲液：乙酸钠溶液(2 mol/L)与乙酸 (2 mol/L)等量混合，此溶液 pH 为 4.7 左右。氨水(1+1)；盐酸(2 mol/L)；盐酸(0.02 mol/L)；盐酸羟胺溶液(200 g/L)；硫代硫酸钠溶液(250 g/L)：用乙酸(2 mol/L)调节 pH 至 4.0～5.5；二硫腙-四氯化碳溶液 (0.1 g/L)；二硫腙使用液：吸取 1 mL 二硫腙-四氯化碳溶液(0.1 g/L)，加四氯化碳至 10.0 mL，混匀。用 1 cm 比色皿，以四氯化碳为参比，于波长 530 nm 处测吸光度(A)。用下式计算出配制 100 mL 二硫腙使用液 (57% 透光率)所需的二硫腙-四氯化碳溶液(0.1 g/L)毫升数(V)。

$$V = \frac{10(2 - \lg 57)}{A} = \frac{2.44}{A}$$

锌标准溶液：准确称取 0.100 0 g 锌，加 10 mL 盐酸(2 mol/L)溶解后移入 1 000 mL 容量瓶中，加水稀释至刻度。此溶液每毫升相当于 100.0 μg 锌；锌标准使用液：吸取 1.0 mL 锌标准溶液，置于 100 mL 容量瓶中，加 1 mL 盐酸(2 mol/L)，水稀释至刻度，此溶液每毫升相当于 1.0 μg 锌；酚红指示液(1 g/L)：称取 0.1 g 酚红，乙醇溶解至 100 mL。

3. 实验方法

(1) 试样消化：粮食、谷物类等含水量少的粉碎后准确称取 2～10 g。果蔬类等含水量多的匀浆后，称取 10～20 g。

将试样置于 500 mL 凯氏烧瓶中，加玻璃珠数粒，硝酸-高氯酸 10～15 mL，放置片刻，小火加热，待作用缓和，放冷。沿瓶壁加入浓硫酸 5～10 mL，加热至瓶中液体开始变成棕色时，不断加入硝酸-高氯酸至有机质分解完全。加大火力，至溶液变为无色或微黄色，放冷。加 20 mL 水煮沸，至二氧化氮黄烟逸尽，如此处理两次，放冷。将冷却后的溶液移入 50 mL 或 100 mL 容量瓶中，用水洗涤凯氏烧瓶，洗液并入容量瓶，加水至刻度，混匀。

按同一方法做不加样品的空白试验。

(2) 测定：准确吸取 5～10 mL 定容的消化液和相同量的试剂空白液体，分别置于 125 mL 分液漏斗中，加 5 mL 水、0.5 mL 盐酸羟胺溶液(200 g/L)，摇匀，再加 2 滴酚红指示剂，用氨水(1+1)调节至红色，再多加 2 滴。再加 5 mL 二硫腙-四氯化碳溶液(0.1 g/L)，剧烈振摇 2 min，静置分层。将四氯化碳层移入另一分液漏斗中,水层再用少量二硫腙-四氯化碳溶液振摇提取,每次 2~3 mL,直至二硫腙-四氯化碳层绿色不变为止。合并提取液,用 5 mL 水洗涤,四氯化碳层用盐酸(0.02 mol/L)提取两次,每次 10 mL,提取时剧烈振摇 2 min,合并盐酸(0.02 mol/L)提取液,并用少量四氯化碳洗去残留的二硫腙。

吸取 0 mL、1.0 mL、2.0 mL、3.0 mL、4.0 mL、5.0 mL 锌标准使用液,分别置于 125 mL 分液漏斗中,各加盐酸(0.02 mol/L)至 20 mL。于试样提取液、试剂空白提取液和锌各标准使用液各分液漏斗中,加入 10 mL 乙酸-乙酸盐缓冲液、1 mL 硫代硫酸钠溶液(250 g/L),摇匀,再各加入 10.0 mL 二硫腙使用液,剧烈振摇 2 min。静置分层后,经脱脂棉将四氯化碳层滤入 1 cm 比色皿,以四氯化碳为参比,波长 530 nm 处测定吸光度,绘制标准曲线,并查出样品溶液中锌的浓度。

4. 计算 试样中锌的含量按下式计算:

$$X(\text{mg/kg}) = \frac{(m_1 - m_2) \times 1\,000}{m \times \frac{V_2}{V_1} \times 1\,000}$$

式中,X——试样中锌的含量,mg/kg 或 mg/L;

m_1——测定用试样消化液中锌的质量,μg;

m_2——试剂空白液中锌的质量,μg;

m——试样质量或体积,g 或 mL;

V_1——试样消化液的总体积,mL;

V_2——测定用消化液的体积,mL。

5. 讨论和说明 计算结果保留两位有效数字;在重复性条件下获得的两次独立测定结果的绝对差值不得超过算术平均值的 10%;本法检出限为 2.5 mg/kg。

第七节 铜 的 测 定

铜(copper)是人体健康不可缺少的微量营养素,对于血液、中枢神经和免疫系统,头发、皮肤和骨骼组织以及脑子和肝、心等内脏的发育和功能有重要影响。铜主要从日常饮食中摄入。世界卫生组织建议,为了维持健康,成人每千克体重每天应摄入 0.03 mg 铜。孕妇和婴幼儿应加倍。缺铜会引起各种疾病,可以服用含铜补剂和药丸来加以补充。

铜在人体内含量为 100~150 mg,血清铜正常值 100~120 μg/dL,是人体中含量位居第二的必需微量元素。含铜的酶有酪氨酸酶、单胺氧化酶、超氧化酶、超氧化物歧化酶、血铜蓝蛋白等。铜对血红蛋白的形成起活化作用,促进铁的吸收和利用,在传递电子、弹性蛋白的合成、结缔组织的代谢、嘌呤代谢、磷脂及神经组织形成方面有重要意义。人体内缺少铜元素时就会引起各种疾病,如贫血、骨骼改变、冠心病、白癜风病、女性缺铜元素有可能导致不孕症的出现;但过多的铜元素进入人体内,人就会出现恶心、呕吐、上腹疼痛、急性溶血和肾小管变形等中毒现象。

许多天然食物中含有丰富的铜,如动物肝、肾、松蘑、虾、蟹、牡蛎、生蚝、蝎子等。动物肝脏以及贝类含铜量高,平均超过 20 mg/kg。多吃这些食物就能保持人体内铜元素的充足,从而预防因为人体缺少铜元素而导致的各种疾病。但是在吃这些食物时也要注意健康科学,切勿暴饮暴食。部分食品中铜的含量如表 11-7 所示。

表 11-7 部分食品中铜的含量(单位: mg/100 g)

食品名称	铜含量	食品名称	铜含量	食品名称	铜含量	食品名称	铜含量
口 蘑	5.88	鸡 胗	2.11	海 米	2.33	牡 蛎	8.13
松蘑(干)	10.30	鸭 肝	6.27	蛏 子	2.01	生 蚝	11.50
紫菜(干)	1.68	鹅 肝	7.78	河 蟹	2.97	蝎 子	14.00
羊 肝	4.51	虾虎鱼	2.99	章 鱼	9.00	蚕豆(烤)	1.34

注: 出自中国食物成分表(2002)。

食品中铜含量的测定方法主要有原子吸收光谱法、二乙基二硫代氨基甲酸钠法,下面依据GB/T 5009.13—2003《食品中铜的测定》介绍原子吸收光谱法。

一、原子吸收光谱法

1. 原理 试样经处理后,导入原子吸收分光光度计中,原子化以后,吸收324.8 nm共振线,吸收值与铜含量成正比,与标准系列比较定量。

2. 仪器 所用玻璃仪器均以硝酸(10%)浸泡24 h以上,用水反复冲洗,最后用去离子水反复冲洗晾干后,方可使用;捣碎机;马弗炉;原子吸收分光光度计等。

3. 试剂 硝酸;石油醚;铜标准溶液:准确称取1.000 0 g金属铜(99.99%),分次加入硝酸(4+6)溶解,总量不超过37 mL,移入1 000 mL容量瓶中,用水稀释至刻度。此溶液每毫升相当于1.0 mg铜;铜标准使用液Ⅰ:吸取10.0 mL铜标准溶液,置于100 mL容量瓶中,用0.5%的硝酸溶液稀释至刻度,摇匀,如此多次稀释至每毫升相当于1.0 μg铜;铜标准使用液Ⅱ:稀释至每毫升相当于0.1 μg铜。

4. 实验方法

(1) 试样处理:称取1.00～5.00 g试样,置于石英或瓷坩埚中,加5 mL硝酸,放置0.5 h,小火蒸干,继续加热炭化,移入马弗炉中,(500±25)℃灰化1 h,取出放冷,再加1 mL硝酸浸湿灰分,小火蒸干。再移入马弗炉中,500 ℃灰化0.5 h,冷却后取出,以1 mL硝酸(1+4)溶解4次,移入10.0 mL容量瓶中,用水稀释至刻度备用。

取与消化试样相同量的硝酸,按同一方法做试剂空白试验。

(2) 测定

1) 吸取0.0 mL、1.0 mL、2.0 mL、4.0 mL、6.0 mL、8.0 mL、10.0 mL铜标准使用液Ⅰ(1.0 μg/mL)分别置于10 mL容量瓶中,加硝酸(0.5%)稀释至刻度,混匀。将处理后的样液、试剂空白液和标准液分别导入调至最佳条件火焰原子化器进行测定。参考条件:灯电流3～6 mA,波长324.8 nm,光谱通带0.5 nm,空气流量9 L/min,乙炔流量2 L/min,灯头高度6 mm,氘灯背景校正。以铜标准溶液含量和对应吸光度绘制标准曲线或计算直线回归方程,试样吸收值与曲线比较或带入方程求得含量。

2) 吸取0.0 mL、1.0 mL、2.0 mL、4.0 mL、6.0 mL、8.0 mL、10.0 mL铜标准使用液Ⅱ(0.1 μg/mL)分别置于10 mL容量瓶中,加硝酸(0.5%)稀释至刻度,混匀。将处理后的样液、试剂空白液和各容量瓶中铜标准液10～20 μL,分别导入调至最佳条件石墨炉原子化器进行测定。参考条件:灯电流3～6 mA,波长324.8 nm,光谱通带0.5 nm,保护气体1.5 L/min(原子化阶段停气)。操作参数:干燥90 ℃,20 s;灰化20 s;升到800 ℃,20 s;原子化2 300 ℃,4 s。以铜标准溶液含量和对应吸光度,绘制标准曲线或计算直线回归方程,试样吸收值与曲线比较或带入方程求得含量。

3) 氯化钠或其他物质干扰时,可在进样前用硝酸铵(1 mg/mL)或磷酸二氢铵稀释或进样后(石墨炉)再加入与试样等量上述物质作为基体改进剂。

5. 计算

(1) 火焰法

$$X(\text{mg/kg}) = \frac{(c_1 - c_2) \times V \times 1\,000}{m \times 1\,000}$$

式中,X——试样中铜的含量,mg/kg或mg/L;

c_1——测定用试样液中铜的含量,μg/mL;

c_2——试剂空白液中铜的含量,μg/mL;

m——试样质量或体积,g或mL;

V——试样处理后的总体积,mL。

本法检出限为1.0 mg/kg。

(2) 石墨炉法

$$X(\text{mg/kg}) = \frac{(A_1 - A_2) \times 1\,000}{m \times \dfrac{V_2}{V_1} \times 1\,000}$$

式中，X——试样中铜的含量，mg/kg 或 mg/L；

A_1——测定用试样消化液中铜的质量，μg；

A_2——试剂空白液中铜的质量，μg；

m——试样质量或体积，g 或 mL；

V_1——测定用消化液的体积，mL；

V_2——试样消化液的总体积，mL。

6. 讨论和说明　　本法检出限为 0.1 mg/kg；结果保留两位有效数字，试样含量超过 10 mg/kg 时保留三位有效数字；在重复性条件下获得的两次独立测定结果的绝对差值不得超过算术平均值的 10%。

二、二乙基二硫代氨基甲酸钠比色法

1. 原理　　试样经消化后，在碱性溶液中铜离子与二乙基二硫代氨基甲酸钠生成棕黄色络合物，溶于四氯化碳，与标准系列比较定量。

2. 试剂　　四氯化碳；柠檬酸铵-乙二胺四乙酸二钠溶液：称取 20 g 柠檬酸铵及 5 g 乙二胺四乙酸二钠，溶于水中，加水稀释至 100 mL；硫酸(1+17)：量取 20 mL 硫酸，倒入 300 mL 水中，冷后再加水稀释至 360 mL；氨水(1+1)；酚红指示液(1 g/L)：称取 0.1 g 酚红，乙醇溶解至 100 mL；铜试剂溶液：二乙基二硫代氨基甲酸钠[$(C_2H_5)_2NOS_2Na \cdot 3H_2O$]溶液(1 g/L)，必要时可过滤，储存于冰箱中；硝酸(3+8)：量取 60 mL 硝酸，加水稀释至 160 mL；铜标准溶液：同原子吸收光谱法；铜标准使用液：同原子吸收光谱法。

3. 实验方法

(1) 试样处理：硝酸-高氯酸-硫酸法。

粮食、粉丝、粉条、豆干制品、糕点、茶叶等及其他含水分少的固体食品：称取 5.00 g 或 10.00 g 粉碎试样，置于 250～500 mL 凯氏烧瓶中，先加少许水使湿润，加数粒玻璃珠，10～15 mL 硝酸-高氯酸混合液，放置片刻，小火缓缓加热，待作用缓和，放冷。沿瓶壁加入 5 mL 或 10 mL 硫酸，再加热，至瓶中液体开始变成棕色时，不断沿瓶壁滴加硝酸-高氯酸混合液至有机质分解完全。加大火力，至产生白烟，待瓶口白烟冒净后，瓶内液体再产生白烟为消化完全，该溶液应澄明无色或微带黄色，放冷。(在操作过程中应注意防止暴沸或爆炸)加 20 mL 水煮沸，除去残余的硝酸至产生白烟为止，如此处理两次，放冷。将冷后的溶液移入 50 mL 或 100 mL 容量瓶中，用水洗涤凯氏烧瓶，洗液并入容量瓶中，放冷，加水至刻度，混匀。定容后的溶液每 10 mL 相当于 1 g 试样，相当加入硫酸量 1 mL。取与消化试样相同量的硝酸-高氯酸混合液和硫酸，按同一方法做试剂空白试验。

蔬菜、水果、酱、酱油、醋、冷饮、豆腐、腐乳、酱腌菜等；含乙醇饮料或含二氧化碳饮料；含糖量高的食品；水产品等的试样处理方法(略)。

(2) 测定：吸取定容后的 10.0 mL 试样溶液和同量的试剂空白液，分别置于 125 mL 分液漏斗中，加水稀释至 20 mL。

吸取 0.00 mL、0.50 mL、1.0 mL、1.50 mL、2.00 mL、2.50 mL 铜标准使用液(相当 0.0 μg、5.0 μg、10.0 μg、15.0 μg、20.0 μg、25.0 μg 铜)，分别置于 125 mL 分液漏斗中，各加硫酸(1+17)至 20 mL。

于试样消化液、试剂空白液和铜标准液中，各加 5 mL 柠檬酸铵、乙二胺四乙酸钠溶液和 3 滴酚红指示液，混匀，用氨水(1+1)调至红色。各加 2 mL 铜试剂溶液和 10 mL 四氯化碳，剧烈振摇 2 min，静置分层后，四氯化碳层经脱脂棉滤入 2 cm 比色皿中，以四氯化碳调节零点，波长 440 nm 处测吸光度，标准各点吸光值减去零管吸光值后，绘制标准曲线。试样吸光值与曲线比较，求得含量。

4. 计算

$$X(\text{mg/kg}) = \frac{(m_1 - m_2) \times 1\,000}{m \times \dfrac{V_2}{V_1} \times 1\,000}$$

式中，X——试样中铜的含量，mg/kg 或 mg/L；

m_1——测定用试样消化液中铜的质量,μg;

m_2——试剂空白液中铜的质量,μg;

m——试样质量或体积,g 或 mL;

V_1——测定用消化液的体积,mL;

V_2——试样消化液的总体积,mL。

5. 讨论和说明 本法检出限为 2.5 mg/kg;结果保留两位有效数字,试样含量超过 10 mg/kg 时保留三位有效数字;在重复性条件下获得的两次独立测定结果的绝对差值不得超过算术平均值的 10%。

第八节 铝 的 测 定

长期以来,铝(aluminium)一直被认为是无毒元素,铝制炊具、含铝膨松剂、发酵粉、净水剂等使用普遍,也均未发现铝的直接毒性,即铝无直接的毒性效应。但近几年的研究表明,体内过多的铝对人体的中枢神经系统及胚胎发育等均有不良影响。临床发现,老年痴呆、关岛帕金森病等神经失调疾病,就与铝在体内的积累有关。如果饮食中含铝量超标,就会降低饮食内磷的吸收,致使血磷及机体含磷总量减少,骨骼含钙量降低,导致骨软化、骨萎缩,甚至骨折。铝的排泄主要通过肾脏,铝在体内积蓄,必然要增加肾的负担,对肾脏造成伤害,引起肾功能失调、肾衰竭和尿毒症等。铝在人体中引起的毒性是缓慢的、长期的、不易被觉察的,然而一旦发生代谢紊乱的毒性反应,后果却是严重的、不可恢复的。所以控制铝制炊具、含铝膨松剂、发酵粉、净水剂等使用,是减少铝摄入的有效途径。

目前,食品中铝含量测定的方法主要有分光光度法、原子发射光谱法、石墨炉原子吸收光谱法。DB51/T 835—2008、DB51/T 1046—2010、DB13/T 1105—2009 等地方标准中对食品中铝含量测定有相关规定。下面介绍 GB/T 5009.182—2003 中分光光度法对面制品中铝含量测定方法。

1. 原理 样品经处理后,Al^{3+} 在乙酸-乙酸钠缓冲介质中,与铬天青 S 及溴化十六烷基三甲胺反应形成蓝色三元络合物,640 nm 波长处测定吸光度并与标准比较定量。

2. 仪器 分光光度计、食品粉碎机、电热板等。

3. 试剂 硝酸、高氯酸、盐酸、硫酸;盐酸(6 mol/L);硫酸溶液(体积分数 1%);硝酸-高氯酸(5+1)混合液;乙酸-乙酸钠溶液:称取 34 g 乙酸钠($NaCOOH·3H_2O$)溶于 450 mL 水中,加 2.6 mL 冰醋酸,调 pH 至 5.5,用水稀释至 500 mL;铬天青 S 溶液(0.5 g/L):称取 50 mg 铬天青 S,用水溶解并稀释至 100 mL;溴化十六烷基三甲胺溶液(0.2 g/L);抗坏血酸溶液(10 g/L);铝标准储备液:精密称取 1.000 0 g 金属铝(纯度 99.99%),加 50 mL 6 mol/L 盐酸,加热溶解,冷却后移入 1 000 mL 容量瓶中,水稀释至刻度,该溶液每毫升相当于 1 mg 铝;铝标准使用液:吸取 1 mL 铝标准储备液,置于 100 mL 容量瓶中,水稀释至刻度,再从中吸取 5 mL 至 50 mL 容量瓶中,水稀释至刻度,该溶液每毫升相当于 1 μg 铝。

4. 实验方法

(1) 试样处理:将试样(不包括夹心、夹馅部分)粉碎均匀,取约 30 g 置 85 ℃烘箱中干燥 4 h,称取 1.000~2.000 g,置于 100 mL 锥形瓶中,加玻璃珠数粒,10 mL~15 mL 硝酸-高氯酸(5+1)混合液,盖好玻片,放置过夜,置电热板上缓缓加热至消化液无色透明,并出现大量高氯酸烟雾,取下锥形瓶,加入 0.5 mL 硫酸,不加玻片盖,再置电热板上适当升高温度加热除去高氯酸,加 10~15 mL 水,加热至沸,取下放冷后用水定容至 50 mL,如果试样稀释倍数不同,应保证试样溶液中含 1%硫酸。同时做两个试剂空白。

(2) 测定:吸取 0.0 mL、0.5 mL、1.0 mL、2.0 mL、3.0 mL、4.0 mL、6.0 mL 铝标准使用液,分别置于 25 mL 比色管中,依次向各管中加入 1 mL 1%硫酸溶液。吸取 1 mL 消化好的试样溶液,置于 25 mL 比色管中。向标准管、试样管、试剂空白管中依次加入 8.0 mL 乙酸-乙酸钠缓冲液,1.0 mL 10 g/L 抗坏血酸溶液,混匀,加 2.0 mL 0.2 g/L 溴化十六烷基三甲胺溶液,混匀,再加 2.0 mL 0.5 g/L 铬天青 S 溶液,摇匀后,用水稀释至刻度。室温放置 20 min 后,用 1 cm 比色杯,于分光光度计上,以零管为参比,640 nm 波长处测其吸光度,绘制标准曲线比较定量。

5. 计算 铝的含量按下式计算:

$$X(\text{mg/kg}) = \frac{(m_1 - m_2) \times 1\,000}{m \times \frac{V_2}{V_1} \times 1\,000}$$

式中，X——试样中铝的含量，mg/kg；
　　m_1——测定用试样液中铝的质量，μg；
　　m_2——试剂空白液中铝的质量，μg；
　　m——试样质量，g；
　　V_1——试样消化液的总体积，mL；
　　V_2——测定用试样消化液体积，mL。

本法检出限为 0.5 μg；在重复性条件下获得的两次独立测定结果的绝对差值不得超过算术平均值的 10%。

第九节　铅 的 测 定

铅(lead)是重金属污染中毒性较大的一种。由于人类的活动，铅向大气圈、水圈以及生物圈不断迁移，特别是随着近代工业的发展，大气层中的铅与原始时代相比，污染的体积增加了近 1 万倍，人类对铅的吸收也增加了数千倍，吸收值已接近或超出人体的容许浓度。铅的过度摄入已经成为危害人体健康不容忽视的社会问题。

铅进入人体有三条途径：呼吸道、消化道和皮肤。人每日会从食物、水中摄入 300 μg 的铅，按肠道吸收 10% 计算，进入人体内的量为 30 μg；大气中含铅量 25 μg，每日经肺部吸入 10～25 μg，两者合起来，每日摄入 40～50 μg。缺铁、缺钙或高脂饮食，可增加胃肠道对铅的吸收。进入血液的铅大部分与红细胞结合，其余停留在血浆中。血液循环系统中的铅早期主要分布在肝、肾、脑、皮肤中，进入体内的铅 90%～95% 在骨骼里"安营扎寨"。血铅可通过胎盘进入胎儿体内，乳汁内的铅也可影响婴儿。铅在人体主要以不溶性磷酸铅形式沉着蓄积于骨骼中，也有少量蓄积于脑、肝、肾及其他脏器。铅对人体各个组织器官均有毒性作用，其中以神经系统、消化系统、造血系统病变为主。严重时则出现贫血、腹绞痛、肝肾损害以及铅麻痹和中毒性脑病。长时期暴露于含铅环境的儿童有着反应缓慢，视觉迟钝的现象。铅能直接伤害人的脑细胞，特别是胎儿的神经系统，可造成先天智力低下；对老年人会造成痴呆等。另外还有致癌、致突变作用。所以，对食品中铅含量控制具有重要的现实意义。

我国 GB 2762—2012《食品安全国家标准　食品中污染物限量》中规定了食品中铅限量指标(表 11-8)。

表 11-8　食品中铅限量指标(部分)

食品类别(名称)	限量(以铅计)/(mg/kg)
蔬菜及其制品	
新鲜蔬菜(芸薹类蔬菜、叶菜蔬菜、豆类蔬菜、薯类除外)	0.1
芸薹类蔬菜、叶菜蔬菜	0.3
豆类蔬菜、薯类	0.2
蔬菜制品	1.0
水果及其制品	
新鲜水果(浆果和其他小粒水果除外)	0.1
浆果和其他小粒水果	0.2
水果制品	1.0
食用菌及其制品	1.0
豆类及其制品	
豆类	0.2
豆类制品(豆浆除外)	0.5
豆浆	0.05

续 表

食品类别(名称)	限量(以铅计)/(mg/kg)
肉及肉制品	
肉类(畜禽内脏除外)	0.2
畜禽内脏	0.5
肉制品	0.5
……	

食品中铅含量的测定方法有石墨炉原子吸收光谱法、氢化物原子荧光光谱法、火焰原子吸收光谱法、二硫腙比色法，下面依据 GB 5009.12—2010《食品中铅的测定》详细介绍石墨炉原子吸收光谱法、火焰原子吸收光谱法、二硫腙比色法。

一、石墨炉原子吸收光谱法

1. 原理 试样经灰化或酸消解后，注入原子吸收分光光度计石墨炉中，电热原子化后吸收 283.3 nm 共振线，在一定浓度范围，其吸收值与铅含量成正比，与标准系列比较定量。

2. 仪器 原子吸收分光光度计(附石墨炉原子化器和铅空心阴极灯)；马弗炉；天平(0.001 g)；干燥恒温箱；瓷坩埚；压力消解器、压力消解罐或压力溶弹；可调式电热板或可调式电炉。

3. 试剂 优级纯硝酸；过硫酸铵；过氧化氢(30%)；优级纯高氯酸；硝酸(1+1)；硝酸(0.5 mol/L)；硝酸(1 mol/L)；磷酸二氢铵溶液(20 g/L)；硝酸+高氯酸(9+1)；铅标准储备液：准确称取 1.000 g 金属铅(纯度 99.99%)，分次加少量硝酸(1+1)，加热溶解，总量不超过 37 mL，移入 1 000 mL 容量瓶，加水至刻度，混匀。此溶液每毫升含 1.0 mg 铅；铅标准使用液：每次吸取铅标准储备液 1.0 mL 于 100 mL 容量瓶中，加硝酸(0.5 mol/L)至刻度。如此经多次稀释成每毫升含 10.0 ng、20.0 ng、40.0 ng、60.0 ng、80.0 ng 铅的标准使用液。

4. 实验方法

(1) 试样消解：称取 1~2 g 试样(精确到 0.001 g，干样、含脂肪高的试样<1 g，鲜样<2 g 或按压力消解罐使用说明书称取试样)于聚四氟乙烯内罐，加硝酸 2~4 mL 浸泡过夜。再加过氧化氢(30%)2~3 mL(总量不能超过罐容积的 1/3)。盖好内盖，旋紧不锈钢外套，放入恒温干燥箱，120~140 ℃ 保持 3~4 h，在箱内自然冷却至室温，将消化液转移到 10~25 mL 容量瓶中，用水少量多次洗涤罐，洗液合并于容量瓶中并定容至刻度，混匀备用。同时做试剂空白。

(2) 测定

1) 仪器条件：波长 283.3 nm，狭缝 0.2~1.0 nm，灯电流 5~7 mA，干燥温度 120 ℃，20 s；灰化温度 450 ℃，持续 15~20 s，原子化温度 1 700~2 300 ℃，持续 4~5 s，背景校正是氘灯或塞曼效应。

2) 标准曲线绘制：吸取上面配制的铅标准使用液 10.0 μg/L、20.0 μg/L、40.0 μg/L、60.0 μg/L、80.0 μg/L 各 10 μL，注入石墨炉，测得其吸收值，并求得吸收值与浓度关系的一元线性回归方程。

3) 试样测定：分别吸取样液和试剂空白液各 10 μL，注入石墨炉，测得其吸光值，带入标准系列的一元线性回归方程中求得样液中铅含量。

4) 基体改进剂的使用：对有干扰试样，则注入适量的基体改进剂磷酸二氢铵溶液(一般为 5 μL 或与试样同量)消除干扰。绘制铅标准曲线时也要加入与试样测定时等量的基体改进剂磷酸二氢铵溶液。

5. 计算 试样中铅的含量按下式计算：

$$X(\text{mg/kg}) = \frac{(c_1 - c_0) \times V \times 1\,000}{m \times 1\,000 \times 1\,000}$$

式中，X——试样中铅含量，mg/kg 或 mg/L；

c_1——测定样液中铅含量，ng/mL；

c_0——空白液中铅含量，ng/mL；

V——试样消化液定量总体积，mL；

m——试样质量或体积，g 或 mL。

本法检出限为 5 μg/kg,计算结果保留两位有效数字。

二、火焰原子吸收光谱法

1. 原理　　试样经处理后,铅离子在一定 pH 条件下与二乙基二硫代氨基甲酸钠(DDTC)形成络合物,经 4-甲基-2-戊酮萃取分离,导入原子吸收分光光度计中,火焰原子化后,吸收 283.3 nm 共振线,吸收量与铅含量成正比,与标准系列比较定量。

2. 仪器　　原子吸收分光光度计(火焰原子化器);马弗炉;天平:感量为 1 mg;干燥恒温箱;瓷坩埚;压力消解器、压力消解罐或压力溶弹;可调式电热板或可调式电炉。

3. 试剂　　硝酸＋高氯酸(9＋1),硫酸铵溶液(300 g/L),柠檬酸铵溶液(250 g/L),溴百里酚蓝水溶液(1 g/L),二乙基二硫代氨基甲酸钠(DDTC)溶液(50 g/L),氨水(1＋1),4-甲基-2-戊酮(MIBK),铅标准溶液:同石墨炉法,盐酸(1＋11),磷酸溶液(1＋10)。

4. 实验方法

(1) 试样处理

1) 饮品及酒类:取均匀试样 10～20 g(精确到 0.01 g)于烧杯中(酒类应先在水浴上蒸去乙醇),于电热板上先蒸发至一定体积后,加入硝酸-高氯酸(9＋1)消化完全后,转移、定容于 50 mL 容量瓶中。

2) 包装材料浸泡液:可直接吸取测定。

3) 谷类:称取 5～10 g 试样(精确到 0.01 g),置于 50 mL 瓷坩埚中,小火炭化,然后移入马弗炉中,500 ℃ 以下灰化 16 h 后,取出坩埚,放冷后再加少量硝酸-高氯酸(9＋1),小火加热,不使干涸,必要时再加少许混合酸,如此反复处理,直至残渣中无碳粒,待坩埚稍冷,加 10 mL 盐酸(1＋11),溶解残渣并移入 50 mL 容量瓶中,再用水反复洗涤坩埚,洗液并入容量瓶中,并稀释至刻度,混匀备用。

取与试样相同量的混合酸和盐酸(1＋11),按同一操作方法做试剂空白试验。

(2) 萃取分离:吸取 25～50 mL 上述制备的样液及试剂空白液,分别置于 125 mL 分液漏斗中,补加水至 60 mL。加 2 mL 柠檬酸铵溶液(250 g/L),溴百里酚蓝水溶液(1 g/L)3～5 滴,用氨水(1＋1)调 pH 至溶液由黄变蓝,加硫酸铵溶液(300 g/L)10 mL,DDTC 溶液(50 g/L)10 mL,摇匀。放置 5 min 左右,加入 10.0 mL MIBK,剧烈振摇提取 1 min,静置分层后,弃去水层,将 MIBK 层放入 10 mL 带塞刻度管中,备用。分别吸取铅标准使用液 0.00 mL、0.25 mL、0.50 mL、1.00 mL、1.50 mL、2.00 mL 于 125 mL 分液漏斗中。与试样相同方法萃取。

(3) 测定:仪器参考条件:空心阴极灯电流 8 mA;共振线 283.3 nm;狭缝 0.4 nm;空气流量 8 L/min;燃烧器高度 6 mm。

5. 计算　　试样中铅含量按下式计算:

$$X(\text{mg/kg}) = \frac{(c_1 - c_0) \times V_1 \times 1\,000}{m \times \dfrac{V_3}{V_2} \times 1\,000}$$

式中,X——试样中铅的含量,mg/kg 或 mg/L;

c_1——测定用试样中铅的含量,μg/mL;

c_0——试剂空白液中铅的含量,μg/mL;

m——试样质量或体积,g 或 mL;

V_1——试样萃取液体积,mL;

V_2——试样处理液的总体积,mL;

V_3——测定用试样处理液的总体积,mL。

本法检出限为 0.1 mg/kg,结算结果保留两位有效数字。

三、二硫腙比色法

1. 原理

在一定的 pH 下,双硫腙与某些金属离子形成络合物溶于氯仿、四氯化碳等有机溶剂中,呈现出不同的颜色。试样经消化后，调节 pH 8.5～9.0，加入柠檬酸铵、氰化钾和盐酸羟胺等，防止铁、铜、锌等离子干扰，铅离子与二硫腙生成红色双硫腙铅络合物，用三氯甲烷萃取，510 nm 处与标准系列比较定量。

干扰测定的离子主要有 Fe^{3+}、Sn^{4+}、Cu^{2+}、Cd^{2+}、Zn^{2+} 等，为了除去这些离子的干扰，可加入 KCN，使 $Fe^{3+}+3CN^-\longrightarrow Fe(CN)_3$ 形成高铁络化物，反应需在碱性条件下进行，调节反应体系 pH 为 8～9，既能满足铅离子与二硫腙生成络合物，又能满足掩蔽 Fe^{3+} 干扰的作用。

生成的 $Fe(CN)_3$ 具有氧化作用，即可氧化双硫腙。因此加入盐酸羟胺使 Fe^{3+} 还原为 Fe^{2+}。加入柠檬酸铵的目的是阻止碱性条件下，金属离子与碱反应生成氢氧化物 $M(OH)_2$。

2. 仪器　　所用玻璃仪器均用 10%～20% 硝酸浸泡 24 h 以上，用自来水反复冲洗，最后用蒸馏水冲洗干净；分光光度计；天平 0.001 g。

3. 试剂　　氨水(1+1)；盐酸(1+1)；酚红指示液(1 g/L)；盐酸羟胺溶液(200 g/L)；柠檬酸铵溶液(200 g/L)；氰化钾溶液(100 g/L)；三氯甲烷(不应含氧化物)；淀粉指示液：称取 0.5 g 可溶性淀粉，加 5 mL 水搅匀后，慢慢倒入 100 mL 沸水中，边倒边搅拌，煮沸，放冷备用，临用时配制；硝酸(1+99)；二硫腙-三氯甲烷溶液(0.5 g/L) 保存冰箱中；二硫腙使用液：吸取 10.0 mL 二硫腙溶液，加三氯甲烷至 10 mL，混匀。用 1 cm 比色杯，以三氯甲烷为参比，于波长 510 nm 处测吸光度(A)，用下式算出配制 100 mL 二硫腙使用液(70%透光率)所需二硫腙溶液的毫升数(V)。

$$V(mL) = \frac{10 \times (2-\lg 70)}{A} = \frac{1.55}{A}$$

硝酸-硫酸混合液 (4+1)；铅标准溶液(1.0 mg/mL)：准确称取 0.159 8 g 硝酸铅，加 10 mL 硝酸(1+99)，全部溶解后，移入 100 mL 容量瓶中，加水稀释至刻度；铅标准使用液(10.0 μg/mL)：吸取 1.0 mL 铅标准溶液，置于 100 mL 容量瓶中，加水稀释至刻度。

4. 实验方法

(1) 试样预处理：同石墨炉原子吸收光谱法的操作。

(2) 试样消化：粮食、粉丝、粉条、豆干制品、糕点、茶叶等及其他含水分少的固体食品：称取 5 g 或 10 g 的粉碎样品(精确到 0.01 g)，置于 250～500 mL 定氮瓶中，先加水少许使湿润，加数粒玻璃珠，10～15 mL 硝酸，放置片刻，小火缓缓加热，待作用缓和，放冷。沿瓶壁加入 5 mL 或 10 mL 硫酸，再加热，至瓶中液体开始变成棕色时，不断沿瓶壁滴加硝酸至有机质分解完全。加大火力，至产生白烟，待瓶口白烟冒净后，瓶内液体再产生白烟为消化完全，该溶液应澄清无色或微带黄色，放冷(在操作过程中应注意防止暴沸)。加 20 mL 水煮沸，除去残余的硝酸至产生白烟为止，如此处理两次，放冷。将冷后的溶液移入 50 mL 或 100 mL 容量瓶中，用水洗涤定氮瓶，洗液并入容量瓶中，放冷，加水至刻度，混匀。定容后的溶液每 10 mL 相当于 1 g 样品，相当加入硫酸量 1 mL。取与消化试样相同量的硝酸和硫酸，按同一方法做试剂空白试验。

(3) 测定

1) 吸取 10.0 mL 消化后的定容溶液和同量的试剂空白液，分别置于 125 mL 分液漏斗中，各加水至 20 mL。

2) 吸取 0 mL、0.10 mL、0.20 mL、0.30 mL、0.40 mL、0.50 mL 铅标准使用液，分别置于 125 mL 分液漏斗中，各加硝酸(1+99)至 20 mL。于试样消化液、试剂空白液和铅标准液中各加 2.0 mL 柠檬酸铵溶液(200 g/L)、1.0 mL 盐酸羟胺溶液(200 g/L)和 2 滴酚红指示液，用氨水(1+1)调至红色，再各加 2.0 mL 氰化钾溶液(100 g/L)，混匀。各加 5.0 mL 二硫腙使用液，剧烈振摇 1 min，静置分层后，三氯甲烷层经脱脂棉滤入 1 cm 比色杯中，以三氯甲烷为参比于波长 510 nm 处测吸光度，绘制标准曲线或计算一元回归方程，试样与曲线比较。

5. 计算　　试样中铅含量按下式计算：

$$X(mg/kg) = \frac{(m_1 - m_2) \times 1\,000}{m_3 \times \frac{V_2}{V_1} \times 1\,000}$$

式中，X——试样中铅的含量，mg/kg 或 mg/L；

m_1——测定用试样中铅的质量,mg;

m_2——试剂空白液中铅的质量,mg;

m_3——试样质量或体积,mg 或 L;

V_1——试样处理液的总体积,mL;

V_2——测定用试样处理液的总体积,mL。

6. 讨论和说明 本方法适用于各类食品中铅的测定,本法的最低检出浓度为 0.25 mg/kg。

第十节 汞 的 测 定

汞(mercury)是重金属污染中毒性最大的元素。汞进入人体的途径之一是未经处理的工业废水、废气、废渣的排放,对食品造成汞、镉、铅、砷等重金属元素及其化合物污染。食用被污染的食品,如著名的公害病"水俣病"(水俣病是一种尿病,首先发生在日本水俣县),这是由于工厂中含汞废水排入河海,汞在鱼体中积存(以甲基汞的形式),人吃了这种鱼以致中毒,严重者致死。另一途径是有机汞农药,这类农药含苯基汞和烷氧基汞,在体内易分解成无机汞化合物。目前我国已禁止生产、进口和使用有机汞农药,除拌种常用的乙酸苯汞、氯化乙基汞外,各国都已禁止使用有机汞农药。但民间剩余的农药,仍有间断使用。汞进入人体后直接沉入肝脏,在人体内积累,慢慢侵入神经中枢系统,破坏脑血管,表现为四肢麻木、语言失常、视野缩小、听觉失灵等。所以,对食品中汞含量的测定有现实意义。

我国 GB 2762—2012《食品安全国家标准 食品中污染物限量》中规定了食品中汞限量指标(表 11-9)。

表 11-9 食品中汞限量指标

食品类别(名称)	限量(以汞计)/(mg/kg)	
	总 汞	甲基汞[a]
水产动物及其制品(肉食性鱼类及其制品除外)	—	0.5
肉食性鱼类及其制品	—	1.0
谷物及其制品		
稻谷[b]、糙米、大米、玉米、玉米面(渣、片)、小麦、小麦粉	0.02	—
蔬菜及其制品		
新鲜蔬菜	0.01	—
食用菌及其制品	0.1	—
肉及肉制品		
肉类	0.05	—
乳及乳制品		
生乳、巴氏杀菌乳、灭菌乳、调制乳、发酵乳	0.01	—
蛋及蛋制品		
鲜蛋	0.05	—
调味品		
食用盐	0.1	—
饮料类		
矿泉水	0.001 mg/L	—
特殊膳食用食品		
婴幼儿罐装辅助食品	0.02	—

a. 水产动物及其制品可先测定总汞,当总汞水平不超过甲基汞限量值时,不必测定甲基汞;否则,需再测定甲基汞。

b. 稻谷以糙米计。

食品中汞测定的方法主要有原子荧光光谱法、二硫腙比色法、气相色谱法等,下面依据 GB/T 5009.17—2003《食品中总汞及有机汞的测定》详细介绍这三种方法。

一、原子荧光光谱法

1. 原理 试样经酸加热消解后,在酸性介质中,试样中汞被硼氢化钾(KBH_4)还原成原子态汞,由载气-氩气带入原子化器中。在特制汞空心阴极灯照射下,基态汞原子被激发至高能态,在去活化回到基态时,发射出特征波长的荧光,其荧光强度与汞含量成正比,与标准系列比较进行定量。

2. 仪器　双道原子荧光光度计、高压消毒罐(100 mL)、微波消解炉。

3. 试剂　优级纯硝酸;过氧化氢 30%;优级纯硫酸;硫酸+硝酸+水(1+1+8);硝酸溶液(1+9);氢氧化钾溶液(5 g/L);硼氢化钾溶液(5 g/L):称取 5.0 g 硼氢化钾,溶于 5.0 g/L 氢氧化钾溶液中,稀释至 1 000 mL,现用现配;汞标准储备溶液:精密称取 0.135 4 g 干燥过的二氯化汞加硝酸+硝酸+水(1+1+8)混合酸,溶解后移入 100 mL 容量瓶中,稀释至刻度,混匀,此溶液每毫升相当于 1 mg 汞;汞标准使用溶液:准确吸取汞标准储备液 1 mL,置于 100 mL 容量瓶中,用硝酸溶液(1+9)稀释至刻度,混匀,此溶液浓度为 10 μg/mL。分别吸取此溶液 1 mL 和 5 mL,置于两个 100 mL 容量瓶中,用硝酸溶液(1+9)稀释至刻度,混匀,溶液浓度分别为 100 ng/mL、500 ng/mL,分别用于测定低浓度试样和高浓度试样,制作标准曲线。

4. 实验方法

(1) 试样消解:称取经粉碎混匀过的 40 目筛的干样 0.2~1.00 g,置于聚四氟乙烯内罐中,加 5 mL 硝酸,混匀后放置过夜,再加 7 mL 过氧化氢,盖上内盖放于不锈钢外套中,旋紧密封。然后将普通消解器放于烘箱中加热,升温至 120 ℃后保持恒温 2~3 h,至消解完全,自然冷却至室温。将消解液用硝酸溶液(1+9)定量转移并定容至 25 mL,摇匀。同时做试剂空白试验。

(2) 标准系列配制:分别吸取 100 ng/mL 和 500 ng/mL 汞标准使用液 0.25 mL、0.50 mL、1.00 mL、2.00 mL、2.50 mL 于 25 mL 容量瓶中,用硝酸溶液(1+9)稀释至刻度,混匀,分别为低浓度标准系列和高浓度标准系列。

(3) 测定

1) 仪器参考条件:光电倍增管负高压 240 V;汞空心阴极灯电流 30 mA;原子化器:温度 300 ℃,高度 8.0 mm;氩气流速:载气 500 mL/min,屏蔽气 1 000 mL/min;测量方式为标准曲线法;读数方式为峰面积;读数延迟时间 1.0 s;读数时间 10.0 s;硼氢化钾溶液加液时间 8.0 s;标液或样液加液体积 2 mL。

2) 测定方法:设定好仪器最佳条件,逐渐将炉温升至所需要温度后,稳定 10~20 min 后开始测量。连续用硝酸溶液(1+9)进样,待读数稳定之后,转入标准系列测量,绘制标准曲线。转入试样测量,先用硝酸溶液(1+9)进样,使读数基本回零,再分别测定试样空白和试样消化液,每测不同的试样前都应清洗进样器。试样测定结果按公式计算。

5. 计算　试样中汞的含量按下式计算:

$$X(\text{mg/kg}) = \frac{(c-c_0) \times V \times 1\,000}{m \times 1\,000 \times 1\,000}$$

式中,X——试样中汞的含量,mg/kg 或 mg/L;

c——试样消化液中汞的含量,ng/mL;

c_0——试剂空白液中汞的含量,ng/mL;

V——试样消化液总体积,mL;

m——试样质量或体积,g 或 mL。

计算结果保留三位有效数字;在重复性条件下获得的两次独立测定结果的绝对差值不得超过算术平均值的 10%。

二、二硫腙比色法

1. 原理　试样经消化后,汞离子在酸性溶液中与二硫腙生成橙红色络合物,溶于三氯甲烷,490 nm 处与标准系列比较定量。

2. 仪器　消化装置,可见分光光度计。

3. 试剂　硝酸、硫酸、氨水;三氯甲烷(不应含有氧化物);硫酸(1+35);硫酸(1+19);盐酸羟胺溶液(200 g/L);溴麝香草酚蓝-乙醇指示液(1 g/L);二硫腙-三氯甲烷溶液(0.5 g/L),保存冰箱中,必要时用 GB/T 5009.12—2010 中的方法纯化;二硫腙使用液:同 GB/T 5009.12—2010;汞标准溶液:准确称取

0.135 4 g经干燥过的二氯化汞,加硫酸(1+35)使其溶解后,移入 100 mL容量瓶中,并稀释至刻度,此溶液每毫升相当于 1.0 mg汞;汞标准使用液:吸取 1.0 mL汞标准溶液,置于 100 mL容量瓶中,加硫酸(1+35)稀释至刻度,此溶液每毫升相当于 10.0 μg汞。再吸取此液 5.0 mL于 50 mL容量瓶中,加硫酸(1+35)稀释至刻度,此溶液每毫升相当于 1.0 μg汞。

4. 实验方法

(1) 试样消化:称取 20.00 g粮食或水分少的试样,置于消化装置锥形瓶中,加玻璃珠数粒及 80 mL硝酸、15 mL硫酸,转动锥形瓶,防止局部炭化。装上冷凝管后,小火加热,待开始发泡即停止加热,发泡停止后加热回流 2 h。如加热过程中,溶液变棕色,再加 5 mL硝酸,继续回流 2 h,放冷,用适量水洗涤冷凝管,洗液并入消化液中,取下锥形瓶,加水至总体积为 150 mL。按同一方法做试剂空白试验。

(2) 测定:取消化液,加 20 mL水,煮沸 10 min,除去二氧化氮等,放冷。

于试样消化液及试剂空白液中各加高锰酸钾溶液(50 g/L)至溶液呈紫色,然后再加盐酸羟胺溶液(200 g/L)使紫色褪去,加两滴麝香草酚蓝指示液,用氨水调节 pH,使橙红色变为橙黄色(pH 1~2),定量转移至 125 mL分液漏斗中。

吸取 0 μL、0.5 μL、1.0 μL、2.0 μL、3.0 μL、4.0 μL、5.0 μL、6.0 μL汞标准使用液,分别置于 125 mL分液漏斗中,加 10 mL硫酸(1+19),再加水至 40 mL,混匀。再各加 1 mL盐酸羟胺溶液(200 g/L),放置 20 min,并时时振摇。

于试样消化液、试剂空白液及标准液振摇放冷后的分液漏斗中加 5.0 mL二硫腙使用液,剧烈振摇 2 min,静置分层后,经脱脂棉将三氯甲烷滤入 1 cm比色杯中,以三氯甲烷为参比,波长 490 nm处测吸光度,绘制标准曲线。

5. 计算 试样中汞的含量按下式计算:

$$X(\text{mg/kg}) = \frac{(m_1 - m_2) \times 1\,000}{m \times 1\,000}$$

式中,X——试样中汞的含量,mg/kg;

m_1——试样消化液中汞的质量,μg;

m_2——试剂空白液中汞的质量,μg;

m——试样质量,g。

结果表述:取算术均值,保留两位有效数字。

三、气相色谱法

1. 原理 试样中的甲基汞,用氯化钠研磨后加入含有 Cu^{2+} 的盐酸(1+11),Cu^{2+} 与组织中结合的 CH_3Hg 交换,完全萃取后,经离心或过滤,将上清液调至一定的酸度,用巯基棉吸附,再用盐酸(1+5)洗脱,最后以苯萃取甲基汞,用带电子捕获鉴定器的气相色谱仪分析。

2. 仪器 气相色谱仪:附 ^{63}Ni 电子捕获鉴定器或氚源电子捕获鉴定器;酸度计;离心机;带 50~80 mL离心管;巯基棉管:用内径 6 mm、长度 20 cm,一端拉细(内径 2 mm)的玻璃滴管内装 0.1~0.15 g巯基棉,均匀填塞,临用现装;玻璃仪器:均用硝酸(1+20)浸泡一昼夜,用水冲洗干净。

3. 试剂 氯化钠;苯;无水硫酸钠;盐酸(1+5);氯化铜溶液(42.5 g/L);氢氧化钠溶液(40 g/L);盐酸(1+11);淋洗液(pH 3.0~3.5):用盐酸(1+11)调节水的 pH 为 3.0~3.5;巯基棉:在 250 mL具塞锥形瓶中依次加入 35 mL乙酸酐、16 mL冰醋酸、50 mL硫代乙醇酸、0.15 mL硫酸、5 mL水,混匀,冷却后,加入 14 g脱脂棉,不断翻压,使棉花完全浸透,将塞盖好,置于恒温培养箱中,在(37±0.5)℃保温 4 天(注意切勿超过 40 ℃),取出后用水洗至中性,除去水分后平铺于瓷盘中,再在(37±0.5)℃恒温箱中烘干,成品放入棕色瓶中,放置冰箱保存备用(使用前应先测定巯基棉对甲基汞的吸附效率为 95%以上方可使用),注意所有试剂用苯萃取,萃取液不应在气相色谱上出现甲基汞的峰;甲基汞标准溶液:准确称取 0.125 2 g氯化甲基汞,用苯溶解于 100 mL容量瓶中,加苯稀释至刻度,此溶液每毫升相当于 1.0 mg甲基汞,放置冰箱保存;甲基汞标准使用液:吸取 1.0 mL甲基汞标准溶液,置于 100 mL容量瓶中,用苯稀释至刻度。此溶液每毫升相当于

10 μg甲基汞。取此溶液 1.0 mL,置于 100 mL 容量瓶中,用盐酸(1+5)稀释至刻度,此溶液每毫升相当于 0.1 μg甲基汞,临用时现配;甲基橙指示液(1 g/L)。

4. 实验方法

(1) 气相色谱参考条件

^{63}Ni 电子捕获鉴定器:柱温 185 ℃,检测器温度为 260 ℃,气化室温度为 215 ℃。

氚源电子捕获鉴定器:柱温 185 ℃,检测器温度为 190 ℃,气化室温度为 185 ℃。

载气:高纯氮,流量为 60 mL/min(选择仪器的最佳条件)。

色谱柱:内径 3 mm,长 1.5 m 的玻璃柱,内装涂有质量分数为 7%的丁二酸乙二醇聚酯(PEGS)或涂质量分数为 1.5%的 OV-17 和 1.95%QF-1 或质量分数为 5%的丁二乙酸二乙二醇酯(DEGS)固定液的 60～80 目 chromosorb WAWDMCS。

(2) 测定:称取 1.00～2.00 g 去皮去刺绞碎混匀的鱼肉(称取 5 g 虾仁,研碎),加入等量氯化钠,在乳钵中研成糊状,加入 0.5 mL 氯化铜溶液(42.5 g/L),轻轻研匀,用 30 mL 盐酸(1+11)分次完全转入 100 mL 带塞锥形瓶中,剧烈振摇 5 min,放置 30 min(也可用振荡器振摇 30 min),样液全部转入 50 mL 离心管中,用 5 mL 盐酸(1+11)淋洗锥形瓶,洗液与样液合并,离心 10 min(转速为 2 000 r/min),将上清液全部转入 100 mL 分液漏斗中,于残渣中再加 10 mL 盐酸(1+11),用玻棒搅拌均匀后再离心,合并两份离心溶液。

加入与盐酸(1+11)等量的氢氧化钠溶液(40 g/L)中和,加 1～2 滴甲基橙指示液,再调至溶液变黄色,然后滴加盐酸(1+11)至溶液从黄色变橙色,此溶液的 pH 在 3.0～3.5 范围内(可用 pH 计校正)。

将塞有巯基棉的玻璃滴管接在分液漏斗下面,控制流速为 4～5 mL/min,然后用 pH 3.0～3.5 的淋洗液冲洗漏斗和玻璃管,取下玻璃管,用玻棒压紧巯基棉,用洗耳球将水尽量吹尽,然后加入 1 mL 盐酸(1+5)分别洗脱一次,用洗耳球将洗脱液吹尽,收集于 10 mL 具塞比色管中。

另取 2 支 10 mL 具塞比色管,各加入 2.0 mL 甲基汞标准使用液(0.1 μg/mL)。向含有试样及甲基汞标准使用液的具塞比色管中各加入 1.0 mL 苯,振摇提取 2 min,分层后吸出苯液,加少许无水硫酸钠,摇匀,静置,吸取一定量进行气相色谱测定,记录峰高,与标准峰高比较定量。

5. 计算 试样中甲基汞的含量按下式计算:

$$X(\text{mg/kg}) = \frac{m_1 \times h_1 \times V_1 \times 1\,000}{V_2 \times h_2 \times m_2 \times 1\,000}$$

式中,X——试样中甲基汞的含量,mg/kg;

m_1——甲基汞标准量,μg;

h_1——试样峰高,mm;

V_1——试样苯萃取溶剂的总体积,μL;

V_2——测定用试样的体积,μL;

h_2——甲基汞标准峰高,mm;

m_2——试样质量,g。

结果表述:取算术均值,保留两位有效数字;本法适用于水产品中甲基汞的测定。

第十一节 铬 的 测 定

在非污染的低层大气和天然水中均含有微量的铬(chromium),如雨水中含铬 2～4 μg/L,土壤中含铬 100～500 mg/L。其中六价铬的毒性比三价铬大,六价铬是一种常见的致癌物质,对人体和农作物均有毒害作用。它能降低生化过程的需氧量,从而发生内窒息,铬盐对肠胃均有刺激作用。铬的化合物在工业上应用较多,如电镀、化工、印染等行业都有含有三价铬或六价铬的废水排出,从而使局部地区受到铬的污染。

我国 GB 2762—2012《食品安全国家标准 食品中污染物限量》中规定了食品中铬限量指标(表11-10)。

表 11-10 食品中铬限量指标

食品类别（名称）	限量（以 Cr 计）/(mg/kg)
谷物及其制品	
谷物[a]	1.0
谷物碾磨加工品	1.0
蔬菜及其制品	
新鲜蔬菜	0.5
豆类及其制品	
豆类	1.0
肉及肉制品	1.0
水产动物及其制品	2.0
乳及乳制品	
生乳、巴氏杀菌乳、灭菌乳、调制乳、发酵乳	0.3
乳粉	2.0

a. 稻谷以糙米计。

食品中铬含量测定的方法主要是石墨炉原子吸收光谱法，下面依据 GB/T 5009.123—2003《食品中铬的测定》详细介绍这一方法。

1. 原理 试样经消解后，用去离子水溶解，并定容到一定体积。吸取适量样液于石墨炉原子化器中原子化，在选定的仪器参数下，铬吸收波长为 357.9 nm 的共振线，其吸光度与铬含量成正比。

2. 仪器 所用玻璃仪器及高压消解罐的聚四氟乙烯内筒均需在每次使用前用热盐酸(1+1)浸泡 1 h，用热的硝酸(1+1)浸泡 1 h，再用水冲洗干净后使用；原子吸收分光光度计；高温炉；高压消解罐；恒温电烤箱。

3. 试剂 硝酸、高氯酸、过氧化氢；1.0 mol/L 硝酸溶液；铬标准溶液：称取优级纯重铬酸钾(110 ℃烘 2 h) 1.413 5 g 溶于水中，定溶于容量瓶至 500 mL，此溶液含铬 1.0 mg/mL，为标准储备液。临用时，将标准储备液用 1.0 mol/L 硝酸稀释，配成含铬 100 ng/mL 的标准使用液。

4. 实验方法

（1）样品处理：称取食物试样 0.5~1.0 g 于瓷坩埚中，加入 1~2 mL 优级纯硝酸，浸泡 1 h 以上，将坩埚置于电炉上，小心蒸干，炭化至不冒烟为止，转移至高温炉中，550 ℃，恒温 2 h，取出，冷却后，加数滴浓硝酸于坩埚内的试样灰中，再转入 550 ℃高温炉中，继续灰化 1~2 h，到试样呈白灰状，从高温炉中取出，放冷后，用硝酸（体积分数为 1%）溶解试样灰，将溶液定量移入 5 mL 或 10 mL 容量瓶中，定容后充分混匀，即为试液。同时，按上述方法做空白对照。

（2）标准曲线的制备：分别吸取铬标准使用液(100 ng/mL) 0 mL、0.10 mL、0.30 mL、0.5 mL、0.7 mL、1.0 mL、1.5 mL 于 10 mL 容量瓶中，用 1.0 mol/L 硝酸稀释至刻度，混匀。

（3）测定

1）仪器测试条件：应根据仪器各自性能调至最佳状态。

2）参考条件：波长 357.9 nm；干燥 110 ℃，40 s；灰化 1 000 ℃，30 s；原子化 2 800 ℃，5 s。

3）背景校正：塞曼效应或氘灯。

4）测定：将原子吸收分光光度计调至最佳状态后，将与试样含铬量相当的标准系列及试样液进行测定，进样量为 20 μL，对有干扰的试样应注入与试样液同量的 2%磷酸铵溶液（标准系列亦然）。

5. 计算

$$X(\mu g/kg) = \frac{(c_1 - c_2) \times 1\,000}{\dfrac{m}{V} \times 1\,000}$$

式中，X——试样中铬的含量，$\mu g/kg$；

c_1——试样溶液中铬的浓度，ng/mL；

c_2——试剂空白液中铬的浓度,ng/mL;
V——试样消化液定容体积,mL;
m——取试样量,g。

本法检出限为 0.2 ng/mL。

第十二节 镉的测定

镉(cadmium)对人类和动植物有强烈的毒害作用,是目前危害最严重的农田重金属污染。镉对动植物的生长有明显的抑制作用,并且通过在动植物中不断累积,间接进入人体,所以人体中的镉全部是出生后通过外界环境(如饮水、食物、香烟)进入的。镉中毒症状主要表现为动脉硬化、肾萎缩、肾炎等。镉可取代骨骼中部分钙,引起骨骼疏松软化而痉挛,严重者引起自然骨折,另外镉还被发现有致癌和致畸作用。镉还能导致高血压,引起心脑血管疾病;破坏骨骼和肝肾,并能引起肾功能衰竭。所以我们应对动植物中镉元素含量进行严格控制,将镉元素对人体健康的影响降到最低。

我国 GB 2762—2012《食品安全国家标准 食品中污染物限量》中规定了食品中镉限量指标(表11-11)。

表 11-11 食品中镉限量指标(部分)

食品类别(名称)	限量(以 Cd 计)/(mg/kg)
谷物及其制品	
谷物(稻谷[a]除外)	0.1
谷物碾磨加工品(糙米、大米除外)	0.1
稻谷[a]、糙米、大米	0.2
蔬菜及其制品	
新鲜蔬菜(叶菜蔬菜、豆类蔬菜、块根和块茎蔬菜、茎类蔬菜除外)	0.05
叶菜蔬菜	0.2
豆类蔬菜、块根和块茎蔬菜、茎类蔬菜(芹菜除外)	0.1
芹菜	0.2
水果及其制品	
新鲜水果	0.05
豆类及其制品	
豆类	0.2
……	

注:a. 稻谷以糙米计。

食品中镉含量的测定方法主要有石墨炉原子吸收光谱法和比色法,下面依据 GB/T 5009.15—2003《食品中镉的测定》重点介绍这两种方法。

一、石墨炉原子吸收光谱法

1. 原理 试样经灰化或酸消解后,注入原子吸收分光光度计石墨炉中,电热原子化后吸收 228.8 nm 共振线,在一定浓度范围,其吸收值与镉含量成正比,与标准系列比较定量。

2. 仪器 所用玻璃仪器均需以硝酸(1+5)浸泡过夜,用水反复冲洗,最后用去离子水冲洗干净;原子吸收分光光度计;马弗炉;恒温干燥箱;压力消解罐或压力消解器或压力容弹;可调式电热板或可调式电炉。

3. 试剂 硝酸、硫酸、高氯酸;过氧化氢(30%);硝酸(1+1);硝酸(0.5 mol/L):取 3.2 mL 硝酸加入 50 mL 水中,稀释至 100 mL;盐酸(1+1);磷酸铵溶液(20 g/L);混合酸:硝酸+高氯酸(4+1);镉标准储备液:准确称取 1.000 g 金属镉(99.99%)分次加 20 mL 盐酸(1+1)溶解,加 2 滴硝酸,移入 1 000 mL 容量瓶,加水至刻度,混匀,此溶液每毫升含 1.0 mg 镉;镉标准使用液:每次吸取镉标准储备液 10.0 mL 于 100 mL 容量瓶中,加硝酸(0.5 mol/L)至刻度。如此经多次稀释成每毫升含 100.0 ng 镉的标准使用液。

4. 实验方法 (1)试样处理:称取 1.00～5.00 g(根据镉含量而定)试样于瓷坩埚中,先小火在可调式电炉上炭化至无烟,移入马弗炉 500 ℃ 灰化 6～8 h,冷却。若个别试样灰化不彻底,则加 1 mL 混合酸,在可调式电炉上小火加热,反复多次直至消化完全,放冷,用硝酸(0.5 mol/L)将灰分溶解,用滴管将试样消化液洗入或过滤入(视消化液有无沉淀而定)10～25 mL 容量瓶中,用水少量多次洗涤瓷坩埚,洗液合并于容量瓶中,并定容至刻度,混匀备用。同时做试剂空白。

(2) 测定

1) 仪器条件:根据各自仪器性能调至最佳状态。参考条件为波长 228.8 nm,狭缝 0.5～1.0 nm,灯电流 8～10 mA,干燥温度 120 ℃,20 s,灰化温度 350 ℃,15～20 s,原子化温度 1 700～2 300 ℃,4～5 s,背景校正为氘灯或塞曼效应。

2) 标准曲线绘制:吸取镉标准使用液 0.0 mL、1.0 mL、2.0 mL、3.0 mL、5.0 mL、7.0 mL、10.0 mL 于 100 mL 容量瓶中,稀释至刻度,各吸取 10 μL 注入石墨炉,测得其吸光值,并求得吸光值与浓度关系的一元线性回归方程。

3) 试样测定:分别吸取样液及试剂空白液各 10 μL 注入石墨炉,测得其吸光值,带入标准系列的一元线性回归方程中求得样液中镉含量。

4) 基体改进剂的使用:对有干扰试样,则注入适量的基体改进剂磷酸铵溶液(20 g/L)(一般为<5 μL)消除干扰。绘制镉标准曲线时也要加入与试样测定时等量的基体改进剂。

5. 计算

试样中镉的含量按下式计算:

$$X(\mu g/kg) = \frac{(c_1 - c_2) \times 1\,000}{\frac{m}{V} \times 1\,000}$$

式中,X——试样中镉的含量,μg/kg 或 μg/L;

c_1——测定试样消化液中镉含量,ng/mL;

c_2——试剂空白液中镉含量,ng/mL;

V——试样消化液总体积,mL;

m——试样质量或体积,g 或 mL。

本法检出限为 0.1 μg/kg;计算结果保留两位有效数字。

二、比色法

1. 原理 试样经消化后,在碱性溶液中镉离子与 6-溴苯并噻唑偶氮萘酚形成红色络合物,溶于三氯甲烷,与标准系列比较定量。

2. 实验方法 试样处理采用湿法消化法。称取 5.00～10.00 g 试样,置于 150 mL 锥形瓶中,加入 15～20 mL 混合酸(如在室温放置过夜,则次日易于消化),小火加热,待泡沫消失后,可慢慢加大火力,必要时再加少量硝酸,直至溶液澄清无色或微带黄色,冷却至室温。

取与消化试样相同量的混合酸、硝酸,按同一操作方法做试剂空白试验。

测定:将消化好的试样及试剂空白液用 20 mL 水分数次洗入 125 mL 分液漏斗中,以氢氧化钠溶液(200 g/L)调节至 pH 7 左右。

吸取 0.0 mL、0.5 mL、1.0 mL、3.0 mL、5.0 mL、7.0 mL、10.0 mL 镉标准使用液,分别置于 125 mL 分液漏斗中,再各加水至 20 mL。用氢氧化钠溶液(200 g/L)调节至 pH 7 左右。

于试样消化液、试剂空白液及镉标准液中依次加入 3 mL 柠檬酸钠溶液(250 g/L)、4 mL 酒石酸钾溶液(400 g/L)及 1 mL 氢氧化钠溶液(200 g/L),混匀。再各加 5.0 mL 三氯甲烷及 0.2 mL 镉试剂,立即振摇 2 min,静置分层后,将三氯甲烷层经脱脂棉滤入试管中,以三氯甲烷调节零点,于 1 cm 比色杯在波长 585 nm 处测吸光度。各标准点减去空白管吸收值后绘制标准曲线,或计算直线回归方程,样液镉含量与曲线比较或带入方程求出。

本法检出限为 50 μg/kg;结果表述与计算同石墨炉原子吸收光谱法。

第十三节　总砷及无机砷的测定

砷(arsenic)在自然界中无处不在,如含砷的矿石、含铅汽油、杀虫剂、除草剂、烟草、贝类海产等,其存在形式为:原子态砷、三价砷、五价砷,一般来讲,无机砷比有机砷毒性强,三价砷比五价砷毒性强。目前,我们对原子态砷的毒性了解较少,也有学者认为原子态砷是某些动物必需的微量元素之一,砷化氢的毒性和其他的砷不同,可以被认为是砷化合物中毒性最强的。对一般人而言,砷的摄取多来自食物和饮水。鱼、海产、藻类中含有砷胆碱,这些化合物对人体毒性小而且容易排出体外。饮用水的污染曾在美国、德国、阿根廷、智利、中国台湾、英国发生过。砷进入人体内被吸收后,破坏了细胞的氧化还原能力,影响细胞正常代谢,引起组织损害和机体障碍,可直接引起中毒死亡;砷对黏膜具有刺激作用,可直接损害毛细血管等。对食品中砷含量进行严格控制是预防砷中毒的重要措施。

我国 GB 2762—2012《食品安全国家标准　食品中污染物限量》中规定了食品中砷限量指标(表 11-12)。

表 11-12　食品中砷限量指标(部分)

食品类别(名称)	限量(以 As 计)/(mg/kg)	
	总　砷	无机砷
水产动物及其制品(鱼类及其制品除外)	—	0.5
鱼类及其制品	—	0.1
蔬菜及其制品		
新鲜蔬菜	0.5	—
食用菌及其制品		
肉及肉制品	0.5	
乳及乳制品	0.5	
生乳、巴氏杀菌乳、灭菌乳、调制乳、发酵乳		
乳粉	0.1	
特殊膳食用食品	0.5	—
婴幼儿谷类辅助食品(添加藻类的产品除外)		
添加藻类的产品	—	0.2
婴幼儿罐装辅助食品(以水产及动物肝脏为原料的产品除外)	—	0.3
以水产及动物肝脏为原料的产品	—	0.1
……		0.3

食品中总砷的测定主要银盐法、砷斑法、氢化物原子荧光光度法;无机砷的测定主要有氢化物原子荧光光度法、银盐法。下面依据 GB/T 5009.11—2003《食品中总砷及无机砷的测定》主要介绍这几种方法。

一、总砷的测定

1. 银盐法

(1)原理:试样经消化后,以碘化钾、氯化亚锡将高价砷还原为三价砷,然后与锌粒和酸产生的新生态氢生成砷化氢,经银盐(DDTC-Ag)溶液吸收后,形成棕红色胶态物,520 nm 处比色,与标准系列比较定量。反应式如下:

$$H_3AsO_4 + 2KI + 2HCl \longrightarrow H_3AsO_3 + I_2 + 2KCl + H_2O$$

$$H_3AsO_4 + SnCl_2 + 2HCl \longrightarrow H_3AsO_3 + SnCl_4 + H_2O$$

$$H_3AsO_3 + 3Zn + 6HCl \longrightarrow AsH_3\uparrow + 3ZnCl_2 + 3H_2O$$

$$AsH_3 + 6Ag(DDTC) \longrightarrow 6Ag + 3HDDTC + As(DDTC)_3$$

生成的 HDDTC 可用碱性物质,如吡啶、马钱子碱或三乙醇胺(以 NR_3 代表),使反应向右进行。

$$HDDTC + NR_3 \longrightarrow (NR_3H)(DDTC)$$

(2) 仪器：分光光度计、测砷装置(图 11-1)。

(3) 实验方法

1) 试样处理：粮食、粉丝、粉条、豆干制品、糕点、茶叶等及其他含水分少的固体食品：称取 5.00 g 或 10.00 g 的粉碎试样，置于 250～500 mL 凯氏烧瓶中，先加水少许使湿润，加数粒玻璃珠，10～15 mL 硝酸-高氯酸混合液，放置片刻，小火缓缓加热，待作用缓和，放冷。沿瓶壁加入 5 mL 或 10 mL 硫酸，再加热，至瓶中液体开始变成棕色时，不断沿瓶壁滴加硝酸-高氯酸混合液至有机质分解完全。加大火力至产生白烟，待瓶口白烟冒净后，瓶内液体再产生白烟为消化完全，该溶液应澄明无色或微带黄色，放冷。(在操作过程中应注意防止暴沸或爆炸)加 20 mL 水煮沸，除去残余的硝酸至产生白烟为止，如此处理两次，放冷。将冷后的溶液移入 50 mL 或 100 mL 容量瓶中，用水洗涤凯氏烧瓶，洗液并入容量瓶中，放冷，加水至刻度，混匀。定容后的溶液每 10 mL 相当于 1 g 试样，相当加入硫酸量 1 mL。取与消化试样相同量的硝酸-高氯酸混合液和硫酸，按同一方法做试剂空白试验。

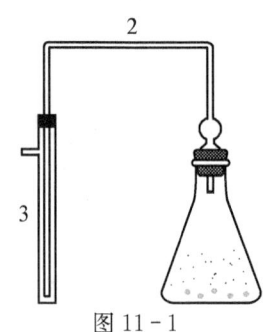

图 11-1
银盐法测砷装置

1. 150 mL 锥形瓶：19 号标准口；2. 导气管：管口 19 号标准口或经碱处理后洗净的橡皮塞与锥形瓶密合时不应漏气，管的另一端管径为 1.0 mm；3. 吸收管：10 mL 刻度离心管作吸收管用

2) 测定方法：吸取一定量的消化后的定容溶液(相当于 5 g 试样)及同样量的试剂空白液，分别置于 150 mL 锥形瓶中，补加硫酸至总量为 5 mL，加水至 50～55 mL。

标准曲线的绘制：吸取砷标准使用液配制成相当于含 0 μg、2.0 μg、4.0 μg、6.0 μg、8.0 μg、10.0 μg 砷的标准溶液于 150 mL 锥形瓶中，加水至 40 mL，再加 10 mL 硫酸(1+1)。

于试样消化液、试剂空白液及砷标准溶液中各加 3 mL 碘化钾溶液(150 g/L)、0.5 mL 酸性氯化亚锡溶液，混匀，静置 15 min。各加入 3 g 锌粒，立即分别塞上装有乙酸铅棉花的导气管，并使管尖端插入盛有 4 mL 银盐溶液的离心管中的液面下，在常温下反应 45 min 后，取下离心管，加三氯甲烷补足 4 mL。用 1 cm 比色杯，以零管调为参比，于波长 520 nm 处测吸光度，绘制标准曲线。

(4) 计算：试样中总砷的含量按下式计算：

$$X(\text{mg/kg}) = \frac{(m_1 - m_2) \times 1\,000}{m \times \dfrac{V_2}{V_1} \times 1\,000}$$

式中，X——试样中砷的含量，mg/kg 或 mg/L；

m_1——测定用试样消化液中砷的质量，μg；

m_2——试剂空白液中砷的质量，μg；

m——试样质量或体积，g 或 mL；

V_1——试样消化液的总体积，mL；

V_2——测定用试样消化液的体积，mL。

(5) 讨论和说明

1) 砷的反应吸收尽量控制在 25 ℃左右进行。天热时测定，吸收管应放在冰水中，避免吸收液挥发。

2) 使用无砷锌粒时，最好加入两颗较大的锌粒，其余仍用细锌粒，防止反应太剧烈。

3) 氯化亚锡除了起还原作用，可将五价砷还原为三价砷，并还原反应中生成的碘外，还可在锌粒表面沉积锡层，抑制氢气的生成速度，以及抑制某些元素的干扰，如锑的干扰等。

2. 砷斑法

(1) 原理：试样经消化后，用氯化亚锡将五价砷还原为三价砷，再利用锌粒和酸产生的原子态氢，将三价砷还原为砷化氢，砷化氢气体遇到溴化汞试纸时，根据不同的砷量产生黄色至橙色的色斑，斑点颜色的深浅与砷的含量成正比，与标准砷斑比较定量。同时，在测定过程中用乙酸铅试纸和棉花滤去生成的硫化氢气体，从而去除干扰。反应式如下：

$$As_2O_5 + 2SnCl_2 + 4HCl \longrightarrow As_2O_3 + 2SnCl_4 + 2H_2O$$

$$As_2O_3 + 6Zn + 12HCl \longrightarrow 2AsH_3 + 3H_2O + 6ZnCl_2$$

$$AsH_3 + 6HBr \longrightarrow As(HgBr)_3 + 3HBr(黄色)$$

$$2As(HgBr)_3 + AsH_3 \longrightarrow 3AsH(HgBr)_2(黄褐色)$$

$$AsH(HgBr)_2 + AsH_3 \longrightarrow 3HBr + As_2Hg_3(棕色)$$

(2) 仪器：测砷装置(图 11-2)

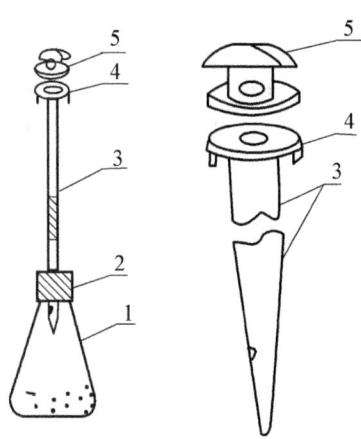

图 11-2 砷斑法测砷装置

1. 锥形瓶 100 mL；2. 橡皮塞 中间有一孔；3. 玻璃测砷管：全长 18 cm，上粗下细，自管口向下至 14 cm 一段的内径为 6.5 mm，自此以下逐渐狭细，末端内径为 1～3 mm，近末端 1 cm 处有一孔，直径 2 mm，狭细部分紧密插入橡皮塞中，使下部伸出至小孔恰在橡皮塞下面，上部较粗分装入乙酸铅棉花长 5～6 cm，上端至管口处至少 3 cm，测砷管顶端为圆形扁平的管口，上面磨平，下面两侧各有一钩，为固定玻璃帽用；4. 管口；5. 玻璃帽：下面磨平，上面有弯月形凹槽，中央有圆孔，直径 6.5 mm。使用时将玻璃帽盖在测砷管的管口，使圆孔互相吻合，中间夹一溴化汞试纸，用橡皮圈或其他适宜的方法将玻璃帽与测砷管固定

(3) 试剂：溴化汞-乙醇溶液(50 g/L)：称取 25 g 溴化汞用少量乙醇溶解后，再定容至 500 mL；溴化汞试纸：将滤纸剪成直径 2 cm 的圆形滤纸片，在溴化汞-乙醇溶液(50 g/L)中浸渍 1 h 以上，保存于冰箱中，临用前取出置暗处阴干备用。其余同银盐法。

(4) 实验方法

1) 样品处理。

准确称取样品 5 g 于 10 mL 瓷坩埚中，加入 2 g 氧化镁粉和 10 mL 10%硝酸镁溶液，水浴蒸干，小火炭化后移入马弗炉中 550 ℃灼烧至灰白色，冷却后加 10 mL 浓 HCl 溶解残渣，最后移入 100 mL 容量瓶中定容。

2) 样品分析。

取 7 个 100 mL 的三角瓶编号，按分析样品的制备表(表 11-13)依次加入相应溶液后，放置 10 min，加入锌粒 5 g，迅速装上含有溴化汞试纸、乙酸铅棉花和滤纸的测砷管。25～30 ℃避光处放 45 min，取出试纸，将样品与标准色斑比色，求出样品溶液中的含砷量。

表 11-13 样品的测定步骤

溶液 \ 加液量/mL	标准品编号						样 品
	1	2	3	4	5	6	7
砷标液/(1 μg/mL)	0.0	1.0	2.0	3.0	4.0	5.0	20
15%碘化钾	5.0	5.0	5.0	5.0	5.0	5.0	5.0
40%SnCl$_2$	2.0	2.0	2.0	2.0	2.0	2.0	2.0
浓 HCl	15.0	15.0	15.0	15.0	15.0	15.0	13.0
水	使总体积至 45.0 mL						

(5) 计算

试样中砷含量按下式计算：

$$X(\text{mg/kg}) = \frac{m_1}{m} \times 1\,000$$

式中，X——试样中砷的含量，mg/kg；
m_1——相当于砷的标准量，μg；
m——测定时样液相当于样品的质量，g。

(6) 讨论和说明

1) 吸收溶液的量可按样品中含砷量而定，最后总体积达 45 mL 即可。
2) 样品色斑相当于砷的量应扣除空白液的色斑相当于砷的量。
3) 试剂空白只允许呈现极浅的浅黄色（一般不显色）砷斑，如空白显色应找出原因。
4) 对试剂的要求纯度高，必须是无砷锌粒，一级盐酸。
5) 装入乙酸铅棉花时不要太紧和太松，松紧要合适。
6) 加入锌粒时，加完 1 个，立即盖上含有乙酸铅棉花、溴化汞试纸的玻璃管。
7) As_2O_3 为剧毒，注意安全，勿用嘴吸。

二、无机砷的测定-银盐法

1. 原理　　试样在 6 mol/L 盐酸溶液中，经 70 ℃ 水浴加热后，无机砷以氯化物的形式被提取，经碘化钾、氯化亚锡还原为三价砷，然后与锌粒和酸产生的新生态氢生成砷化氢，经银盐溶液吸收后，形成红色胶态物，与标准系列比较定量。

2. 仪器　　分光光度计、恒温水浴箱、测砷装置。

3. 试剂　　三氯甲烷；辛醇；盐酸溶液(1+1)；碘化钾溶液(150 g/L)，临用时现配；酸性氯化亚锡溶液：称取 40 g 氯化亚锡($SnCl_2 \cdot 2H_2O$)，加盐酸溶解并稀释至 100 mL，加入数颗金属锡粒；乙酸铅溶液(100 g/L)；乙酸铅棉花；银盐溶液：称取 0.25 g 二乙基二硫代氨基甲酸银$[(C_2H_5)_2NCS_2Ag]$，用少量三氯甲烷溶解，加入 1.8 mL 三乙醇胺，再用三氯甲烷稀释至 100 mL，放置过夜，滤入棕色瓶中储存；砷标准储备液(1.00 mg/mL)；砷标准使用液(1.00 μg/mL)：精确吸取砷标准储备液，用水逐级稀释至 1.00 μg/mL。

4. 实验方法

(1) 试样处理：称取 1.00～10.00 g 经研磨或粉碎的试样，置于 100 mL 具塞锥形瓶中，加入 20～40 mL 盐酸溶液(1+1)，以浸没试样为宜，至 70 ℃ 水浴保温 1 h，取出冷却后，用脱脂棉或单层纱布过滤，用 20～30 mL 水洗涤锥形瓶及滤渣，合并滤液于测砷锥形瓶中，使总体积约为 50 mL。

(2) 标准系列制备：吸取砷标准使用液 0 mL、1.0 mL、3.0 mL、5.0 mL、7.0 mL、9.0 mL 分别置于测砷瓶中，加水至 40 mL，加入 8 mL 盐酸溶液(1+1)。

(3) 测定：试样液及砷标准溶液中各加 3 mL 碘化钾溶液(150 g/L)，酸性氯化亚锡溶液 0.5 mL，混匀，静置 15 min。向试样溶液中加入 5～10 滴辛醇后，于试样液及砷标准溶液中各加入 3 g 锌粒，立即分别塞上装有乙酸铅棉花的导气管，并使管尖端插入盛有 5 mL 银盐溶液的刻度试管中的液面下，在常温下反应 45 min 后，取下试管，加三氯甲烷补足至 5 mL。用 1 cm 比色杯，以零管为参比，于波长 520 nm 处测吸光度，绘制标准曲线。

5. 计算　　试样中的无机砷含量按下式计算：

$$X(\text{mg/kg}) = \frac{m_1 - m_2}{m_3 \times 1\,000} \times 1\,000$$

式中，X——试样中无机砷含量，mg/kg 或 mg/L；
m_1——测定用试样溶液中砷的质量，μg；
m_2——试剂空白中砷的质量，μg；

m_3——试样质量或体积,g 或 mL。

6. 讨论和说明　本法检出限为 0.1 mg/kg,线性范围为 1.0~10.0 μg;计算结果保留两位有效数字。

第十四节　水产品中盐分的测定

我国是水产养殖大国,水产品消费市场容量巨大,消费形式多样。水产品加工的方式主要有冷冻、冰鲜、腌制、熏制、干制、罐装等。水产品加工过程中经常加入氯化钠来保鲜食品、改善口味或延长产品的保藏期等,但氯化钠的加入量,不同的产品有不同的标准。例如,干海参(SC/T 3206—2009)中规定特级品中盐分(以氯化钠计)含量≤12%,一级品≤20%,二级品≤30%,三级品≤40%;盐渍海参(SC/T 3215—2007)中规定盐分(以氯化钠计)含量≤22%。水产品中盐分测定的方法有直接滴定法、硫氰酸盐反滴定法、电位滴定法、极谱法等。下面参照 SC/T 3011—2001 主要介绍直接滴定法、电位滴定法。GB 12457—2008 中规定的食品中氯化钠的测定方法同样适用于水产品。

一、直接滴定法

1. 原理　样品经处理后,在中性溶液中氯化物与硝酸银作用,生成难溶的白色氯化银沉淀,过量的硝酸银与指示剂铬酸钾作用,生成砖红色的铬酸银沉淀即为终点,根据硝酸银标准溶液的用量,计算盐分的含量。反应式如下:

$$Cl^- + Ag^+ \longrightarrow AgCl\downarrow$$

$$2AgNO_3 + K_2CrO_4 \longrightarrow AgCrO_4\downarrow + 2KNO_3$$

2. 仪器　滴定管、蒸发皿、电炉。

3. 试剂　硝酸银标准溶液(0.1 mol/L):称取 17.5 g 硝酸银,加入适量水使之溶解,并稀释至 1 000 mL,混匀,避光保存,需标定;铬酸钾溶液(10%):称取 10 g 铬酸钾固体,溶于 100 mL 水中;氢氧化钠溶液(0.1 mol/L):称取 4 g 氢氧化钠溶于 1 000 mL 水中;盐酸溶液(0.1 mol/L):移取 8.3 mL 盐酸于 1 000 mL 水中,混匀;百里香酚蓝(0.1%):称取 0.1 g 百里香酚蓝,溶于乙醇(95%),用乙醇(95%)稀释至 100 mL。

4. 实验方法

1) 固体样品:称取试样 2~3 g(精确至 0.000 1 g)于干燥的 30 mL 瓷坩埚中,在电炉上炭化至无烟(样品水分大的可先在 130 ℃的烘箱中烘干),放入 550~600 ℃的马弗炉中灼烧 2 h(至样品残渣易压碎为止),取出放冷。在坩埚内加少量蒸馏水润湿后用玻棒捣碎并研磨均匀,小心转入 100 mL 容量瓶中,定容,摇匀后过滤于干燥锥形瓶中,备用。吸滤液 25 mL 于三角烧瓶中,加 10% K_2CrO_4 指示剂 0.5 mL,以硝酸银标准溶液(0.1 mol/L)滴定至砖红色 1 min 不褪色为终点。同时做空白试验。

2) 液体样品:称取充分混匀的样品 10 g(精确至 0.01 g)或移取 10 mL 于 100 mL 容量瓶中,用水稀释至刻度备用。(如样品中含有悬浮物干扰测定,可用干滤纸过滤,弃去最初的 10 mL,取滤液备用)

3) 固液体样品:按固液体比列,取具有代表性样品至少 200 g,去除不可食部分,用研钵或组织捣碎机捣碎,混匀。

4) 盐渍样品:用滤纸吸干样品表面水分,将表面附盐杂质去除干净(至肉眼看不见为止),捣碎混匀,或剪成 5 mm×5 mm 以下的小块,混合均匀。称取 20 g 样品(称准至 0.01 g)于 250 mL 烧杯中,加水 150 mL,加热煮沸,自然放冷后,将液体转入 500 mL 容量瓶中,然后将残渣用 50 mL 水冲洗三次,洗液合并于同一容量瓶中,放冷,用水稀释至刻度备用。

5) 分析步骤:取上述方法制备的样品液适量(含氯化钠 50~100 mg,含量低的样品可采用全量分析),于 250 mL 三角瓶中,加水至约 100 mL[必要时,加 2~3 滴百里香酚蓝指示剂,用 0.1 mol/L 盐酸或 0.1 mol/L 氢氧化钠滴定至刚显淡蓝色(pH 为 6.5~10.5)],加 0.5 mL10%铬酸钾指示剂,用 0.1 mol/L 的硝酸银标准液滴定至刚显砖红色为终点,同时做一空白对照。

5. 计算 按下式计算食品中盐分的含量：

$$X(\%) = \frac{c \times (V - V_0) \times 0.05845}{m \times \dfrac{V_1}{V_2}} \times 100$$

式中，X——样品中盐分的含量（以氯化钠计），％；

c——硝酸银标准溶液浓度，mol/L；

V——滴定样品所用硝酸银标准溶液的体积，mL；

V_0——滴定空白所用硝酸银标准溶液的体积，mL；

V_1——滴定移取滤液的体积，mL；

V_2——样品处理后的总体积，mL；

m——样品溶液相当于样品的质量，g；

0.05845——与1 mL硝酸银标准溶液（1 mol/L）相当的氯化钠的质量，g。

6. 讨论和说明

1）本方法适用于经处理后样品的水溶液颜色较浅的样品。

2）重复性：同时做两个平行样，盐分含量≥3％时，测定结果相对偏差允许3％；盐分含量＜3％，测定结果绝对差允许0.2％，结果取平行样的算术平均值。

3）滴定时溶液的pH应为6.5～10.5，否则测定结果会有误差。

4）K_2CrO_4指示剂需准确加入。

5）计算结果保留至小数点后第二位。

二、电位滴定法

1. 原理 样品经处理后，取液体酸化，以甘汞电极为参比电极，银电极为指示电极，用硝酸银标准液滴定试液中的氯化钠，根据电位的突跃判定滴定终点，用硝酸银的消耗量计算氯化钠的含量。

2. 仪器 电位计（或自动电位滴定仪）：数字直读式，量程至少±700 mV，配有甘汞电极和银电极，银电极应经常冲洗；电磁搅拌器：可调变速，调定后以恒速搅拌。

3. 试剂 稀硝酸（1+49）：吸取20 mL硝酸用水稀释到1 L；0.1 mol/L硝酸银。

4. 实验方法 样品处理及试液制备同直接滴定法。

分析步骤：取试液适量（含氯化钠50～100 mg，含量低的样品可采用全量分析）于250 mL烧杯中，加水至约50 mL，加稀硝酸（1+49）50 mL，插入电极，开动磁力搅拌器剧烈搅动，在无外溅并固定速度下，用硝酸银标准溶液进行滴定，按照电位计读数变化速度调节滴定速度（起始时每加1 mL滴定一次，在终点附近每滴入一滴读一次数），以便准确绘制毫伏-硝酸银毫升数（E-V）的曲线。连续滴定至电位改变不明显为止，记录每次滴加硝酸银标准液的体积和电位。

在滴定曲线最大曲率的两点上画两条直线与轴成45°斜度，并与滴定曲线相切来定出拐点，在此两直线当中画一条平行线，该线与滴定曲线的交点即为终点，记录所用硝酸银标准液的体积。

5. 计算 样品中盐分含量按下式计算：

$$X(\%) = \frac{c \times V \times 0.05845}{m \times \dfrac{V_1}{V_2}} \times 100$$

式中，X——样品中盐分的含量（以氯化钠计），％；

c——硝酸银标准溶液浓度，mol/L；

V——滴定样品所用硝酸银标准溶液的体积，mL；

V_1——滴定移取滤液的体积，mL；

V_2——样品处理后的总体积，mL；

m——称取样品的质量，g；

0.058 45——与 1 mL 硝酸银标准溶液(1 mol/L)相当的氯化钠质量,g。

结果表述:取算术均值,保留两位有效数字。

6. 讨论和说明

1) 本方法适用于样品处理后,溶液颜色较深、直接滴定法不易判断终点的样品。
2) 重复性:同直接滴定法。

思考题

1. 原子吸收光谱法测定金属元素的原理是什么?与其他方法比较有什么优点?
2. 测定婴儿奶粉中钙含量时应如何处理待检试样?
3. 比较一下食品中铁的几种测定方法的特点。
4. 气相色谱法测定婴幼儿食品及乳品中碘含量时最适色谱条件的选择包括哪些?
5. 简述二硫腙比色法测定锌含量的基本原理。
6. 食品中铝的测定方法有哪些?
7. 简述石墨炉原子吸收光谱法测定铅含量的基本原理。
8. 简述原子荧光光谱法测定总汞的基本原理。
9. 简述银盐法测定总砷的基本原理。

第十二章
水产品鲜度的测定

鲜度是表征水产品新鲜程度的指标,直接决定着水产品的商业价值,更关系着消费者的健康和安全。鲜度检验对水产品品质控制、食用安全性及加工和储藏有重要意义。化学检测指标作为水产品鲜度的判别依据可靠性强,应用广泛。常见的鲜度化学指标包括:总挥发性盐基氮、三甲胺、粗氨、游离氨基酸、挥发性脂肪酸、各种生物胺(如尸胺、腐胺、组胺等)及 K 值等。本章主要介绍总挥发性盐基氮、粗氨、组胺和 K 值的检测方法。

第一节 概 述

水产品离水死亡后,由于自身酶和附着体表及内部微生物的作用,将发生一系列化学的和生物的变化,如蛋白质分解、脂肪氧化、色泽减退等,导致其鲜度下降,甚至腐败发臭。因此,水产品的新鲜程度,直接决定了其产品的最终价值,更关系着消费者的食用安全性。随着生活水平的提高,消费者对水产品的鲜度要求也越来越高。因此,准确地评判水产品的新鲜程度,不仅与水产食品的色、香、味、营养价值密切相关,对水产品的加工利用有重要意义,更关系着消费者的健康和安全。

水产动物死亡后一般要经历死后僵硬、自溶和腐败三个阶段。以鱼为例,离水后从鲜活状态到死亡,鱼体逐渐发硬,这种死后肌肉组织变硬的现象称为"僵硬"。这是由于肌体糖原在无氧条件下酵解产生乳酸,使三磷酸腺苷(ATP)的生成量急剧下降,而 ATP 又不断分解产生磷酸并释放一定能量,这样由于乳酸和磷酸的生成,当 ATP 下降到一定程度时,肌原纤维发生收缩而导致肌肉僵硬。过了僵硬期,鱼体肌肉硬度逐渐减退变软,称为"解僵"。这是由于肌肉组织中内源蛋白酶或来自腐败菌的外源性蛋白酶的作用,使糖原、ATP 进一步减少而代谢产物乳酸、次黄嘌呤、氨不断积累。随着硬度逐渐降低,鱼体进入自溶阶段,肌肉组织逐渐变软,失去固有弹性。接着,由于鱼体内及其体表各种微生物的活动加剧,产生了各种酶,使肌肉组织进一步被分解。例如,氨基酸等物质在酶的作用下分解成氨和胺类、硫化氢、吲哚、低级脂肪酸等各种具有腐臭特征的产物。当这些腐败分解产物达到一定数量时,鱼体即进入腐败阶段。通常认为僵硬前或僵硬中的鱼肉鲜度好,而解僵软化的鱼肉鲜度差,原有的风味易变化或消失,而腐败阶段的鱼肉则不能食用。

针对水产品鲜度的变化,其检测方法可分为感官评价法、物理检测法、化学检测法和微生物检测法。感官评价是指评定人员按照特定的模式,通过对被测样品的视觉、嗅觉、触觉、味觉和听觉的反应,对样品鲜度进行评定、测量、分析和解释。例如,鲜度良好的鱼体表有光泽,表皮保持自然的色调和张力,眼房透明鼓起,鳃鲜红结实,肌肉弹性好。而随着鲜度的降低,体表逐渐失去光泽,腹部变软,产生异臭。感官评价法简便易行,但需要有一定的经验性,且主观性和片面性较强。因此,使用此法时可借助仪器设备的检测结果。例如,对食品的气味、色泽、弹性、硬度和黏性等感官指标均有相应的仪器(包括"电子鼻"、色差仪、质构仪等),都可以用来对水产品的感官指标进行快速检测。

物理检测指标主要包括电导率、弹力、色度、汁液流失率和黏度等。例如,可用色度计测量鱼体表面的颜色变化,用弹力计测量鱼体肌肉的弹力,用折光仪测定眼房液的折光率等。

化学检测指标包括 pH、总挥发性盐基氮(TVB-N)、三甲胺基氮(TMA-N)、粗氨、游离氨基酸态氮(AA-N)、挥发性脂肪酸、各种生物胺(如尸胺、腐胺、组胺等)及 K 值等。目前,常应用于衡量水产品鲜度的指标有:TVB-N、TMA-N、粗氨、组胺等,而 K 值一般可用作水产品早期鲜度变化的指标。

微生物检测法主要是利用微生物数量的变化来评价水产品的新鲜程度和卫生质量,包括细菌总数、大肠杆菌、金黄色葡萄球菌等微生物指标。例如,细菌的菌落总数可用于判别水产品的新鲜度。但微生物检测法存在耗时长,需要专门的检测设备和专业人员操作等缺点。随着现代生物分析技术的发展,一些快速检测技术如聚合酶链式反应(PCR)、酶联免疫吸附(ELISA)、免疫磁珠分离(MS)、基因芯片等可实现对微生物指标的快速检测。

第二节 总挥发性盐基氮的测定

总挥发性盐基氮(total volatile basic nitrogen,TVB-N)是指水产等肉类食品水浸液在碱性条件下能被水蒸气蒸馏出来而测量的总氮量。挥发性盐基氮是由于蛋白质在酶和细菌的作用下,发生分解而产生的氨(NH_3)和胺类($R-NH_2$)等碱性含氮物质。由于此类物质呈碱性,具有挥发性,故称为总挥发性盐基氮。挥发性盐基氮主要包括氨和低级胺类,其中淡水鱼主要是氨,而海水鱼含有氨和低级胺。

挥发性盐基氮主要有以下四种产生途径。

(1) 氨基酸氧化脱氨基作用:

$$RCH(NH_2)COOH \xrightarrow{-2H} R-\underset{\underset{H}{|}}{\overset{\underset{H}{|}}{C}}-COOH \xrightarrow{+H_2O} R-\underset{O}{\overset{\|}{C}}-COOH + NH_3 \uparrow$$

(2) 氨基酸还原脱氨基作用:

$$RCH(NH_2)COOH \xrightarrow{\text{细菌作用}+H_2} RCH_2COOH + NH_3 \uparrow$$

(3) 氨基酸水解脱氨基作用:

$$RCH(NH_2)COOH \xrightarrow{\text{细菌作用}+H_2O} RCH(OH)COOH + NH_3 \uparrow$$

(4) 氨基酸脱羧基作用:

$$RCH(NH_2)COOH \xrightarrow{\text{细菌作用}} RCH_2NH_2 + CO_2 \uparrow$$

当 R 为 H 时生成甲胺,反应式如下:

$$NH_2CH_2COOH \xrightarrow{\text{微生物作用}} CH_3NH_2 + CO_2 \uparrow$$

当 R 为 (吲哚基) 时生成吲哚,反应式如下:

色氨酸 → 2-甲基吲哚 + CO_2 → 吲哚 + ……

总挥发性盐基氮是我国无公害水产品安全要求(GB 18406.4—2001)的重要指标之一。如表 12-1 所示,鲹科鱼类的 TVB-N 值应不大于 30 mg/100 g,其他鱼类不大于 20 mg/100 g。

按国家标准GB/T 5009.44—2003《关于肉与肉制品卫生标准的分析方法》的规定,挥发性盐基氮可以用半微量定氮法和微量扩散法测定。如果样品中的氨和低级胺类含量超过10 μg/mL,一般采用半微量定氮法进行测定,低于10 μg/mL则采用微量扩散法测定,但水产行业标准SC/T 3032—2007《关于水产品中挥发性盐基氮的测定》则常采用半微量定氮法。由于这些方法操作步骤烦琐,耗时长,难以在现场进行检测。近年来,已发展用近红外光谱(NIRS)进行测量的方法,具有快捷、简便、低成本等优点。

表12-1 GB 18406.4—2001中对无公害水产品新鲜度的指标要求

水产品种类			项目要求	
			挥发性盐基氮≤mg/100 g	组胺≤mg/100 g
鱼类	海水鱼	鲹科鱼类(鲐鱼、蓝圆鲹等)	30	50
		其他鱼类		30
	淡水鱼		20	—
甲壳类	虾	海虾	30	—
		淡水虾	20	
	海水蟹		25	

注:本表规定指标不包括活体水产品。

一、半微量定氮法

1. 原理 水产品在腐败过程中,蛋白质在酶和细菌的作用下分解产生氨以及胺类的碱性含氮物质,此类物质具有挥发性,可利用高氯酸溶液浸提,在碱性溶液中蒸出后,被硼酸溶液吸收。然后用盐酸标准溶液滴定,用混合指示剂指示滴定终点。根据盐酸标准溶液的消耗量计算总挥发性盐基氮含量。

2. 试剂 0.6 mol/L高氯酸溶液;30 g/L氢氧化钠溶液;30 g/L硼酸溶液作为吸收液;硅油作为消泡剂;2 g/L甲基红-乙醇指示剂和1 g/L次甲基蓝指示剂:临用时将两者等量混合作为混合指示剂;0.01 mol/L盐酸标准溶液。

3. 仪器 均质机、离心机、半微量定氮装置(参见图6-2的微量凯氏定氮装置)、微量滴定管、最小分度0.01 mL。

4. 实验方法 (1) 样品的处理与制备:鱼:去鳞、去皮,沿背脊取肌肉;虾:去头、去壳,取可食肌肉部分;蟹、甲鱼等其他水产品取可食部分;将样品切碎备用。

称取10 g(精确到0.01 g)切碎鱼肉样品,加90 mL高氯酸溶液,均质2 min,过滤,滤液置于2~6 ℃冰箱中待测。

(2) 蒸馏、滴定:预先将盛有10 mL硼酸吸收液并加有2~3滴混合指示剂的锥形瓶置于冷凝管下端,并使冷凝管末端浸入吸收液面下。准确吸取5.00 mL上述样品滤液注入蒸馏器反应室内,用少量蒸馏水冲洗进样入口,再加入1~2滴酚酞指示剂、1~2滴硅油消泡剂、5 mL氢氧化钠溶液,迅速关闭进样口活塞以防漏气。然后通入蒸汽开始蒸馏,从冷凝管出现第一滴冷凝水开始计时,蒸馏5 min即停止。吸收液用0.01 mol/L盐酸标准溶液滴定,终点呈蓝紫色。同时用5.00 mL高氯酸溶液代替样品滤液做试剂空白试验。

5. 计算 试样中总挥发性盐基氮的含量按下面公式计算:

$$X(\text{mg}/100\text{ g}) = \frac{(V_1 - V_0) \times c \times 14}{m \times 5/100} \times 100$$

式中,X——试样中总挥发性盐基氮的含量,mg/100 g;

V_1——测定样液消耗盐酸标准溶液体的积,mL;

V_0——试剂空白消耗盐酸标准溶液的体积,mL;

c——盐酸标准溶液的浓度,mol/L;

14——与1.0 mL盐酸标准溶液(c_{HCl}=1.00 mol/L)相当的氮的质量,mg;

m——试样质量,g。

6. 讨论和说明

1) 样品浸渍液过滤后如不立即检测,应保存于冰箱中,但最好不要超过 30 min。
2) 在蒸馏过程中,整个装置不能漏气,以免结果偏低。
3) 加入酚酞指示剂、滴硅油消泡剂、氢氧化钠溶液时动作应快,最好用量筒而不是滴管。
4) 在每次蒸馏测定后,应用蒸汽洗涤 3 次,以免残留污染。

二、微量扩散法

1. 原理 以微量扩散皿作为测量装置,利用挥发性含氮物质可在 37 ℃碱性溶液中释出,挥发后被吸收于微量扩散皿内室的吸收液中,然后用标准酸溶液滴定,计算含量。

2. 试剂 饱和碳酸钾溶液、水溶性胶、70 g/L 三氯乙酸、硼酸吸收液、混合指示液、0.01 mol/L 盐酸标准溶液等,均与半微量定氮法相同。

3. 仪器

1) 标准型微量扩散皿(又称康威氏微量扩散皿):玻璃质,外室直径 70 mm,内室直径 30 mm;外室深度 10 mm,内室深度 5 mm;外室壁厚 8 mm,内室壁厚 8 mm,如图 3-2 所示。其他型号亦可参照使用。
2) 微量滴定管:最小分度 0.01 mL。

4. 实验方法

1) 称取 30.0 g 鱼肉样品,加 120 mL 水匀浆。取匀浆液 10.0 g,加入 70 g/L 三氯乙酸 10.00 mL 并放置 30 min,然后用干燥滤纸过滤,滤液置于冰箱中待测。
2) 将水溶性胶涂于扩散皿的边缘,在皿中央内室加入 1.00 mL 硼酸吸收液及 1 滴混合指示液。在皿外室一侧加入 1.00 mL 上述制备的样液,另一侧加入 1 mL 饱和碳酸钾溶液,注意勿使两边溶液接触,立即用玻璃片盖严。密封后将皿轻轻转动,使样液与碱液混合,将扩散皿置于 37 ℃温箱内放置 2 h。
3) 取出,揭去盖,用 0.01 mol/L 盐酸标准溶液滴定至终点呈蓝紫色。同时做试剂空白试验。

5. 计算 试样中挥发性盐基氮的含量按下面公式进行计算:

$$X(\text{mg}/100 \text{ g}) = \frac{(V_1 - V_0) \times c \times 14}{\frac{m_1}{m_1 + m_2} \times \frac{10 \times V_2}{10 + 10}} \times 100$$

式中,X、V_1、V_0、c、14——与上述半微量定氮法测定总挥发性盐基氮计算公式中的符号和参数相同;

m_1——试样质量,g;

m_2——样品匀浆前加水的质量,g;

V_2——移取至扩散皿外室的样品溶液体积,mL;

$\frac{10+10}{10 \times V_2}$——称取样品匀浆 10 g,加三氯乙酸 10 mL 及移取 V_2 mL 样品溶液的校正系数。

6. 讨论和说明

1) 加入碳酸钾饱和溶液时应小心,不可溅入内室。
2) 扩散皿应洁净、干燥,不带酸碱性。
3) 进行滴定终点观察时,空白试验与样品试验应色调一致。
4) 对于许多水产品,TVB-N 是一项灵敏的鲜度质量指标,特别是可表征高蛋白水产品储藏过程中鲜度的变化,但对蛋白质含量较低而糖含量相对较高的贝类,TVB-N 的灵敏度要低很多。此外,TVB-N 难以准确反映低温条件下鱼体鲜度的变化。

第三节 粗氨的测定

水产品在腐败变质时,由蛋白质分解产生的氨和铵盐等碱性含氮物质称为"粗氨"。粗氨可采用纳斯勒氏试剂法检测,样品中粗氨与纳斯勒氏试剂反应使溶液呈黄色,随着水产品鲜度的下降,粗氨含量会逐渐增大,导致溶液颜色逐渐加深并伴有沉淀出现。因此,可根据反应后溶液颜色的深浅和沉淀物的多少来判别水产品的新鲜程度。

1. 原理　氨与碱性碘化汞钾溶液(纳斯勒氏试剂)作用,生成黄色的碘化二亚汞氨沉淀,反应式如下：

$$NH_3 + 2HgI_4^{2-} + 3OH^- \longrightarrow \left[O \begin{array}{c} Hg \\ Hg \end{array} NH \right] I \downarrow + 7I^- + 2H_2O$$

根据反应后溶液颜色的深浅和产生沉淀物的多少,确定样品中氨的含量。

2. 试剂　碱性碘化汞钾溶液(纳斯勒氏试剂)的配制:取 10 g 碘化钾溶于热水中,缓缓加入饱和氯化汞溶液,边加边搅拌,直至生成红色沉淀不再溶解为止。过滤,向滤液中加入碱性溶液(30 g 氢氧化钾溶于 80 mL 水中),再加入上述饱和氯化汞溶液 1.50 mL,待溶液冷却后,加水补足至 200 mL,静置过滤,将滤液储存于棕色瓶中备用。

3. 实验方法　取鱼肉 10.0 g,加入 80 mL 水(无氨)浸泡 30 min,其间不断搅拌。然后过滤至 100 mL 容量瓶中,以适量无氨水洗涤滤渣,定容至刻度,即得到 10% 的鱼肉浸出液。

取 1.00 mL 10% 鱼肉浸出液于试管中,滴加 10 滴纳斯勒氏试剂,边滴加边振荡,观察其颜色和透明度的变化,根据表 12-2 判断结果。

表 12-2　氨与纳斯勒氏试剂反应结果判别表

试剂的滴数	颜色和沉淀	反　应	氨含量/(mg/100 g)	新鲜度
10	淡黄色、透明	—	≤16	新鲜
10	黄色、透明	±	16～20	新鲜
10	黄色、轻度浑浊、稍有沉淀	±	21～30	次鲜
6～9	明显黄色、有沉淀	+	31～45	变质
1～5	明显黄色、有沉淀	++	≥45	变质

4. 讨论和说明

1) 配制纳斯勒氏试剂应采用无氨蒸馏水,配制好的试剂应置于棕色瓶中,塞上橡皮塞,并置于阴凉处保存。此外,实验用水都必须是无氨蒸馏水。

2) 检测样品时,应同时取一支试管内装 1 mL 无氨蒸馏水作为对照。向样品管和对照管加入纳斯勒氏试剂时应逐滴加入,每加 1 滴应振摇数次,并观察颜色的变化,直至加到 10 滴为止。

3) 纳斯勒氏试剂与样品中游离氨及结合氨类都能发生反应,因此表 12-2 中粗氨的含量应包括游离氨和铵以及胺类等碱性含氮物质的总和。

第四节　组 胺 的 测 定

组胺作为一种生物胺,广泛存在于食品中,特别是蛋白含量丰富的水产品和其他肉类食品中。它主要是由其前体氨基酸即组氨酸在微生物作用下经组氨酸脱羧酶分解产生的,其反应如下：

$$\underset{\text{组氨酸}}{\underset{HN \diagdown N}{\bigcirc}\!\!\!\!-CH_2CHCOOH \atop NH_2}} \xrightarrow{\text{脱羧}} \underset{\text{组胺}}{\underset{HN \diagdown N}{\bigcirc}\!\!\!\!-CH_2CH_2NH_2}$$

组胺对人体健康有着重要的生理作用,但是当人体摄入过量的组胺时,就会引起诸如头痛、恶心、心悸、血压变化、呼吸紊乱等过敏性反应,甚至会危及生命。目前一些国家和地区已经将组胺作为判断水产品和其他肉类食品鲜度的指标。水产品中组胺的测定方法有生物学法、薄层层析法、荧光法和高效液相色谱法等。

下面主要介绍两种常用的测量方法：分光光度法和高效液相色谱法。

一、分光光度法

1. 原理 样品中的组胺经正戊醇提取后，与偶氮试剂在弱碱性溶液中进行偶联反应，产生有色化合物，与标准品比较进行定量。其反应式如下：

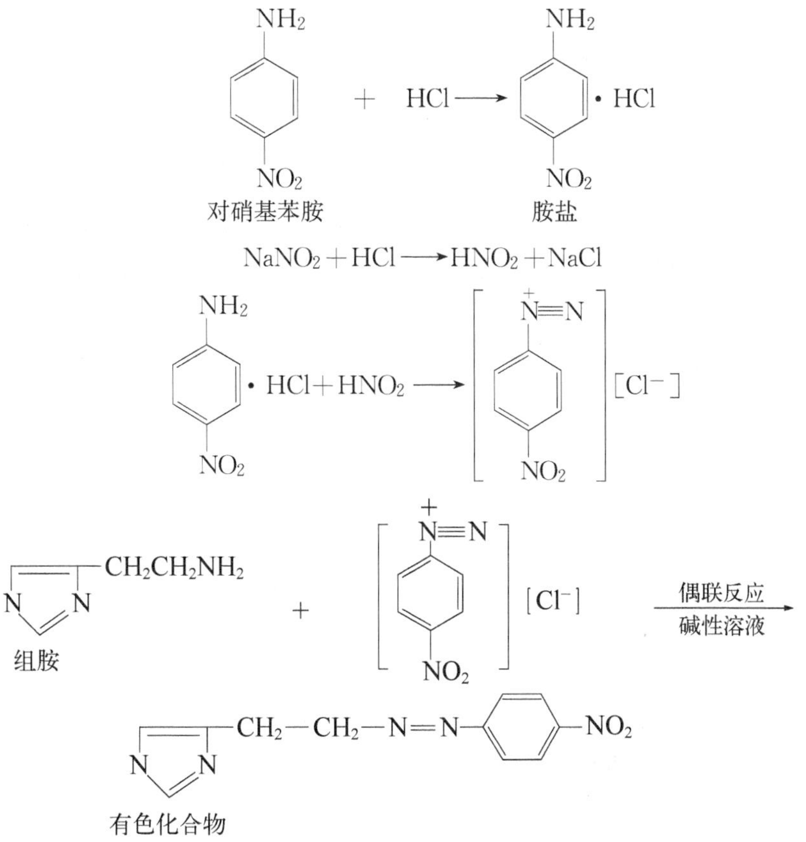

$$\text{对硝基苯胺} + HCl \longrightarrow \text{胺盐}$$

$$NaNO_2 + HCl \longrightarrow HNO_2 + NaCl$$

$$\text{对硝基苯胺} \cdot HCl + HNO_2 \longrightarrow \text{重氮盐}[Cl^-]$$

$$\text{组胺} + \text{重氮盐}[Cl^-] \xrightarrow[\text{碱性溶液}]{\text{偶联反应}} \text{有色化合物}$$

2. 试剂

1) 正戊醇；100 g/L 三氯乙酸溶液；50 g/L 碳酸钠溶液；1∶12 盐酸(体积比)；250 g/L 氢氧化钠溶液。

2) 偶氮试剂：

甲液：对硝基苯胺(2.5 g/L)与盐酸的混合溶液，配好后置冰箱中保存。

乙液：亚硝酸钠溶液(5 g/L)，临用现配。

吸取甲液 5 mL 和乙液 40 mL 混合后立即使用。

3) 用蒸馏水配制浓度为 1.0 mg/mL 的组胺标准储备液，再将标准储备液稀释至浓度为 20.0 mg/L 的组胺标准使用液。

3. 仪器 紫外/可见分光光度计、漩涡混合器、数显恒温水浴锅、可调高速分散器、高速冷冻离心机。

4. 实验方法

(1) 样品的前处理：称取 5.0～10.0 g 绞碎并混匀的样品，加入 100 g/L 三氯乙酸溶液 15～20 mL，浸泡 2～3 h，过滤。吸取 2.00 mL 滤液，加氢氧化钠溶液使其呈碱性，加入 3 mL 正戊醇，振荡 5 min 提取组胺，重复提取 3 次，合并正戊醇提取液并稀释至 10.00 mL。吸取 2.00 mL 正戊醇提取液于分液漏斗中，加入 3 mL 盐酸振摇，取出盐酸溶液层，重复提取 3 次，合并盐酸提取液并稀释至 10.00 mL，待测。

(2) 组胺的测定：吸取 1.00 mL 盐酸提取液和 0 mL、0.20 mL、0.40 mL、0.60 mL、0.80 mL、1.00 mL 组胺标准使用液(相当于 0 μg、4 μg、8 μg、12 μg、16 μg、20 μg 组胺)，分别置于 10 mL 比色管中，加水补至 1.00 mL，再各加 1 mL 盐酸。试样与标准管各加 3 mL 碳酸钠溶液和 3 mL 偶氮试剂，加水至刻度，混匀，放置 10 min 后于 480 nm 处测量吸光度值，以不含组胺的标准管(即"0"管)溶液作为参比。绘制标准曲线，通过外标法测定试样中的组胺含量。

5. 计算　试样中组胺的含量由下式进行计算：

$$X(\mathrm{mg}/100\ \mathrm{g}) = \frac{m_1}{m_2 \times \dfrac{2}{V_1} \times \dfrac{2}{10} \times \dfrac{1}{10} \times 1\ 000} \times 100$$

式中，X——样品中组胺的含量，mg/100 g；

m_1——测定管样品的组胺含量，μg；

m——试样质量，g；

V_1——加入三氯乙酸溶液(100 g/L)的体积，mL。

6. 讨论和说明

1) 三氯乙酸浸提样品中组胺时，浸提液温度和浸提时间对组胺的提取结果影响较大。研究表明，60 ℃下浸提 30 min 可较彻底地提取样品的组胺。此外，通过超声波振荡辅助提取可大大缩短提取时间。

2) 用正戊醇提取三氯乙酸中的组胺时，必须用氢氧化钠溶液调 pH 至碱性，可用 pH 试纸调试，使组胺游离出来便于提取。同样地，用盐酸提取正戊醇中的组胺时，需要使溶液呈酸性，使组胺能以盐酸盐的形式转入盐酸提取液中。

二、高效液相色谱法

高效液相色谱法检测组胺具有分析速度快、柱效高、检测灵敏度高、定量准确等优点，是目前水产品中组胺含量检测的主要手段。

1. 原理　用 50 g/L 三氯乙酸振荡提取样品中组胺，以丹磺酰氯为衍生剂，在 60 ℃下衍生 30 min。用 C_{18} 反相柱分离，于 254 nm 处检测洗脱液的吸收信号值，采用外标法定量。

2. 试剂

1) 组胺盐酸盐(histamine dihydrochloride，$C_5H_9N_3 \cdot 2HCl$)标准品(纯度>99%)，用 0.1 mol/L 盐酸溶液配制浓度为 1.0 mg/mL 的组胺标准储存液，置 4 ℃冰箱保存。使用时，采用逐级稀释法稀释至不同浓度的组胺标准系列使用液。

2) 丹磺酰氯(dansyl chloride，$C_{12}H_{12}ClNO_2S$)(纯度>95%)，用丙酮为溶剂配制浓度为 10 mg/mL 的丹磺酰氯使用液，置 4 ℃冰箱保存。

3. 仪器　高效液相色谱仪(HPLC)，配备紫外检测器；C_{18} 反相色谱柱；漩涡混合器；离心机；恒温水浴箱；0.45 μm 滤膜针头过滤器。

4. 实验方法

(1) 试样制备：取 10.0 g 鱼肉，加入 50 g/L 三氯乙酸 20 mL，匀浆 2 min，室温下振荡提取 30 min，4 ℃下离心 10 min，取出上清液，残渣再重复提取一次，合并上清液，定容至 50.00 mL。

(2) 衍生：取 0.50 mL 提取液，用 2 mol/L NaOH 溶液调 pH 至 9.5 以上，加入 10 g/L 丹磺酰氯衍生剂 1 mL，振荡混匀，并置于 60 ℃水浴 30 min。取出冷却后加入 100 μL 25%(体积比)氨水，室温下静置 30 min。然后，用乙腈定容至 2.50 mL，过 0.45 μm 滤膜，待测。

组胺标准溶液按试样的方法进行衍生。

(3) 色谱条件：色谱柱：C_{18} 反相色谱柱(150 mm×4.6 mm，内径：5 μm)，流速 1.0 mL/min，柱温 30 ℃，检测波长 254 nm，进样量 20 μL。

洗脱溶液及洗脱程序如表 12-3 所示。

表 12-3　梯度洗脱程序

洗脱时间/min	0	1	15	16	20
超纯水/%	40	40	20	10	0
乙腈/%	60	60	80	90	100

(4) 测定：分别吸取上述经衍生的标准系列溶液和试样溶液注入高效液相色谱仪中，按梯度洗脱程序分离、洗脱，记录色谱图（图12-1），通过峰面积用外标法定量。

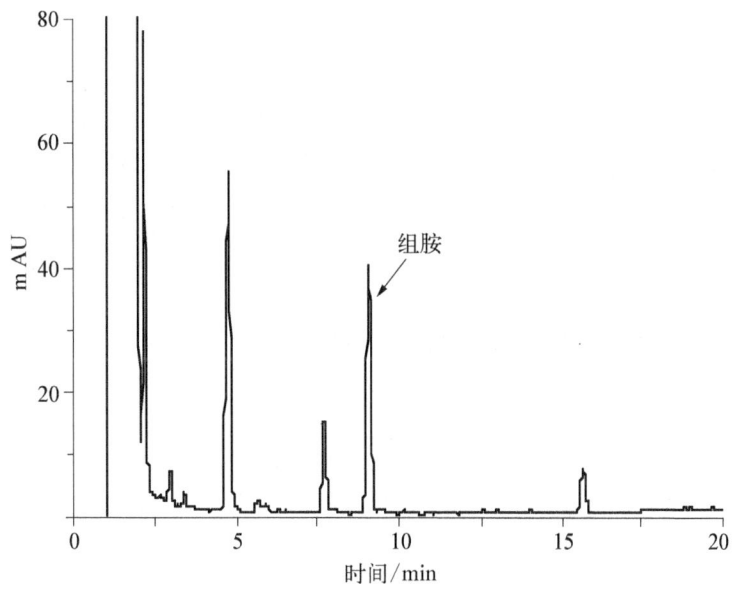

图12-1　组胺的高效液相色谱分离结果

5. 计算　以组胺标准系列溶液的质量（μg）为纵坐标，以相应的峰面积为横坐标，绘制标准工作曲线，按下式计算试样中的组胺含量：

$$X(\text{mg/kg}) = \frac{m_1 \times f}{m}$$

式中，X——试样中组胺的含量，mg/kg 或 mg/L；

m_1——试样中组胺色谱峰对应的组胺质量，μg；

f——试样稀释倍数；

m——试样质量，g 或 mL。

6. 讨论和说明

1）由于组胺既没有荧光发色基团也没有紫外吸收基团，目前利用高效液相色谱分离测定组胺的方法大多采用柱前衍生方式，常用的衍生剂有丹磺酰氯、邻苯二甲醛、苯甲酰氯和4-(二甲氨基)偶氮苯-4'-磺酰氯等。由于丹磺酰氯可以同组胺分子中氨基上的活泼氢发生反应，经脱去一分子HCl后生成具有紫外和荧光性能的衍生物。因此，可以利用紫外或荧光检测器对组胺进行检测，但其荧光信号往往较弱，故常采用紫外检测器检测。此外，在组胺柱前衍生反应中，邻苯二甲醛衍生剂也很常用，由于其与组胺的衍生产物具有荧光信号强、干扰少的特点，故常采用荧光检测器检测，且邻苯二甲醛与组胺的衍生反应操作简便、快速。

2）丹磺酰氯衍生剂不宜久放，最好现配现用。

3）在添加丹磺酰氯衍生剂之前，必须先将组胺提取液调为碱性（pH在9.5以上），衍生过程最好避光进行。

4）通过此方法可实现样品中多种生物胺（如色胺、腐胺、尸胺、组胺、酪胺、亚精胺和精胺等生物胺）的同时分离和准确定量。

第五节　K值的测定

在动物活体肌肉中，作为能量物质的ATP（三磷酸腺苷），通过神经调节，分解为ADP（二磷酸腺苷）、AMP（一磷酸腺苷），同时产生能量，并引起肌肉收缩。生成的ADP、AMP可经ATP的合成系统重新转变为

ATP,再度分解利用。这种分解和合成是在瞬间完成的。通常,肌肉内始终保持一定量的 ATP,以维持生命需要。

当动物死后,呼吸停止,供氧中断,导致 ATP 合成系统无法进行,肌肉内的 ATP 在 ATP 酶的作用下,会发生下列反应:

$$ATP \longrightarrow ADP \longrightarrow AMP \longrightarrow IMP \longrightarrow H_xR \longrightarrow H_x$$
三磷酸腺苷　　二磷酸腺苷　　一磷酸腺苷　　次黄苷酸(肌苷酸)　　次黄苷(肌苷)　　次黄嘌呤

因此,随着储藏时间的延长,ATP 不断分解为 H_xR 和 H_x,肌肉内的 H_xR 和 H_x 所占比例随之增大。所谓 K 值即是指 ATP 的分解产物 H_xR 和 H_x 占 ATP 关联物(ATP+ADP+AMP+IMP+H_xR+H_x)总量的百分比。K 值越小表明鲜度越高,K 值是水产等肉类食品鲜度评价中的一个重要指标,特别适合于判别水产品早期鲜度的变化。一般认为,鱼肉 K 值在 20% 以下时,可用于制作生鱼片;在 40% 以下时,适合用于制作熟食。下面介绍两种测量 K 值的方法,即柱层析法和高效液相色谱法。

一、柱层析法

1. 原理　样品中 ATP 及其分解产物采用高氯酸提取后,经阴离子交换树脂层析柱分离,以稀酸洗脱出 H_xR+H_x 部分,再以含 NaCl 的稀盐酸洗脱出 ATP+ADP+AMP+IMP(即核苷酸)部分,然后用分光光度计测定此两部分的吸光度值,根据公式计算 K 值。

2. 试剂　Dowexl×4(200~400 目)Cl⁻型离子交换树脂;预冷的 50 g/L 和 100 g/L 高氯酸溶液(冷藏);盐酸;氯化钠等。

3. 仪器　0.6 cm×15 cm 玻璃层析柱、分光光度计、离心机、布氏漏斗。

4. 实验方法

(1) 树脂的准备:称取 50 g 离子交换树脂,分别用丙酮、1 mol/L 氢氧化钠、1 mol/L 盐酸依次浸泡和洗涤,在每次更换洗涤试剂前,都要用水洗至中性。树脂的再生也是用同样的方法。

(2) 试液制备:称取 1.0 g 研碎的样品,加入 2 mL 预冷的 10% 高氯酸溶液,搅匀后离心 2~3 min,取出上清液,残渣用 2 mL 预冷的 5% 高氯酸溶液再提取一次,合并两次上清液。然后,用 10 mol/L KOH 溶液中和上清液至 pH 6.5,离心除去高氯酸钾沉淀,将上清液移至 10 mL 容量瓶中,残渣用 1 mL 冰水再次洗涤一次,合并上清液,并定容至 10.00 mL,待测。

(3) 层析柱的填充:在 0.6 cm×15 cm 玻璃柱底垫一层脱脂棉(或玻璃纤维),用吸管移取树脂湿法填装约 5 cm,注意不得有气泡进入,在树脂的上面也同样铺一层脱脂棉或玻璃纤维。

(4) 分离及测定:取制备的上清液 2.00 mL,用 0.5 mol/L 氨水调节溶液的 pH 至 9.4,将此样液注入层析柱中,立即用少量水(pH 9.4)洗涤烧杯,一并注入柱中。用 20 mL 水淋洗,以除去非吸附性的紫外吸收物质(如氨基酸等)。然后,用 45 mL 0.001 mol/L 盐酸溶液(A 液)洗脱出 H_xR+H_x 部分;更换接收容器后,再向柱中注入 45 mL 0.6 mol/L NaCl-0.01 mol/L 盐酸溶液(B 液),洗脱出 ATP+ADP+AMP+IMP 部分。将 H_xR+H_x 部分和 ATP+ADP+AMP+IMP 部分分别用 A、B 液定容至 50 mL,然后用分光光度计分别测定其在 250 nm 处的吸光度值。

5. 计算

$$K(\%) = \frac{E_{250\,nmA}}{E_{250\,nmA} + E_{250\,nmB}} \times 100$$

式中,$E_{250\,nmA}$——A 洗脱液部分在 250 nm 处的吸光度;

$E_{250\,nmB}$——B 洗脱液部分在 250 nm 处的吸光度。

6. 讨论和说明

1) 虽然在层析柱的上面铺有一层脱脂棉,但在注入样品和淋洗液时还应缓慢注入,以防破坏层析柱面,避免洗脱峰变形。

2) Dowexl×4 离子交换树脂在清洗过程中,要将不沉淀的粒子以倾泻法除去。

3）淋洗和洗脱过程中，应等待层析柱上溶液刚刚流干（即表面恰好干时）再添加另一种洗脱液。此外，应注意控制一定的淋洗和洗脱速度。

二、高效液相色谱法

1. 原理 样品中 ATP 及其分解产物采用高氯酸提取后，在磷酸缓冲液（pH 6.6）的洗脱条件下经 C_{18} 反相色谱柱分离，根据各标准物质色谱峰的保留时间定性，采用外标法对试样中 ATP、ADP、AMP、IMP、H_xR 和 H_x 进行定量分析，根据公式计算出 K 值。

2. 试剂

1）配制不同浓度梯度的 ATP、ADP、AMP、IMP、H_xR 和 H_x 混合标准溶液，过 0.45 μm 滤膜，备用。

2）0.05 mol/L K_2HPO_4－KH_2PO_4 缓冲液，pH 6.6。

3）50 g/L、100 g/L 的高氯酸溶液。

3. 仪器 高效液相色谱仪（带紫外检测器）、C_{18} 反相色谱柱、匀浆机、离心机。

4. 实验方法

（1）样品前处理：称取 1.0 g 样品，加 10% 高氯酸 2 mL，在冰水浴中匀浆。匀浆液在 4 ℃下离心 10 min，取上清液。沉淀用 5% 高氯酸重复提取一次。合并上清液，用 10 mol/L KOH 调 pH 至 6.6～6.8，于 0 ℃放置 30 min。再次离心（4 ℃）10 min，取上清液，并用预冷的高氯酸（pH 6.8）洗涤沉淀，再经离心（4 ℃）10 min，合并上清液，用预冷的高氯酸（pH 6.6）定容至 10.00 mL，过 0.45 μm 滤膜，滤液待测。

（2）色谱条件：色谱柱：C_{18} 反相色谱柱；检测波长：254 nm；柱温：室温；流动相：0.05 mol/L 的 K_2HPO_4－KH_2PO_4 缓冲液（pH 6.6）；流速：1 mL/min；进样量：20 μL。

（3）测定：吸取不同浓度的系列标准混合溶液注入高效液相色谱仪，在上述色谱条件下进行分离，记录色谱峰的保留时间和峰面积。以各种物质的浓度为 x 轴，对应峰面积为 y 轴，绘制标准曲线。同样条件下得到试液的色谱峰面积，用外标法定量 ATP、ADP、AMP、IMP、H_xR 和 H_x，用 $\mu mol/g$ 表示。

5. 计算 试样 K 值按下式计算：

$$K(\%) = \frac{H_xR + H_x}{ATP + ADP + AMP + IMP + H_x + H_x} \times 100$$

6. 讨论和说明

1）在样品制备时用高氯酸是为了固化样品中的蛋白质，且高氯酸在 250 nm 下对 K 值的测定基本无干扰。

2）在上述色谱条件下，ATP 及其分解产物的出峰顺序为：IMP、ATP、ADP、AMP、H_x 和 H_xR，且在 25 min 内可实现各组分的分离。

3）由于鱼类水产品在储藏的早期，细菌总数较少，总挥发性盐基氮（TVB-N）的增加缓慢。而 ATP 分解迅速，H_x 被分解的速度缓慢。因此，K 值可作为鱼类早期鲜度的化学指标。

4）鱼的种类不同，其 K 值的大小及变化规律会产生较大差别。例如，同样是刚死亡的鱼类，鲷鱼和大黄鱼的 K 值较小，而带鱼的 K 值较大。随着储藏时间的延长，带鱼和大黄鱼的 K 值增长迅速，而鲷鱼的 K 值增长则较缓。

思考题

1. 水产品鲜度判别的化学指标有哪些？
2. 水产品挥发性盐基氮是如何产生的？微量扩散法测量挥发性盐基氮的原理是什么？
3. 用纳斯勒氏试剂法测量水产品中粗氨的原理是什么？
4. 水产品中组胺是如何产生的？常用的测量方法有哪些？
5. 为何 K 值可以用作水产品早期鲜度变化的指标？

第十三章
有害物质的测定

本章节主要介绍食品中有机氯、有机磷、氨基甲酸酯类及菊酯类农药的残留及检测方法;食品中兽药、霉菌毒素、天然动植物毒素、苯并芘、二噁英的残留及检测方法;并简要介绍三聚氰胺的检测方法。

第一节 概 述

生活中"有害物质"无处不在,如天然的放射性元素、生物毒素及土壤中的农药残留等;食品加工过程中也可能人为或无意带入有害物质,如往奶粉中加入三聚氰胺、海蜇加工过程中加入硼砂和硼酸、葡萄酒生产中加入禁用色素等。这些物质即使小剂量也将危害健康。

"有害物质"分为普通有害物质、有毒物质、致癌物和危险物,也分为:① 生物性有害物质,植物毒素、动物毒素和微生物毒素;② 化学性有害物质,农、兽、渔药、重金属、环境污染物、加工污染物等;③ 物理性有害物质,灰尘、沙子、金属屑等。

近年来,有害物质造成的食品安全问题层出不穷,已引起各国政府的高度重视,先后出台了一系列法规和标准规范食品生产。欧盟 2003 年 7 月发布了《欧盟食品中农兽药残留限量标准》,我国《食品中农药最大残留限量》(GB 2763—2005)规定了 136 种常用农药在食品中的最大残留量,与之配套的国家和行业标准检测方法达 64 项等。

食品中有害物质常用的检测方法有微生物检测法、分光光度法、气相色谱法(GC)、高效液相色谱法(HPLC)、薄层色谱法(TLC)、质谱法(MS)、色谱-质谱联用、酶联免疫吸附法(enzyme-linked immunosorbent assay,ELISA)等。

第二节 食品中农药的残留及检测

一、概述

农药是指用于预防、消灭或者控制危害农业、林业的病、虫、草及其他有害生物,以及有目的地调节植物、昆虫生长的药物的通称。

按用途分为:杀虫剂、杀菌剂、除草剂、植物生长调节剂;

按化学成分分为:有机磷类、氨基甲酸酯类、有机氯类、拟除虫菊酯类、苯氧乙酸类;

按毒性大小分为:高毒、中毒、低毒;

按杀虫效率分为:高效、中效、低效;

按残留时间长短分为:高残留、中残留、低残留。

一般来说,农药残留量是指农药本体物及其代谢物的残留量的总和,单位 mg/kg。

二、食品中农药残留的检测

目前,研究和应用较多的农药残留检测技术主要有活体检测法、化学速测法、酶抑制法、免疫分析法和色谱法。其中活体检测法、化学速测法是目前研究的热点,但这两类方法都有很大局限性,只对少数农药有效,如化学速测法局限于有机磷农药。

酶抑制技术是研究比较成熟、应用较广泛的快速农药残留检测手段,该技术利用有机磷和氨基甲酸酯两类农药具有抑制乙酰胆碱酶(Ache)的生化反应作用,分析此类农药在食品中的综合残留量。近几年,研究出多种酶生物传感器,使检测方法获得较大突破。用该技术既可检出单一农药残留量,又可以检出多种农药的综合残留量,具有快速、灵敏、费用低和适用于现场大批量样品筛选的特点。缺点是定性、定量的性能不很理想,且只能作为有机磷和氨基甲酸酯类农药残留的初筛。另外,检测韭菜、生姜、西红柿等蔬菜样品时易受干扰。

免疫分析技术是基于抗原抗体特异性识别和结合反应的分析方法,根据标记物的不同,可分为放射免疫法、荧光免疫法、酶免疫法。免疫分析法具有特异性强、灵敏度高、方便快捷、分析容量大、分析成本低、安全可靠的特点,被认为是目前最具竞争力和挑战性的检测技术。

色谱技术是经典、准确、常用的农药残留检测技术,多用气相色谱法、高效液相色谱法、气(液)质联用技术、超临界流体色谱法等。传统的色谱技术前处理时间长、成本高,但近年来,固相微萃取技术(solid-phase microextraction, SPME)可大大缩短样品的前处理时间,实现了样品分析的快速和批量化。

我国现行食品中农药残留检测方法标准(部分)如表13-1所示。

表13-1 我国现行食品中农药残留标准检测方法(部分)

序号	标准名称	标准号
1	食品中有机氯农药多组分残留量的测定	GB/T 5009.19—2008
2	动物性食品中有机氯农药和拟除虫菊酯农药多组分残留的测定	GB/T 5009.162—2008
3	出口水产品中多种有机氯农药残留量检验方法	SN 0598—1996
4	出口茶叶中多种有机氯农药残留量检验方法	SN 0497—1995
5	进出口可乐饮料中有机磷、有机氯农药残留量检测方法	SN/T 1984—2007
6	食品中有机磷农药残留量的测定	GB/T 5009.20—2003
7	植物性食品中亚胺硫磷残留量的测定	GB/T 5009.131—2003
8	动物性食品中有机磷农药多组分残留量的测定	GB/T 5009.161—2003
9	糙米中50种有机磷农药残留量的测定	GB/T 5009.207—2008
10	粮食、蔬菜和水果中有机磷农药测定的气相色谱法	GB/T 14553—2003
11	进出口动物源食品中有机磷农药残留量检测方法	SN/T 0123—2010
12	进出口水果蔬菜中有机磷农药残留量检测方法	SN/T 0148—2011
13	进出口蜂蜜中5种有机磷农药残留量检验方法	SN/T 1593—2005
14	进出口粮谷和油籽中多种有机磷农药残留量的检测方法	SN/T 1739—2006
15	植物性食品中有机磷和氨基甲酸酯类农药多种残留的测定	GB/T 5009.145—2003
16	动物性食品中氨基甲酸酯类农药多组分残留高效液相色谱测定	GB/T 5009.163—2003
17	植物性食品中氨基甲酸酯类农药残留量的测定	GB/T 5009.104—2003
18	蔬菜上有机磷和氨基甲酸酯类农药残留毒快速检测方法	NY/T 448—2001
19	进出口蜂王浆中多种氨基甲酸酯类农药残留量检测方法	SN/T 2572—2010
20	冻兔肉中有机氯及拟除虫菊酯类农药残留的测定方法	GB/T 2795—2008
21	植物性食品中有机氯和拟除虫菊酯类农药多种残留的测定	GB/T 5009.146—2008
22	进出口蜂王浆中多种菊酯类农药残留量检测方法	SN/T 2575—2010

三、食品中有机氯农药的残留及检测

1. 有机氯农药(OCPs)的特性及常见品种

有机氯农药是用于防治植物病、虫害的组成成分中含有有机氯元素的有机化合物。主要分为以苯为原料和以环戊二烯为原料的两大类。前者如使用最早、应用最广的杀虫剂DDT和六六六,以及杀螨剂三氯杀螨砜、三氯杀螨醇等,杀菌剂五氯硝基苯、百菌清、道丰宁等;后者如作为杀虫剂的氯丹、七氯、艾氏剂等。此外,以松节油为原料的莰烯类杀虫剂、毒杀芬和以萜烯为原料的冰片基氯也属于有机氯农药。

常用的有机氯农药具有以下特性:蒸气压低,挥发性小,使用后消失缓慢;脂溶性强,水中溶解度大多低于 1 μg/mL;氯苯架构稳定,不易为体内酶降解,在生物体内消失缓慢;土壤微生物作用的产物,也像亲体一样存在着残留毒性,如DDT经还原生成DDD,经脱氯化氢后生成DDE;有些有机氯农药,如DDT能悬浮于水面,可随水分子一起蒸发,从而危害整个生态系统。

有机氯农药具有较高的杀虫活性,杀虫谱广,对温血动物的毒性较低,持续性较长,曾成为全球使用最广泛的杀虫剂。但其高残留问题造成的危害逐步展现,因此,从20世纪70年代开始,许多工业化国家相继限用或禁用DDT、六六六及狄氏剂。我国1983年3月开始停止生产DDT、六六六,1991年停止生产杀虫脒、二溴氯丙烷等。但由于有机氯农药非常难于降解,因此会在相当长时间内继续影响食品的安全性,危害人类健康。

2. 测定方法举例——气相色谱-电子捕获检测法(GC-ECD)测定食品中有机氯农药多组分残留量

(1) 试剂:丙酮、石油醚、乙酸乙酯、环己烷、正己烷都为分析纯,重蒸后使用;氯化钠为分析纯;无水硫酸钠;聚苯乙烯凝胶:200~400目或同类产品。农药标准品如图13-1中共26种,其纯度均应不低于98%。标准溶液配制:分别准确称取或量取上述农药标准品适量,用少量苯溶解,再用正己烷稀释成一定浓度的标准储备溶液。量取适量标准储备溶液,用正己烷稀释为系列混合标准溶液。

(2) 仪器:气相色谱仪(配有电子捕获检测器);凝胶净化柱:长30 cm,内径2.3~2.5 cm,具活塞的玻璃层析柱,柱底垫少许玻璃棉。用洗脱剂乙酸乙酯-环己烷(1+1)浸泡的凝胶,以湿法装入柱中,柱床高约26 cm,凝胶始终保持在洗脱剂中;全自动凝胶色谱系统:带有固定波长(254 nm)紫外检测器,供选择使用;旋转蒸发仪;组织匀浆器;振荡器;氮气浓缩器。

(3) 实验方法:试样制备;提取与分配;净化;测定。

气相色谱参考条件:DM-5石英弹性毛细管柱,长30m,内径0.32 mm,膜厚0.25 μm或等效柱;程序升温方式,90 ℃(1 min)后以40 ℃/min的速度升至170 ℃,2.3 ℃/min升至230 ℃(17 min),40 ℃/min升至280 ℃(5 min);进样口温度280 ℃,不分流进样,进样量1 μL;电子捕获检测器,温度300 ℃;载气为氮气,流速1 mL/min;尾吹,25 mL/min;柱前压0.5 MPa。

色谱分析:分别吸取1 μL混合标准液及试样净化液注入气相色谱仪中,记录色谱图,以保留时间定性,以试样和标准的峰高或峰面积比较定量。色谱图如图13-1所示。

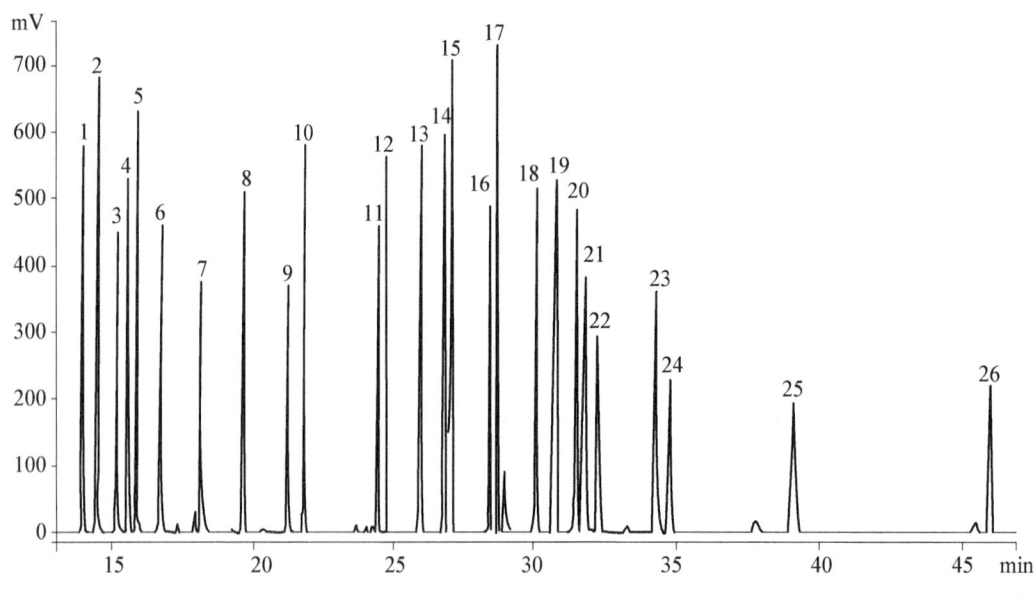

图13-1 有机氯农药混合标准溶液的色谱图

出峰顺序:1. α-六六六;2. 六氯苯;3. β-六六六;4. γ-六六六;5. 五氯硝基苯;6. δ-六六六;7. 五氯苯胺;8. 七氯;9. 五氯苯基硫醚;10. 艾氏剂;11. 氧氯丹;12. 环氧七氯;13. 反氯丹;14. α-硫丹;15. 顺氯丹;16. p,p'-滴滴伊;17. 狄氏剂;18. 异狄氏剂;19. β-硫丹;20. p,p'-滴滴滴;21. o,p'-滴滴涕;22. 异狄氏剂醛;23. 硫丹硫酸盐;24. p,p'-滴滴涕;25. 异狄氏剂酮;26. 灭蚁灵

(4) 计算

$$X = \frac{m_1 \times V_1 \times f \times 1\,000}{m \times V_2 \times 1\,000}$$

式中,X——试样中各农药的含量,mg/kg;

m_1——被测样液中各农药的含量,ng;

V_1——样液进样体积,μL;

f——稀释因子;

m——试样质量,g;

V_2——样液最后定容体积,mL。

计算结果保留两位有效数字。

四、食品中有机磷农药的残留及检测

1. 有机磷农药(OPPs)的特性及常见品种 有机磷农药,是用于防治植物病、虫、害的含有机磷农药的有机化合物。分子中一般含有 C—O—P、C—S—P、C—P 或 C—N—P 键,多为磷酸酯类或硫代磷酸酯类,这类农药通常具有以下结构通式:

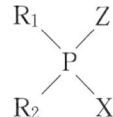

式中 R_1、R_2 多为甲氧基(CH_3O—)或乙氧基(C_2H_5O—);Z 为氧(O)或硫(S)原子;X 为烷氧基、芳氧基或其他取代基团。

有机磷农药大多呈油状或结晶状,工业品呈淡黄色至棕色,除敌百虫和敌敌畏之外,大多是有蒜臭味。一般不溶于水,易溶于有机溶剂如苯、丙酮、乙醚、三氯甲烷及油类,对光、热、氧均较稳定,遇碱易分解破坏,敌百虫例外,敌百虫为白色结晶,能溶于水,遇碱可转变为毒性较大的敌敌畏。市场上销售的有机磷农药剂型主要有乳化剂、可湿性粉剂、颗粒剂和粉剂四大剂型。近年来混合剂和复配剂逐渐增多。

有机磷农药的杀虫毒理机制为抑制乙酰胆碱酯酶的活性,有机磷与乙酰胆碱酯酶结合,形成磷酰化胆碱酯酶,使胆碱酯酶失去催化乙酰胆碱水解作用,乙酰胆碱在体内大量积聚,影响昆虫正常的神经传导。

常见的有机磷杀虫剂有杀螟威(GC 3583)、倍硫磷(fenthion)、马拉硫磷(malathion)、双硫磷(temephos)、辛硫磷(phoxim)、甲拌磷(3911,phorate)、内吸磷(1059,demeton)等。

2. 测定方法举例——气相色谱-火焰光度检测器法(GC-FPD)测定芹菜中有机磷农药的多残留

(1) 原理:食品中残留的有机磷农药经有机溶剂提取并经净化、浓缩后,注入气相色谱仪,气化后在氮载气携带下于色谱柱中分离,并由火焰光度检测器检测,当含有有机磷的样品于检测器中富氢火焰中燃烧时,以 HPO 碎片的形式,发出波长 526 nm 的特征光,通过滤光片选择后,由光电倍增管接收,转换成电信号,经微电流放大器放大后,由记录仪记录下色谱峰,通过比较样品的峰高或峰面积和标准品的峰高或峰面积,计算出样品中有机磷农药的含量。

本法采用火焰光度检测器,对含磷化合物具有高选择性和高灵敏度,检测下限达 ng 级,比碳水化合物高 10 000 倍,故排除了大量溶剂和其他碳水化合物的干扰,有利于痕量有机磷农药的分析。

(2) 试剂:丙酮、二氯甲烷、氯化钠、无水硫酸钠、助滤剂 Celite 545、农药标准品。

(3) 仪器:组织捣碎机、粉碎机、旋转蒸发仪、气相色谱仪(附有火焰光度检测器 FPD)。

(4) 实验方法

试样的制备:取粮食试样经粉碎机粉碎,过 20 目筛制成粮食试样;水果、蔬菜试样去掉非可食部分后制成待分析试样。

色谱参考条件:玻璃柱 2.6 m×3 mm(i.d.),填装涂有 4.5% DC-200+2.5% OV17 的 Chromosorb WAWDMCS 的担体(80~100 目);或填装涂有 1.5% QF-1 的 Chromosorb WAWDMCS 的担体(60~80 目);氮气 50 mL/min;氢气 100 mL/min;空气 50 mL/min;柱箱 240 ℃,气化室 260 ℃,检测器 270 ℃。

测定:吸取 2~5 μL 混合标准液及试样净化液注入色谱仪中,以保留时间定性。以试样的峰高或峰面积与标准比较定量。

五、食品中氨基甲酸酯类农药的残留及检测

1. 氨基甲酸酯类农药的性质及常用品种

氨基甲酸酯类农药,可视为氨基甲酸的衍生物,氨基甲酸的盐和酯稳定,这类农药通常具有以下通式:

	R_1	R_2
一甲氨基甲酸酯	$-CH_3$	$-H$
二甲氨基甲酸酯	$-CH_3$	$-CH_3$
丙氨基甲酸酯	$-C_3H_7$	$-H$

其中,R_1 和 R_2 为 H、甲基、乙基、丙基或其他短链烷基,R_3 为苯酚、萘或其他环烷。

大多数氨基甲酸酯类的纯品为白色和无色晶体,无臭味,难溶于水,易溶于有机溶剂,一般对酸稳定,在碱性液中和提高温度时不稳定,易分解。

氨基甲酸酯类农药是目前蔬菜中农药残留的重点检测品种。其杀虫的毒理机制是抑制昆虫乙酰胆碱酯酶的活性,造成乙酰胆碱的积累,影响昆虫正常的神经传导而死。氨基甲酸酯类农药具有强杀虫力,对人畜及鱼类的毒性小,对植物无药害,在人体内可迅速代谢。氨基甲酸酯类农药在农业生产和日常生活中,主要用作杀虫剂、杀螨剂、除草剂和杀线虫剂等。自 1953 年合成西维因又名甲萘威以来,现已经合成了上百种,常见的有甲萘威(carbaryl)、仲丁威(fenobucarb)、呋喃丹(carbofuran)、速灭威(metolcarb)、灭虫威(methiocarb)、灭多威(methomyl)、双甲脒(amitraz)、抗蚜威(pirimicarb)、涕灭威(aldicarb)等。

2. 测定方法举例——气相色谱法测定植物性食品中氨基甲酸酯类农药残留

(1) 原理:含氮有机化合物被色谱柱分离后在加热的碱金属片表面发生热分解,形成氰自由基(CN·),并且从被加热的碱金属表面放出的原子状态的碱金属(Rb)接受电子变成 CN^-,再与氢原子结合。放出电子的碱金属变成正离子,由收集极收集,并作为信号电流被测定。电流信号的大小与含氮化合物的含量成正比。以峰面积或峰高比较定量。

(2) 试剂:丙酮、无水甲醇、二氯甲烷、石油醚都重蒸后备用;无水硫酸钠(450 ℃ 焙烧 4 h 后备用);速灭威、异丙威、残杀威、克百威、抗蚜威、甲萘威都要求纯度≥99%;50 g/L 氯化钠溶液;甲醇-氯化钠溶液:取无水甲醇及 50 g/L 氯化钠溶液等体积混合得到;分别准确称取速灭威、异丙威、残杀威、克百威、抗蚜威及甲萘威各种标准品,用丙酮分别配制成 1 mg/mL 的标准储备液。使用时用丙酮稀释配制成单一品种的标准使用液(5 μg/mL)和混合标准工作液(每个品种浓度为 2～10 μg/mL)。

(3) 仪器:气相色谱仪(附有火焰离子检测器 FTD)、电动振荡器、组织捣碎机、粮食粉碎机(带 20 目筛)、恒温水浴锅、减压浓缩装置、分液漏斗(250 mL,500 mL)、量筒(50 mL,100 mL)、具塞三角瓶(250 mL)、抽滤瓶(250 mL)、布氏漏斗(Φ10 cm)。

(4) 实验方法

试样的制备:取粮食经粮食粉碎机粉碎,过 20 目筛制成粮食试样。取蔬菜去掉非食部分后剁碎或经组织捣碎机捣碎制成蔬菜试样。

气相色谱条件:玻璃柱(2.1 m×3.2 mm),内装涂有 2% OV-101＋6% OV-210 混合固定液的 Chromosorb W(HP)80～100 目担体;或玻璃柱 1.5 m×3.2 mm,内装涂有 1.5% OV-17＋1.95% OV-210 混合固定液的 Chromosorb W(AW-DMCS)80～100 目担体;氮气 65 mL/min;空气 150 mL/min;氢气 3.2 mL/min;柱温 190 ℃;进样口或检测器温度 240 ℃。

测定:取浓缩后的试样液及标准样液各 1 μL,注入气相色谱仪中,进行色谱分析。根据组分在两根色谱柱上的出峰时间与标准组分比较定性,用外标法与标准组分比较定量。

六、食品中菊酯类农药的残留及检测

1. 菊酯类农药的特性及常用品种 菊酯类农药主要指化学合成的除虫菊酯类农药,是 20 世纪 70 年代研发成功的一类仿生杀虫剂。除虫菊酯类农药具有性质稳定、高效、广谱、低毒、易降解等特性,在光和土

壤微生物的作用下易转变为极性化合物,不易造成污染,是近年来发展较快的一类合成杀虫剂。迄今为止已商品化的拟除虫菊酯有50多种,在全世界杀虫剂销售额中占20%左右。

拟除虫菊酯分子较大,亲脂性强,可溶于多种有机溶剂,难溶于水,酸性条件下稳定,碱性条件下易分解。拟除虫菊酯对昆虫有强烈的触杀作用,有些兼具胃毒或熏蒸作用,作用机理是扰乱昆虫神经的正常生理,使之由兴奋、痉挛到麻痹而死亡。其缺点是大多品种对鱼、蜜蜂、天敌毒性高,长期使用也会产生抗药性。

常见的拟除虫菊酯有烯丙菊酯(allethrin)、胺菊酯(tetramethrin)、醚菊酯(ethofenprox)、苯醚菊酯(phenothrin)、甲醚菊酯(methothrin)、氯菊酯(permethrin)、溴氰菊酯(deltamethrin)、氯氰菊酯(cypermethrin)、氰菊酯(fenpropanate)、杀螟菊酯(phencyclate)、氟氰戊菊酯(flucythrinate)等。

拟除虫菊酯主要用于农业上,如防治棉花、蔬菜和果树的食叶食果害虫,另外还用于家庭杀虫剂,如防治蚊蝇、蟑螂等。

2. 测定方法举例——气相色谱法测定植物性食品中二氯苯醚菊酯残留量

(1) 原理:电子捕获检测器对于电负性大的化合物具有较高的灵敏度。在试样中,这些化合物经提取、净化后,用气相色谱电子捕获检测器检测,试样的峰高(面积)和标样的峰高(面积)相比,计算出试样相当的含量。

(2) 试剂:丙酮、石油醚、乙酸乙酯、氯化钠、无水硫酸钠;弗罗里硅土(60~80目),使用前在130 ℃下活化24 h,保存于干燥器中;二氯苯醚菊酯标准溶液:精密称取二氯苯醚菊酯标准品,用甲苯配成储备液,放于冰箱中保存;二氯苯醚菊酯标准使用液:将储备液稀释到一定浓度,于冰箱中保存备用。

(3) 仪器:气相色谱仪(附有电子捕获检测器63NiECD)、组织捣碎机;索氏抽提器、旋转蒸发器、层析柱(17 cm×1 cm)。

(4) 实验方法:提取;净化。

色谱条件:玻璃柱0.5 m×3 mm,内装3% OV-101+3% Apizon/Gas Chrom Q;柱温230 ℃;进样口温度240 ℃;检测器温度250 ℃;载气为氮气70 mL/min。

(5) 测定:根据仪器灵敏度配制一系列不同浓度的标准溶液。将各浓度的标准液2~5 μL,分别注入气相色谱仪中,可测得不同浓度二氯苯醚菊酯标准溶液的峰高。同时取试样溶液2~5 μL,注入气相色谱仪中,测得的峰高与标准溶液的峰高相比,计算响应的含量。色谱图如图13-2所示。

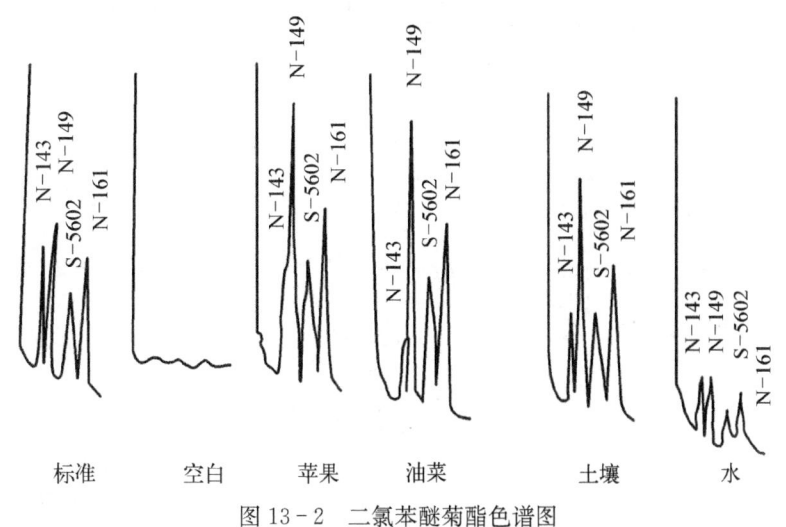

图13-2 二氯苯醚菊酯色谱图

第三节 食品中兽药的残留及检测

一、兽药残留定义及兽药残留分类

兽药是指用于预防、治疗、诊断畜和禽等动物疾病,有目的地调节其生理机能,并规定作用、用法、用量的物质。根据FAO/WHO食品中兽药残留联合委员会的定义,兽药残留指动物性食品的任何可食用部分含有的兽药母体化合物或其代谢物以及与兽药有关的杂质。常见兽药残留的种类如下。

抗生素类药物：多为天然发酵产物，是临床应用最多的一类抗菌药物，如青霉素类、氨基糖苷类、大环内酯类、四环素类、螺旋霉素、链霉素、土霉素、金霉素等。青霉素类最容易引起过敏反应，四环素类、链霉素类有时也能引起过敏反应。长期摄入含氨基糖苷类残留超标的动物性食品，可损害听力及内脏功能。

磺胺类药物：主要用于抗菌消炎，如磺胺嘧啶、磺胺二甲嘧啶、菌得清、新诺明等。近年来，磺胺类药物在动物性食品中的残留超标现象，在所有兽药当中是最严重的。长期摄入含磺胺类药物残留的动物性食品后，药物可在体内蓄积。排出过程中造成泌尿系统损伤，引起血尿、晶尿等。

硝基呋喃类药物：主要用于抗菌消炎，如呋喃唑酮、呋喃西林、呋喃妥因等。通过食品摄入此类药物过多，会引起胃肠不适和过敏反应。我国 GB/T 21311—2007 规定了高效液相色谱/串联质谱法测定动物源性食品中硝基呋喃类药物代谢物残留量。

抗寄生虫类药物：主要用于驱虫或杀虫，如苯并咪唑、左旋咪唑、克球酚、吡喹酮等。食用残留有此类药物的动物性食品，主要潜在危害是其致畸和致突变作用。

激素类药物：主要用于提高动物的繁殖和生长发育速度，如性激素和皮质激素。其中性激素最常用，如孕酮、睾酮、雌二醇、甲基睾酮、苯甲酸雌二醇等。摄入性激素超标的食品，可能影响人体的正常生理机能，并有一定致癌性，可能导致儿童早熟、发育异常等。

二、食品中兽药残留产生的原因、危害及检测

1. 兽药残留产生的原因

兽药残留产生的原因包括以下几个方面：① 非法使用违禁或淘汰药物；② 不遵守休药期规定；③ 过量多次使用药物；④ 兽药标签不合格，造成用户盲目用药；⑤ 屠宰前用药，屠宰前使用兽药来掩饰有病畜禽临床症状，以逃避宰前检验。我国农业部在 2003 年(265)号公告中明文规定，不得使用不符合《兽药标签和说明书管理办法》规定的兽药产品，不得使用农业部 2002 年颁发《食品动物禁用的兽药及其他化合物清单》所列 21 类药物(表 13-2)及未经农业部批准的兽药，不得使用进口国明令禁用的兽药，畜禽产品中不得检出禁用药物。

表 13-2 食品动物禁用的兽药及其他化合物清单

序号	兽药及其他化合物名称	禁止用途	禁用动物
1	β-兴奋剂类：克仑特罗、沙丁胺醇、西马特罗及盐、酯及制剂	所有用途	所有食品动物
2	性激素类：己烯雌酚及其盐、酯及制剂	所有用途	所有食品动物
3	具有雌激素样作用的物质：玉米赤霉醇、去甲雄三烯醇酮、醋酸甲孕酮及制剂	所有用途	所有食品动物
4	氯霉素及其盐、酯(包括：琥珀氯霉素)及制剂	所有用途	所有食品动物
5	氨苯砜及制剂	所有用途	所有食品动物
6	硝基呋喃类：呋喃唑酮、呋喃它酮、呋喃苯烯酸钠及制剂	所有用途	所有食品动物
7	硝基化合物：硝基酚钠、硝呋烯腙及制剂	所有用途	所有食品动物
8	催眠、镇静类：安眠酮及制剂	所有用途	所有食品动物
9	林丹(丙体六六六)	杀虫剂	水生食品动物
10	毒杀芬(氯化烯)	杀虫剂	水生食品动物
11	呋喃丹(克百威)	杀虫剂	水生食品动物
12	杀虫脒(克死螨)	杀虫剂	水生食品动物
13	双甲脒	杀虫剂	水生食品动物
14	酒石酸锑钾	杀虫剂	水生食品动物
15	锥虫胂胺	杀虫剂	水生食品动物
16	孔雀石绿	抗菌、杀虫剂	水生食品动物
17	五氯酚酸钠	杀螺剂	水生食品动物
18	各种汞制剂 包括：氯化亚汞(甘汞)、硝酸亚汞、醋酸汞、吡啶基醋酸汞	杀虫剂	所有食品动物
19	性激素类：甲基睾丸酮、丙酸睾酮、苯丙酸诺龙、苯甲酸雌二醇及其盐、酯及制剂	促生长	所有食品动物
20	催眠、镇静类：氯丙嗪、地西泮(安定)及其盐、酯及制剂	促生长	所有食品动物
21	硝基咪唑类：甲硝唑、地美硝唑及其盐、酯及制剂	促生长	所有食品动物

注：食品动物指各种供人食用或其产品供人食用的动物。

2. 兽药残留的危害

(1) 危害人体健康：人长期摄入含兽药的动物性食品后，药物不断在人体内蓄积，当积累到一定程度后，就会对人体产生毒性作用。呋喃唑酮（痢特灵）在鸡肝、猪肝、鸡肉中有残留，其潜在危害是诱发基因变异和致癌；磺胺类能破坏人造血系统，造成溶血性贫血症、血小板减少症等。喹乙醇在饲料中添加可促进畜禽生长，价格便宜，饲料厂普遍使用。但它有致突变、致畸和致癌性。氯霉素对骨髓造血机能有抑制作用，可引起人的再生障碍性贫血和溶血性贫血。

(2) 影响环境：动物用药以后，药物以原形或代谢物的形式随粪、尿等排泄物排除，残留于环境中。绝大多数兽药排入环境以后，仍然具有活性，会对土壤微生物、水生生物及昆虫等造成影响。

(3) 影响产品出口贸易：1996 年 8 月 1 日起，欧盟作出禁止从我国进口禽肉的决定。2002 年 1 月 23 日，欧盟将一份对华残留监控体系的考察报告提交给中方，于 1 月 25 日即作出暂停进口包括蜂蜜在内的中国动物源产品的决议。欧盟提出，蜂蜜中氯霉素检出量不得超过 0.1 ppb（ppb 量级为 1×10^{-9}），即 10 万 t 蜂蜜中含有 1 g 氯霉素，这个标准比原先严格了 100 倍。2004 年 9 月 3 日捷克禁止从中国进口蜂蜜……我国蜂蜜在国际市场上的价格和数量优势丧失殆尽，大批已经出口至欧洲国家的蜂蜜惨遭退货，我国蜂蜜出口由此受到严重影响等。仅从蜂蜜行业受到的冲击，可见兽药残留对整个农产品出口行业的影响程度。

3. 兽药残留检测

对食品中兽药残留的检测首先是对样品进行前处理，目前，前处理的方法主要有液液萃取、固相萃取、固相微萃取、免疫亲和色谱、分子印迹、超临界萃取、基质固相分散技术、微波辅助萃取、凝胶渗透色谱、超声波辅助提取等。每种技术各有其优点、缺点，根据测定目的选择合理的技术是保证分析检测成功的关键。其次是选择合适的检测技术，目前，由于待测物质浓度低，样品基质复杂，干扰物质多，兽药残留种类及代谢产物多样等特点，测定方法的种类也多种多样。根据原理不同，可分为生物学方法和理化方法两大类。生物学方法包括免疫分析法和微生物分析法；理化方法包括气相色谱法、高压液相色谱法、色谱-质谱联用、薄层色谱、毛细管电泳等。

理化分析法采用大型仪器检测的灵敏度可以达到 ng 或更低的水平，可作为检验的参考依据使用。而生物学快速检测法由于其操作上的简便、快速以及达到 ng 水平的灵敏度等优点，已成为动物产品中兽药残留检测的一种重要手段。尤其是 ELISA（酶联免疫吸附试验），其操作上的优点为简便、快速、达到 ng 水平的灵敏度等，其缺陷在于会出现假阳性结果，在检测部门有着广泛的应用前景。

现阶段，现代仪器分析技术的迅速发展，新的分析手段的出现及多种分析手段互补性应用逐步解决了兽药残留分析中基质复杂、兽药种类多、含量低等难点问题。今后，兽药残留检测技术的发展方向主要为：更高的灵敏度、更低的检出限和定量限；高通量：单位时间内分析更多样品；多残留：同时测定多种兽药残留；更高的选择性、特异性和抗干扰能力；分析仪器更自动化、微型化，前处理和测定的一体化；更多联用技术的发展；减少污染，实现环境友好。

我国现行食品中兽药残留检测方法标准（部分）如表 13-3 所示。

表 13-3 我国现行食品中兽药残留检测方法标准（部分）

序号	标准名称	标准号
1	动物源性食品中四环素类兽药残留量检测方法	GB/T 21317—2007
2	食品安全国家标准——蜂蜜	GB 14963—2011
3	进出口蜂王浆中四环素类兽药残留量检测方法	SN/T 2800—2011
4	进出口动物源性食品中多肽类兽药残留量的测定	SN/T 2748—2010
5	进出口动物源性食品中糖皮质激素类兽药残留量检测方法	SN/T 2222—2008
6	水产品中己烯雌酚残留检测	农业部 1163 号公告—9—2009
7	猪肝中氯丙嗪残留检测	农业部 1163 号公告—8—2009
8	动物性食品中庆大霉素残留检测	农业部 1163 号公告—7—2009
9	动物性食品中泰乐菌素残留检测	农业部 1163 号公告—6—2009
10	动物性食品中氨苄西林残留检测	农业部 1163 号公告—5—2009

续表

序号	标准名称	标准号
11	动物性食品中阿苯达唑及其标示物残留检测	农业部1163号公告—4—2009
12	动物性食品中双甲脒残留标示物检测	农业部1163号公告—3—2009
13	动物性食品中林可霉素和大观霉素残留检测	农业部1163号公告—2—2009
14	动物性食品中己烯雌酚残留检测	农业部1163号公告—1—2009

4. 兽药残留分析举例——高效液相色谱-质谱/质谱法测定进出口蜂王浆中四环素类兽药残留量

(1) 原理：试样中的待测抗生素用 EDTA - McIlvaine 缓冲液提取，用甲醇沉淀样品中的蛋白质，清夜过 HLB 固相萃取柱和 COOH 型离子交换柱净化。高效液相色谱-质谱法测定样品中的待测物，外标法定量。

(2) 试剂：甲醇、乙腈、乙酸乙酯都为色谱纯；乙二酸、磷酸氢二钠、柠檬酸、乙二胺四乙酸二钠、氢氧化钠；磷酸氢二钠溶液(称取 28.41 g 磷酸氢二钠溶于适量水，定容至 1 000 mL，溶液浓度为 0.2 mol/L)等。

(3) 仪器：液相色谱-质谱/质谱联用仪(附有电喷雾离子源 ESI)、离心机(2 500 g)、混匀器、真空固相萃取装置、pH 计、具盖塑料离心管(50 mL)、电子天平。

(4) 实验方法：样品处理：将抽取的样品充分混匀，均分成两份，分别装入洁净容器内，一份作为留样保存，另一份作为试样供检测用。在制样的操作过程中，应防止样品受到污染或发生含量的变化。试样宜及时检测，在不能及时检测的情况下，置于 $-18\ ^\circ\!\text{C}$ 以下冷冻保存。

液相色谱-质谱仪条件：色谱柱[C_8 柱，5 μm，250×4.6 mm(内径)或相当者]；流速 400 μL/min；进样量 20 μL；电喷雾离子源；正离子扫描；多反应监测；雾化气、气帘气、辅助气、碰撞气均为高纯氮气；使用前应调节各参数使质谱灵敏度达到检测条件，参考条件如表 13 - 4 所示。

表 13 - 4 质谱条件

名称	定量离子对(m/z)	定性离子对(m/z)	保留时间/min	去簇电压(DP)/V	碰撞气能(CE)/V
土霉素	461.1/426.2	461.1/426.2	9.78	70	28
		461.1/443.1	9.77	70	19
四环素	445.1/410.3	445.1/410.3	10.5	70	28
		445.1/427.3	10.5	70	19
去甲金霉素	465.2/448.2	465.2/448.2	11.4	55	24
		465.2/430.3	11.4	55	32
金霉素	479.1/462.2	479.1/462.2	12.3	70	25
		479.1/154.1	12.3	70	10
强力霉素	445.1/428.3	445.1/428.3	12.7	70	26
		445.1/154.1	12.7	70	43

注：以上参数是在 API 4 000 质谱仪完成的。

气帘气压力(CUR)：25 psi 1 psi = $6.894\,76 \times 10^3$ Pa；雾化气压力(GS1)：35 psi；辅助气压力(GS2)：45 psi；电喷雾电压(IS)：5 500 V；离子源温度(TEM)：500 ℃；碰撞气压力(CAD)：6.00 psi；入口电压(EP)：10.00 V；碰撞器出口电压(CXP)：16.00 V。

色谱测定：根据样液中待测物的含量情况，选取响应值相近的标准工业液进行色谱分析。标准工作液和样液中待测物的响应值均应在校正曲线线性响应范围内。在上述色谱条件下 OTC、TC、DMCTC、CTC 和 DC 的参考保留时间约为 9.8 min、10.5 min、11.4 min、12.3 min 和 12.7 min。标准品多反应监测(MRM)色谱图，外标法定量。

空白试验：除不加试样外，均按上述步骤进行。

第四节 食品中渔药的残留及检测

一、渔药的发展现状

渔药是指用以预防、控制和治疗水产动植物的病、虫害,促进养殖品种健康生长,增强机体抗病能力以及改善养殖水体质量的一切物质。我国从20世纪50年代开始渔药的研究,当时主要利用工业用品,一些农副产品的加工物,如清塘用的茶粕、巴豆;消毒杀菌用的生石灰、漂白粉;杀虫用的硫酸铜、硫酸亚铁、硝酸亚汞;烟叶浸出物等。20世纪70年代发展为从人类用药,畜禽类用药,植物保护用药,水环境污染治理中水处理用药等,一些经过病理、毒理试验和生产试验疗效好的筛选移植到水产养殖业,我国目前生产上使用的药品大部分是此阶段的产品。20世纪90年代后,一批对目前水产养殖危害严重的重大疾病和不良养殖环境有独特疗效和解决方法的新药品问世。目前,据不完全统计,我国具有生产许可证的渔药生产企业有100多家,生产的主要渔药类别为环境改良剂(微生态制剂等)、消毒剂(生石灰、含氯消毒剂、含溴消毒剂、含碘消毒剂等)、驱杀虫剂(硫酸铜、硫酸亚铁、拟除虫菊酯类等)、抗菌药(抗生素类、磺胺类、喹诺酮类等)、中草药(大黄、黄芩、黄连、乌柏等)、生物制品(疫苗、菌苗等)。随着各种渔药在水产养殖中的大量应用,较好控制了水产动物的各类疾病,但药物的大量使用,也带来了许多问题。另外,我国渔药基础研究较为落后,渔药的效果评价缺乏严格科学的验证,对生态环境和食品安全的安全性评价研究较少等,导致渔药的使用管理混乱,药物残留问题越来越突出。

二、渔药残留的定义及来源

渔药残留是指水产品任何可食部分中渔药的原型化合物或(和)其代谢产物,包括与药物母体有关的杂质在其组织、器官等中的残留。农业标准 NY 5071—2002《无公害 食品渔用药物使用准则》中详细列出常用渔药的名称、用途、用量、使用方法、强制休药期及使用注意事项等。NY/T 755—2003《绿色食品 渔药使用准则》中规定了生产绿色食品允许使用的渔药种类、剂型、使用对象以及休药期。水产品中渔药残留量的限制请参考 NY 5070—2002《无公害食品 水产品中渔药残留限量》。

目前,渔药残留来源主要有:① 养殖对象发生暴发性疾病时使用的药物;② 养殖环境污染,并在水生动物体内富集;③ 休药期继续用药;④ 鱼饲料生产过程中,原料交叉污染或认为添加生长激素类药物;⑤ 水产品在养殖或保鲜过程中违规使用或使用成分不明的保鲜剂、防腐剂等。

三、渔药残留的检测

近年来,渔药违禁使用造成的食品安全事件时有发生,危害了人类的健康。目前,水产品中主要检测的渔药品种有硝基呋喃类、喹诺酮类、孔雀石绿、结晶紫、磺胺类、氯霉素、甲砜霉素、雌二醇、吡喹酮等药物残留。检测方法有微生物检测法,该法简单、便宜,但较烦琐;分光光度法简单、易操作,但精确度低;色谱法具有分离效果好、测定精度高的特点;酶联免疫吸附法,适用于快速对药物残留进行筛选和普查。由于渔药研究的不断深入,渔药品种越来越多,渔药残留分析的技术也在不断地提高和改进,新的检测方法持续出现。我国现行食品中渔药残留检测方法标准(部分)如表13-5所示。

表13-5 我国现行食品中渔药残留检测方法标准(部分)

序号	标准名称	标准号
1	鳗鱼及制品中十五种喹诺酮类药物残留量的测定	GB/T 20751—2006
2	水产品中孔雀石绿和结晶紫残留量的测定	GB/T 19857—2005
3	水产品中孔雀石绿和结晶紫残留量的测定	GB/T 20361—2006
4	水产品中噁喹酸残留量的测定	SC/T 3028—2006
5	水产品中甲基睾酮残留量的测定	SC/T 3029—2006
6	水产品中五氯苯酚及其钠盐残留量的测定	SC/T 3030—2009

续表

序号	标准名称	标准号
7	水产品中氯霉素残留量的测定	SC/T 3018—2004
8	水产品中氯霉素、甲砜霉素、氟甲砜霉素残留量的测定	农业部958号公告—14—2007
9	水产品中氯霉素、甲砜霉素、氟甲砜霉素残留量的测定	农业部958号公告—13—2007
10	水产品中磺胺类药物残留量的测定	农业部958号公告—12—2007
11	水产品中吡喹酮残留量的测定	农业部958号公告—11—2007
12	水产品中雌二醇残留量的测定	农业部958号公告—10—2007

第五节 食品中生物毒素及其检测

一、生物毒素的定义及分类

生物毒素(biotoxin)：指生物来源并不可自复制的有毒化学物质。按来源可分为植物毒素、动物毒素、微生物毒素。其中，来源于海洋动物、藻类及海洋细菌的毒素被称为海洋毒素。

植物毒素(phytotoxin)：主要属于非蛋白质氨基酸、肽类、蛋白质、生物碱及苷类等。估计世界上有毒植物约有2 000多种，中国有毒植物近千种。产生的植物毒素有蓖麻毒素、相思子毒素、乌头碱、鱼藤酮、氰苷、红细胞凝集素、皂苷、龙葵碱、秋水仙碱、棉酚等。某些毒素具有剧毒，如乌头碱对人的致死量为3~5 mg，鱼藤酮为3.6~20 mg。

动物毒素(zootoxin)：动物毒素大多是有毒动物毒腺制造的并以毒液形式注入其他动物体内的蛋白类化合物，如蛇毒、蜂毒、蝎毒、蜘蛛毒、蜈蚣毒、蚁毒等，也包括某些海洋动物产生的毒素如河豚毒素、扇贝毒素、西加毒素、岩蛤毒素、骨螺毒素、海兔毒素等。其中食品中常见的动物性毒素有牛磺胆酸、河豚毒素、岩蛤毒素、组胺。

微生物毒素(microtoxin)：包括霉菌毒素、细菌毒素、藻类毒素、蘑菇毒素，其中食品中较常见的微生物毒素有霉菌毒素、细菌毒素、海藻毒素。

二、霉菌毒素及其检测

1. 常见的霉菌毒素 霉菌是一些丝状真菌的通称，在自然界分布很广，几乎无处不有，主要生长在不通风、阴暗、潮湿和高温环境中。霉菌生长过程中可产生危害人类健康的毒素。目前已知的霉菌毒素有200余种，与食品关系较为密切的有黄曲霉毒素、赭曲霉毒素、杂色曲霉素、岛青霉素、展青霉素、黄天精、环氯素、玉米赤霉烯酮等。其中，黄曲霉毒素(B_1、G_1、M_1)、黄天精、环氯素、杂色曲霉素、展青霉素可引起动物致癌。

黄曲霉毒素(aflatoxin, AFT)：是黄曲霉菌和寄生曲霉菌的代谢产物。目前已发现的20多种AFT均为二呋喃香豆素的衍生物。黄曲霉毒素是一种有荧光的毒素，在365 nm紫外线照射下，能发生蓝紫色、黄绿色荧光。据此，将其分为B、G两大组，化学结构已确定B_1、B_2、G_1、G_2等十几种。黄曲霉毒素在水中的溶解度很低，易溶解在油和有些有机溶剂中，如氯仿、甲醇、乙醇等，但不溶于乙醚、石油醚、己烷。黄曲霉毒素耐热，100 ℃,20 h也不能将其全部破坏，普通加工烹调温度下破坏很少，在280 ℃时发生裂解。各种黄曲霉毒素中以黄曲霉毒素B_1毒性最强，污染最广。因此，在食品卫生监测中，主要以黄曲霉毒素B_1为污染指标。黄曲霉素分布范围很广，黄曲霉素霉菌主要污染粮及制品，如花生、花生油、玉米、大米等。我国规定大米、食用油中黄曲霉毒素允许量标准为10 μg/kg，其他粮食、豆类及发酵食品为5 μg/kg。婴儿代乳食品不得检出。30~50 μg/kg为低毒，50~100 μg/kg为中毒，100~1 000 μg/kg为高毒，1 000 μg/kg以上为极毒。其毒性为氰化钾的10倍，为砒霜的68倍。

杂色曲霉素(sterigmatocystin)：杂色曲霉素最初是1954年从杂色曲霉的培养物中分离出来的，结构上和黄曲霉毒素非常相似；事实上，杂色曲霉毒素和其氧甲基衍生物是黄曲霉毒素生物合成过程的中间体，除杂色曲霉外,黄曲霉、构巢曲霉、寄生曲霉等都能产生杂色曲霉毒素。

展青霉素(patulin):是多种真菌的有毒代谢产物,其分子式为 $C_8H_8O_3$。该物质一方面是一种广谱抗生素,另一方面,对小鼠、兔子等试验动物有较强的毒性。容易污染食品和饲料并产生展青霉素的真菌,主要有柽麻青霉、扩展青霉、棒曲霉、巨大曲霉等。我国 GB 2761—2005 中规定,苹果和山楂制品中展青霉素的最高限量标准为 50 μg/kg。

黄天精:分子式为 $C_{30}H_{22}O_{12}$,相对分子质量为 574,可由岛青霉菌产生,结构与黄曲霉毒素相似,毒性及致癌活性也与黄曲霉素相当。

2. 霉菌毒素的检测　造成食品污染的霉菌种类众多,不同及相同的霉菌可产生多种毒素,并且尚存在很多我们不认识的毒素,因此,不可能对各种霉菌毒素都建立检测方法。我国 GB 2761—2005《食品中真菌毒素限量》中规定了四种霉菌毒素,即黄曲霉毒素 B_1、黄曲霉毒素 M_1、脱氧雪腐镰刀菌烯醇、展青霉素的限量标准,并注明了检测这 4 中霉菌毒素的采用标准。表 13-6 列出了这 4 种曲霉毒素及其他部分霉菌毒素的检测方法。

表 13-6　主要霉菌毒素的检测方法标准

序号	标准名称	标准号
1	食品中黄曲霉毒素 B_1 的测定	GB/T 5009.22—2003
2	食品中黄曲霉毒素 M_1 与 B_1 的测定	GB/T 5009.24—2003
3	谷物及其制品中脱氧雪腐镰刀菌烯醇的测定	GB/T 5009.111—2003
4	苹果和山楂制品中展青霉素的测定	GB/T 5009.185—2003
5	食品中 T-2 毒素的测定　免疫亲和层析净化高效液相色谱法	GB/T 23501—2009
6	食品中赭曲霉毒素 A 的测定　免疫亲和层析净化高效液相色谱法	GB/T 23502—2009
7	食品中脱氧雪腐镰刀菌烯醇的测定　免疫亲和层析净化高效液相色谱法	GB/T 23503—2009
8	食品中玉米赤霉烯酮的测定　免疫亲和层析净化高效液相色谱法	GB/T 23504—2009

3. 霉菌毒素的分析举例——酶联免疫法测定食品中的黄曲霉毒素 B_1　1971 年瑞典学者 Engvail 和 Perlmannn、荷兰学者 Van Weerman 和 Schuurs 分别报道将免疫技术发展为检测体液中微量物质的固相免疫测定方法,称为酶联免疫吸附剂测定法(enzyme-linked immunosorbent assay, ELISA)。EILSA 主要是基于抗原或抗体能吸附至固相载体的表面并保持其免疫活性,抗原或抗体与酶形成的酶结合物仍保持其免疫活性和酶催化活性的基本原理。在测定时,把受检标本(测定其中的抗体或抗原)和酶标抗原或抗体按不同的步骤与固相载体表面的抗原或抗体发生反应,用洗涤的方法使固相载体上形成的抗原抗体复合物与其他物质分开,最后结合在固相载体上的酶量与标本中受检物质的量有一定的比例,加入酶反应的底物后,底物被酶催化变为有色产物,产物的量与标本中受检物质的量直接相关,根据颜色反应的深浅进行定性或定量分析。

酶联免疫吸附法用到的三个必要试剂为固相的抗原或抗体、酶标记的抗原或抗体、酶反应的底物。五种常见的检测方法分别为双抗体夹心法,主要用于检测抗原;间接法,主要用于检测抗体;竞争法,既可用于检测抗原又可用于检测抗体;中和法,检测抗体;双抗原夹心法,用已知抗原检测未知抗体。

(1) 原理:试样中的黄曲霉素 B_1 经提取、脱脂、浓缩后与定量特异性抗体反应,多余的游离抗体则与酶标板内的包被抗原结合,加入酶标记物和底物后显色,与标准比较测定含量。

(2) 试剂:抗黄曲霉毒素 B_1 单克隆抗体;人工抗原:AFB$_1$-牛血清白蛋白结合物;黄曲霉毒素 B_1 标准溶液;三氯甲烷;甲醇;石油醚;牛血清白蛋白(BSA);邻苯二胺等。

(3) 仪器:小型粉碎机、电动振荡器、酶标仪(内置 490 nm 滤光片)、恒温水浴锅、恒温培养箱、酶标微孔板、微量加样器及配套吸头。

(4) 实验方法:取样;提取;间接竞争性酶联免疫吸附测定。

(5) 讨论与说明

1) 本标准适用于粮食、花生及其制品、薯类、豆类、发酵食品及酒类等各种食品中黄曲霉毒素 B_1 的测定;

2) 本法检出限为 0.01 μg/kg。

三、海洋生物毒素及其检测

1. 常见的海洋生物毒素

海洋生物毒素是指来源于海洋动物、海藻及海洋细菌的毒素,是海洋生物体内存在的一类高活性特殊代谢成分。海洋生物毒素种类多、分布广,据估计有 1 000 多种,其中确定结构的有几十种。根据化学结构海洋生物毒素大致分为多肽类毒素、聚醚类毒素、生物碱类毒素等三大类,常见的与食品有关的河豚毒素(tetrodotoxin TTX)即属于生物碱类毒素。

河豚毒素(TTX)是一种存在于河豚、蝾螈、斑足蟾等动物中的毒素,分子式 $C_{11}H_{17}N_3O_8$,该毒素是迄今为止在自然界中发现的最为奇特的小分子天然产物之一,不仅结构新颖而且性质独特,在有机溶剂和水中都不溶解,仅溶于乙酸等酸性溶剂,并且在碱性和强酸性溶剂中不稳定,在溶液中以两种平衡体的形式存在等。TTX 毒性极大,其 LD50 为 8.7 μg/kg,是氰化物的 1 000 倍;局部麻醉作用是普鲁卡因(procaine)的 4000 倍,可用作某些癌症后期的缓解药。TTX 的作用机制与陆地发现的毒素不同,其在极低的浓度下就能选择性地抑制 Na^+ 通过神经细胞膜,但却允许 K^+ 通过,是神经生物学和药理学研究极为有用的工具药。不同的河豚所含毒素量不同,体长些的相对毒性含量高些,其组织器官的毒性强弱也不同,由强到弱依次为卵巢、肝脏、脾脏、血液、腮腺、皮、精巢。冬春季节是河豚产卵季节。此时,肉味最鲜美,毒素含量最高。

贝类毒素也是与食品相关的一类毒素,是由于贝类生物摄食赤潮区域内的有毒浮游藻类产生的。这些毒素在贝类中蓄积,有时被代谢。人类食用这类贝类食物,可引起中毒,严重导致死亡。这些毒素根据毒性作用机制分为腹泻性贝毒(DSP)、麻痹性贝毒(PSP)、神经性贝毒(NSP)和记忆缺损性贝毒(ASP)四类。其中,腹泻性贝毒(DSP)是由一组高相对分子质量聚醚引起的,如冈田酸,甲藻毒素,主要存在贻贝、牡蛎和干贝中;神经性贝毒(NSP)则由一类称为短菌毒素的聚醚引起,主要出现在佛罗里达海岸和墨西哥湾所捕捞的贝类中;记忆缺损性贝毒(ASP)是由特殊的氨基酸、软骨藻酸引起的,主要出现在贻贝中;引起麻痹性贝类中毒(PSP)的毒素主要出现在贻贝、蛤蜊、扇贝和干贝中。

2. 常见的海洋生物毒素测定

(1) 河豚毒素的测定:试样中含有的河豚毒素采用酸性甲醇提取,提取液浓缩后,经 C_{18} 固相萃取柱净化、液相色谱柱后衍生荧光法测定,液相色谱-串联质谱法确证,外标法定量。

(2) 痹性贝类毒素的测定:采用鼠单位法对 PSP 予以定量。以石房蛤毒素作为标准,将鼠单位换算成毒素的微克数。根据小鼠注射贝类提取液后的死亡时间,查出鼠单位,并按小鼠体重,校正鼠单位(corrected mouse unit,CMU),计算确定每 100 g 贝肉内的 PSP 微克数。所测定结果代表存在于贝肉内各种化学结构的 PSP 毒素总量。

(3) 腹泻性贝类毒素的测定:用丙酮提取贝类中 DSP 毒素,经乙醚分配后,经减压蒸干,再以含 1% 吐温-60 的生理盐水为分散介质,制备 DSP-1% 吐温-60 生理盐水混悬液,将该混悬液注射入小鼠腹腔,观察小鼠存活情况,计算其毒力。

(4) 记忆丧失性贝类毒素软骨藻酸的测定:试样以甲醇/水提取,经 LC-SAX 强阴离子柱固相萃取(SPE)净化,用 RP-HPLC 定量分析。

四、其他生物毒素及其检测

1. 肉毒梭菌、肉毒毒素及其检测

(1) 肉毒梭菌:肉毒梭菌为厌氧性梭状芽孢杆菌属,形状短粗,芽孢呈椭圆型,粗于菌体,位于次极端,使细菌呈汤匙状或网球拍状。革兰氏染色为阳性,可在普通琼脂平板和血平板上生长,能产生肉毒毒素。根据所产生毒素的抗原性不同,肉毒梭菌可分为 8 个型,引起人类疾病的以 A、B 型最为常见。肉毒梭菌芽胞体抵抗力很强,能耐高热,100 ℃ 处理十几小时依然存活。肉毒梭菌在有氧环境不能生存,常出现在未经妥善消毒的肉食罐头或放置时间过长的肉制品、海产品中。

(2) 肉毒毒素:是肉毒梭菌产生的含有高分子蛋白的神经毒素,是目前已知在天然毒素和合成毒剂中毒性最强烈的生物毒素,对人的致死量为 0.1~1.0 μg,主要抑制神经末梢释放乙酰胆碱,引起肌肉松弛麻痹,

特别是呼吸肌麻痹,导致死亡。肉毒毒素对酸的抵抗力比较强,可在胃液 24 h 不被破坏,可被胃吸收。但肉毒毒素不耐热,煮沸 1 min 即可被破坏。

食品中肉毒梭菌及肉毒毒素的检测可参考国家标准 GB/T 4789.12-2003《食品卫生微生物学检验肉毒梭菌及肉毒毒素检验》。

2. 微囊藻毒素及其检测　　微囊藻毒素(microcystin,MC)是蓝藻(如鱼腥藻、束丝藻、拟柱胞藻、微囊藻、颤藻等)水华产生的一类天然毒素。这些毒素或富集于鱼类或贝类中并通过食物链影响水产食品的安全,或直接存在于饮用水或娱乐用水中,威胁人类健康。

MC 是一种单环七肽物质,具有明显的肝细胞毒性。由于多肽中两种可变氨基酸组成的不同,具有多种异构体。其中存在最普遍、含量最多的是 MC-LR,MC-RR,MC-YR 这 3 种微囊藻毒素(L,R,Y 分别代表亮氨酸、精氨酸和酪氨酸)。国内外研究最多的主要是 MC-LR 和 MC-RR。MC 的毒性和其结构相关,*Adda* 是表达 MC 毒性的必需基团。研究表明,MC-LR 的急性毒性最强,MC-YR 次之,MC-RR 最弱。MC 具有水溶性和耐热性,加热煮沸都不能将毒素破坏,自来水处理工艺的混凝沉淀、过滤、加氯、氧化、活性炭吸附等也不能将其完全去除。MC 易溶于水,甲醇或丙酮,不挥发,抗 pH 变化。化学性质相当稳定,自然降解过程十分缓慢。

国内外的微囊藻毒素检测标准世界卫生组织(WHO)推荐的饮水中藻毒素标准为 1.0 μg/L。各国已有饮水中的藻毒素含量标准一般都为微囊藻毒素 LR 的含量,加拿大健康组织规定饮水中可接受的藻毒素标准为 0.5 μg/L,澳大利亚学者建议 1 μg/L 的含量为安全饮用水的上限。中国微囊藻毒素的标准检测国标主要有:GB/T 5750.8—2006、GB/T 20466—2006、GB 3838—2002、HJ/T 91—2002。《水中微囊藻毒素的测定》(GB/T 20466—2006)中规定了微囊藻毒素 LR、微囊藻毒素 RR 的测定和微囊藻毒素 YR 的两种测定方法;《饮用水的有机标准》(GB/T 5750.8—2006)中规定了微囊藻毒素 LR 和微囊藻毒素 RR 的检测方法;《地表水环境质量标准》(GB 3838—2002)中规定了微囊藻毒素 LR 的标准限值和最低检出限,分别为 1 μg/L 和 0.01 μg/L;《地表水和污水监测技术规范》(HJ/T 91—2002)中规定了微囊藻毒素-LR 的最低检出浓度为 1 μg/L,小数点后最多位数为 3。

随着水体的富营养化程度逐渐加剧,蓝藻水华和赤潮的发生逐渐增加。中国有许多饮用水源发生蓝藻水华并检测出 MC,特别是 2007 年太湖大面积暴发蓝藻水华导致震惊世界的无锡市饮用水污染事件的发生。蓝藻污染不仅会恶化水质,还可能释放出水溶解性肝毒素、神经毒素及其他毒素,其中危害最大的是由铜绿微囊藻、水华鱼腥藻和颤藻等蓝藻产生的微囊藻毒素(microcystins,MCs)。流行病学调查显示,饮用水源中微囊藻毒素是中国南方一些地区原发性肝癌发病率高的主要原因之一。淡水水体中的蓝藻毒素对水体环境和人群健康的危害已成为全球关注的重大环境问题之一。

第六节　食品中其他有害物质的残留及检测

一、食品中苯并[a]芘及其检测

1. 苯并[a]芘的特性及来源　　苯并芘[benzopyrene,B(a)P],是一种由 5 个苯环构成的多环芳烃,其分子式为 $C_{20}H_{12}$,相对分子质量为 252.30,常温下为无色至淡黄色针状晶体(纯品),性质稳定,沸点 310~312 ℃,熔点 178 ℃,不溶于水,微溶于乙醇、甲醇,溶于苯、甲苯、二甲苯、氯仿、乙醚、丙酮等有机溶剂中。日光和荧光都使其发生光氧化作用,臭氧也可使其氧化。

1,2-苯并芘、3,4-苯并芘、4,5-苯并芘等十多种在生活中常见,煤、石油、褐煤、页岩等燃烧或蒸馏时,都能产生 1,2-苯并芘,被煤烟污染的空气和吸烟产生的烟雾中也可以检查出 1,2-苯并芘,1,2-苯并芘有强烈的致癌作用。3,4-苯并芘是由 5 个苯环构成的多环芳烃,是 1933 年第一次由沥青中分离出来的一种致癌烃。环境中 3,4-苯并芘主要来源于工业生产和生活中煤炭、石油和天然气燃烧产生的废气,机动车辆排出的废气,加工橡胶、熏制食品以及纸烟与烟草的烟气等。大气中致癌物质有 3,4-苯并芘、二苯并芘等十多种多环芳香烃。由于 3,4-苯并芘较为稳定,在环境中广泛存在,并与其他多环芳烃化合物的含量有一定相关性,而且它对多种动物器官都有致癌作用,所以都把 3,4-苯并芘作为大气致癌物质的代表。随着城市大气污染的增加,呼吸道癌症发病率、肺癌死亡率显著增加。3,4-苯并芘是一种很强的环境致癌物,可诱发皮肤、肺和消化道癌症,是环境污染主要监测项目之一。4,5-苯并芘是 1,2-苯并芘的同分异构体,没有致癌作用。

食品中苯并芘的污染来源有熏烤食品、高温油炸食品污染、油墨污染、沥青污染、石蜡油污染、环境污染。

2. 苯并[a]芘的危害 1933年,英国学者从煤焦油中分离出苯并芘,并诱发出小鼠皮肤癌,使 B(a)P 成为第一个被发现的环境化学致癌物。它主要是通过食物或饮水进入机体,在肠道被吸收,入血后很快分布于全身。乳腺和脂肪组织可蓄积 B(a)P。B(a)P 对眼睛、皮肤有刺激作用,是致癌物和诱变剂,有胚胎毒性。动物实验发现,经口摄入 B(a)P 可通过胎盘进入胎仔体内,引起毒性及致癌作用。B(a)P 主要经过肝脏、胆道从粪便排出体外。食品中 B(a)P 的限量标准及检测方法标准如表 13-7 所示。

表 13-7 食品中 B(a)P 的限量标准及检测方法标准

食 品	限量/(μg/kg)	检测标准
谷物及其制品		
稻谷[a]、糙米、大米、小麦、小麦粉、玉米、玉米面(渣、片)	5.0	
肉及肉制品		GB/T 5009.27—2003
熏、烧、烤肉类	5.0	GB 2762—2012
水产动物及其制品		
熏、烤水产品	5.0	
油脂及其制品	5.0	

a. 稻谷以糙米计。

3. 苯并[a]芘的测定 反相高效液相色谱法测定动植物油脂中的 B(a)P,该方法的原理是把样品经溶剂溶解,通过氧化铝柱吸附,用洗脱试剂洗脱 B(a)P,用反相液相色谱分离,荧光检测器检测,根据色谱峰的保留时间定性,外标法定量。荧光分光光度法、比色法也可测定食品中 B(a)P。下面主要介绍荧光分光光度法测定食品中苯并[α]芘。

(1) 原理:试样先用有机溶剂提取,或经皂化后提取,再将提取液经液-液分配色谱或色谱柱净化,然后再用乙酰化滤纸分离苯并[a]芘,因苯并[a]芘在紫外光照射下呈蓝紫色荧光斑点,将分离后有苯并[a]芘的滤纸部分剪下,用溶剂浸出后,用荧光分光光度计测荧光强度与标准比较定量。

(2) 试剂:苯(重蒸馏);环己烷(或石油醚,沸程 30~60 ℃):重蒸馏或经氧化铝柱处理无荧光;二甲基甲酰胺或二甲基亚砜等。

(3) 仪器:脂肪提取器;层析柱:内径 10 mm,长 350 mm,上端有内径 25 mm,长 80~100 mm 内径漏斗,下端具有活塞;层析缸(筒);K-D 全玻璃浓缩器;紫外光灯:带有波长为 365 nm 或 254 nm 的滤光片;回流皂化装置:锥形瓶磨口处连接冷凝管;组织捣碎机;荧光分光光度计。

(4) 实验方法

1) 试样提取:粮食或水分少的食品:称取 40.0~60.0 g 粉碎过筛的试样,装入滤纸筒内,用 70 mL 环己烷润湿试样,接收瓶内装 6~8 g 氢氧化钾、100 mL 乙醇(95%)及 60~80 mL 环己烷,然后将脂肪提取器接好,于 90 ℃水浴上回流提取 6~8 h,将皂化液趁热倒入 500 mL 分液漏斗中,并将滤纸筒中的环己烷也从支管中倒入分液漏斗中,用 50 mL 乙醇(95%)分两次洗接收瓶,将洗液合并于分液漏斗。加入 100 mL 水,振摇提取 3 min,静置分层(约需 20 min),下层液放入第二分液漏斗,再用 70 mL 环己烷振摇提取一次,待分层后弃去下层液,将环己烷层合并于第一分液漏斗中,并用 6~8 mL 环己烷淋洗第二分液漏斗,洗液合并。

用水洗涤合并后的环己烷提取液三次,每次 100 mL,三次水洗液合并于原来的第二分液漏斗中,用环己烷提取两次,每次 30 mL,振摇 0.5 min,分层后弃去水层液,收集环己烷液并入第一分液漏斗中,于 50~60 ℃水浴上,减压浓缩至 40 mL,加适量无水硫酸钠脱水。

植物油、鱼、肉及其制品、蔬菜、饮料(如含有二氧化碳先在温水浴上加温除去)、糕点类(略)。

2) 净化：于层析柱下端填入少许玻璃棉，先装入 5~6 cm 的氧化铝，轻轻敲管壁使氧化铝层填实、无空隙，顶面平齐，再同样装入 5~6 cm 的硅镁型吸附剂，上面再装入 5~6 cm 无水硫酸钠，用 30 mL 环己烷淋洗装好的层析柱，待环己烷液面流下至无水硫酸钠层时关闭活塞。

将试样环己烷提取液倒入层析柱中，打开活塞，调节流速为 1 mL/min，必要时可用适当方法加压，待环己烷液面下降至无水硫酸钠层时，用 30 mL 苯洗脱，此时应在紫外光灯下观察，以蓝紫色荧光物质完全从氧化铝层洗下为止，如 30 mL 苯不足时，可适当增加苯量。收集苯液于 50~60 ℃ 水浴上减压浓缩至 0.1~0.5 mL（可根据试样苯并[a]芘含量而定，应注意不可蒸干）。

3) 分离：在乙酰化滤纸条上的一端 5 cm 处，用铅笔划一横线为起始线，吸取一定量净化后的浓缩液，点于滤纸条上，用电吹风从纸条背面吹冷风，使溶剂挥发，同时点 20 μL 苯并[a]芘的标准使用液（1 μg/mL），点样时斑点的直径不超过 3 mm，层析缸（筒）内盛有展开剂，滤纸条下端浸入展开剂约 1 cm，待溶剂前沿至约 20 cm 时取出阴干。

在 365 nm 或 254 nm 紫外灯下观察展开后的滤纸条用铅笔划出标准苯并[a]芘及与其同一位置的试样的蓝紫色斑点，剪下此斑点分别放入小比管中，各加 4 mL 苯加盖，插入 50~60 ℃ 水浴中不时振摇，浸泡 15 min。

4) 测定：将试样及标准斑点的苯浸出液移入荧光分光光度计的石英杯中，以 365 nm 为激发光波长，以 365~460 nm 波长进行荧光扫描，所得荧光光谱与标准苯并[a]芘的荧光光谱比较定性。

与试样分析的同时做试剂空白，包括处理试样所用的全部试剂同样操作，分别读取试样、标准及试剂空白于波长 406 nm、(406+5)nm、(406-5)nm 处的荧光强度，按基线法由下式计算所得的数值，为定量计算的荧光强度。

$$F = F_{406} - (F_{401} + F_{411})/2$$

(5) 结果计算：试样中苯并[a]芘的含量按下式计算：

$$X(\mu g/kg) = \frac{S/F \times (F_1 - F_2)}{m \times \frac{V_2}{V_1} \times 1\,000}$$

式中，X——试样中苯并[a]芘的含量，μg/kg；

S——苯并[a]芘标准斑点的质量，μg；

F——标准的斑点浸出液荧光强度，mm；

F_1——试样斑点浸出液荧光强度，mm；

F_2——试剂空白浸出液荧光强度，mm；

m——试样质量，g；

V_2——点样体积，mL；

V_1——试样浓缩液体积，mL。

(6) 讨论与说明：本法适用于食品中苯并[a]芘的测定，检出限：试样量为 50 g，点样量为 1 g 时为 1ng/g。

二、食品中二噁英及其检测

1. 二噁英的结构和毒性 二噁英类(dioxins)是由 2 个或 1 个氧原子连接 2 个被氯取代的苯环组成的三环芳香族有机化合物，包括多氯二苯并二噁英(PCDDs)和多氯二苯并呋喃(PCDFs)，共有 210 种同类物，统称为二噁英类。

PCDD
75 种异构体/同类物

PCDF
135 种异构体/同类物

二噁英类是一类剧毒物质,其急性毒性相当于氰化钾的1 000倍。大量的动物实验表明,很低浓度的二噁英类就对动物表现出致死效应。暴露在含有PCDDs和PCDFs的环境中,可引起皮肤痤疮、头痛、失聪、忧郁、失眠等症,并可能导致染色体损伤、心力衰竭、癌症等。其最大危险是具有不可逆的致畸、致癌、致突变——"三致"毒性。

二噁英类有多种异构体,各异构体的毒性与所含氯原子的数量及氯原子在苯环上取代位置有很大关系。含有1~3个氯原子的异构体被认为无明显毒性;含4~8个氯原子的化合物有毒,其中毒性最强的是2,3,7,8-四氯二苯并二噁英类(2,3,7,8-TCDD),有人把2,3,7,8-TCDD对天竺鼠的半致死剂量称为"世纪之毒"。规定二噁英日摄入量(ADI):1~4ng/kg。

2. 二噁英的主要来源 二噁英常以微小的颗粒存在于大气、土壤和水中,主要的污染源是化工冶金工业、垃圾焚烧、造纸以及生产杀虫剂等产业。日常生活所用的胶袋,PVC(聚氯乙烯)软胶等物都含有氯,燃烧这些物品时便会释放出二噁英,悬浮于空气中。大气环境中的二噁英90%来源于城市和工业垃圾焚烧。含铅汽油、煤、防腐处理过的木材以及石油产品、各种废弃物特别是医疗废弃物在燃烧温度低于300~400℃时容易产生二噁英。二噁英还作为杂质存在于一些农药产品如五氯酚、2,4,5-T等中。另外,电视机不及时清理,电视机内堆积起来的灰尘中,通常也会检测出溴化二噁英,而且含量较高,平均每克灰尘中,就能检测出4.1μg溴化二噁英。

我国环境界成立了"二噁英类专家委员会",国家也制定了废物焚烧的二噁英类排放标准。国家环境保护总局在国家环境分析测试中心建立了环境二噁英类分析实验室,已经开始在全国范围内开展垃圾焚烧的二噁英类排放源调查活动。

3. 二噁英类分析方法 二噁英类的分析测定被视为现代有机分析的难点,它要求超微量多组分定量分析,分析仪器多采用气相色谱-质谱联用仪(GC-MS)。

目前,采用分辨率10 000以上的高分辨质谱仪(HRMS),并使用17种以上的同位素标记二噁英类作为内标物质,可以对全部17种2,3,7,8-位氯代异构体准确定量,大大提高了分析灵敏度和准确性,但同时也增加了分析难度和成本。

测定环境二噁英类必须具备的技术条件包括:有效的采样技术;有效的提取技术,从样品中提取出10^{-12}~10^{-15}量级的二噁英类;有效的净化技术,从初步的粗提物中分离去除其他有机物;有效的分离技术,分离出与二噁英类性质接近的其他氯代芳香族有机物,高效分离二噁英类异构体;可靠定性和准确定量技术;安全防毒的实验条件。

4. 二噁英的分析举例——GC-MS联用测定食品中二噁英及其类似物毒性当量

(1) 原理:应用高分辨气相色谱-高分辨质谱联用技术,质谱分辨率大于10 000的条件下,通过精确质量测量监测目标化合物的两个离子,获得目标化合物的特异性响应。以目标化合物的同位素标记化合物为定量内标,采用稳定性同位素稀释法准确测定食品中2,3,7,8位氯取代PCDD/Fs和DL-PCBs的含量;并以各目标化合物的毒性当量因子(TEF)与所测得的含量相乘后累加,得到样品中二噁英及其类似物的毒性当量(TEQ)。

(2) 试剂:丙酮、正己烷、甲苯、环己烷、二氯甲烷、乙醚、甲醇、正壬烷、异辛烷;PCDD/Fs标准溶液、校正和时间窗口确定的标准溶液(CS3WT溶液)、净化标准溶液、同位素标记定量内标的储备溶液等。

(3) 仪器:高分辨率气相色谱-高分辨率质谱仪(HRGC-HRMX)。

(4) 实验方法:试样制备与净化、PCDD/Fs色质分析、DL-PCBs的色质分析、结果的计算与报告、质量保证(QA)、质量控制(QC)、分析过程中的干扰及消除、污染防护和废弃物的管理等详细步骤请参阅GB/T 5009.205—2007。

(5) 讨论与说明:本标准适用于规定的食品中17种2,3,7,8-取代多氯代二苯并二噁英及多氯代二苯并呋喃(PCDD/Fs)和12种DL-PCBs含量及其TEQ的测定;本标准的检测限:2,3,7,8-四氯代二苯并二噁英(2,3,7,8-TCDD和2,3,7,8-四氯代二苯并呋喃(2,3,7,8-TCDF)为0.04ng/kg、八氯代二苯并二噁英(OCDD)和八氯代二苯并呋喃(OCDF)为0.4ng/kg、其余PCDD/Fs为0.20ng/kg、DL-PCB为1.00ng/kg。

三、原料乳与乳制品中三聚氰胺及其检测

1. 三聚氰胺的特性及危害　　三聚氰胺俗称密胺、三胺、蛋白精等,是一种三嗪类含氮杂环有机化合物。为白色单斜晶体,几乎无味,微溶于水,可溶于甲醇、甲醛、乙酸等,不溶于丙酮、醚类,对身体有害,不可用于食品加工。其分子式为 $C_3N_6H_6$,相对分子质量为 126.12,结构式如下:

$$\underset{H_2N}{}\overset{NH_2}{\underset{NH_2}{\text{三嗪环}}}$$

目前,GB 50095—2010《食品中蛋白质的测定》规定了凯氏定氮法、分光光度法、燃烧法三种测蛋白质方法,这三种方法都是基于测定出有机氮含量,然后通过换算系数得到蛋白质的含量。蛋白质平均氮含量为16%左右,三聚氰胺(melamine)的含氮量为66%左右,所以,如果将其加入食品或饲料中,蛋白质检测结果将提高。因此,近年来,不法分子利用三聚氰胺这一特性,在食品或饲料加工中添加,造成蛋白质含量高的假象。

三聚氰胺的主要用途是作为有机化工中间产品用于装饰面板、涂料、纸张等工业,毒性轻微,大鼠口服的半数致死量大于 3 g/kg 体重。动物长期摄入三聚氰胺会造成生殖、泌尿系统的损害,膀胱、肾部结石,并可进一步诱发膀胱癌。一般成年人身体会排出大部分的三聚氰胺,不过如果与三聚氰酸并用,会形成无法溶解的氰尿酸三聚氰胺,造成严重的肾结石。

2007年,美国爆发宠物食品受污染事件,事后调查表明:掺杂了≤6.6%三聚氰胺的小麦蛋白粉是宠物食品导致中毒的原因。2008年,我国三鹿婴幼儿奶粉污染事件,致使婴儿死亡,致病多人,原因即是人为添加三聚氰胺。

2. 三聚氰胺的检测　　美国在经过2007年美国宠物食品污染事件后,禁止于饲料中添加三聚氰胺。美国食品及药物管理局(FDA)对食物中三聚氰胺的含量制定标准,成人每天食用 2.5 μg/g 以下的受污染食物食物(<1.5 kg)应对健康无虞,但婴儿食品不得有三聚氰胺检出。

2012年7月5日,联合国负责制定食品安全标准的国际食品法典委员会为牛奶中三聚氰胺含量设定了新标准,以后每公斤液态牛奶中三聚氰胺含量不得超过 0.15 mg。

中国国家食品质量监督检测中心在2008年9月13日指出,三聚氰胺属于化工原料,是不允许添加到食品中的,故暂未设定像农药残留那样的标准限制。10月8日,卫生部、工业和信息化部、农业部、国家工商行政管理总局和国家质量监督检验检疫总局联合发布公告,制定三聚氰胺在乳与乳制品中的临时管理值。婴幼儿配方乳粉中三聚氰胺的限量值为 1 mg/kg。液态奶(包括原料乳)、奶粉、其他配方乳粉中三聚氰胺的限量值为 2.5 mg/kg。含乳15%以上的其他食品中三聚氰胺的限量值为 2.5 mg/kg,高于限量值的产品一律不得销售。

我国现行食品中三聚氰胺检测方法标准(部分)如表 13-8 所示。

表 13-8　食品中三聚氰胺的检测方法标准(部分)

序号	标准名称	标准号
1	乳及乳制品中三聚氰胺的测定	DB13/T 1000—2008
2	生鲜肉中三聚氰胺的测定	DB21/T1687—2008
3	动物组织中三聚氰胺的残留测定	DB34/T 1370—2011
4	生鲜乳中三聚氰胺的测定	DB34/T 1374—2011
5	鸡蛋中三聚氰胺的残留测定	DB34/T 1375—2011
6	原料乳与乳制品中三聚氰胺检测方法	GB/T 22388—2008
7	原料乳中三聚氰胺快速检测	GB/T 22400—2008

我国 GB/T 22388—2008 规定,原料乳和乳制品中三聚氰胺检测方法为 HPLC 法。

(1) 原理:试样用三氯乙酸溶液-乙腈提取,经阳离子交换固相萃取柱净化后,用高效液相色谱测定,外

标法定量。

(2) 主要仪器及试剂：高效液相色谱仪（配有紫外检测器或二极管阵列检测器），离心机（转速不低于4 000 r/min），超声波水浴，固相萃取装置，氮气吹干仪，漩涡混合器，具塞塑料离心管（50 mL），微孔滤膜（0.2 μm，有机相）。

阳离子交换固相萃取柱：混合型阳离子交换固相萃取柱，基质为苯磺酸化的聚苯乙烯-二乙烯基苯高聚物，60 mg，3 mL，或相当者。使用前依次用 3 mL 甲醇、5 mL 水活化。

甲醇、乙腈、辛烷磺酸钠、三氯乙酸、柠檬酸、氨水（含量为 25%～28%）、二氧化硅（含量为 99%），上述试剂均为分析纯。海砂：化学纯，粒度 0.65～0.85 mm。水为 GB/T 6682 规定的一级水。三聚氰胺标准品：CAS 108－78－01，纯度≥99.0%。氮气：纯度≥99.999%。

(3) 实验方法

1) 试剂配制：甲醇水溶液（1∶1，体积比）。

1% 三氯乙酸溶液：准确称取 10 g 三氯乙酸于 1 L 容量瓶中，水溶解并定容，混匀备用。

5% 氨化甲醇溶液：准确量取 5 mL 氨水和 95 mL 甲醇，混匀备用。

离子对试剂缓冲液：准确称取 2.10 g 柠檬酸和 2.16 g 辛烷磺酸钠，加入约 980 mL 水溶解，调节 pH 至 3.0 后，定容至 1 L，备用。

三聚氰胺标准储备液：准确称取 100 mg（精确到 0.1 mg）三聚氰胺标准品于 100 mL 容量瓶中，用甲醇水溶液（1∶1）溶解并定容，配制成浓度为 1 mg/mL 的标准储备液，于 4 ℃ 避光保存。

2) 样品提取

液态奶、奶粉、酸奶、冰淇淋和奶糖等：称取 2 g（精确至 0.01 g）试样于 50 mL 具塞离心管中，加入15 mL 1% 的三氯乙酸溶液和 5 mL 乙腈，超声提取 10 min，再振荡提取 10 min 后，以不低于 4 000 r/min 离心10 min。上清液经三氯乙酸溶液润湿的滤纸过滤后，用三氯乙酸溶液定容至 25 mL，移取 5 mL 滤液，加入 5 mL 水混匀后作为待净化液。

奶酪、奶油、巧克力等（略）。

注意：若试样中脂肪含量较高，可以用三氯乙酸溶液饱和的正己烷液-液分配除脂后再用固相萃取（SPE）柱净化。

3) 净化：将上述待净化液转移至活化好的 SPE 柱中，依次用 3 mL 水和 3 mL 甲醇洗涤，抽至近干后，用6 mL 5% 的氨化甲醇溶液洗脱。整个固相萃取过程流速不超过 1 mL/min。洗脱液于 50 ℃ 下用氮气吹干，残留物（相当于 0.4 g 样品）用 1 mL 流动相定容，涡旋混合 1 min，过 0.2 μm 微孔滤膜后，供 HPLC 测定。

4) HPLC 测定：HPLC 参考条件：色谱柱采用 C_8 柱[250 mm×4.6 mm(i.d.)，5 μm]或 C_{18} 柱[250 mm×4.6 mm(i.d.)，5 μm]。流动相：C_8 柱采用离子对试剂缓冲液-乙腈（85∶15，体积比），混匀；C_{18} 柱采用离子对试剂缓冲液-乙腈（90∶10，体积比），混匀。流速：1.0 mL/min。柱温：40 ℃。检测波长：240 nm。进样量：20 μL。

标准曲线绘制：用流动相将三聚氰胺标准储备液逐级稀释，得到浓度为 0.8 μg/mL、2 μg/mL、20 μg/mL、40 μg/mL、80 μg/mL 的标准系列溶液，浓度由低到高进样检测，以峰面积对浓度作图，得到标准曲线回归方程。基质匹配加标三聚氰胺的样品 HPLC 色谱图（GB/T 22388—2008）如图 13-3 所示。

(4) 定量测定：待测样液中三聚氰胺的响应值应在标准曲线线性范围内，超过线性范围则应稀释后再进样分析。

(5) 结果计算：试样中三聚氰胺的含量由色谱数据处理软件或按下式计算获得：

$$X(\text{mg/kg}) = \frac{A \times c \times V \times 1\,000}{A_s \times m \times 1\,000} \times f$$

式中，X——试样中三聚氰胺含量，mg/kg；

A——样液中三聚氰胺的峰面积；

c——标准溶液中三聚氰胺的浓度，μg/mL；

V——样液最终定容体积，mL；

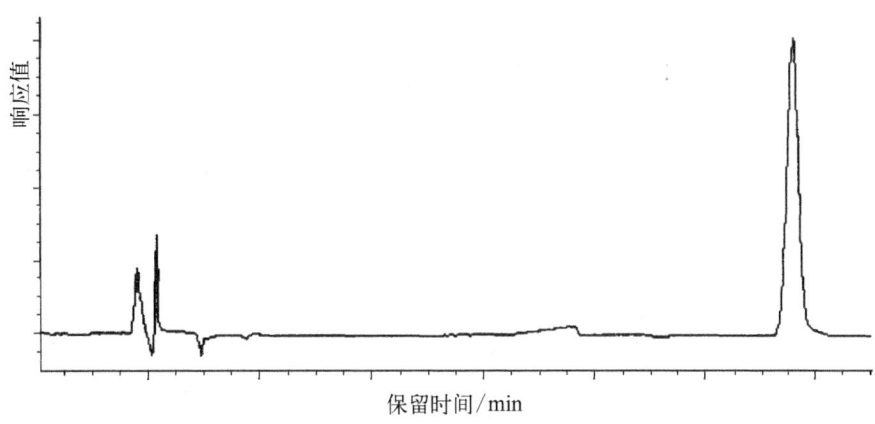

图 13-3　基质匹配加标三聚氰胺的样品 HPLC 色谱图

A_s——标准溶液中三聚氰胺的峰面积；

m——试样的质量，g。

（6）讨论与说明

1）本方法的定量限为 2 mg/kg；

2）本方法在进行测定时还需进行空白实验；

3）添加浓度为 2～10 mg/kg，回收率为 80%～110%，相对标准偏差小于 10%；

4）在重复性条件下获得的两次独立测定结果的绝对差值不得超过算术平均值的 10%。

思考题

1. 简述食品有害物质的种类。
2. 简述我国目前农药残留检测技术的研究进展状况。
3. 简述常见有机氯农药的种类及理化特性。
4. 简述常见有机磷农药的种类及理化特性。
5. 目前我国食品中兽药残留现状如何？
6. 简述酶联免疫吸附法测定食品中黄曲霉毒素的原理。
7. 简述常见渔药种类及各自特点。
8. 结合生活实际，给出避免苯并[a]芘中毒的措施。

第十四章

实验数据的处理和分析方法的评价

实验数据的处理是计算分析实验结果的基础,分析方法的评价是检测试验方法的可靠性工具,本章主要介绍实验数据的处理方法及分析方法的评价。

第一节 实验数据的处理

一、有效数字

有效数字是实验中所能测量到的有实际意义的数字,不仅反映了测定数据"量"的多少,而且反映了测定时所用方法的准确程度。食品分析中直接或间接测定的量,一般都用数字表示,但与数学中的"数"不同,它仅表示量度的近似值。因此测量数据的准确度取决于有效数字的位数,而有效数字的位数反映了仪器仪表的准确度和存在疑问的数字位置。

1. 已知数的有效数字位数　判别已知数的有效数字位数时,应特别注意区别"0"是否为有效数字,当整数部分为"0"时,紧接在小数点后的0仅用来确定小数点的位置,并不作为有效数字。例如,0.000 15 g的有效数字位数为2位;0.150 g中的有效数字位数为3位;3.50×10^2 mm,则表示有效数字为3位;如写成3.5×10^2 mm,则表示有效数字为2位,其余类推。

2. 测量数据的有效数字位数　记录测量数据时,只保留一位可疑数字。例如,一滴定管的最小刻度为0.1 mL,则读数只能读到小数点后第二位,当读数为23.36,其意义为十位数为2,个位数上为3,十分位上为3,百分位上为6,其中百分位是估计值,上下可能有正负一个单位出入,是不准确的或可疑的,而其前边各数所代表的数值,则均为准确测量的。通常测量时,一般可估计到最小刻度的十分位,故在记录数量时,只应保留1位不准确数字,其余数均为准确数字。此时所记的数字均为有效数字。

3. 运算规则　加减法计算的结果,其小数点以后保留的位数,应与参加运算各数中小数点后位数最少的相同。乘除法计算的结果,其有效数字保留的位数,应与参加运算各数中有效数字位数最少的相同。复杂运算时,其中间过程可多保留一位有效数,但最后结果须取应有的位数。方法测定中按其仪器精度确定了有效数的位数后,先进行运算,运算后的数值再修约。

4. 数字修约规则　拟舍弃的数字(运算中舍去多余数字)通常采用"四舍六入五留双"法。即凡末位有效数字后面的第一位数大于5,则在其前一位上增加1,小于5则舍去,等于5时,如前一位为奇数,则增加1;如前一位为偶数则舍去。例如,对27.023 5取四位有效数字时,结果为27.02;取五位有效数字时,结果为27.024。但将27.015与27.025取为四位有效数字时,则都为27.02。拟舍弃的数字若为两位以上数字时,不得连续进行多次修约,应根据所拟舍弃数字中左边第一个数字的大小,按上述规定一次修约。例如,将15.454 6修约成整数,修约后应为15。不正确的做法是连续进行多次修约:一次修约为15.455,二次修约为15.46,三次修约为15.5,四次修约(最终结果)为16。

二、可疑数据的检验和取舍

在实际的分析测定中,由于随机误差的存在,多次重复的测定数据不可能完全一致,常常有个别数据与其他数据相差较大,成为可疑数据(或称离群值、异常值)。对于由明显原因造成的可疑数据,如读错、记错、仪器工作条件异常、工作环境条件异常或有人为的其他过失存在等,如果查明是由上述试验技术上的失误引起的,则不必进行统计检验,应予舍去。但是对于找不出充分理由的可疑数据,则应慎重处理,应借助数理统计方法进行数据评价判断。如果检验表明数据不是随机误差引起的,应删除这组数据。如果经统计方法检验,表明它不是可疑数据,即便是极端值,也应将其保留。在食品分析中,常采用 Q 检验法、格鲁布斯检验法、Dixon 检验法等进行数据评判与取舍。下面介绍前两种方法。

1. Q 检验法(Q-test) Q 检验法是一种简便易行的异常数据取舍的统计判别法,适用于测定 3~10 次,且只有一个可疑值的情况。Q 检验法检验步骤如下:

(1) 排序:实验中测得一组数据,将所用的数据按从小到大顺序排列为:$X_1 \leqslant X_2 \leqslant X_3 \cdots \leqslant X_{n-1} \leqslant X_n$。可能的异常数据必然出现在两端,即 X_1 或 X_n,为了检验可疑值 X_1 或者 X_n,计算 Q 值。

(2) 计算:按下面的公式计算 Q 值。

检验 X_1 时,$Q = \dfrac{X_2 - X_1}{X_n - X_1}$,检验 X_n 时,$Q = \dfrac{X_n - X_{n-1}}{X_n - X_1}$

(3) 查 Q 值表(表 14-1):食品分析中置信度通常为 90%。根据测量次数 n,查出 Q 表值。

表 14-1 Q 值表

测量次数(n)	$Q_{0.90}$	$Q_{0.95}$
3	0.94	1.53
4	0.76	1.05
5	0.64	0.86
6	0.56	0.76
7	0.51	0.69
8	0.47	0.64
9	0.44	0.60
10	0.41	0.58

(4) 判断:Q 值越大,测定数据 $X_{疑}$ 离群越远,远到一定程度就需舍弃。

如 $Q \geqslant Q_{表}$,则可疑数据被舍弃;如 $Q < Q_{表}$,则可疑数据被保留。

例题:测得某食品样品中脂肪的质量分数为:1.82%、1.75%、1.83%、1.85%、1.83%,试判别该组数据中 1.75% 是否应该舍弃?

解:

(1) 排序。将所用的数据按从小到大顺序排列为 1.75%、1.82%、1.83%、1.83%、1.85%。

(2) 计算。根据公式计算最小值可疑时的统计量 Q:

$$Q = \dfrac{X_2 - X_1}{X_n - X_1} = \dfrac{1.82 - 1.75}{1.85 - 1.75} = \dfrac{0.07}{0.10} = 0.70$$

(3) 查表。从表 14-1 中查出,n=5 时,$Q_{0.90}=0.64$,$Q_{0.95}=0.86$。

(4) 判断。由此得出 $Q > Q_{0.90}$,$Q < Q_{0.95}$。此结果表明,若按置信度 90% 处理,1.75% 是异常值,应予舍弃;若按置信度 95% 处理,1.75% 应保留。

2. 格鲁布斯(Grubbs)检验法

Grubbs 检验法常用于一组或多组测平均值的一致性检验和排除异常值,这种方法可以按照下述三种不同情况处理。

1) 只有一个可疑数据的情况

将所用的数据按从小到大顺序排列为:$X_1 \leqslant X_2 \leqslant X_3 \cdots \leqslant X_{n-1} \leqslant X_n$,则 X_1 或 X_n 为检验的可疑值。

计算统计 G:

$$G = \dfrac{|X_1 - \bar{x}|}{s} \;(X_1\text{ 为可疑值});\; G = \dfrac{|X_n - \bar{x}|}{s} \;(X_n\text{ 为可疑值})。$$

式中,$\bar{x}$ 为样本平均数,s 为标准偏差,计算 $\bar{x}$ 和 s 时均包括可疑值在内。

从 Grubbs 检验临界表(表 14-2)查出相应的显著性水平 α 和测定次数 n 时的临界值 $G_{\alpha, n}$。

表 14-2　格鲁布斯检验临界值 G 表

n	显著水平 α		n	显著水平 α	
	0.05	0.01		0.05	0.01
3	1.15	1.15	15	2.41	2.70
4	1.46	1.49	16	2.44	2.74
5	1.67	1.75	17	2.47	2.78
6	1.82	1.94	18	2.50	2.82
7	1.94	2.10	19	2.53	2.85
8	2.03	2.22	20	2.56	2.88
9	2.11	2.32	21	2.58	2.91
10	2.18	2.41	22	2.60	2.94
11	2.24	2.48	23	2.62	2.96
12	2.29	2.55	24	2.64	2.99
13	2.33	2.61	25	2.66	3.01
14	2.37	2.66			

判断：若 X_d(可疑值)$\leqslant G_{0.05, n}$，可疑值为极端值保留；若 X_d(可疑值)$> G_{0.05, n}$，可疑值为异常值舍弃；$G_{0.05, n} < X_d < G_{0.01, n}$，若该值是由于技术原因引起的可舍弃，反之则保留。

例题：一实验室对某一试样进行测定，进行 10 次平行试验所测的值分别是 3.41、4.49、2.50、3.51、3.64、3.75、3.81、3.95、4.01、4.39。检验最小值是否为异常值？

解：检测值的平均值 $\bar{x} = \dfrac{\sum x_i}{n} = 3.75$

检测值的标准偏差 $s = \sqrt{\dfrac{\sum (x_i - \bar{x})^2}{n-1}} = 0.30$

所以，$G = \dfrac{|x_d - \bar{x}|}{s} = 1.13$

查表 14-2，当 n=10 和显著水平 α=0.05 时，$G_{0.05, 10} = 2.18$，得 $G < G_{0.05, 10}$，表明最小值 3.41 为正常值。

2) 若可疑值有两个或者两个以上，且可疑值分布在同一侧。检测时可人为地暂时舍去偏差较大的一个，用(n−1)个测定值计算平均值与标准偏差 s，检验偏差较小的一个可疑值，如果是异常值，那么先舍去必然的异常值。如检测值不是异常值，此时再由全部 n 个测定值计算平均值和标准偏差，来检验舍去的那个可疑值，有检验结果判断是否为异常值，然后决定剔除。

3) 如果可疑值为两个或两个以上，且分布在平均值的两侧。检测方法与(2)相同。

例题：某一实验室对一试样进行 10 次平行试验的结果为：73.5、77.0、77.0、79.0、79.5、79.5、79.5、80.0、80.5、83.5。检验最小值 73.5 和最大值 83.5 是否为异常值。

解：检测值的平均值 $\bar{x} = \dfrac{\sum x_i}{n} = 78.9$，偏差 $\bar{d}_{小} = -5.4$，偏差 $\bar{d}_{大} = 4.6$，因此先舍去最小值，用余下的 9 个值计算平均值和标准偏差，检验最大值是否为异常值。

计算得 $\bar{x} = 79.5, s = 1.9, G = 2.11$

由表 14-2 可知，当 n=9 时和显著水平 α=0.05 时，$G_{0.05, 9} = 2.11$，得 $G = G_{0.05, 10}$，表明最大值 83.5 不能作为异常值，应该保留。

再用 10 个测定值计算平均值和标准偏差，检验最小值是否为异常值。

计算得 $\bar{x} = 78.9, s = 2.6, G = 2.10$

由表 14-2 可知，当 n=10 时和显著水平 α=0.01 时，$G_{0.01, 10} = 2.41$，得 $G < G_{0.05, 10}$，表明最小值 73.5 也不能作为异常值舍弃。

三、分析数据的表达和回归分析

1. 实验数据的表达方法　取得实验数据后,应以简明的方法记录并表达出来,表达的方式通常有列表法、图解法、数学方程表示法等三种方法,可根据具体情况选择一种表达方法。同时,在实验数据处理和表达时,可利用计算机技术进行分析处理。例如,Microsoft Excel、Origin 等系列软件就可以根据一套原始数据,在数据库、公式、函数、图表之间进行数据传递、链接和编辑等操作,从而对原始数据进行汇总列表、数据处理、统计计算、绘制图表、回归分析及验证等。

(1) **列表法**：列表法是最常用的方法,是将一组实验数据中的自变量和因变量的数值按一定形式和顺序一一对应列成表格,比较简明、直观。列表时应有完全而又简明的表名,在表名不足以说明表中数据含义时,则在表名或表格下面附加说明,如获得数据的有关实验条件、数据来源等；表中数据有效数字位数应取舍适当,小数点应上下对齐,以便比较分析。

(2) **图解法**：图解法是将实验数据按自变量与因变量的对应关系标绘成图形,直观反映变量间的各种关系,便于进行分析研究。每图应有简明的标题,并注明取得数据的主要实验条件、作者姓名(包括合作者姓名),以及实验日期。注意坐标分度的选择,其精度应与测量的精度一致。

(3) **数学方程法**：数学方程表示法是对数据进行回归分析,以数学方程式描述变量之间关系的方法。食品分析实验数据的自变量与因变量之间多呈直线关系,或是经过适当变换后,使之呈现直线关系,因此食品分析中比较常用的是一元线性回归分析,如比色分析中的标准曲线等。在实验报告或论文中,往往还需算出相关系数 r,以说明变量之间的相关程度。

2. 回归分析　回归分析是处理变量之间相关关系的一种数理统计方法。分析测定的结果与影响信号之间有着十分密切的关系,但又不是数学上的函数关系,常常通过相关关系表现出来。借助回归分析方法,可以确定实验结果和试验条件之间是否存在相关性,存在相关性的大小；可以进行因素分析,即判断影响分析结果的因素哪些是主要的,哪些是次要的；可以根据实验因素变化和要求来预测实验结果、估计预测的精度。由此可见,回归分析是非常重要的数据分析处理方法。

回归分析可分为线性回归和非线性回归,在食品分析实验中指的都是一元回归分析。一元线性回归指的是具有两个变量可以用一条直线描述的相关关系,而一元非线性回归则是用一条曲线表示的相关关系。在处理实际问题时,往往将非线性问题转化成线性问题,因此数据处理就转变成了直线拟合问题。

一元线性回归反映一个因变量与一个自变量之间的线性关系。因变量可以精确地测定或其测定的误差与自变量相比可以忽略不计。为使作出的直线与实验数据拟合得最好,能够反映实验点的分布状况,常用的方法就是"最小二乘法",得到的最好的直线就是回归直线。如果用一般的直线表示一元线性回归方程,则方程式可以表示为

$$y = a + bx$$

式中,x——自变量,为横坐标上的值；

y——应变量,为纵坐标上的值；

b——直线的斜率；

a——直线在 Y 轴上的截距。

其中,a、b 分别为

$$b = \frac{\sum(x_i - \bar{x})(y_i - \bar{y})}{\sum(x_i - \bar{x})^2} = \frac{n\sum xy - \sum x \sum y}{n\sum x^2 - (\sum x)^2}$$

$$a = \bar{y} - b\bar{x} = \frac{\sum x^2 \sum y - \sum xy \sum x}{n\sum x^2 - (\sum x)^2}$$

式中,n——测定点的次数；

x,y——各点在横、纵坐标上的值；

x_i，y_i——第 i 次测定的值；

$\bar{x}$——x 的平均值；

$\bar{y}$——y 的平均值。

根据回归方程,由 x 值可以确定 y 值;反之,由 y 值也可以确定 x 值。显然,任何的一组实验数据都可以用这种方法来求得回归方程。但求得的回归方程是否有意义？变量 x 与变量 y 之间是否确实存在相关性？则需要进一步进行相关性检验,常用的检验方法就是对相关系数进行显著性检验。相关系数 r 为变量之间相关程度的量度,是说明两个变量线性关系密切程度的一个数量指标。其计算公式如下：

$$r = \frac{\sum(x_i-\bar{x})(y_i-\bar{y})}{\sqrt{\sum(x_i-\bar{x})^2\sum(y_i-\bar{y})^2}} = \frac{n\sum xy - \sum x \sum y}{\sqrt{[n\sum x^2-(\sum x)^2][n\sum y^2-(\sum y)^2]}}$$

相关系数 r 的绝对值越接近 1,变量之间的相关程度越好。只有当 $|r|$ 达到一定程度才可用回归直线来近似地表示 x、y 之间的关系。此时,可以说线性相关显著。一般说来,相关系数 r 达到使线性相关显著的值与实验数据个数 n 有关。表 14-3 列出了相关系数的临界值 $r_{表}$（自由度 $f=n-2$）,如果实验数据大于临界表中的值,说明 y 与 x 之间的相关性较好,否则,相关性较差。

在实际工作中,可通过 Excel 等统计软件方便地求出直线回归方程并绘制出曲线,给分析带来了很大的方便。

表 14-3 相关系数 r 的临界值表

$F=n-2$	$r_{表}$				
	置信度 90%	置信度 95%	置信度 98%	置信度 99%	置信度 99.9%
1	0.987 69	0.996 92	0.999 507	0.999 877	0.999 998 8
2	0.900 00	0.950 00	0.980 00	0.990 00	0.999 00
3	0.805 4	0.878 3	0.934 33	0.958 73	0.991 16
4	0.729 3	0.811 4	0.882 2	0.917 20	0.974 09
5	0.669 4	0.754 5	0.832 9	0.874 5	0.950 74
6	0.621 5	0.706 7	0.788 7	0.834 3	0.924 93
7	0.582 2	0.666 4	0.749 8	0.797 7	0.898 2
8	0.549 4	0.631 9	0.715 5	0.764 6	0.872 1
9	0.521 4	0.602 1	0.685 1	0.734 8	0.847 1
10	0.497 3	0.576 0	0.658 1	0.707 9	0.823 3
11	0.476 2	0.552 9	0.633 0	0.683 5	0.801 0
12	0.457 5	0.532 4	0.612 0	0.661 4	0.780 0
13	0.440 9	0.513 9	0.592 3	0.641 1	0.760 3
14	0.425 9	0.497 3	0.574 2	0.622 6	0.742 0
15	0.412 4	0.482 1	0.557 7	0.605 5	0.724 6
16	0.400 0	0.468 3	0.542 5	0.589 7	0.708 4
17	0.388 7	0.455 5	0.528 5	0.575 1	0.693 2
18	0.378 3	0.443 8	0.515 5	0.561 4	0.678 7
19	0.368 7	0.432 9	0.503 4	0.548 7	0.665 2
20	0.359 8	0.422 7	0.492 1	0.536 8	0.652 4

四、分析结果的表述

统计处理检测结果的数值表达方式一般有以下三种。其中分析检测报告中最常用的是算术平均值。报告计算结果表示到小数点后的位数或有效位数,测定值的有效数的位数应能满足卫生标准的要求。样品测定值的单位应使用法定计量单位。如果分析结果在方法的检出限以下,可以用"未检出"表述分析结果,但应注明检出限数值。

1. 算术平均值（$\bar{x}$） 在克服系统误差之后,当测定次数足够多（$n \to \infty$）时,其总体均值与真实值很接近。通常测定中,测定次数总是有限的,用有限测定值的平均值只能近似真实值,算术平均值表达形式是算术平均值和标准偏差($\bar{x} \pm s$)或算术平均值和最大相对偏差或相对标准偏差。

多次测定值的算术平均值可按下式计算：

$$\bar{x} = \frac{X_1 + X_2 + \cdots + X_n}{n} = \frac{\sum\limits_{i=1}^{n} X_i}{n}$$

式中，$\bar{x}$——n 次重复测定结果的算术平均值；

X_i——n 次测定中第 i 个的测定值；

n——重复测定次数。

2. 几何平均值（X_g） 几何平均数是指 n 个观察值连乘积的 n 次方根。若一组数据呈正态分布，此时可用几何平均值来表示该组数据。即

$$X_g = \sqrt[n]{x_1 \cdot x_2 \cdot x_3 \cdots x_n} = (x_1 \cdot x_2 \cdot x_3 \cdots x_n)^{\frac{1}{n}}$$

几何平均数主要用于实验优选法的确定。

3. 中位值 中位值是指将统计总体当中的各个变量值按大小顺序排列起来，形成一个数列，处于变量数列中间位置的变量值就称为中位数。当变量值的项数 n 为奇数时，处于中间位置的变量值即为中位数；当 n 为偶数时，中位数则为处于中间位置的两个变量值的平均数。

中位值的作用与算术平均数相近，也是作为所研究数据的代表值。在一个等差数列或一个正态分布数列中，中位数就等于算术平均数。在数列中出现了极端变量值的情况下，用中位数作为代表值要比用算术平均数更好，因为中位数不受极端变量值的影响；如果研究目的就是反映中间水平，当然也应该用中位数。在统计数据的处理和分析时，可结合使用中位数。

中位值最大的优点是简便、直观，但只有在两端数据分布均匀时，中位值才能代表最佳值。当测定次数较少时，平均值与中位值不完全符合。

第二节 分析方法的评价

一、评价指标

对于某一食品进行某项指标分析时，可以有许多的分析方法，甚至有不同的标准方法进行选择，因此选择合适的试验方法是分析研究首先要面临的问题，且选择的分析方法是否得当对研究结果影响很大。随着食品科学的发展，食品检测方法不断更新，评价分析方法的标准也一步步开始完善。这些评价指标主要有精密度、准确度、回收率、线性回归分析、灵敏度和检出限。

1. 精密度 精密度指同一分析试样在多次重复测定时，各平行测定值之间的接近程度。反映了测定方法中偶然误差的情况，用偏差来表示。在某一实验室，使用同一操作方法，测定同一稳定样品时，允许变化的因素有操作者、时间、试剂、仪器等，测定值之间的相对偏差即为该方法在该实验室内的精密度。除了上述衡量精密度的指标之外还有平均偏差、相对平均偏差、标准偏差和变异系数等。

（1）偏差和相对偏差：偏差也称为绝对偏差，是指测定值（X）与几次测定结果平均值（$\bar{x}$）的差值。偏差对平均值的百分数，称为相对偏差。设一组测量值为 X_1、X_2、$\cdots$、X_n，其算术平均值为 $\bar{x}$，对单次测量值 X_i，其偏差可表示为

$$绝对偏差\ d_i = X_i - \bar{x}$$

$$相对偏差(\%) = \frac{d_i}{\bar{x}} \times 100 = \frac{x_i - \bar{x}}{\bar{x}} \times 100$$

式中，X_i——某一次的测定值；

$\bar{x}$——测定值的平均值。

平行样相对误差按下式计算：

$$\text{平行样相对误差}(\%) = \frac{|X_1 - X_2|}{\frac{X_1 + X_2}{2}} \times 100$$

（2）标准偏差和变异系数：标准偏差也称为标准差，是偏差平方的统计平均值，表示整个测定值的离散程度，用 s 表示。标准差对平均值的百分数称为相对标准偏差，也称为变异系数，用 RSD 表示。

$$s = \sqrt{\frac{\sum_{i=1}^{n}(X_i - \bar{x})^2}{n-1}}$$

$$RSD(\%) = \frac{s}{\bar{x}} \times 100$$

式中，s——标准差；

$\bar{x}$——n 次重复测定结果的算术平均值；

n——重复测定次数；

X_i——n 次测定中第 i 个的测定值。

在食品分析中，标准差不仅取决于一组测定值中的各个测定值，而且对一组测定值中较大或较小值反应比较灵敏。因此标准差是衡量精密度比较好的一个指标。

（3）平均偏差和相对平均偏差：平均偏差是指各次测定值与多次测定平均值的偏差的绝对值的平均值，平均偏差对平均值的百分数称为相对平均偏差。

$$\bar{d} = \frac{\sum |X_i - \bar{x}|}{n}$$

式中，$\bar{d}$——平均偏差；

$\bar{x}$——n 次重复测定结果的算术平均值；

X_i——n 次测定中第 i 个的测定值；

n——重复测定次数。

（4）方差：标准差的平方称为方差，用 s^2 表示。

$$s^2 = \frac{\sum_{i=1}^{n}(X_i - \bar{x})^2}{n-1}$$

2. 准确度 准确度是指在一定条件下，多次测定的平均值与真实值相符合的程度。它们之间差别越小，则分析结果越准确，即准确度越高。准确度通常用绝对误差或相对误差表示。

（1）误差：绝对误差 E_a 表示测定结果(X)与真实值(X_T)之差。

即

$$E_a = X - X_T$$

相对误差 E_r 是指绝对误差 E_a 在真实值中所占的百分率。

即

$$E_r(\%) = \frac{E_a}{X_T} \times 100$$

绝对误差和相对误差都有正值和负值。当误差为正值时，表示测定结果偏高；误差为负值时，表示测定结果偏低。相对误差能反映误差在真实结果中所占的比例，这对于比较各种情况下测定结果的准确度更为方便，因此最常用。但应注意，有时为了说明一些仪器测量的准确度，用绝对误差更清楚。例如，分析天平的称量误差是±0.000 2 g,常量滴定管的读数误差是±0.02 mL等,这些都是用绝对误差来说明的。

(2) 回收率:在食品分析中,由于试样中待测定成分的真值往往是未知的,回收率试验是评判分析准确度的一个较好的方法。一般在试样中加入已知标准物质作为真值,并用回收率表示方法的准确度。某一稳定样品中加入不同水平已知量的标准物质(将标准物质的量作为真值)称为加标样品;同时测定样品和加标样品;加标样品扣除样品值后与加标量的比值即为该方法的回收率,反映了方法的准确度。

$$P(\%) = \frac{X_1 - X_0}{m} \times 100$$

式中,P——加入的标准物质的回收率;

m——加入标准物质的量;

X_1——加标样品的测定值;

X_0——样品的本底测定值。

本底测定值 X_0 测定的精密度所显示的为随机误差,而加入标准物前后测定值之差与加标量之间的差别反映了系统误差。因此,回收率是两种误差的综合指标,可以判别方法的准确性和可靠性。

(3) 准确度和精密度的关系:准确度表示测定结果与真实值的相符合程度,反映系统误差的大小,而精密度与真实值无关,它表示各平行测定结果之间的相互接近程度,只能反映测定时随机误差的大小。精密度高不一定准确度高,只有在消除了系统误差之后,精密度高,准确度才高。

分析测试工作和打靶很相似,组分客观上存在的真实含量就好比靶心,测定的结果就好比打在靶子上的洞,它以一定的精密度和准确度分布在"靶心"(真实值 x_0)的周围。图 14-1 是用打靶命中图和测量值落点图来表明准确度与精密度的关系:① 准确度好而精密度不好,犹如打靶的命中点和定量分析结果的落点在靶的中心和待测组分的真值周围均匀分布,但很分散,如图 14-1(a)所示;② 准确度不好而精密度好,犹如打靶的命中点和定量分析结果的落点虽很集中,但离靶心和待测组分的真值相距较远,如图 14-1(b)所示;③ 准确度和精密度都好,犹如打靶的命中点和定量分析的结果的落点既集中又接近靶心和待测组分的真值,如图 14-1(c)所示。

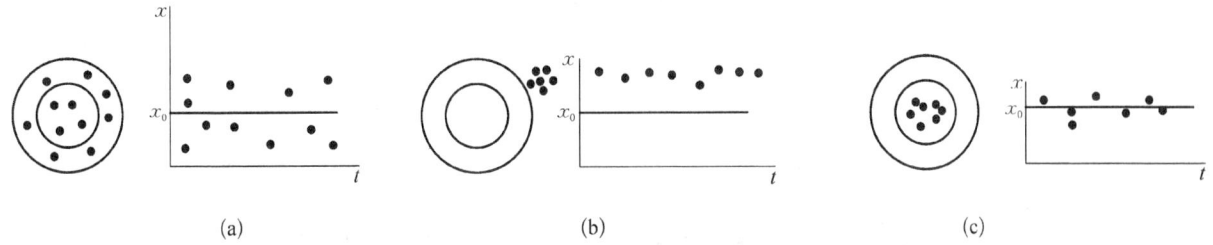

图 14-1 准确度与精密度的关系

(a) 准确度好,精密度不好;(b) 精密度好,准确度不好;(c) 准确度和精密度都好

食品分析对准确度和精密度的要求,取决于分析目的、分析方法和待测组分的质量分数,如表 14-4 所示。

表 14-4 分析结果允许的相对误差范围

质量分数/%	80~100	40~80	10~40	1~10	1~0.01	0.01~0.001
相对误差/%	0.4~0.1	0.6~0.4	1.0~0.6	2~1	1~5	5~10

精密度和准确度,应满足工作的需要即可,不一定越高越好。实际工作时,应根据分析的目的、分析的方法和使用的仪器等情况综合考虑。例如,用电子天平称 0.1 g 试样可准确称到 0.000 1 g,用台秤称 100 g 试样也可准确至 0.1 g,两者具有相同的相对误差。不要认为电子天平就一定比台秤称量准确,只有称量相同质量的物质时,电子天平才比台秤称量准确,因此要熟练运用相对误差的概念。

3. 灵敏度

把标准曲线回归方程中的斜率 b 作为方法灵敏度,即单位物质质量的响应值。

在研究一个分析方法时,通常用精密度、准确度和灵敏度作为分析质量的评价指标。不同的分析方法有不同的灵敏度,一般而言,仪器分析法具有较高的灵敏度,而化学分析法(重量分析和容量分析)灵敏度相对较低。

在选择分析方法时,要根据待测成分的含量范围选择适宜的方法。一般地说,待测成分含量低时,需选用灵敏度高的方法;含量高时宜选用灵敏度低的方法,以减少由于稀释倍数太大所引起的误差。由此可见,灵敏度的高低并不是评价分析方法好坏的绝对标准。一味追求选用高灵敏度的方法是不合理的。例如,重量分析和容量分析法,灵敏度虽不高,但对于高含量的组分(如食品的含糖量)的测定能获得满意的结果,相对误差一般为千分之几。相反,对于低含量组分(如黄曲霉毒素)的测定,重量法和容量法的灵敏度一般达不到要求,这时应采用灵敏度较高的仪器分析法。而灵敏度较高的方法相对误差较大,但对低含量组分允许有较大的相对误差。

4. 检出限

一般把3倍空白值的标准偏差(测定次数 $n \geqslant 20$)相对应的质量或浓度称为检出限。

检出限是指分析方法在适当的置信水平内,能从样品中检测被测成分的最小量或是最小浓度,即判断样品中被测组分的量或浓度确实高于试剂空白中被测组分的最低量。检出限与实验方法的灵敏度有关。

二、误差分析

1. 误差的来源　　一个客观存在的具有一定数值的被测成分的物理量称为真实值,测定值与真实值之差称为误差。分析测试中的误差对于评价分析数据和结果是非常重要的。尽管分析工作者努力争取获得的结果正确,但是期望一种分析方法绝对没有误差是不可能的。然而,可以优化条件,以得到最好的结果,这就要清楚地了解误差来源。

根据产生的原因,误差通常分为两类,即系统误差和偶然误差。系统误差是由固定原因造成的误差,在测定的过程中按一定规律重复出现,有一定的方向性,即测定值总是偏高或偏低,这种误差的大小是可测的,所以又称"可测误差"。它来源于分析方法误差、仪器误差、试剂误差和主观误差,如分析人员掌握操作规程与操作条件等因素。偶然误差是由于一些偶然的外因所引起的误差,产生的原因往往是不固定的、未知的,且大小不一、或正或负,其大小是不可测的,这类误差的来源往往一时难于觉察,可能是由环境(气压、温度、湿度)等的偶然波动或仪器的性能、分析人员对各份试样处理时不一致产生的。

2. 控制和消除误差的方法　　要得到精密而又可靠的分析结果,涉及许多的因素。首先要求试验操作各个环节不发生差错,绝对避免发生过失误差;其次严格控制操作条件,适当增加平行测定次数,以减少偶然误差;最后消除系统误差。

误差的大小,直接关系到分析结果的精密度和准确度。常见的减少和控制误差的方法有如下几种。

(1) 正确选取样品量:样品量的多少与分析结果的准确度关系很大。在常量分析中,滴定量或质量过多或过少都直接影响准确度。在比色分析中,含量与吸光度之间往往只在一定范围内呈线性关系。这就要求测定时读数在此范围内,以提高准确度。通过增减取样量或改变稀释倍数可以达到此目的。

(2) 增加平行测定次数:测定次数越多,则平均值就越接近真实值,偶然误差亦可抵消,所以分析结果就越可靠。一般要求每个样品的测定次数不应少于三次,如要更精确的测定,分析次数应更多些。

(3) 对照试验:对照试验是检查系统误差的有效方法。在进行对照试验时,常用已知结果的标准试样与被测试样一起按完全相同的步骤操作,或由不同单位、不同人员进行测定,最后将结果进行比较。这样可以抵消许多不明因素引起的误差。

(4) 空白试验:在进行样品测定过程的同时,采用完全相同的操作方法和试剂,唯独不加被测定的物质,进行空白试验。在测定值中扣除空白值,就可以消除由于试剂中的杂质干扰等因素造成的系统误差。

(5) 校正仪器和标定溶液:各种计量测试仪器,如天平、旋光仪、分光光度计及移液管、滴定管、容量瓶等,在精确的分析中必须进行校准,并在计算时采用较正值。各种标准溶液(尤其是容易变化的试剂)应按规定定期标定,以保证标准溶液的浓度和质量。

(6) 严格遵守操作规程:分析方法所规定的技术条件要严格遵守。经国家或主管部门规定的分析方法,在未经有关部门同意下,不应随意改动。

三、误差的检验

在进行过失误差、剔除可疑值后,还必须对所得数据进行误差的检验,即进行系统误差和偶然误差的检验。通过检验,如果分析结果不存在显著的系统误差和偶然误差,才具有一定的可靠性。在进行系统误差检验之前,必须先确定两组数据的精密度是否相一致,确定它们的偶然误差没有显著性差异后才能进行系统误差的检验。

偶然误差和系统误差的检验通常采用显著性检验法,所谓显著性检验法就是利用数理统计的方法来检验分析结果之间是否存在显著性差异。进行显著性检验时,要先提出一个否定假设,即先假定被检验的两者之间不存在显著性的差异。例如,当我们将标准测定结果的平均值与其标准值比较时,它们来自同一总体,先假定它们之间不存在显著性差异,然后再确定一个适当的置信度进行具体检测,如果被检验的差异出现机会大于置信度,就认为被检验的差异存在显著性。常用的显著性检验法有 F 检验法和 t 检验法。F 检验法检验的是偶然误差,即判断两组数据的精密度是否在显著性差异,若存在,也就失去了 t 检验的前提。t 检验法检验的是系统误差,它可以判断两组数据的平均值之间是否存在显著性差异。

1. F 检验法 F 检验法是通过计算两组数据的方差之比来检验两组数据是否存在显著性差异。F 检验法的步骤如下:

(1) 计算统计量方差比

$$F = \frac{s_1^2}{s_2^2}$$

式中,s_1^2、s_2^2——分别代表两组测定值的方差。

计算时,规定大方差为分子,小方差为分母。即 s_1 为分子,s_2 为分母。

(2) 查 F 分布表:见 F 分布表(附录7)。

(3) 判断:当计算所得 F 值大于 F 分布表中相应显著性水平 α 和自由度 f_1,f_2 下的临界值 $F_\alpha(f_1,f_2)$,即 $F > F_\alpha(f_1,f_2)$ 时,则两组方差之间有显著性差异;反之,则两组方差无显著性差异。

例题:某一样品分析方法测定10次的标准偏差为0.060,再用另一个不同的方法测定8次的标准偏差是0.030,问这两种方法的精密度是否存在显著性差异?

解:已知 $n_1 = 10$,$s_1 = 0.060$,$n_2 = 8$,$s_2 = 0.030$,计算 F 值如下:

$$F = \frac{s_1^2}{s_2^2} = \frac{0.060^2}{0.030^2} = 4.0$$

计算自由度 f,$f_{\text{大}} = n_1 - 1 = 9$,$f_{\text{小}} = n_2 - 1 = 7$,查表(附录7)得 $F = 3.68$。由于计算出的 F 值大于所查的表中 F 的值,因此,这两种方法的精密度在置信度为95%时存在显著性差异。

2. t 检验法 为检查分析方法或操作过程是否存在系统误差,可通过多次平行试验,然后用 t 检验法检测测定结果的平均值与标准值之间或两个平均值之间是否存在显著性差异。进行 t 检验的步骤如下:

(1) 选定所用的检验统计量

1) 如果是平均值与标准值之间的比较,按下式计算 t:

$$t = \frac{|\bar{x} - \mu|\sqrt{n}}{s}$$

式中,$\bar{x}$——n 次重复测定结果的平均值;

μ——标准值;

n——样本的测定次数;

s——测定值的方差。

2) 如果是两组数据平均值之间的比较,按下式计算 t:

$$t = \frac{|\overline{x_1} - \overline{x_2}|\sqrt{n_1 n_2}}{s\sqrt{n_1 + n_2}}$$

其中 s 为合并标准偏差：

$$s = \frac{\sqrt{(n_1-1)s_1^2 + (n_2-1)s_2^2}}{\sqrt{n_1 + n_2 - 2}}$$

式中，s_1^2——第一个样本的方差；

s_2^2——第二个样本的方差；

n_1——第一个样本的测定次数；

n_2——第二个样本的测定次数。

3) 如果没有适合的标准试样或可靠的分析方法进行对照，待测试样的组成较为复杂且不完全清楚时，可做加标回收率试验进行判断。即按所拟定分析方法进行 n 次平行加标回收率试验，得平均回收率 P、标准偏差为 s。由于一个无任何系统误差的理想分析方法其回收率的数学期望值为 100%。所以就可按下式判断该分析方法的结果是否有显著的系统误差。

$$t = \frac{|P - 100\%|s}{\sqrt{n}}$$

式中，P——平均回收率；

s——标准偏差；

n——样本的测定次数。

(2) 计算统计量：如果由样本值计算的统计量值大于 t 分布表（附录 8）中相应显著水平和相应自由度 f 下的临界值 t_{af}，则表明被检测的均值有显著性差异；反之，差异不显著。

例题：某一实验室采用一新方法测定标准值为 50.14% 的 CaO 的标准样，10 次平行试验测定的结果是 50.10%，标准差 $s=0.04\%$，问这种新方法存不存在系统误差？

解：已知 $\bar{x}=50.10\%$，$\mu=50.14\%$，$s=0.04\%$，$f=9-1=8$，

$$t = \frac{|\bar{x} - \mu|\sqrt{n}}{s} = \frac{|50.10\% - 50.14\%|\sqrt{9}}{0.04} = 3$$

查表得，置信度 95% 时，$f=8$ 时，$t_表=2.31$，测得的 t 值大于表中的 t 值，所以在置信度为 95% 时，此新方法标准样品测定标准之间存在系统误差。

例题：用国标法检测一样品中脂肪的含量，得 $\overline{X_1}=12.34\%$，$s_1=0.10\%$，$n_1=5$，用一种新的方法检测样品中的脂肪含量，得 $\overline{X_2}=12.44\%$，$s_2=0.12\%$，$n_2=4$，且经过 F 检验这两种方法精密度无显著性差异，问新的方法与标准方法之间是否存在差异？

解：进行 t 检验：$t = \dfrac{|\overline{X_1} - \overline{X_2}|\sqrt{n_1 n_2}}{s\sqrt{n_1 + n_2}} = \dfrac{|12.34\% - 12.44\%|\sqrt{20}}{0.10\sqrt{9}} = 1.49$，$f = 5+4-2 = 7$，查表得置信度为 95% 时，$t_表=2.37$，所以在置信水平为 95% 时两种方法不存在差异。

思考题

1. 可疑数据的取舍有哪几种方法？各个方法的特点是什么？
2. 简述 Q 检验法的步骤和过程。
3. 两组分析人员分别对同一样品中的同一组分进行分析，得到两组分析数据，要判断两组数据是否存在差异，应采用什么方法进行检验和判定？
4. F 检验和 t 检验常用于什么检验？如何检验？
5. 简述提高分析结果准确度和减小误差的方法。

参考文献

陈明,王冉,魏瑞成,等.2013.市售蜂蜜产品中抗生素残留问题[J].蜜蜂杂志,(2):11-12.
大连轻工业学院等八大院校.1994.食品分析[M].北京:中国轻工业出版社.
高洁,苗红.2013.兽药残留检测技术研究进展[J].食品安全质量检测学报,4(1):11-18.
高向阳.2006.食品分析与检验[M].北京:中国计量出版社.
郝宏兰.2000.水产品中组胺的测定方法研究[J].食品科学,21(8):46-481.
郝丽丽,薛键.2006.菊花中18种有机氯农药的多残留分析[J].药物分析杂志,26:1838-1841.
郝利平,聂乾忠,陈永康,等.2009.食品添加剂[M].2版.北京:中国农业大学出版社.
侯曼玲.2004.食品分析[M].北京:化学工业出版社.
黄冬根,廖世军,贺咏梅.2005.食品中Cr(Ⅲ)与Cr(Ⅵ)分离及ICP-MS法测定研究[J].食品科学,7:172-174.
霍金文,安守明,王洪奇,等.1990.关于测定挥发性盐基总氮过程中几个问题的探讨[J].中国动物检疫,5:42-43.
纪家笙.1999.水产品工业手册[M].北京:中国轻工业出版社,585-588.
江苏省连云港水产学校.1995.水产品检验分析[M].北京:中国农业出版社,14.
李桂华.2006.油料油脂检验与分析[M].北京:化学工业出版社.
李和生.2012.食品分析实验指导[M].北京:科学出版社.
凌育赵.2005.水蒸气蒸馏法提取橘柑皮中的香精油[J].广东化工,4:42-43.
刘长虹.2006.食品分析及实验[M].北京:化学工业出版社.
刘玉兰.2009.油脂制取与加工工艺学[M].2版.北京:科学出版社.
柳菌,徐锦忠,丁涛,等.2009.蔬菜中26种农药残留的高效液相色谱-串联质谱法测定[J].分析测试学报,28(2):181-185.
卢艳杰.2003.油脂检测技术[M].北京:化学工业出版社.
马丽萍,纠敏,秦翠丽,等.2013.微生物抑制法检测牛乳中青霉素类药物残留的研究[J].现代食品科技,29(1):193-196.
祁崇喜.1980.粮油分析法[M].西宁:青海人民出版社.
孙平.2012.食品添加剂[M].北京:中国轻工业出版社.
王永华.2011.食品分析[M].2版.北京:中国轻工业出版社.
王肇慈.2001.粮油食品卫生检测[M].2版.北京:中国轻工业出版社.
吴丹.2008.食品中苯并芘污染的危害性及其预防措施[J].食品工业科技,29(5):309-311.
吴谋成.2012.食品分析与感观评定[M].北京:中国农业出版社.
谢笔钧.2009.食品分析[M].北京:科学出版社.
谢音,屈小英.2002.食品分析[M].北京:科学技术文献出版社.
徐玮,汪东风.2008.食品化学实验和习题[M].北京:化学工业出版社.
徐学兵.1993.油脂化学[M].北京:中国商业出版社.
张晖,徐永,姚惠源.2004.纸层析法定量测定米胚芽中的γ-氨基丁酸[J].无锡轻工大学学报,2:101-103.
张水华.2006.食品分析实验[M].北京:化学工业出版社.
张水华.2007.食品分析[M].北京:中国轻工业出版社.
赵杰文,孙永海.2010.现代食品检测技术[M].2版.北京:中国轻工业出版社.
中国标准出版社第一编辑室.2009.粮油标准汇编.测定方法卷(下册).北京:中国标准出版社.
Davidek J, Khan A W. 1967. Estimation of inosinic acid in chicken muscle and its formation and degradation during post-mortem aging [J]. Journal of Food Science, 32: 155-157.
GB(GB/T) 5009—2003,2008,2010.北京:中国标准出版社.
GB/T 12729.7—2008.香辛料和调味品　总灰分的测定[S].北京:中国标准出版社.
GB/T 12729.8—2008.香辛料和调味品　水不溶性灰分的测定[S].北京:中国标准出版社.
GB/T 12729.9—2008.香辛料和调味品　酸不溶性灰分的测定[S].北京:中国标准出版社.
GB/T 2760—2011.食品添加剂使用标准[S].北京:中国标准出版社,2011.

GB/T 8307—2002. 水溶性灰分和水不溶性灰分的测定[S]. 北京：中国标准出版社.

GB/T 8308—2002. 酸不溶性灰分的测定[S]. 北京：中国标准出版社.

Hu Y, Huang Z Y, Li J, et al. 2012. Concentrations of biogenic amines in fish, squid and octopus and their changes during storage [J]. Food Chemistry, 135 (4): 2604-2611.

Suzanne Nielsen S, 2010. Food Analysis[M]. 4th ed. New York: Springer.

附 录

附录1 20 ℃时折射率(折光率)与可溶性固形物换算表

折光率	可溶性固形物/%	折光率	可溶性固形物/%	折光率	可溶性固形物/%	折光率	可溶性固形物/%	折光率	可溶性固形物/%	折光率	可溶性固形物/%	折光率	可溶性固形物/%
1.3330	0.0	1.3549	14.5	1.3793	29.0	1.4066	43.5	1.4373	58.0	1.4713	72.5
1.3337	0.5	1.3557	15.0	1.3802	29.5	1.4076	44.0	1.4385	58.5	1.4725	73.0
1.3344	1.0	1.3565	15.5	1.3811	30.0	1.4086	44.5	1.4396	59.0	1.4737	73.5
1.3351	1.5	1.3573	16.0	1.3820	30.5	1.4096	45.0	1.4407	59.5	1.4749	74.0
1.3359	2.0	1.3582	16.5	1.3829	31.0	1.4107	45.5	1.4418	60.0	1.4762	74.5
1.3367	2.5	1.3590	17.0	1.3838	31.5	1.4117	46.0	1.4429	60.5	1.4774	75.0
1.3374	3.0	1.3598	17.5	1.3847	32.0	1.4127	46.5	1.4441	61.0	1.4787	75.5
1.3381	3.5	1.3606	18.0	1.3856	32.5	1.4137	47.0	1.4453	61.5	1.4799	76.0
1.3388	4.0	1.3614	18.5	1.3865	33.0	1.4147	47.5	1.4464	62.0	1.4812	76.5
1.3395	4.5	1.3622	19.0	1.3874	33.5	1.4158	48.0	1.4475	62.5	1.4825	77.0
1.3403	5.0	1.3631	19.5	1.3883	34.0	1.4169	48.5	1.4486	63.0	1.4838	77.5
1.3411	5.5	1.3639	20.0	1.3893	34.5	1.4179	49.0	1.4497	63.5	1.4850	78.0
1.3418	6.0	1.3647	20.5	1.3902	35.0	1.4189	49.5	1.4509	64.0	1.4863	78.5
1.3425	6.5	1.3655	21.0	1.3911	35.5	1.4200	50.0	1.4521	64.5	1.4876	79.0
1.3433	7.0	1.3663	21.5	1.3920	36.0	1.4211	50.5	1.4532	65.0	1.4888	79.5
1.3441	7.5	1.3672	22.0	1.3929	36.5	1.4221	51.0	1.4544	65.5	1.4901	80.0
1.3448	8.0	1.3681	22.5	1.3939	37.0	1.4231	51.5	1.4555	66.0	1.4914	80.5
1.3456	8.5	1.3689	23.0	1.3949	37.5	1.4242	52.0	1.4570	66.5	1.4927	81.0
1.3464	9.0	1.3698	23.5	1.3958	38.0	1.4253	52.5	1.4581	67.0	1.4941	81.5
1.3471	9.5	1.3706	24.0	1.3968	38.5	1.4264	53.0	1.4593	67.5	1.4954	82.0
1.3479	10.0	1.3715	24.5	1.3978	39.0	1.4275	53.5	1.4605	68.0	1.4967	82.5
1.3487	10.5	1.3723	25.0	1.3987	39.5	1.4285	54.0	1.4616	68.5	1.4980	83.0
1.3494	11.0	1.3731	25.5	1.3997	40.0	1.4296	54.5	1.4628	69.0	1.4993	83.5
1.3502	11.5	1.3740	26.0	1.4007	40.5	1.4307	55.0	1.4639	69.5	1.5007	84.0
1.3510	12.0	1.3749	26.5	1.4016	41.0	1.4318	55.5	1.4651	70.0	1.5020	84.5
1.3518	12.5	1.3758	27.0	1.4026	41.5	1.4329	56.0	1.4663	70.5	1.5033	85.0
1.3526	13.0	1.3767	27.5	1.4036	42.0	1.4340	56.5	1.4676	71.0		
1.3533	13.5	1.3775	28.0	1.4046	42.5	1.4351	57.0	1.4688	71.5		
1.3541	14.0	1.3784	28.5	1.4056	43.0	1.4362	57.5	1.4700	72.0		

附录2　用折射仪测定固形物时的温度校正表

温度/℃	样品中固形物含量/%														
	0	5	10	15	20	25	30	35	40	45	50	55	60	65	70
	将测得的固形物含量减去下列数据														
10	0.50	0.54	0.58	0.61	0.64	0.68	0.70	0.72	0.73	0.74	0.75	0.76	0.77	0.78	0.79
11	0.46	0.49	0.53	0.55	0.58	0.60	0.62	0.64	0.65	0.66	0.67	0.68	0.69	0.70	0.71
12	0.42	0.45	0.48	0.50	0.52	0.54	0.56	0.57	0.58	0.59	0.60	0.61	0.61	0.63	0.63
13	0.37	0.40	0.42	0.44	0.46	0.48	0.49	0.50	0.51	0.52	0.53	0.54	0.54	0.55	0.56
14	0.33	0.35	0.37	0.39	0.40	0.41	0.42	0.43	0.44	0.45	0.45	0.46	0.46	0.47	0.48
15	0.27	0.29	0.31	0.33	0.34	0.34	0.35	0.36	0.37	0.37	0.38	0.39	0.39	0.40	0.40
16	0.22	0.24	0.25	0.26	0.27	0.28	0.29	0.30	0.30	0.30	0.30	0.31	0.31	0.32	0.32
17	0.17	0.18	0.19	0.20	0.21	0.21	0.21	0.22	0.22	0.23	0.23	0.23	0.23	0.24	0.24
18	0.12	0.13	0.13	0.14	0.14	0.14	0.14	0.15	0.15	0.15	0.15	0.16	0.16	0.16	0.16
19	0.06	0.06	0.07	0.07	0.07	0.07	0.07	0.08	0.08	0.08	0.08	0.08	0.08	0.08	0.08
	将测得的固形物含量加上下列数据														
21	0.06	0.07	0.07	0.07	0.07	0.08	0.08	0.08	0.08	0.08	0.08	0.08	0.08	0.08	0.08
22	0.13	0.13	0.14	0.14	0.15	0.15	0.15	0.15	0.15	0.16	0.16	0.16	0.16	0.16	0.16
23	0.19	0.20	0.21	0.22	0.22	0.23	0.23	0.23	0.23	0.24	0.24	0.24	0.24	0.24	0.24
24	0.26	0.27	0.28	0.29	0.30	0.30	0.31	0.31	0.31	0.31	0.31	0.32	0.32	0.32	0.32
25	0.33	0.25	0.36	0.37	0.38	0.38	0.39	0.40	0.40	0.40	0.40	0.40	0.40	0.40	0.40
26	0.40	0.42	0.43	0.44	0.45	0.46	0.47	0.48	0.48	0.48	0.48	0.48	0.48	0.48	0.48
27	0.48	0.50	0.52	0.53	0.54	0.55	0.55	0.56	0.56	0.56	0.56	0.56	0.56	0.56	0.56
28	0.56	0.57	0.60	0.61	0.62	0.63	0.63	0.64	0.64	0.64	0.64	0.64	0.64	0.64	0.64
29	0.64	0.66	0.68	0.69	0.71	0.72	0.73	0.73	0.73	0.73	0.73	0.73	0.73	0.73	0.73
30	0.72	0.74	0.77	0.78	0.79	0.80	0.80	0.81	0.81	0.81	0.81	0.81	0.81	0.81	0.81
31	0.78	0.78	0.78	0.81	0.81	0.81	0.81	0.81	0.81	0.81	0.81	0.81	0.81	0.81	0.81
32	0.90	0.90	0.90	0.88	0.88	0.88	0.88	0.84	0.84	0.84	0.84	0.84	0.84	0.84	0.84
33	1.01	1.01	1.01	0.96	0.96	0.96	0.96	0.91	0.91	0.91	0.91	0.91	0.91	0.91	0.91
34	1.12	1.12	1.12	1.03	1.03	1.03	1.03	0.95	0.95	0.95	0.95	0.95	0.95	0.95	0.95
35	1.24	1.24	1.24	1.10	1.10	1.10	1.01	1.01	1.01	1.01	1.01	1.01	1.01	1.01	1.01
36	1.34	1.34	1.19	1.19	1.19	1.19	1.06	1.06	1.06	1.06	1.06	1.06	1.06	1.06	1.06
37	1.44	1.44	1.44	1.25	1.25	1.25	1.25	1.13	1.13	1.13	1.13	1.13	1.13	1.13	1.13
38	1.54	1.54	1.54	1.34	1.34	1.34	1.34	1.19	1.19	1.19	1.19	1.19	1.19	1.19	1.19
39	1.64	1.64	1.64	1.42	1.42	1.42	1.42	1.42	1.42	1.42	1.42	1.42	1.42	1.42	1.42
40	1.74	1.74	1.74	1.51	1.51	1.51	1.51	1.32	1.32	1.32	1.32	1.32	1.32	1.32	1.32

附录3 葡萄糖、果糖因数表(蓝-爱农法)

糖液滴定量 /mL	费林试液10 mL			
	葡萄糖因数[a]	每100 mL糖液含葡萄糖毫克数	果糖因数[b]	每100 mL糖液含果糖毫克数
15	49.1	327	52.2	348
16	49.2	307	52.2	327
17	49.3	222	52.3	308
18	49.3	274	52.4	291
19	49.4	260	52.5	276
20	49.5	247.4	52.5	262.5
21	49.5	235.8	52.6	250.6
22	49.6	225.5	52.7	239.6
23	49.7	216.1	52.7	229.1
24	49.8	207.4	52.8	220.0
25	49.8	199.3	52.8	211.3
26	49.9	191.3	52.9	203.3
27	49.9	184.9	52.9	196.0
28	50.0	178.5	53.0	189.3
29	50.0	172.5	53.1	183.0
30	50.1	167.0	53.2	177.2
31	50.2	161.8	53.2	171.1
32	50.2	156.9	53.3	166.5
33	50.3	152.4	53.3	161.6
34	50.3	148.0	53.4	157.0
35	50.4	143.9	53.4	152.6
36	50.4	144.0	53.5	148.6
37	50.5	136.4	53.5	144.7
38	50.5	132.9	53.6	140.9
39	50.6	129.6	53.6	137.3
40	50.6	126.5	53.6	134.0
41	50.7	123.6	53.7	130.9
42	50.7	120.3	53.7	127.9
43	50.8	118.1	53.8	125.1
44	50.8	115.5	53.8	122.4
45	50.9	113.0	53.9	119.8
46	50.9	110.6	53.9	117.2
47	51.0	108.4	53.9	114.7
48	51.0	106.2	54.0	112.4
49	51.0	104.1	54.0	110.2
50	51.1	102.2	54.0	108.0

a. 10 mL费林试液相当的葡萄糖毫克数。
b. 10 mL费林试液相当的果糖毫克数。

附录4 麦芽糖、乳糖因数表(蓝-爱农法)

糖液滴定量 /mL	10 mL 费林试液							
	水合麦芽糖 $C_{12}H_{22}O_{11} \cdot H_2O$		无水麦芽糖 $C_{12}H_{22}O_{11}$		水合乳糖 $C_{12}H_{22}O_{11} \cdot H_2O$		无水乳糖 $C_{12}H_{22}O_{11}$	
	因数[a]	每100 mL 毫克数	因数[a]	每100 mL 毫克数	因数[b]	每100 mL 毫克数	因数[b]	每100 mL 毫克数
15	81.3	542	77.2	515	68.3	455	64.9	432
16	81.2	507	77.1	482	68.2	426	64.8	405
17	81.1	477	77.0	453	68.2	401	64.8	381
18	81.0	450	77.0	427	68.1	378	64.7	359
19	80.9	426	76.9	405	68.1	358	64.7	340
20	80.8	404.0	76.8	383.8	68.0	340.0	64.6	323.0
21	80.7	384.3	76.7	365.1	68.0	323.8	64.6	307.6
22	80.6	366.4	76.6	348.1	68.0	309.1	64.6	293.6
23	80.5	350.0	76.5	332.5	68.9	295.4	65.5	280.6
24	80.4	335.0	76.4	318.3	68.9	282.9	65.5	268.8
25	80.4	321.5	76.4	305.4	68.9	271.6	65.5	258.0
26	80.3	308.8	76.3	293.4	68.9	261.0	65.5	248.0
27	80.2	297.0	76.2	282.2	68.8	251.1	65.4	238.5
28	80.1	286.1	76.1	271.8	68.8	242.1	65.4	230.0
29	80.0	276.0	76.0	262.2	67.8	233.8	64.4	222.2
30	80.0	266.6	75.0	253.3	67.8	226.0	64.4	214.7
31	79.9	257.8	75.9	244.9	67.8	218.7	64.4	207.8
32	79.9	249.7	75.9	237.2	67.8	211.9	64.4	201.3
33	79.8	241.9	75.8	229.8	67.8	205.6	64.4	195.3
34	79.8	234.6	75.8	222.9	67.9	199.7	64.5	189.7
35	79.7	227.6	75.7	216.2	67.9	194.0	64.5	184.3
36	79.6	221.1	75.6	210.0	67.9	188.6	64.5	179.2
37	79.6	215.0	75.6	204.3	67.9	183.5	64.5	174.3
38	79.5	209.2	75.5	198.7	67.9	178.7	64.5	169.8
39	79.5	203.8	75.5	193.6	67.9	174.1	64.5	165.4
40	79.4	198.5	75.4	188.6	67.9	169.7	64.5	161.2
41	79.4	193.7	75.4	184.3	68.0	165.9	64.6	157.6
42	79.3	188.8	75.3	179.4	68.0	161.9	64.6	153.8
43	79.3	184.3	75.3	175.1	68.0	158.1	64.6	150.2
44	79.2	180.0	75.2	171.0	68.0	154.7	64.6	147.0
45	79.2	175.9	75.2	167.1	68.1	151.3	64.7	143.7
46	79.1	172.0	75.1	163.4	68.1	148.0	64.7	140.6
47	79.1	168.3	75.1	159.9	68.2	145.1	64.8	137.8
48	79.1	164.7	75.1	156.5	68.2	142.1	64.8	135.0
49	79.0	161.2	75.0	153.1	68.2	139.2	64.8	132.2
50	79.0	158.0	75.0	150.1	68.3	136.6	64.9	129.8

a. 10 mL 费林试液相当的麦芽糖毫克数。
b. 10 mL 费林试液相当的乳糖毫克数。

附录5 转化糖因数表(蓝-爱农法)

糖液滴定量/mL	每100 mL 糖液含蔗糖量/g									
	0		1		5		10		25	
	转化糖因数[a]	每100 mL糖液转化糖毫克数	转化糖因数[a]	每100 mL糖液转化糖毫克数	转化糖因数[a]	每100 mL糖液转化糖毫克数	转化糖因数[a]	每100 mL糖液转化糖毫克数	转化糖因数[a]	每100 mL糖液转化糖毫克数
15	50.5	336	49.9	333	47.6	317	46.1	307	43.4	289
16	50.6	316	50.0	312	47.6	297	46.1	288	43.4	271
17	50.7	298	50.1	295	47.6	280	46.1	271	43.4	255
18	50.8	282	50.1	278	47.6	264	46.1	256	43.3	240
19	50.8	267	50.2	264	47.6	250	46.1	243	43.3	227
20	50.9	254.5	50.2	251.0	47.6	238.0	46.1	230.5	43.2	216
21	51.0	242.9	50.2	239.0	47.6	226.7	46.1	219.5	43.2	206
22	51.0	231.8	50.3	228.2	47.6	216.4	46.1	209.5	43.1	196
23	51.1	222.2	50.3	218.7	47.6	207.0	46.1	200.4	43.0	187
24	51.2	213.3	50.3	209.8	47.6	198.3	46.1	192.1	42.9	179
25	51.2	204.8	50.4	201.6	47.6	190.4	46.0	184.0	42.8	171
26	51.3	197.4	50.4	193.8	47.6	183.1	46.0	176.9	42.8	164
27	51.4	190.4	50.4	186.7	47.6	176.4	46.0	170.4	42.7	158
28	51.4	183.7	50.5	180.2	47.7	170.3	46.0	164.3	42.7	152
29	51.5	177.6	50.5	174.1	47.7	164.5	46.0	158.6	42.6	147
30	51.5	171.7	50.5	168.3	47.7	159.0	46.0	153.3	42.5	142
31	51.6	166.3	50.6	163.1	47.7	153.9	45.9	148.1	42.5	137
32	51.6	161.2	50.6	158.1	47.7	149.1	45.9	143.4	42.4	132
33	51.7	156.6	50.6	153.3	47.7	144.5	45.9	139.1	42.3	128
34	51.7	152.2	50.6	148.9	47.7	140.3	45.8	134.9	42.3	124
35	51.8	147.9	50.7	144.7	47.7	136.3	45.8	130.9	42.2	121
36	51.8	143.9	50.7	140.7	47.7	132.5	45.8	127.1	42.1	117
37	51.9	140.2	50.7	137.0	47.7	128.9	45.7	123.5	42.0	114
38	51.9	136.6	50.7	133.5	47.7	125.5	45.7	120.3	42.0	111
39	52.0	133.3	50.8	130.2	47.7	122.9	45.7	117.1	41.9	107
40	52.0	130.1	50.8	127.0	47.7	119.2	45.6	114.1	41.8	104
41	52.1	127.1	50.8	123.9	47.7	116.3	45.6	111.2	41.8	102
42	52.1	124.2	50.8	121.0	47.7	113.5	45.6	103.5	41.7	99
43	52.2	121.4	50.8	118.2	47.7	110.9	45.5	105.8	41.6	97
44	52.2	118.7	50.9	115.5	47.7	108.4	45.5	103.4	41.5	94
45	52.3	116.1	50.9	113.1	47.7	106.0	45.4	101.0	41.4	92
46	52.3	113.7	50.9	110.6	47.7	103.7	45.4	98.7	41.4	90
47	52.4	111.4	50.9	108.2	47.7	101.5	45.3	96.4	41.3	88
48	52.4	109.2	50.9	106.0	47.7	99.4	45.3	94.3	41.2	86
49	52.5	107.1	51.0	104.0	47.7	97.4	45.2	92.5	41.1	84
50	52.5	105.1	51.0	102.0	47.7	95.4	45.2	90.4	41.0	82

a. 相当于10 mL费林试剂的转化糖毫克数。

附录6 相当于氧化亚铜质量的葡萄糖、果糖、乳糖、转化糖质量表（单位：mg）

氧化亚铜	葡萄糖	果糖	乳糖（含水）	转化糖	氧化亚铜	葡糖糖	果糖	乳糖（含水）	转化糖
11.3	4.6	5.1	7.7	5.2	50.7	21.6	23.8	34.5	22.9
12.4	5.1	5.6	8.5	5.7	51.8	22.1	24.4	35.2	23.5
13.5	5.6	6.1	9.3	6.2	52.9	22.6	24.9	36.0	24.0
14.6	6.0	6.7	10.0	6.7	54.0	23.1	25.4	36.8	24.5
15.8	6.5	7.2	10.8	7.2	55.2	23.6	26.0	37.5	25.0
16.9	7.0	7.7	11.5	7.7	56.3	24.1	26.5	38.3	25.5
18.0	7.5	8.3	12.3	8.2	57.4	24.6	27.1	39.1	26.0
19.1	8.0	8.8	13.1	8.7	58.5	25.1	27.6	39.8	26.5
20.3	8.5	9.3	13.8	9.2	59.7	25.6	28.2	40.6	27.0
21.4	8.9	9.9	14.6	9.7	60.8	26.1	28.7	41.4	27.6
22.5	9.4	10.4	15.4	10.2	61.9	26.5	29.2	42.1	28.1
23.6	9.9	10.9	16.1	10.7	63.0	27.0	29.8	42.9	28.6
24.8	10.4	11.5	16.9	11.2	64.2	27.5	30.3	43.7	29.1
25.9	10.9	12.0	17.7	11.7	65.3	28.0	30.9	44.4	29.6
27.0	11.4	12.5	18.4	12.3	66.4	28.5	31.4	45.2	30.1
28.1	11.9	13.1	19.2	12.8	67.6	29.0	31.9	46.0	30.6
29.3	12.3	13.6	19.9	13.3	68.7	29.5	32.5	46.7	31.2
30.4	12.8	14.2	20.7	13.8	69.8	30.0	33.0	47.5	31.7
31.5	13.3	14.7	21.5	14.3	70.9	30.5	33.6	48.3	32.2
32.6	13.8	15.2	22.2	14.8	72.1	31.0	34.1	49.0	32.7
33.8	14.3	15.8	23.0	15.3	73.2	31.5	34.7	49.8	33.2
34.9	14.8	16.8	23.8	15.8	74.3	32.0	35.2	50.6	33.7
36.0	15.3	16.8	24.5	16.3	75.4	32.5	35.8	51.3	34.3
37.2	15.7	17.4	25.3	16.8	76.6	33.0	36.3	52.1	34.8
38.3	16.2	17.9	26.1	17.3	77.7	33.5	36.8	52.9	35.3
39.4	16.7	18.4	26.8	17.8	78.8	34.0	37.4	53.6	35.8
40.5	17.2	19.0	27.6	18.3	79.9	34.5	37.9	54.4	36.3
41.7	17.7	19.5	28.4	18.9	81.1	35.0	38.5	55.2	36.8
42.8	18.2	20.1	29.1	19.4	82.2	35.5	39.0	55.9	37.4
43.9	18.7	20.6	29.9	19.9	83.3	36.0	39.6	56.7	37.9
45.0	19.2	21.1	30.6	20.4	84.4	36.5	40.1	57.5	38.4
46.2	19.7	21.7	31.4	20.9	85.6	37.0	40.7	58.2	38.9
47.3	20.1	22.2	32.2	21.4	86.7	37.5	41.2	59.0	39.4
48.4	20.6	22.8	32.9	21.9	87.8	38.0	41.7	59.8	40.0
49.5	21.1	23.3	33.7	22.4	88.9	38.5	42.3	60.5	40.5
90.1	39.0	42.8	61.3	41.0	129.5	56.7	62.1	88.2	59.4
91.2	39.5	43.4	62.1	41.5	130.6	57.2	62.7	89.0	59.9
92.3	40.0	43.9	62.8	42.0	131.7	57.7	63.2	89.8	60.4

续 表

氧化亚铜	葡萄糖	果糖	乳糖（含水）	转化糖	氧化亚铜	葡糖糖	果糖	乳糖（含水）	转化糖
93.4	40.5	44.5	63.6	42.6	132.8	58.2	63.8	90.5	61.0
94.6	41.0	45.0	64.4	43.1	134.0	58.7	64.3	91.3	61.5
95.7	41.5	45.6	65.1	43.6	135.1	59.2	64.9	92.1	62.0
96.8	42.0	46.1	65.9	44.1	136.2	59.7	65.4	92.8	62.6
97.9	42.5	46.7	66.7	44.7	137.4	60.2	66.0	93.6	63.1
99.1	43.0	47.2	67.4	45.2	138.5	60.7	66.5	94.4	63.6
100.2	43.5	47.8	68.2	45.7	139.6	61.3	67.1	95.2	64.2
101.3	44.0	48.3	69.0	46.2	140.7	61.8	67.7	95.9	64.7
102.5	44.5	48.9	69.7	46.7	141.7	62.3	68.2	96.7	65.2
103.6	45.0	49.4	70.5	47.3	143.0	62.8	68.8	97.5	65.8
104.7	45.5	50.0	71.3	47.8	144.1	63.3	69.3	98.2	66.3
105.8	46.0	50.5	72.1	48.3	145.2	63.8	69.9	99.0	66.8
107.0	46.5	51.1	72.8	48.8	146.2	64.3	70.4	99.8	67.4
108.1	47.0	51.6	73.6	49.4	147.5	64.9	71.0	100.6	67.9
109.2	47.5	52.2	74.4	49.9	148.6	65.4	71.6	101.3	68.4
110.3	48.0	52.7	75.1	50.4	149.7	65.9	72.1	102.1	69.0
111.5	48.5	53.3	75.9	50.9	150.9	66.4	72.7	102.9	69.5
112.6	49.0	53.8	76.7	51.5	152.0	66.9	73.2	103.6	70.0
113.7	49.5	54.4	77.4	52.0	153.1	67.4	73.8	104.4	70.6
114.8	50.0	54.9	78.2	52.5	154.2	68.0	74.3	105.2	71.1
116.0	50.6	55.5	79.0	53.0	155.4	68.5	74.9	106.0	71.6
117.1	51.1	56.0	79.7	53.6	156.5	69.0	75.5	106.7	72.2
118.2	51.6	56.6	80.5	54.1	157.6	69.5	76.0	107.5	72.7
119.3	52.1	57.1	81.3	54.6	158.7	70.0	76.6	108.3	73.2
120.5	52.6	57.7	82.1	55.2	159.9	70.5	77.1	109.0	73.8
121.6	53.1	58.2	82.8	55.7	161.0	71.1	77.7	109.8	74.3
122.7	53.6	58.8	83.6	56.2	162.1	71.6	78.3	110.6	74.9
123.8	54.1	59.3	84.4	56.7	163.2	72.1	78.8	111.4	75.4
125.0	54.6	59.9	85.1	57.3	164.4	72.6	79.4	112.1	75.9
126.1	55.1	60.4	85.9	57.8	165.5	73.1	80.0	112.9	76.5
127.2	55.6	61.0	86.7	58.3	166.6	73.7	80.5	113.7	77.0
128.3	56.1	61.6	87.4	58.9	167.8	74.2	81.1	114.4	77.6
168.9	74.7	81.6	115.2	78.1	208.3	93.1	101.4	142.3	97.1
170.0	75.2	82.2	116.0	78.6	209.4	93.6	102.0	143.1	97.7
171.1	75.7	82.8	116.8	79.2	210.5	94.2	102.6	143.9	98.2
172.3	76.3	83.3	117.5	79.7	211.7	94.7	103.1	144.6	98.8
173.4	76.8	83.9	118.3	80.3	212.8	95.2	103.7	145.4	99.3
174.5	77.3	84.4	119.2	80.8	213.9	95.7	104.3	146.2	99.9
175.6	77.8	85.0	119.9	81.3	215.0	96.3	104.8	147.0	100.4
176.8	78.3	85.6	120.6	81.9	216.2	96.8	105.4	147.7	101.0
177.9	78.9	86.1	121.4	82.4	217.3	97.3	106.0	148.5	101.5
179.0	74.9	86.7	122.2	83.0	218.4	97.9	106.6	149.3	102.1

续表

氧化亚铜	葡萄糖	果糖	乳糖（含水）	转化糖	氧化亚铜	葡糖糖	果糖	乳糖（含水）	转化糖
180.1	79.9	87.3	122.9	83.5	219.5	98.4	107.1	150.1	102.6
181.3	80.4	87.8	123.7	84.0	220.7	98.9	107.7	150.8	103.2
182.4	81.0	88.4	124.5	84.6	221.8	99.5	108.3	151.6	103.7
183.5	81.5	89.0	125.3	85.1	222.9	100.0	108.8	152.4	104.3
184.5	82.0	89.5	126.0	85.7	224.0	100.5	109.4	153.2	104.8
185.8	82.5	90.1	126.8	86.2	225.2	101.1	110.0	153.9	105.4
186.9	83.1	90.6	127.6	86.8	226.3	101.6	110.6	154.7	106.0
188.0	83.6	91.2	128.4	87.3	227.4	102.2	111.1	155.5	106.5
189.1	84.1	91.8	129.1	87.8	228.5	102.7	111.7	156.3	107.1
190.3	84.6	92.3	129.9	88.4	229.7	103.2	112.3	157.0	107.6
191.4	85.2	92.9	130.7	88.9	230.8	103.8	112.9	157.8	108.2
192.5	85.7	93.5	131.5	89.5	230.8	103.8	112.9	158.6	108.7
193.6	86.2	94.0	132.2	90.0	233.1	104.8	114.0	159.4	109.3
194.8	86.7	94.6	133.0	90.6	234.2	105.4	114.6	160.2	109.8
195.9	87.3	95.2	133.8	91.1	235.3	105.9	115.2	160.9	110.4
197.0	87.8	95.7	134.6	91.7	236.4	106.5	115.7	161.7	110.9
198.1	88.3	96.3	135.3	92.2	237.6	107.0	116.3	162.5	111.5
199.3	88.9	96.9	136.1	92.8	238.7	107.5	116.9	163.3	112.1
200.4	89.4	97.4	136.9	93.3	239.8	108.1	117.5	164.0	112.6
201.5	89.9	98.0	137.7	93.8	240.9	108.6	118.0	164.8	113.2
202.7	90.4	98.6	138.4	94.4	242.1	109.2	118.6	165.6	113.7
203.8	91.0	99.2	139.2	94.4	243.1	109.7	119.2	166.4	114.3
204.9	91.5	99.7	140.0	95.5	244.3	110.2	119.8	167.1	114.9
206.0	92.0	100.3	140.8	96.0	245.4	110.8	120.3	167.9	115.4
207.2	92.6	100.9	141.5	96.6	246.6	111.3	120.9	168.7	116.0
247.7	111.9	121.5	169.5	116.5	287.1	131.0	141.8	196.8	136.3
248.8	112.4	122.1	170.3	117.1	288.2	131.6	142.4	197.5	136.8
249.9	112.9	122.6	171.0	117.6	289.3	132.1	143.0	198.3	137.4
251.1	113.5	123.2	171.8	118.2	290.5	132.7	143.6	199.1	138.0
252.2	114.0	123.8	172.6	118.8	291.6	133.2	144.2	199.9	138.6
253.3	114.6	124.4	173.4	119.3	292.7	133.8	144.8	200.7	139.1
254.4	115.1	125.0	174.2	119.9	293.8	134.3	145.4	201.4	139.7
255.6	115.7	125.5	174.9	120.4	295.0	134.9	145.9	202.2	143.0
256.7	116.2	126.1	175.7	121.0	296.1	135.4	146.5	203.0	140.8
257.8	116.7	126.7	176.5	121.6	297.2	136.0	147.1	203.8	141.4
258.9	117.3	127.3	177.3	122.1	298.3	136.5	147.7	204.6	142.0
260.1	117.8	127.9	178.1	122.7	299.5	137.1	148.3	205.3	142.6
261.2	118.4	128.4	178.8	123.3	300.6	137.7	148.9	206.1	143.1
262.3	118.9	129.0	179.6	123.8	301.7	138.2	149.5	206.9	143.7
263.4	119.5	129.6	180.4	124.4	302.9	138.8	150.1	207.7	144.3
264.6	120.0	130.2	181.2	144.9	304.0	139.3	150.6	208.5	144.8
265.7	120.6	130.8	181.9	125.5	305.1	139.9	151.2	209.2	145.4

续 表

氧化亚铜	葡萄糖	果糖	乳糖（含水）	转化糖	氧化亚铜	葡糖糖	果糖	乳糖（含水）	转化糖
266.8	121.1	131.3	182.7	126.1	306.2	140.4	151.8	210.0	146.0
268.0	121.7	131.9	183.5	126.6	307.4	141.0	152.4	210.8	146.6
269.1	122.2	132.5	184.3	127.2	308.5	141.6	153.0	211.6	147.1
270.2	122.7	133.1	185.1	127.8	309.6	142.1	153.6	212.4	147.7
271.3	123.3	133.7	185.8	128.3	310.7	142.7	154.2	213.2	148.3
272.5	123.8	134.2	186.6	128.9	311.9	143.2	154.8	214.0	148.9
273.6	124.4	134.8	187.4	129.5	313.0	143.8	155.4	214.7	149.4
274.7	124.9	135.4	188.2	130.3	314.1	144.4	156.0	215.0	150.0
275.8	125.5	136.0	189.9	130.6	315.2	144.9	156.5	216.3	150.6
277.0	126.0	136.6	189.7	131.2	316.4	145.5	157.0	217.1	151.2
278.1	126.6	137.2	190.5	131.7	317.5	146.0	157.7	217.9	151.8
279.2	127.1	137.7	191.3	132.3	318.6	146.6	158.3	218.7	152.3
280.3	127.7	138.3	192.1	132.9	319.7	147.2	158.9	219.4	152.9
281.5	128.2	138.9	192.9	133.4	320.9	147.7	159.5	220.2	153.5
282.6	128.8	139.5	193.6	134.0	332.0	148.3	160.1	221.0	154.1
283.7	129.3	140.1	194.9	134.6	323.1	148.8	160.7	221.8	154.6
284.8	129.9	140.7	195.2	135.1	324.2	149.4	161.3	222.6	155.2
286.0	130.4	141.3	196.0	135.7	325.4	150.5	161.9	223.3	155.8
405.3	190.9	204.7	279.2	197.8	444.7	211.7	226.3	307.0	219.1
406.4	191.5	205.3	280.0	198.4	445.8	212.3	226.9	307.8	219.8
407.6	192.0	205.9	280.8	199.0	447.0	212.9	227.6	308.6	220.4
408.7	192.6	206.5	281.6	199.6	448.1	293.5	228.2	309.4	221.0
409.8	193.2	207.1	282.4	200.2	449.2	214.1	228.8	310.2	221.6
410.9	193.8	207.7	283.2	200.8	450.3	214.7	229.4	311.0	222.2
412.1	194.4	208.3	284.0	201.4	451.5	215.3	230.1	311.8	222.9
413.2	195.0	209.0	184.8	202.0	452.6	215.9	230.7	312.6	223.5
414.3	195.6	209.6	285.6	202.1	453.7	216.5	231.3	313.4	224.1
415.4	196.2	210.2	286.3	203.2	454.8	217.1	232.0	314.2	224.7
416.6	196.8	210.8	287.1	203.8	456.0	217.8	232.6	315.0	225.4
417.7	197.4	211.4	287.9	204.4	457.1	218.4	233.2	315.9	226.0
418.8	198.0	212.0	288.7	205.0	458.2	219.0	243.9	316.7	226.6
419.9	198.5	212.6	289.5	205.7	459.3	219.6	234.5	317.5	227.2
421.1	199.1	213.3	290.3	206.3	460.5	220.2	235.1	318.3	227.9
422.2	199.7	213.9	291.1	206.9	461.6	220.8	235.8	319.1	228.5
423.3	200.3	214.5	291.9	207.5	462.7	221.4	236.4	319.9	229.1
424.4	200.9	215.1	292.7	208.1	463.8	222.0	237.1	320.7	229.7
425.6	201.5	215.7	293.5	208.7	465.0	222.6	237.7	321.6	230.4
426.7	202.1	216.3	294.3	209.3	466.1	223.3	238.4	322.4	231.0
427.8	202.7	217.0	295.0	209.9	467.2	223.9	239.0	323.2	231.7
428.9	203.3	217.6	295.8	210.5	468.4	224.5	239.7	324.0	233.2
430.1	203.9	218.2	196.6	211.1	469.5	225.1	240.3	324.9	232.9

续 表

氧化亚铜	葡萄糖	果糖	乳糖（含水）	转化糖	氧化亚铜	葡糖糖	果糖	乳糖（含水）	转化糖
431.2	204.5	218.8	297.4	211.8	470.6	255.7	241.0	325.7	233.6
432.3	205.1	219.5	298.2	212.4	471.7	226.3	241.6	326.5	234.2
433.5	205.1	220.1	299.0	213.0	472.9	227.0	242.2	327.4	234.8
434.6	206.3	220.7	299.8	213.6	474.0	227.6	242.9	328.2	235.5
435.7	206.9	221.3	300.6	214.2	475.1	228.2	243.6	329.1	236.1
436.8	207.5	221.9	301.4	214.8	476.2	228.2	244.3	329.9	236.8
438.0	208.1	222.6	302.2	215.4	477.4	229.5	244.9	330.8	237.5
439.1	208.7	232.2	303.0	216.0	478.5	230.1	245.6	331.7	238.1
440.2	209.3	223.8	303.8	216.7	479.6	230.7	246.3	332.6	238.8
441.3	209.9	224.4	304.6	217.3	480.7	231.4	247.0	333.5	239.5
442.5	210.5	225.1	305.4	217.9	481.9	232.0	247.8	333.4	240.2
443.6	211.1	225.7	306.2	218.5	483.0	232.7	248.5	335.3	240.8

附录7　F 表($\alpha=0.05$)

f_2	1	2	3	4	5	6	7	8	9	10	12	14	16	18	20	f_2
							f_1(较大均方的自由度)									
1	161	200	216	225	230	234	237	239	241	242	244	245	246	247	248	1
2	18.5	19.0	19.2	19.2	19.3	19.3	19.4	19.4	19.4	19.4	19.4	19.4	19.4	19.4	19.4	2
3	10.1	9.55	9.28	9.12	9.01	8.94	8.89	8.85	8.81	8.79	8.74	8.71	8.69	8.67	8.66	3
4	7.71	6.94	6.59	6.39	6.26	6.16	6.09	6.04	6.00	5.96	5.91	5.87	5.84	5.82	5.80	4
5	6.61	5.79	5.41	5.19	5.05	4.95	4.88	4.82	4.77	4.74	4.68	4.64	4.60	4.58	4.56	5
6	5.99	5.14	4.76	4.53	4.39	4.28	4.21	4.15	4.10	4.06	4.00	3.96	3.92	3.90	3.87	6
7	5.59	4.74	4.35	4.12	3.97	3.87	3.79	3.73	3.68	3.64	3.57	3.53	3.49	3.47	3.44	7
8	5.32	4.46	4.07	3.84	3.69	3.58	3.50	3.44	3.39	3.35	3.28	3.24	3.20	3.17	3.15	8
9	5.12	4.26	3.86	3.63	3.48	3.37	3.29	3.23	3.18	3.14	3.07	3.03	2.99	2.96	2.94	9
10	4.96	4.10	3.71	3.48	3.33	3.22	3.14	3.07	3.02	2.98	2.91	2.86	2.83	2.80	2.77	10
11	4.84	3.98	3.59	3.36	3.20	3.09	3.01	2.95	2.90	2.85	2.79	2.74	2.70	2.67	2.65	11
12	4.75	3.89	3.49	3.26	3.11	3.00	2.91	2.85	2.80	2.75	2.69	2.64	2.60	2.57	2.54	12
13	4.67	3.81	3.41	3.18	3.03	2.92	2.83	2.77	2.71	2.67	2.60	2.55	2.51	2.48	2.46	13
14	4.60	3.74	3.34	3.11	2.96	2.85	2.76	2.70	2.65	2.60	2.53	2.48	2.44	2.41	2.39	14
15	4.54	3.68	3.29	3.06	2.90	2.79	2.71	2.64	2.59	2.54	2.48	2.42	2.38	2.35	2.33	15
16	4.49	3.63	3.24	3.01	2.85	2.74	2.66	2.59	2.54	2.49	2.42	2.37	2.33	2.30	2.28	16
17	4.45	3.59	3.20	2.96	2.81	2.70	2.61	2.55	2.49	2.45	2.38	2.33	2.29	2.26	2.23	17
18	4.41	3.55	3.16	2.93	2.77	2.66	2.58	2.51	2.46	2.41	2.34	2.29	2.25	2.22	2.19	18
19	4.38	3.52	3.13	2.90	2.74	2.63	2.54	2.48	2.42	2.38	2.31	2.26	2.21	2.18	2.16	19
20	4.35	3.49	3.10	2.87	2.71	2.60	2.51	2.45	2.39	2.35	2.28	2.22	2.18	2.15	2.12	20
21	4.32	3.47	3.07	2.84	2.68	2.57	2.49	2.42	2.37	2.32	2.25	2.20	2.16	2.12	2.10	21
22	4.30	3.44	3.05	2.82	2.66	2.55	2.46	2.40	2.34	2.30	2.23	2.17	2.13	2.10	2.07	22
23	4.28	3.42	3.03	2.80	2.64	2.53	2.44	2.37	2.32	2.27	2.20	2.15	2.11	2.07	2.05	23
24	4.26	3.40	3.01	2.78	2.62	2.51	2.42	2.36	2.30	2.25	2.18	2.13	2.09	2.05	2.03	24
25	4.24	3.39	2.99	2.76	2.60	2.49	2.40	2.34	2.28	2.24	2.16	2.11	2.07	2.04	2.01	25
26	4.23	3.37	2.98	2.74	2.59	2.47	2.39	2.32	2.27	2.22	2.15	2.09	2.05	2.02	1.99	26
27	4.21	3.35	2.96	2.73	2.57	2.46	2.37	2.31	2.25	2.20	2.13	2.08	2.04	2.00	1.97	27
28	4.2	3.34	2.95	2.71	2.56	2.45	2.36	2.29	2.24	2.19	2.12	2.06	2.02	1.99	1.96	28
29	4.18	3.33	2.93	2.70	2.55	2.43	2.35	2.28	2.22	2.18	2.10	2.05	2.01	1.97	1.94	29
30	4.17	3.32	2.92	2.69	2.53	2.42	2.33	2.27	2.21	2.16	2.09	2.04	1.99	1.96	1.93	30
32	4.15	3.29	2.90	2.67	2.51	2.40	2.31	2.24	2.19	2.14	2.07	2.01	1.97	1.94	1.91	32
34	4.13	3.28	2.88	2.65	2.49	2.38	2.29	2.23	2.17	2.12	2.05	1.99	1.95	1.92	1.89	34
36	4.11	3.26	2.87	2.63	2.48	2.36	2.28	2.21	2.15	2.11	2.03	1.98	1.93	1.90	1.87	36
38	4.10	3.24	2.85	2.62	2.46	2.35	2.26	2.19	2.14	2.09	2.02	1.96	1.92	1.88	1.85	38
40	4.08	3.23	2.84	2.61	2.45	2.34	2.25	2.18	2.12	2.08	2.00	1.95	1.90	1.87	1.84	40
42	4.07	3.22	2.83	2.59	2.44	2.32	2.24	2.17	2.11	2.06	1.99	1.93	1.89	1.86	1.83	42
44	4.06	3.21	2.82	2.58	2.43	2.31	2.23	2.16	2.1	2.05	1.98	1.92	1.88	1.84	1.81	44
46	4.05	3.20	2.81	2.57	2.42	2.30	2.22	2.15	2.09	2.04	1.97	1.91	1.87	1.83	1.80	46
48	4.04	3.19	2.80	2.57	2.41	2.29	2.21	2.14	2.08	2.03	1.96	1.90	1.86	1.82	1.79	48
50	4.03	3.18	2.79	2.56	2.40	2.29	2.20	2.13	2.07	2.03	1.95	1.89	1.85	1.81	1.78	50
60	4.00	3.15	2.76	2.53	2.37	2.25	2.17	2.10	2.04	1.99	1.92	1.86	1.82	1.78	1.75	60
80	3.96	3.11	2.72	2.49	2.33	2.21	2.13	2.06	2.00	1.95	1.88	1.82	1.77	1.73	1.70	80
100	3.94	3.09	2.70	2.46	2.31	2.19	2.10	2.03	1.97	1.93	1.85	1.79	1.75	1.71	1.68	100
125	3.92	3.07	2.68	2.44	2.29	2.17	2.08	2.01	1.96	1.91	1.83	1.77	1.72	1.69	1.65	125
150	3.90	3.06	2.66	2.43	2.27	2.16	2.07	2.00	1.94	1.89	1.82	1.76	1.71	1.67	1.64	150
200	3.89	3.04	2.65	2.42	2.26	2.14	2.06	1.98	1.93	1.88	1.80	1.74	1.69	1.66	1.62	200
300	3.87	3.03	2.63	2.40	2.24	2.13	2.04	1.97	1.91	1.86	1.78	1.72	1.68	1.64	1.61	300
500	3.86	3.01	2.62	2.39	2.23	2.12	2.03	1.96	1.90	1.85	1.77	1.71	1.66	1.62	1.59	500
1 000	3.85	3.00	2.61	2.38	2.22	2.11	2.02	1.95	1.89	1.84	1.76	1.70	1.65	1.61	1.58	1 000
∞	3.84	3.00	2.60	2.37	2.21	2.10	2.01	1.94	1.88	1.83	1.75	1.69	1.64	1.6	1.57	∞

附录8 t 值表

自由度 f	$P(2)$: 0.5 $P(1)$: 0.25	0.2 0.1	0.1 0.05	0.05 0.025	0.02 0.01	0.01 0.005	0.005 0.0025	0.002 0.001	0.001 0.0005
1	1	3.078	6.314	12.706	31.821	63.657	127.321	318.309	636.619
2	0.816	1.886	2.92	4.303	6.965	9.925	14.089	22.327	31.599
3	0.765	1.638	2.353	3.182	4.541	5.841	7.453	10.215	12.924
4	0.741	1.533	2.132	2.776	3.747	4.604	5.598	7.173	8.61
5	0.727	1.476	2.015	2.571	3.365	4.032	4.773	5.893	6.869
6	0.718	1.44	1.943	2.447	3.143	3.707	4.317	5.208	5.959
7	0.711	1.415	1.895	2.365	2.998	3.499	4.029	4.785	5.408
8	0.706	1.397	1.86	2.306	2.896	3.355	3.833	4.501	5.041
9	0.703	1.383	1.833	2.262	2.821	3.25	3.69	4.297	4.781
10	0.7	1.372	1.812	2.228	2.764	3.169	3.581	4.144	4.587
11	0.697	1.363	1.796	2.201	2.718	3.106	3.497	4.025	4.437
12	0.695	1.356	1.782	2.179	2.681	3.055	3.428	3.93	4.318
13	0.694	1.35	1.771	2.16	2.65	3.012	3.372	3.852	4.221
14	0.692	1.345	1.761	2.145	2.624	2.977	3.326	3.787	4.14
15	0.691	1.341	1.753	2.131	2.602	2.947	3.286	3.733	4.073
16	0.69	1.337	1.746	2.12	2.583	2.921	3.252	3.686	4.015
17	0.689	1.333	1.74	2.11	2.567	2.898	3.222	3.646	3.965
18	0.688	1.33	1.734	2.101	2.552	2.878	3.197	3.61	3.922
19	0.688	1.328	1.729	2.093	2.539	2.861	3.174	3.579	3.883
20	0.687	1.325	1.725	2.086	2.528	2.845	3.153	3.552	3.85
21	0.686	1.323	1.721	2.08	2.518	2.831	3.135	3.527	3.819
22	0.686	1.321	1.717	2.074	2.508	2.819	3.119	3.505	3.792
23	0.685	1.319	1.714	2.069	2.5	2.807	3.104	3.485	3.768
24	0.685	1.318	1.711	2.064	2.492	2.797	3.091	3.467	3.745
25	0.684	1.316	1.708	2.06	2.485	2.787	3.078	3.45	3.725
26	0.684	1.315	1.706	2.056	2.479	2.779	3.067	3.435	3.707
27	0.684	1.314	1.703	2.052	2.473	2.771	3.057	3.421	3.69
28	0.683	1.313	1.701	2.048	2.467	2.763	3.047	3.408	3.674
29	0.683	1.311	1.699	2.045	2.462	2.756	3.038	3.396	3.659
30	0.683	1.31	1.697	2.042	2.457	2.75	3.03	3.385	3.646
31	0.682	1.309	1.696	2.04	2.453	2.744	3.022	3.375	3.633
32	0.682	1.309	1.694	2.037	2.449	2.738	3.015	3.365	3.622
33	0.682	1.308	1.692	2.035	2.445	2.733	3.008	3.356	3.611
34	0.682	1.307	1.091	2.032	2.441	2.728	3.002	3.348	3.601
35	0.682	1.306	1.69	2.03	2.438	2.724	2.996	3.34	3.591
36	0.681	1.306	1.688	2.028	2.434	2.719	2.99	3.333	3.582
37	0.681	1.305	1.687	2.026	2.431	2.715	2.985	3.326	3.574
38	0.681	1.304	1.686	2.024	2.429	2.712	2.98	3.319	3.566
39	0.681	1.304	1.685	2.023	2.426	2.708	2.976	3.313	3.558
40	0.681	1.303	1.684	2.021	2.423	2.704	2.971	3.307	3.551
50	0.679	1.299	1.676	2.009	2.403	2.678	2.937	3.261	3.496
60	0.679	1.296	1.671	2	2.39	2.66	2.915	3.232	3.46
70	0.678	1.294	1.667	1.994	2.381	2.648	2.899	3.211	3.436
80	0.678	1.292	1.664	1.99	2.374	2.639	2.887	3.195	3.416
90	0.677	1.291	1.662	1.987	2.368	2.632	2.878	3.183	3.402
100	0.677	1.29	1.66	1.984	2.364	2.626	2.871	3.174	3.39
200	0.676	1.286	1.653	1.972	2.345	2.601	2.839	3.131	3.34
500	0.675	1.283	1.648	1.965	2.334	2.586	2.82	3.107	3.31
1000	0.675	1.282	1.646	1.962	2.33	2.581	2.813	3.098	3.3
∞	0.6745	1.2816	1.6449	1.96	2.3263	2.5758	2.807	3.0902	3.2905